소비자 보호 및 이해를 위한

현대 소비자론

소비자 보호 및 이해를 위한

현대 소비자론

장흥섭

경북대학교출판부

장흥섭

영남대학교와 고려대학교를 거쳐 경희대학교에서 경영학박사 학위를 받았다. 경북대학교 경영학부장, 경제경영연구소장, 경상대학장·경영대학원장을 지냈으며 서울대학교 교류교수, 한국전략마케팅학회장, 한국경영교육학회장, 한국경영경제학회장, 전국경영대학(원)장협의회장, 중국 남경재경대학 객원교수를 역임하였다.
주요 연구실적으로는「주체별 소비자주의」,「소비자문제 해결을 위한 대안적 모델」,「전통시장 속성에 대한 소비자와 상인 인식 비교」,「전통시장의 유형별 활성화 모델 개발」 등의 논문과 공(역)저서『그린마케팅』 및『마케팅』이 있고, 저서『현대사회와 소비자』,『대구 전통시장』, 고등학교 교과서『상업경제』 등이 있다.
국무총리 표창(2011, 전통시장 활성화), 우수논문상(한국경영교육학회), 학술공로상(일본상업교육학회)을 수상한 바 있다.
2012년 9월 현재, 경북대학교 경상대학 경영학부 교수로서 경북대학교 지역시장연구소장·정책자문단 부단장으로 있다. 그리고 대구광역시의회 자문위원·전통시장시설 현대화사업 심의위원, 경상북도 소비자정책 심의위원, 중소기업청 시장경영진흥원 자문위원, 대구광역시 중구·동구·서구청 유통업상생발전협의회 위원이다.

소비자 보호 및 이해를 위한
현대 소비자론

찍은 날 2012년 10월 25일 | **펴낸 날** 2012년 10월 30일
지은이 장흥섭 | **펴낸이** 함인석 | **펴낸 곳** 경북대학교출판부
출판등록 1973년 10월 10일 ㉣97호 | **주소** 대구광역시 북구 대학로 80번지
전화 053-950-6741~3 | **팩스** 053-953-4692 | **E-mail** press@knu.ac.kr

ISBN 978-89-7180-359-2 93320

값은 표지 뒷면에 있습니다.
파본은 바꾸어 드립니다.

책을 내면서

소비자는 상품이나 서비스를 소비함으로써 자신의 욕구를 충족시켜 나간다. 이처럼 인간이면 누구나 상품과 서비스를 소비해야 하므로 소비생활은 매우 중요한 것이라 하겠다. 그런데 우리의 소비생활 환경에는 많은 변화가 있어 사회적 문제가 되고 있다. 생산 및 판매 기술이 빠르게 발전하고, 소비자가 감당할 수 없을 정도로 상품이 복잡해지고 있기 때문이다. 더구나, 상품이나 서비스가 마땅히 소비자욕구를 충족시키고 인간 삶의 질을 향상시켜야 함에도 불구하고, 도리어 건강과 생명을 위해하고 있기 때문이다. 이러한 소비자문제는 현대 소비자들이 보다 적극적으로 해결해야 할 과제라 하겠다.

본서의 집필에는 국내·외 학자들의 연구실적과 한국소비자원·소비자단체협의회·소비자연맹의 자료들이 크게 활용되었다. 이 과정에서 필자는 우리나라 소비자단체·기관 지도자들이 소비자문제 해결 및 소비자학 발전을 위해 많이 노력하였음을 알게 되었다. 이는 소비자학이 그 역사에 비해 크게 발전하게 된 이유라고 본다.

필자는 독자들이 소비자 관련 내용들을 쉽고 명확하게 이해할 수 있도록 하는 데 나름대로 많은 노력을 기울였다. 특히 소비자 이해 및 보호에 필요한 내용들을 두루 포함시켰으며, 또 그 내용 구성에 있어 체계성, 일관성, 현실성을 높이는 데 최선을 다했다.

4개 편, 14개 장으로 구성된 본서의 주요 내용을 살펴보면, 다음과 같다.

'제1편 소비자주의 기초이론'에서는 현대사회와 소비자(1장), 소비자주의 일반이론(2장), 소비자권리와 소비자문제(3장), 소비자교육과 소비자정보(4장)가 기술된다. 이들은 기존 소비자 및 소비자주의 관련 연구들을 필자 나름대로 체계화시킨 것이다.

'제2편 주체별 소비자주의'는 소비자문제가 소비자의 주권의식, 기업의 소비자 지향적 경영, 정부의 이상적인 소비자정책 수립에 의해 해결될 수 있는 문제임을 감안하여, 소비자단체의 소비자주의(5장), 기업의 소비자주의(6장), 정부의 소비자주의(7장)로 구성되어 있다.

'제3편 소비자주의의 실천'은 환경문제와 환경소비자주의(8장), 소비자환경과 소비자보호(9장), 그리고 소비자 관련법(10장)으로 이루어진다. 오늘날의 소비자문제는 그 대부분이 경제발전과 더불어 발생한 것으로, 전문성, 복잡성이 높고 환경문제까지 포괄하고 있다. 더 나아가 환경문제가 우리 인간에게 미치는 영향이 커지므로 인해 환경소비자주의의 중요성이 높아지고 있는 실정이다.

마지막 '제4편 소비자행동의 이해'는 4개 장으로 구성되어 있다. 제11장에서는 소비자행동의 개관, 제12장에서는 '소비자의 구매의사결정'(과정)이 기술된다. 모두가 합리적인 소비생활과 소비자 지향적 기업경영에 도움 되는 내용이다. 그리고 제13장과 제14장은 소비자행동에 영향을 미치는 외적·내적 요인들을 기술한 것이다.

끝으로, 본서가 독자들이 '소비자 전반'을 이해하고 우리나라 소비자운동이 발전하는 데 다소나마 도움이 되기를 바라며, 본서가 나오기까지 많은 도움을 준 김광석 박사, 필자가 책과 함께 생활하는 데 밑거름이 되어 주신 어머님, 그리고 나의 가족 모두에게 감사의 마음을 전하고 싶다.

2012년 가을, 국제경상관 701호실에서

장 흥 섭

목 차

제1부

소비자주의 기초이론

제1장

현대사회와 소비자

1. 현대 소비사회의 본질

현대사회 소비자들은 과학기술의 발달로 인해 물질적 풍요는 물론 생활상의 편의성, 자기만족 및 자아실현 기회 등의 증대를 통해 삶의 질이 크게 향상되어 왔다. 대중이 정치·경제·사회·문화의 주체로 등장하는 초기 현대사회에서는 대량생산, 대량소비, 도시화, 획일화, 규격화 및 평준화 현상과 재화 중심 생산에서 정보 중심 생산으로 변화하는 현상이 나타났다. 그리고 1980년 이후 후기 산업사회는 정보가 중시되는 사회인 동시에 탈산업화 단계에 들어서는 사회이다. 이 사회는 새로운 매체의 발명과 확산으로 대중화 현상이 약화되면서 개성과 자유를 추구하게 되었고, 다양한 가치관이 혼재하였다.

오늘날 소비자는 쏟아지는 상품 홍수 속에서 하루하루 생활을 한다. 이는 소수의 상품을 판매하던 과거의 동네 상점과, 다양한 상품들을 보기 좋게 진열해 놓는 오늘날의 백화점을 비교해 보면 알 수 있다. 뿐만 아니라, 현대 소비자들은 백화점과 대형할인점의 무수한 상품들이 보내는 '현혹의 시선'을 맞이하고 있으며, 수많은 상품과 높은 소득으로 풍요로움을 맛보고 있다. 이러한 소비생활의 풍요로움을 현대사회의 특징으로 들곤 한다. 여기서 소비는 근본적으로 어떤 것이며, 또 소비자욕구는 어떠한 것인가를 알아보기 위해 현대 소비사회의 특징에 대해 살펴보고자 한다.

대형마트 내부

1.1 현대 소비사회의 특징

1) 소비자욕구 및 기호의 변화

소비자들은 그들 스스로 자유로이 상품을 구매, 소비한다고 생각한다. 이는 소비자들이 자율적으로 여행지와 차편을 선택하고 세탁기를 사며 외식 집을 찾는다는 것이다. 최근의 광고를 보면 소비자욕구·기호에 맞춰 개성이나 소비자주권을 강조하는 경향이 있다. 즉, 광고에서는 한결같이 모든 구매결정권이 소비자에게 있음을 강조함으로써 소비자의 기분을 한껏 고조시켜 준다. 이러한 현상을 이해하기 위해 소비자욕구에 대해 알아보고자 한다.

경제발전과 소득수준의 향상으로 의·식·주 문제가 어느 정도 해결되면 소비자의 욕구·기호가 소비문화를 형성하는 가장 중요한 요소가 되며, 인간의 욕구는 소비행태와 소비문화에 반영되어 나타난다. 그리고 오늘날의 우리는 기본적 욕구 충족 단계와 사회적 관계 유지 단계를 넘어 고차원적 욕구 충족의 단계로 옮겨가고 있다.

한편, 소비자기호는 개인의 가치관이나 생활 습관, 라이프스타일, 환경 등과 관련이 많으며, 욕구와 결합되어 소비행태에 직접적으로 영향을 미친다. 현대사회에는 세계화·정보화의 거센 물결로 인해 소비자욕구 및 기호가 점차 다양화되고 있으며 소비행태에 점차 많은 영향을 미치고 있다. 맞춤 소비, 참여·체험형 소비, 기호적 소비 및 상징적 소비 등으로 소비시장이 세분화되고 있는 실정이다.

2) 이미지 소비

오늘날 상품은 사용되는 것이 아니라 의미하는 것이라 할 수 있다. 즉, 현대 소비사회의 대다수 대중들이 소비하는 것은 상품의 물리적 특성이 아니라 환상과 가상의 세계인 이미지(image)라는 것이다. 오늘날의 광고를 살펴보면, 행복과 성공에 이르는 길을 보여주기 위해 사람과 상품, 그리고 부(富)에 대한 이미지를 연결시켜 생각하도록 하고 있다. 이러한 경향은 흔히 개성[1]을 중요시하는 신세대를 표적으로 하는 상품 광고에서 쉽게 찾아볼 수 있으며, 그러한 광고들은 신세대에게 상품 정보의 전달보다는 오히려 그들이 추구하는 이미지의 전달에 초점을 맞추고 있다. 여기서 이미지란 기존 관념을 과감하게 뒤엎는 파격적인 개성이며, 그로부터 얻어지고 다른 누구와도 구별되는 유일한 고유성을 뜻한다.

물론 소비자들은 광고 상품이 자신들에게 파격적인 개성을 가져다줄 것이라고 믿는 것은 아니다. 오히려 그들은 광고가 보여주는 세계 그 자체, 즉 광고상의 상품 이미지에 관심이 있을 뿐이다. 그들은 자신이 그러한 개성을 소유하고 있는 듯한 환상적인 이미지를 가지려 하는 데 불과하다는 것이다. 요컨대, 광고가 만들어 낸 이미지가 소비자들로 하여금 광고 상품을 선택하도록 한다는 것이다. 결과적으로 보면, 기업은 광고를 통해 소비자가 원하는 이미지를 팔고 소비자는 그 이미지를 사는 역할을 한다.

3) 사회적 차별화 및 순응

(1) 사회적 차별화

소비자들은 이상적인 준거집단에의 소속됨을 나타내거나 보다 높은 지위에 위치한 집단을 준거로 삼아 자신이 속한 집단 구성원과 구분하기 위해 상품을 선택, 구매하는 경향이 있다. 이는 가격이 비교적 싼 재래시장을 찾지 않고 고급 백화점을 이용하는 소비자 심리와 같은 것으로 볼 수 있다. 그리고 찬란한 조명과 문화적 분위기의 백화점에서 제품을 구매하는 이유에 대해 알아보면, 하류층 사람들은 자신들이 상류층의 삶에 귀속된

---

1) 개성(personality)이란, 성격이라고도 하며, 환경적 자극에 대해 비교적 일관되고 지속적인 반응을 보이는 개인의 심리적 특성을 의미한다. 자세한 내용은 제13장 1.1의 내용을 참조하기 바란다.

듯한 느낌을 갖기 위해서이고, 상류층 사람들은 중·하류층과는 구별된 자신의 삶의 위치를 확인하기 위해서이다. 여기서 상·하류층 모두에게 있어 상품은 자신의 위치를 표시·증명하기 위한 '의미 있는 기호'로서 의미를 갖는다.

한편, 제품이나 서비스를 통하여 자신의 존재를 끊임없이 확인하려는 소비자들의 욕구는 기업의 판매 전략을 통해 표출되고 있다. 한 예로, 기업이 상류층 사람들에게는 이미 그들이 소유한 것들을 증명해주고, 또 중·하류층 사람들에게는 그들이 갈망하는 계층에의 일시적 소속감을 갖도록 해 준다는 것이다.

사실 소비자들이 비싼 외제 세탁기를 구입하는 행위에는 빨래 도구로서의 의미뿐만 아니라 위세 과시의 의미도 있다. 이러한 경향은 자동차 광고에서 많이 볼 수 있는데, 이는 자동차가 다른 어떤 제품보다 삶의 위치(차이)를 잘 나타내기 때문이다. 이에 기업들은 차별화를 강조함으로써, 즉 광고(문구)를 통해 소비자로 하여금 사회적 위치를 확인하게 하고, 또 타인과 비교하도록 유도한다. 이처럼 소비자의 욕구는 사회 내지 기업에 의해 끊임없이 조종 받고 있다.

(2) 사회적 순응

소비자는 사회의 중심적 가치체계에 순응하는 경향이 있으며, 소비자욕구의 발현은 선거제도와 비교해서 설명할 수 있다. 즉, 선거에서 몇 명의 후보 중 한 명을 선택해야 하듯이 현대사회의 소비자 역시 사회가 제시한 몇 가지 가치 중에 하나를 선택한다는 것이다. 이러한 경향은 아름다움에 대한 여성들의 욕구에서도 볼 수 있다. 현대사회의 여성들은 그들이 아름다움을 자발적, 독자적으로 만들어 내는 것 같으나 실제로는 사회적으로 표준화된 몇 가지 아름다움들 중에 한 가지를 선택, 수용하는 것에 불과하다. 즉, 여성들은 스스로 자신의 개성을 연출해내는 것이 아니라 사회가 제시한 몇 가지 모델들 중에서 한 가지를 선택함으로써 자신의 개성을 실현시키는 데 그친다는 것이다. 여기서 그들의 욕구의 범위는 사회가 제시한 욕구의 유형에 국한되며, 또 광고는 사회가 제시한 욕구의 형태를 가장 직접적으로 표출한 것이라 할 수 있다.

거리에 나와 있는 수많은 여성들을 몇 가지 군으로 분류할 수 있는 것은 그들의 욕구가 동일 또는 유사하고 자발적이지 못하다는 사실에 근거한다. 예를 들어, 현대사회에서 광고는 소비자들에게 개성의 소유를 강조하고 있는데, 이의 진정한 의도는 광고가 제시한 개성의 소유를 강조하는 것이다. 여기서 현대 소비자의 욕구는 비자발성과 사회적 순응이란 특성[2)]을 갖는다고 말할 수 있겠다.

4) 소비자 개성의 소멸과 집단성

현대사회에서 가장 개성적인 것으로 신세대의 파격적인 패션(fashion)을 드는데, 이는 신세대를 겨냥한 광고들이 하나같이 개성이란 용어를 사용하고 있는 데에서 알 수 있다. 여기서 그러한 광고들이 많다는 것은 신세대들이 보다 큰 구매집단으로 부각된 것을 나타낸 것이지, 그들 스스로 개성을 소유하거나 발휘한다는 것은 아니다. 오히려 그들을 파격적이고 독특한 개성의 소유자로 만드는 것은 광고이다. 즉, 광고에서 개성이란 용어를 사용하거나 개성을 강조함으로써 신세대들로 하여금 개성을 표면적으로 선호하도록 한다는 것이다.

한편, 광고 내용에서 주장하듯이 '신세대들이 개성적이고 고유한 내면을 소유하였는가?'라는 질문에 대해서는 부정적이다. 이는 신세대들의 패션 스타일이나 기호가 획일화되어 있는 현실에서 알 수 있다. 물론 표면적으로는 편안함의 추구 등의 이유를 내세우고 있지만, 그것은 본질적인 이유가 아니다. 그리고 그들이 자신의 욕구와 기호에 따라 자발적으로 특정 의상이나 화장품을 선택하는 것도 아니다. 현실적으로 신세대들은 워커를 신고 검은색 레깅스 바지를 입음으로써 고립과 소외에서 벗어나 특정 집단이나 그 구성원과의 동질감을 가지려는 경향이 있는데, 이러한 현상은 다른 집단과 구별 짓기 위한 것이다. 여기서 스타일(워커, 레깅스 바지)은 자신들을 집단화시키는 좋은 매체이며, 또 개인과 집단을 연결시켜 주는 암호라 하겠다.

신세대를 겨냥한 광고들은 신세대 집단 구성원의 덕목으로 개성을 부단히 강조하고 있으며, 또 십대 후반에서 이십대 초반의 젊은이들은 비교적 광고 내용을 충실히 따르는 경향이 있다. 그 충실함은 주로 개성적 이미지를 연출하는 광고상의 상품(구두, 옷)을 구매, 사용함으로써 이행되는 것이며, 그러한 이행은 곧 자신의 정체성 확보에 대한 별다른 갈등 없이 신세대라는 하나의 집단 속으로 자신을 편입시켜 준다.

---

2) 이로 인해 소비자 개성의 포기 내지 소비자 균질화 현상이 초래되고 있다.

5) 소비의 동질화와 지성소비 시대

(1) 소비의 동질화

오늘날의 소비자들은 수많은 상점과 제품들이 존재함에도 불구하고, 같은 상점을 찾거나 동일 상표를 계속하여 선택, 소비하는 경향이 있다. 이는 가치관이 같거나 유사한 사람들이 많기 때문이다. 그리고 우리 사회에는 다양성 추구 현상이 있으나 현실적, 궁극적으로 보면, 다양성보다는 동질성이 높다. 이는 전 세계 젊은이들이 리바이스 청바지, 맥도널드 햄버거, 코카콜라 등의 상품을 선호하는 현상에서 알 수 있다. 즉, 경쟁적으로 인기상표를 선호하고, 신속하게 오고가는 정보를 접하는 10대들에게서 세계시장의 동질화 현상을 쉽게 찾을 수 있다는 것이다.

또한 영어가 세계 공통어가 되면서 모든 가치들이 미국이라는 거대한 문화시장으로 통합되고 있다. 이는 소비문화의 서구화가 아니라 다양한 개성이나 추구하는 가치가 하나의 가치 아래 통합되고 있음을 의미한다. 그리고 우리의 안방에까지 들어온 미국 영화가 우리들로 하여금 외국 배우를 친숙하게 느끼도록 하며, 미국이나 일본에서 유행하던 스타일이 얼마 되지 않아 한국에 들어와 전국적으로 유행하고 있는 것이 현실이다.

뿐만 아니라 전 세계 젊은이들의 스타일이 하나의 패턴으로 고정되고 있는데, 이는 민족과 민족, 국가와 국가, 개인과 개인 간에 있는 모든 개성의 문턱이 없어지고 있음을 알 수 있다. 이러한 현상은 시장이나 문화에만 한정된 것이 아니라 그 시장의 상품을 소비하고 그 문화를 향유하는 소비자의 욕구에까지 파급되고 있다. 예를 들면, 단순히 소비문화가 서구화되고 있다기보다는 다양한 개성이나 가치 추구가 하나의 가치 아래 통합되고 있다고 하겠다.

(2) 지성소비 시대의 도래

소비자의 욕구가 점차 고차원적 단계로 이동해가고 있으며, 또 이로 인해 소비시장에 고도의 소비문화가 나타나고 있다. 그 대표적인 것으로 들 수 있는 지성소비는 합리성, 지성, 문화, 격조, 교양미, 세련미 등 소비자의 지적 통제를 강하게 받는 소비를 의미한다. 그 예로 지나친 유행추구형 상품보다는 소비자의 지성과 문화, 가치 등이 공유될 수 있는 보다 수준 높고 세련된 상품을 선택하는 행위를 들 수 있다. 그리고 지성소비는 과소비, 감성소비,[3] 그리고 이성소비를 거쳐 나타나는 고도의 소비문화 단계로서 소비자의

생활정보 식품 유통·소비 기한

구 분	의 미
유통 기한(판매 기한, Sell by Date)	- 식품의 제조·가공 후 소비자에게 판매가 허용되는 기간. - 제품의 품질을 고려해 산정함.
품질 유지 기한 (상미 기한, 최소 보존일, Date of Minimum Durability)	- 제시된 저장 조건에서 소비자가 기대하는 식품 고유의 품질이 유지될 수 있는 기간.
소비 기한(사용 기한, Use by Date)	- 식품을 소비자가 섭취해 건강이나 안전에 이상이 없을 것으로 인정되는 기한. - 지정된 저장 조건에서의 최종 기한을 의미하며 이 날 이후에는 안전에 문제가 생길 우려가 높음.

자료: 『소비자시대』, 2011년 9월호, p. 27.

지성이나 지적인 욕구가 중요한 역할을 하는 소비를 가리킨다.

한편, 지성소비 시대의 도래는 소비자가 프로화 되어 가는 것을 의미하기도 한다. 즉, 21세기에는 소비자들이 상품 정보 및 가치를 판단하는 데 있어서 판매자와 큰 차이가 없을 만큼 많은 정보·지식을 갖게 된다는 것이다. 따라서 소비자들은 보다 향상된 정보력으로써 상품의 가치를 비교적 정확하게 판단할 수 있는데, 이는 결과적으로 지성과 합리성에 의한 소비 형태의 정착을 불러일으킨 것으로 보인다. 결론적으로 말해, 지성소비의 시대에는 고감성·합리성의 추구 욕구가 유지되면서 지적인 욕구 및 가치가 중요한 역할을 하게 될 것으로 예상된다.

---

3) 감성소비란, 원래 상품이 갖는 기본적인 가치보다 부가적인 가치를 더 중요시하는 소비를 말한다. 이에 반해, 이성소비는 합리적이고 계획적인 소비를 의미한다.

1.2 소비자환경의 변화

1) 상품혁명과 소비자

(1) 완성품화

상품의 완성품화는 대량소비 시대의 특징의 하나이며, 기술의 발달에 의해 초래된 현상으로 인스턴트식품, 포장식품, 냉동식품, 기성복 및 조립주택 등에서 찾아볼 수 있다. 이는 우리로 하여금 가정에서의 가공 과정 및 노력을 감소시키거나 불필요하게 만든다.

사실 대량생산화 이전에는 소비자, 특히 주부들이 생활용품의 원재료를 구입하여 자체 가공하거나 주문·의뢰에 의한 가공 과정을 거쳐서 사용 또는 소비해 왔다. 이에 반해, 오늘날의 소비자들은 비교적 완성도가 높은 상품, 즉 구매 상태 그대로 사용할 수 있는 상품을 소비함으로써 한층 편리한 시대를 살고 있다.

(2) 원재료의 변화

이미 오래 전부터 석유화학 및 반도체의 발달에 힘입은 원재료의 변화들이 상품의 가공 과정은 물론 제품의 품질·기능까지 바꾸어 놓았다. 그 예로, 이미 오래된 일이지만, 모·견·마·면과 같은 천연섬유에서 석유·석탄 등을 원료로 한 화학섬유로의 이전을 들 수 있다. 이와 같은 원재료의 변화는 지금까지와는 다른 품질·기능의 상품들을 등장토록 했는데, 이러한 현상은 소비자에게 상품 선택·취급·보존에 다소 혼란을 가져다주기도 했지만 소비생활의 질적 수준을 향상시켰다.

(3) 기계화 및 복잡화

상품혁명의 일차적 요소로서 상품의 기계화 및 복잡화를 들 수 있다. 원래 생산재였던 모터는 선풍기, 세탁기, 냉장고, 전기청소기, 믹서, 전기면도기 및 헤어드라이어 등 가정용 전기제품에 확대 사용된 대표적인 예이다. 그리고 오늘날 우리들이 일상생활에서 즐겨 보고 있는 텔레비전과 같은 상품들은 소비자 개인의 지식이나 기술로서는 알 수 없을 정도로 매우 복잡화되고 있다. 이는 소비자에게 생활상의 편익을 주기도 하지만 소비자문제를 유발하는 주요 요인이기도 하다.

(4) 신제품의 속출과 제품 수명 주기 단축

기술혁신이 급진적으로 이루어지고 있는 오늘날, 수많은 신제품들이 시장으로 밀려들고 있으며, 또 이로 인해 제품 수명 주기(product life cycle)[4]마저 단축되고 있다. 그리고 신제품의 속출 현상은 소비자의 생활패턴을 변화시키고 있음은 물론, 그에 대한 소비자의 충분한 준비와 대응을 어렵게 하고 있다.

상품혁명은 소비자로 하여금 품질이나 성능 면에서 상품 선택의 폭을 넓게 하며, 생활의 편의성을 높여주고, 더 나아가 가사노동 시간을 감소시켜 주었다. 그러나 새로운 기술이나 원료에 의한 제품 품질·성능 변화와 복잡한 기능·성능을 가진 신제품의 출현은 소비자로 하여금 상품 선택·사용을 어렵게 하는 면이 없지 않다. 요컨대, 상품혁명이 한편으로는 생활의 합리화 및 편리화를 초래하는 반면, 다른 한편으로는 기존의 생활패턴을 깨뜨리거나 혼돈에 빠뜨리고 있다.

2) 범상품화와 위해상품의 확대

(1) 범상품화

오늘날의 시장환경을 살펴보면, 일상생활에 필요한 물품은 물론이고, 생활상의 시간과 공간, 그리고 인간의 정신까지 상품화되고 있다. 그리고 노동시간의 단축, 가사노동의 합리화 등으로 촉진된 레저 붐(leisure boom)이 레저용품의 수요를 증대시키고 있으며, 또 소비자로서의 인간은 레저의 상품화로 나타난 시간·공간 상품을 구입·소비하고 있다. 더구나 공간의 상품화 현상은 지상권은 물론 지하, 공중까지 확대됨에 따라 거리·장소마저 상품화되고 있는 실정이다.

한편, 서비스산업의 일종인 교통산업의 발달은 도시 팽창 및 거리 축소 현상을 낳고, 또 기차·자동차·선박·비행기 등은 인간과 재화의 이동을 용이하도록 만들며, 그리고 통신산업은 정보 전달을 촉진시키고 있다. 뿐만 아니라 교육산업과 정보산업의 발달은 커뮤니케이션 분야에서의 상품화를 촉진시킨다. 요컨대, 인간생활이 바로 '상품의 구입'이라고 말할 정도로 거의 모든 것들이 상품화되고 있어, 오늘날 우리는 명실상부한 '범상품화

4) 제품 수명 주기(product life cycle: PLC)란, 사람이 태어나서 일정 기간 삶의 과정을 거친 후 사망하는 것과 마찬가지로, 한 제품이 시장에 나와서 사라질 때까지의 과정, 즉 한 제품의 생애를 가리킨다. 일반적으로 도입기, 성장기, 성숙기, 쇠퇴기로 나뉜다.

의 시대'를 살아가고 있다고 본다.

(2) 위해상품의 확대

소비자권리 중에서 가장 중요한 것이 안전의 권리이다. 안전의 권리와 관련된 소비자위험의 한 예로, 전후 미국에서 안전성 여부가 명확히 검증되지 않은 상태로 약품이 판매됨으로써 사람의 생명에 위협을 준 경우를 들 수 있다. 식품제조업체가 식품 가공 시에 유독성 방부제나 착색료를 사용하는 것 또한 안정선 문제의 예라 하겠다.

오늘날 위해상품은 약품이나 식품에 국한되지 않고 합성세제, 장난감 등 많은 부문에서 나타나고 있다. 그러므로 모든 제조업자나 소비자단체는 '위해상품으로부터 소비자를 어떻게 지켜줄 것인가', 또 '안전한 상품과 위험한 상품을 소비자들이 어떻게 구분하도록 할 것인가' 등의 문제를 해결하는 데 많은 노력을 기울여야 할 것이다.

(3) 광고 공세

대량생산의 전제라고 할 수 있는 대량소비는 그에 요하는 조건의 충족을 통해 비로소 실현될 수 있다. 그리고 생산의 주체인 기업은 자신들의 목적 달성을 위해, 판매 및 이익의 증대를 위해 온갖 방법과 수단을 동원하게 된다. 대표적인 수단인 광고는 기업의 판매 및 판매경쟁의 주요 수단인 동시에 매우 중요한 경영 기능이다. 물론 광고가 소비자의 경제적 부담을 가중시킨다는 비판도 있다.

3) 모바일혁명과 소비자

(1) 모바일 커머스의 확산

최근의 주요 환경변화 중의 하나는 휴대전화의 보급에 따른 이른바 모바일 커머스의 등장이다. 스마트폰의 급속한 확산은 모바일 커머스의 변화를 초래하고 있다. 모바일 커머스는 IT기술의 발달과 인터넷의 확산을 기반으로 한 전자상거래의 새로운 형태로서 무선인터넷을 이용한 이동성, 적시성, 개인화, 네트워크 접속성 등의 특성으로 인해 상거래 업자에게는 물론 소비자에게도 매력적인 거래형태로 부상되고 있다.

2009년 말 우리나라에 들어온 아이폰은 인터넷 산업의 지각 변화를 불러일으킬 정도이고, 아이폰이 이룩한 전 세계적 모바일 혁명은 국내 스마트폰 시장 전체의 파이를 크게 증가시켰다. 2011년 현재 우리나라 국내 스마트폰 가입자 수는 1,500만 명으로, 2012년 말경 3,000만 명 시대를 바라보고 있는 상황이다.

모바일 커머스의 이용범위는 유선망 중심의 인터넷 서비스와 차별화로 인해 기존 전자상거래에서 구현할 수 없었던 다양한 영역에까지 확대되었다. 그 범위를 구체적으로 보면, 유선인터넷망을 이용한 뉴스나 지역정보 제공, 시장자료 등 정보 제공 분야와 문자 전송, 통합메시지 전송, 채팅, 화상회의 등과 같은 통신 분야이다. 그리고 인터넷쇼핑과 경매 및 인터넷뱅킹 등과 같은 소비자거래 분야는 물론, 음악이나 캐릭터 파일의 다운로드, 음성·비디오 서비스, 게임 등과 같은 오락 분야에서도 이용된다. 더 나아가 언제 어디서나 누구와도 이용 가능한 모바일 커머스의 특성을 이용한 위치정보 서비스의 제공·이용 분야 또한 그렇다.

(2) 모바일 커머스와 소비자문제

오늘날의 소비자들은 첨단 문명의 이기를 통해 보다 실용적인 소비를 즐기고 있으며, 또 중소업체들은 새로운 방식으로 마케팅전략을 수립하고 있다. 그러나 이러한 모바일 커머스의 이용 확대는 기존 전자상거래와는 다른 새로운 유형의 소비자문제를 야기한다. 이미 모바일 커머스 관련 소비자문제는 핀란드, 일본, 미국 등 정보통신 선진국과 OECD 소비자정책위원회(CCP) 등 국제기구에서 주요 소비자 이슈가 되고 있다.

한편, 모바일 커머스 관련 주요 소비자문제로는 원치 않는 상업광고로 인한 프라이버시 침해, 청소년의 유해 음란물 접속 위험 등을 들 수 있다. 뿐만 아니라 모바일 단말기를 이용한 결제의 위험성, 불안정하고 느린 접속과 같은 통화품질에 대한 불만, 정보입력장치의 제약으로 인한 조작의 곤란과 입력 실수에 따른 소비자피해, 위치정보서비스의 오남용에 따른 프라이버시 침해 등 모바일 커머스 특성에서 오는 소비자문제도 있다. 여기에다 모바일 사용요금 수준 및 체계에 대한 소비자 불만족·피해 등의 문제도 있다.

4) 글로벌화에 따른 소비자역량의 요구

(1) 글로벌화로 인한 소비자문제

글로벌 차원에서의 자유무역은 국내시장에서의 제품 가격을 세계시장에서의 가격과 일치하도록 한다. 그러나 한국소비자원의 2008년 국내외 가격차 조사에 의하면, 화장품은 국내시장에서 미국보다 30% 정도 비싼 가격으로 팔리고 있고, 수입차의 경우도 미국에 비해 37% 정도 비싼 것으로 나타났다.

이러한 수입공산품의 가격차는 열악한 부존자원, 유통단계의 복잡성, 고세율 구조, 과다한 정부 규제, 고임금·고지가·고금리 등의 구조적 요인 때문이기도 하지만, 고가의 유명 제품을 선호하는 우리나라 소비자들의 비합리적 소비행태 때문이라고 할 수 있다. 따라서 우리나라 소비자의 후생 증진을 위해서는 하루빨리 상기 구조적 문제들을 해결하고 소비자의 비합리적인 소비행태를 바꿀 수 있는 의식 전환이 필요하다고 본다.

한편, 글로벌화의 확산에 따라 다양한 소비자문제들이 나타나고 있는데, 이를 구체적으로 보면, 다음과 같다.

첫째, 수입상품의 소비자안전 문제이다. 농축산물, 공산품 및 의약품 등 소비생활 전반에 걸쳐 수입상품의 소비자안전 문제가 대두되고 있다. 농축산물의 경우, 유전자변형 농산물, 광우병, 조류독감, 방사선 노출, 알레르기 유발 등의 문제, 또 공산품에 있어서는 중국산 장난감, 독성 치약 등의 문제가, 그리고 의약품의 경우는 안전 검증이 안 된 수입의약품, 제3세계를 임상실험장으로 삼는 현상 등의 문제들이 발생하고 있다.

둘째, 국제전자상거래에 의한 소비자피해이다. 국제전자상거래로 인한 우리나라 소비자 상담 접수 건수는 매년 큰 폭으로 증가하고 있다. 국제전자상거래로 인한 소비자피해는 국가 간의 법제도와 상관습 등의 차이로 인해 그 해결이 쉽지 않아 문제가 크다.

셋째, 지구적 차원의 지속가능한 소비의 문제이다. 천연자원의 무분별한 남획과 고갈, 열대우림 파괴, 지구온난화, 수자원 고갈 등의 문제는 한 국가나 지역에 국한되는 것이 아니라 전 세계적인 파급 효과를 가진다. 글로벌시대에는 한 국가의 소비자의 삶이 그 국가 자체(의 어떤 요인)에 의해 결정되기보다는 그 국가 밖, 즉 지구적 조건에 의해 좌우되고 있다. 예컨대 특정 국가 소비자들의 과다한 이산화탄소 배출은 지구온난화를 촉진하고 빙하를 녹여 해수면을 상승하게 하며 결과적으로는 이산화탄소 배출과 전혀 관련이 없는 한 국가의 소비자 삶의 터전을 위협하고 있는 것이 오늘날의 현실이다.

(2) 글로벌시대에 필요한 소비자역량

글로벌화의 진전에 따라 소비자문제는 점차 복잡·다양화되고 있다. 따라서 글로벌시대의 소비자는 이에 걸맞은 역량을 갖추어야 하는데, 현대 소비자들이 갖추어야 할 역량을

대구 서문시장 전경

알아보면, 다음과 같다.

첫째, 글로벌화에 대한 이해와 관심이다. 글로벌시대 소비자는 세계 환경 변화에 대한 관심과 정보 수집 및 지식 획득을 통해 글로벌 환경 변화에 대응할 수 있는 소비자역량이 필요하다. 그러나 한미 FTA가 소비생활에 미치는 영향이 어느 정도인가를 일반 소비자를 대상으로 설문한 조사에서 거의 절반인 47.8%가 '잘 모르겠다'로 대답할 정도로 글로벌화에 대한 소비자들의 이해가 부족한 실정이다.

둘째, 소비 선택의 중요성에 대한 인식이다. 소비자 이익 및 권리 실현을 위해 소비 선택의 중요성을 인식하고 소비자로서의 역할을 다할 수 있어야 한다. 소비자는 먼저 소비자 이익을 추구해야겠지만 소비자 개인의 무책임한 소비생활이나 비합리적인 소비행태가 경제침체를 불러오거나 국가경제를 저해하게 된다면 이는 다른 소비자에게 다시 부정적인 영향을 미칠 수 있다. 따라서 소비자는 자신의 소비 선택이 국가경제와 지역사회에 어떤 영향을 미치는지를 명확히 인식할 수 있는 역량을 갖추어야 한다.

셋째, 글로벌 소비생활에 필수적인 지식과 기술의 습득이다. 글로벌화는 소비생활에 있어 정보화, 금융 글로벌화, 신종 거래기법 등 다양한 새로운 현상을 동반한다. 이들은 전문적인 지식과 기술을 요하는 것이기 때문에 소비자들은 당연히 그러한 지식과 기술을 갖추어야 할 것이다.

넷째, 지속가능 소비의 실천이다. 지구생태 보전을 위해서는 생산자 측면의 지속가능성뿐만 아니라 소비자 측면의 지속가능성도 함께 이루어져야 한다. 사실 오늘날의 소비자들은 지속가능 소비에 대한 인식은 다소 이루어져 있으나 이러한 인식을 실천할 수 있는 역량이 다소 부족한 실정이다. 따라서 자신의 소비가 국가경제에뿐만 아니라 지구 전체에 어떤 영향을 미치는지에 대한 인식과 함께, 과소비 등과 같은 소비행동을 지양하는 실천적 소비활동이 필요하다 하겠다.

2. 소비자의 의의와 성격

2.1 소비자의 의의와 유형

1) 소비자의 의의

일반적으로 소비자는 소비생활을 위하여 상품이나 서비스를 구입·소비하는 사람들을 가리킨다. 소비자(consumer)란, '장래 시장의 구성원', '상품이나 서비스를 사적인 용도로 제공받는 사람', 그리고 '타인이 공급하는 물품이나 서비스를 소비생활을 위해 구입·이용하는 자' 등으로 정의한다. 그러나 우리나라 소비자기본법에서는 "소비자라 함은 사업자가 제공하는 물품 및 용역(시설물 포함)을 소비생활을 위하여 사용하는 자 또는 생산활동을 위하여 사용하는 자로서 대통령령이 정하는 자"라고 규정되어 있다.

자신의 생산물을 사용 또는 소비하는 경우나 사업자로부터 구입하더라도 자신의 소비생활을 위한 것이 아닐 경우에는 소비자가 아니라 하겠다. 이와 같이, 소비자는 사업자가 제공하는 제품(物品)이나 서비스(用役)를 자신의 생활을 위해 구입, 사용하는 자로, 거래과정의 말단에 위치하는, 그리고 최종소비자로서 생활을 영위하는 생활자를 뜻한다. 보통 소비자라 하면 이러한 최종소비자만을 가리킨다.

넓은 의미의 소비자에는 개인은 물론, 가계·학교·교회와 같은 조직도 포함된다. 이는 소비자를 개인소비자와 조직소비자 또는 최종소비자와 산업사용자로 대별하는 데에서 알 수 있다. 그러나 일반적으로 소비자라 하면 '최종소비자'를 가리키고, 사업상 재화(生産

財)를 구입하는 소비자, 즉 중간소비자 내지 산업사용자는 포함시키지 않는다.

한편, 소비자와 상반되는 개념인 사업자(事業者)는 물품을 제조, 수입, 판매하거나 용역을 제공하는 자를 말하고, 생산자, 도매업자 및 소매업자 등이 그 예다. 사업자란, '제품 및 서비스의 공급자로, 이윤 추구 목적으로 사업을 영위하는 사람'이라고 할 수 있다.

2) 소비자 개념의 형성

원시경제사회는 물론 농업사회까지도 개인이 생산과 소비를 함께 하였으므로 생산자와 소비자가 구분되지 않았다. 그 후 농업기술의 발달로 생산량이 증가되고 생산물의 교환활동이 이루어짐으로써 생산자와 소비자의 분리현상이 나타났다. 여기에다가 가치평가 및 교환의 수단인 화폐가 등장, 사용됨으로써 교환활동이 더욱 원활해졌으며, 생산자와 소비자의 분리현상도 심화되었다. 그리고 생산이 가내공업이나 수공업에서 기계에 의한 공장공업으로 전환된 산업혁명 이후부터는 소비자와 생산자 간의 구분이 더욱 명확해졌다.

대체로 일대일로 이루어지는 주문생산 단계의 거래에서는 생산자와 주문자(소비자) 간에 대화가 있어 소비자문제가 발생되지 않았으나, 상업이 발달되고, 주문생산에서 예측생산으로 바뀐 이후부터 소비자문제가 발생되었다.

경제학자 아담 스미스(A. smith)는 "소비는 생산의 유일한 목표이고 목적이며, 생산자 이익은 소비자 이익을 보장할 수 있는 범위 내에서 고려되어야 하는 것인데, 도리어 그것으로 인해 소비자 이익이 침해되어 왔다."라고 한 바 있다. 이는 소비가 무시된 채 생산이 마치 모든 산업 및 상업의 궁극적 목적인 것처럼 여겨온 사실을 문제시한 것이라 하겠다. 산업혁명으로부터 시작된 생산자의 일방적 생산 활동이 생산 중시 경제 혹은 생산자 중심 사회를 만들었고, 더 나아가 지금의 소비자 무시 현상마저 낳았다.

슘페터(J. Schumpeter)[5]는 혁신의 제4파동이 가져온 대량생산이 식민지가 아닌 새로운

---

5) 슘페터(J. Schumpeter)는 기술혁신에 의한 경기변동의 파장을 다음 4가지 단계로 나누고 있다. 방직기계의 도입 등으로 야기된 제1파동(1789년~1841년)은 산업혁명을 진전시키고 시장을 농촌으로 확대시켰다. 제2파동(1842년~1898년)은 제철기술의 발달에 따른 철도망의 정비로 유발되었는데, 이때 시장이 변경지대로 확대됨으로써 국민경제가 형성되었다. 또 제3의 파동(1898년~제2차 세계대전)은 전기, 자동차, 선박 그리고 비행기에 의해 형성되었으며, 이들은 시장을 해외 식민지까지 확대시켰다. 제2차 세계대전부터 제4의 파동이 석유화학공업, 전자공학, 그리고 자동화의 발달로 발생하였다. 이들이 대량생산시대를 초래하였으며, 또 대량생산은 대량소비를 요구하기에 이르렀다. 따라서 기술 혁신의 제4파동에 의하여 시장이 전 세계적으로 확대되었다고 할 수 있겠다.

시장을 요구하게 되었으며, 또 소비자마저 등장시켰다고 말한 바 있다. 즉, 대량생산시대의 새로운 시장으로 대두된 것이 바로 소비자라는 것이다. 물론, 이때에도 대량생산이 이루어지기 위해서는 대량소비가 필요하였고, 대량소비가 가능하기 위해서는 소비자의 요구조건이 충족되어야 했다.

한편, 자본주의 경제체제[6]의 출현으로 인해 생산자가 개인에서 기업이라는 조직체로 바뀌졌으며, 기업 간의 시장경쟁이 심화되었고, 소비자피해마저 크게 증가하였다. 또한 기술혁신의 진전과 더불어 대량생산이 가능해짐으로써 공급 초과, 시장 확대의 한계 등으로 인하여 그간 소홀이 여겨왔던 소비자를 크게 중요시하기에 이르렀다.

3) 소비자의 유형

일반적으로 소비자는 구매동기나 구매 상품의 성격에 따라 최종소비자(ultimate consumer)와 산업사용자(industrial user)로 구별된다. 우선 최종소비자란, 우리가 일반적으로 지칭하는 소비자로, 소비용품(이나 가정용품)을 소매상, 소규모의 도매상 혹은 제조업자로부터 구매하여 사용하는 사람을 의미한다. 이에 반해, 산업사용자는 상품 생산을 위해 다른 상인이나 제조업자로부터 원료, 재료, 반제품, 기계설비품 등을 구입하는 사람이나 조직을 가리킨다. 대체로 최종소비자는 욕구 충족을 위해 상품을 구입하는 개인이나 가계인 반면, 산업사용자는 영리 추구, 즉 산업적 사용이나 판매를 위해 상품을 구입하는 개인이나 조직이다. 여기서 소비자행동 특성을 기준으로 분류한 스톤(G. Stone)과 우드(W. Woods)의 소비자 유형에 대해 알아보고자 한다.

(1) 스톤(G. Stone)의 분류

스톤(G. Stone)은 소비자를 네 가지 유형, 즉 경제적 소비자, 개인적 접촉을 중시하는 소비자, 윤리적 소비자, 그리고 무관심한 소비자로 구분하고 있다. 첫째, 경제적 소비자는 가격, 품질 및 상품의 종류에 극히 민감하고, 구매행동을 합리적으로 하는 가치 지향적

---

6) 자본주의 경제체제에서 국가는 원칙적으로 경제에 간섭하지 않는 자유방임(laissez-faixe) 정책을 취한다. 그런데 가격에 의한 질서에만 의존하게 되면 경제적 무정부성(無政府性)에 의하여, 생산과 소비의 모순이 생겨 자본주의 경제 특유의 순환적인 공황이 발생하게 된다. 즉, 가난한 사람들의 생활이 더욱 어렵게 되고 실업자가 생기게 된다. 따라서 국가는 여러 가지 방법으로써 경제 통제를 하게 되며, 자본주의 경제질서는 가격과 국가통제에 의해서 유지된다고 볼 수 있다.

소비자를 의미한다. 이러한 경제적 소비자는 대체로 연령이 낮은 층으로, 욕구 수준이 높고 성공 지향적이다. 둘째, 개인적 접촉을 중시하는 소비자는 상점 주인이나 판매원의 접객 행위·태도에 극히 민감하고, 그들과의 친근감을 중요시하는 소비자이다. 이러한 소비자는 지역사회의 생활양식에 적응하기 위해 상점 주인이나 판매원과 가깝게 지내려는 경향이 있다. 셋째, 윤리적 소비자는 의무·인정·정의감을 중시하며, 상류층에 속하고 해당 지역에 비교적 오래 거주한 소비자이다. 이들은 재래 소매상점이 대자본에 의해 밀려나거나 해당 지역사회가 쇠퇴해지는 것을 싫어하는 경향이 있다. 넷째, 무관심한 소비자는 재화의 구입에 별로 노력을 기울이지 않는 소비자를 가리킨다. 이러한 소비자는 주로 노인과 사회적 지위 획득에 실패한 비교적 무기력한 사람들이다.

(2) 우드(W. Woods)의 분류

우드(W. Woods)는 소비자를 구매상의 결정 기준이나 반응 양식에 따라 다음과 같이 6가지로 분류한다. 즉, 상표충성도(brand loyalty)[7]가 높은 습관적 소비자, 주로 합리적 동기에 의하여 상품을 구매하는 인지적 소비자, 가격 내지 경제성을 중요시하는 가격 인지적 소비자, 상품 외형에 민감하면서 상표에 비교적 무관심한 충동적 소비자, 상품 이미지나 상품 상징에 극히 민감한 정서적 소비자, 기타 소비자로 구분하고 있다. 이러한 우드의 소비자 분류는 소비자의 구매행동적 특성을 유형별로 제시하고 있다는 점이 그 특징이다.

2.2 소비자의 성격과 특성 변화

1) 소비자의 성격

소비자는 기본적으로 제품 및 서비스를 소비하는 소비자인 동시에 그 제품의 생산자이며 구매자이다. 더 나아가 소비자는 거래의 주체이면서 가격 결정자이고, 또 자본주의경제의 통제자이기도 하다. 여기서 소비자들이 갖는 성격에 대하여 구체적으로 살펴보고자 한다.

---

7) 상표충성도(brand loyalty)란, 동일한 물품이나 서비스를 반복 구매하는 소비자의 구매 습관을 말하는데, 상품애호도라고도 한다.

(1) 소비 상담자로서의 소비자

일반적으로 소비자라 하면 개인적 소비, 즉 개인의 욕구 충족을 목적으로 상품의 사용가치를 최종적으로 소모하는 최종소비자를 말한다. 이러한 최종소비자는 산업사용자처럼 상품 생산을 위해 원재료나 노동력을 구매·사용하지 않으며, 또 유통업자처럼 재판매를 목적으로 상품을 구입하지 않는다.

그리고 최종소비자의 소비는 그 형태와는 관계없이 소비자 자신이 갖고 있는 내적 욕망의 발현이라 할 수 있다. 즉, 소비자 개개인의 욕망이 사회적 욕망으로 집적되어, 생산력 향상과 기술 진보를 유발시키고, 신제품을 시장에 출현되도록 한다는 것이다. 이와 같이 인간의 욕망이 신제품을 요구하게 되고, 신제품은 또 다른 욕망이나 필요를 창조하게 된다. 따라서 소비자 개개인의 욕망은 역사적·사회적·문화적 소산으로, 새로운 발명·발견이나 신제품을 낳게 한다고 할 수 있겠다.

(2) 생산자로서의 소비자

소비자는 생산된 상품을 소비하는 동시에 생산요소를 제공하는 사람이다. 즉, 생산자로서의 노동자는 노동력의 대가인 임금으로 받은 화폐로 소비용품을 구입, 소비하기도 하지만, 노동자나 그 가족으로서의 소비자는 소비생활을 영위하면서 노동력을 재생산해 생산요소를 제공하기도 한다.

모든 욕망, 분배, 교환, 그리고 소비가 현실적으로 생산과 직접적인 관계를 맺고 있으며, 또 생산은 소비, 분배, 그리고 교환과의 상호관계를 규정하고 있다. 즉, 모든 소비자들이 어떠한 형태로든 사회적, 물질적 생산 활동에 직·간접적으로 관련되어 있으므로 소비자를 '소비만을 위해 소비하는 사람'이라고 단정할 수는 없다고 본다. 또한 소비자가 소비의 대상인 상품을 생산하는 생산사회의 일원이라는 점에서 생산을 매개로 한 사회적 관계와 소비를 매개로 한 사회적 관계를 함께 갖고 있는데, 이러한 양자 간의 관계는 생산의 고도화와 분업의 발달로 더욱 밀접해지고 있다.

(3) 구매행동자로서의 소비자

소비자들은 욕구 충족을 위해 자신의 구매력 범위 내에서 상품을 선택, 구매하게 되며, 또 이 과정에서 나름대로의 구매의사결정과정을 거친다. 소비자의 의사결정은 경제학에서 제시한 한계효용[8] 극대화(maximization of marginal utility)를 위해 항상 합리적·이성적 판단으로만 이루어지는 것은 아니다. 소비자의 구매의사결정에는 합리적 지향과 비합리적 지향이 함께 반영되고, 구매자 특성, 제품 특성, 판매자 특성, 상황적 특성, 그리고 문화적 특성 등의 영향을 받는다.

그리고 '소비자들이 어떻게 특정 제품을 특정 상점에서 구매하는가'에 대한 규명은 소비자행동[9] 연구의 핵심 과제이며, 소비자의 구매행동, 특히 구매의사결정은 소비자행동 이론의 중심 영역이다. 또한, 소비자 및 소비자 구매행동에 대한 조사·연구는 합리적인 기업 경영과 마케팅 관리에 매우 중요한 일이다. 소비자의 욕구 및 구매의사결정에 대한 정확하고 올바른 파악이 기업경영의 성패를 좌우하기 때문이다.

(4) 거래 주체로서의 소비자

시대의 변천, 특히 경제 및 생산기술의 발전에 따라 소비자의 구매 상품과 생활양식도 변화되어 왔다. 인간으로서의 생활을 영위하기 위하여 소비자는 상품을 구매·소비하지 않을 수 없으며, 또 판매자와 함께 거래의 주체가 될 수밖에 없다.

이와 같이 소비자를 거래의 주체로 보면, 그 주체가 인간이라는 점과 거래 목적이 생활이라는 점이야말로 소비자가 갖는 기본적인 성격이라고 할 수 있다. 그리고 오늘날 상품이 인간생활 전반에 걸쳐 영향을 미치는 것은 어쩌면 당연한 일이나, 점차 많아지고 있는 결함 및 불량 상품들이 소비자의 생활에 적지 않은 피해를 준다는 점에서 문제시된다.

(5) 가격 결정자로서의 소비자

자유경제체제 하에서 가격은 주요한 마케팅 믹스(marketing mix)[10] 요소인 동시에 마케팅 수단이다. 뿐만 아니라, 소비자행동 및 경제 운영의 중심이 될 정도로 매우 중요하다. 상품 가격은 원활한 시장경쟁 과정을 통해 결정되어야 하고, 또 그 결정 과정에 소비자들이 참여하여야 하는데, 현실적으로 그러지 못한 실정이다. 뿐만 아니라, 오늘날 대부분의

---

8) 우리들이 재화를 소비하는 것은 그로 인해 심리적 만족을 얻기 때문인데, 이때 얻는 만족을 효용(效用)이라 한다. 한계효용은 재화가 1단위 늘어날 때 추가로 얻는 만족의 크기이다.

9) 소비자행동에 대해서는 제11장~제14장에서 상세히 기술한다.

10) 마케팅 믹스(marketing mix)란, 기업이 마케팅 목표를 달성하기 위해 여러 가지 마케팅 수단(요소)들을 적절히 혼합하여 실시하는 것을 말한다. 구체적으로는 통제 가능한 마케팅 요소인 가격, 제품, 유통경로 및 촉진의 이른바 4P를 합리적으로 결합시켜 의사를 결정하는 것을 뜻한다.

소비자들이 상품의 품질, 성능 등을 명확히 인식하지 못한 상태에서 구매 행위를 하고 있다.

(6) 자본주의경제 통제자로서의 소비자

경제통제자로서의 소비자란, 제반 경제활동에 대해 감독 기능을 수행하는 소비자를 뜻한다. 즉, 소비자가 상품 가격 등에 대하여 유·무형의 영향을 미치며, 기업 등의 경제활동을 관찰, 감독한다는 것이다. 그리고 이러한 소비자의 감시·감독 기능이 생산자의 의사결정에 영향을 미치고, 더 나아가 현대 자본주의경제를 다소나마 통제하는 역할도 한다.

(7) 기업 및 정부 정책 영향자로서의 소비자

기업 이익은 가격, 비용, 판매량, 소비자 및 생산자의 의사결정 등에 의해 결정되는데, 이들 중 소비자야말로 기업의 매출과 이익에 가장 크게 영향을 주는 요소라고 할 수 있다. 왜냐하면, 소비자는 자신의 상표 선택을 통해 기업활동, 특히 매출이나 이익에 크게 영향을 미치며, 또 정치적 투표를 통해 정부의 경제정책 수립에도 영향력을 발휘하기 때문이다. 따라서 소비자들이 갖는 경제적 힘은 다른 어느 이해자 집단보다 크다고 하겠다.

(8) 생산자원 배분자로서의 소비자

'소비자는 이중적·양면적인 존재'라고 할 수 있다. 이는 소비자의 한 얼굴은 생산요소의 공급자이고, 다른 한 얼굴은 생산된 제품의 수요자임을 의미한다. 그리고 소비자는 재화 생산의 최종 감독 단계에서 기업 및 산업에 대한 생산자원의 배분에도 영향을 미친다. 이때 생산활동에 대한 소비자들의 영향력은 그들이 생산활동에 대해 수행하는 역할에 따라 다르다. 이는 텔레비전의 수요가 그의 생산에 소요되는 토지, 노동 및 자본에 대하여 파생수요(derived demand)[11]를 유발한다는 사실에서 알 수 있다.

기업 및 산업의 생산시설 규모와 그 가동률은 그들이 생산하는 제품에 대한 소비자 수요에 달려 있다. 이러한 소비자 수요가 산업의 완전가동을 실현시킬 수 있을 때 비로소

---

11) 파생수요(derived demand)는 최종재에 대한 직접적인 수요로 인해 생겨나는 간접적인 수요, 즉 생산요소에 대한 수요를 말한다. 생산요소에 대한 수요의 특징은 그 생산요소로 생산되는 생산물에 대한 수요가 있어야만 수요가 일어난다는 사실이다. 따라서 생산요소의 수요는 그 생산수요로써 만든 생산물의 수요에 파생된 수요라고 할 수 있다.

시설의 최적이용에 의한 전체 평균비용이 감소하게 되며, 보다 많은 이윤의 확보도 가능할 수 있다. 이와 반대로 소비자 수요가 일정 수준 이하로 감소될 경우에는 규모의 경제가 실현되지 못해 결과적으로 총 평균 비용이 상승함은 물론, 기계설비의 이용률마저 떨어져 기업은 파탄에 이르게 된다.

2) 소비자 특성의 변화

소비자를 둘러싸고 있는 환경요소들이 변함에 따라 소비자 또한 다음과 같이 변할 것으로 보인다.

첫째, 소비자들은 교육수준이 높아지고, 결과적으로 볼 때 훨씬 비판적, 사회 지향적으로 될 것이다. 즉, 소비자들의 교육수준이 전반적으로 향상됨으로써 의식수준의 향상을 통해 더욱 합리적, 비판적이 될 것이다.

둘째, 소비자는 환경적·사회적 문제해결에 기업이 보다 많은 역할을 할 것으로 기대하고, 여성들이 마케팅 활동을 더욱 많이 수행할 것으로 본다. 왜냐하면, 기업이 사회에 미치는 영향력이 증대되고, 여성의 사회활동 또한 점차 활발해지고 있기 때문이다.

셋째, 가족이 더욱 소규모화 되며, 지금보다는 대여[12]에 의해 소비·사용되는 제품들이 많아질 것이다. 특히 대가족사회에서 생활의 수단이었던 토지, 주택 등의 전통적 소유물들이 그러할 것이다.

넷째, 소비자들의 지위, 경쟁, 그리고 물질적 성공에 대한 관심이 감소하는 반면, 인간적 성취도 등에 대한 관심은 증가할 것이다. 즉, 소비자들은 자신의 기본적 욕구가 충족됨으로 인해 좀 더 고차원적인 욕구를 실현하기 위해 노력할 것으로 보인다.

다섯째, 소비자들이 여가시간의 증대와 더불어 나름대로의 라이프스타일(life style)을 구성, 유지시켜 나갈 것이다. 이는 미래 소비자는 자신의 생활설계 및 프로그램에 따라 능동적으로 생활을 구성, 연출한다는 의미이다.

여섯째, 앞으로 소비자행동은 소득이나 구매력의 영향도 받겠지만 사회 전체의 욕구구조, 가치관, 생활의식·관습 등의 영향을 많이 받을 것으로 본다. 이는 커뮤니케이션 매체의 확산이 개인소비자의 감정적·심리적 요소에 미치는 영향이 커지고, 또 개인이

12) 대여(貸與)에 의해 많이 사용되는 상품으로는 자동차, 예복, 장난감 등을 들 수 있다.

갖는 타인과의 관련성이 높아지기 때문이다.

일곱째, 소비자는 소비자운동, 공해 방지 운동, 환경보호 운동 등과 같은 사회운동에 보다 능동적, 자주적, 적극적으로 참여할 것이다.

여덟째, 소비자는 생산 및 소비의 논리나 능률의 논리에 따르는 단순한 '소비의 반복자'로부터 탈피하게 될 것이다. 다시 말해, 소비자가 생활의 논리, 정신적 욕망 충족의 논리, 여가 및 복지의 논리에 따르는 독자적인 인간으로서 생활의 질을 향상, 혁신시키는 소위 '생활의 재생산자'로 변할 것으로 보인다.

3. 소비와 소비문화

3.1 소비의 의의

1) 소비 개념

소비(consumption)[13)]란, 소비자들이 만족을 창출하기 위하여 시간과 자원을 결합시키는 모든 활동이라 할 수 있다. 전통적 소비에서는 개인의 만족을 추구하는, 즉 효용을 극대화시키려는 개인의 선택에 기초한 사적인 일로 간주되고 있으나, 현대적 소비에서는 이러한 개별적인 측면과 아울러 소비자 상호간의 의존에 기초한 공동체의식이 강조되고 있다.

소비는 경제행위이기도 하지만 심리적, 사회적 성격도 지닌다. 즉, 소비자의 소비 행위가 개인적 욕구를 충족시키기 위한 것임은 사실이나, 이러한 욕구 자체는 한 사회의 문화적 가치관, 제도, 규범의 영향을 받으며, 또 이들이 상품의 속성, 생산 양식, 사용 방법 등과 관련이 되기 때문에 사회적 행위로 간주되기도 한다. 이러한 소비의 주요 동인은 인간의 욕구[14)]이다.

매슬로우(A. Maslow)에 의하면, 인간 행동의 동기가 되는 욕구는 저차원에서 고차원으

13) 소비자(consumer)와 유사한 용어로 고객(customer)이 있다. 고객은 특정 판매점이나 기업에서 상품을 구매하는 사람에 대해 주로 판매점이나 기업 측에서 일컬어지는 용어이다.

14) 욕구는 소비자의 구매행동을 유발하는 가장 기본적인 것으로, 안전·배부름 등의 본원적인 것과 이들을 충족시킬 수 있는 현실적 수단, 즉 상품 소유와 같이 구체적인 것이 있다.

소비문화·소비자문제 전문 연구지

로 서열화되어 있다고 한다. 즉, 여러 가지 욕구들은 신체의 유지, 보호와 관련된 기본적 욕구로부터 사회관계 유지 및 자아실현과 관련된 보다 높은 고차원적 욕구에 이르기까지 계층을 형성하고 있다는 것이다. 이러한 욕구들은 상호작용을 하면서 소비자행동을 유발하는 요인이 된다.

소비자욕구는 항상 변화하는 것이며, 또 겉으로 드러나지 않는 잠재적인 것도 있다. 소비자들이 추구하는 궁극적 목표는 욕구 충족 수단으로서의 물질적 재화나 서비스 그 자체가 아니라, 재화 및 서비스가 가지고 있는 특성들을 소비함으로써 얻게 되는 만족에 있다. 보드리라르(J. Baudrillard)는 『소비의 사회』라는 저서에서 상품의 소비를 사용가치의 소비보다는 행복, 안락감, 사회적 권위, 근대성 등의 소비로 규정하고, 이러한 새로운 소비 개념을 통해 현대사회를 분석하고 있다. 그에 의하면, 현대사회 이전에는 풀뿌리를 먹는 것이나 축제를 개최하는 것 등은 소비로 보지 않았으나, 현대사회에서는 식료품 구입을 위한 일상적인 지출이나 위신과 품위를 유지하기 위한 지출, 그리고 축제 개최를 위한 지출 등 모두를 소비로 간주하고 있다.

우리는 현대사회를 소비사회라고 부르는데, 소비사회는 소비와 소비를 자극하기 위한 노력이 일상생활의 주가 되는 사회를 의미하며, 또 풍요한 사회나 지위 추구자들이 살고 있는 사회를 가리키기도 한다.

2) 소비의 의미 변화

(1) 전통 사회의 소비

직접 생산한 물품을 사용하던 전통 사회에서는 물품을 사용하는 것만을 소비로 보았다. 따라서 전통 사회의 소비는 결과적으로 사용가치를 창출하는 것을 뜻하고, 사용가치는 생산물이 삶의 과정에 투입되는 것을 의미한다. 요컨대, 전통 사회에서는 인간의 기초적인 욕구를 충족시키기 위하여 물품을 사용하거나 소비하는 것만을 소비로 간주하였다.

(2) 산업자본주의 사회의 소비

산업자본주의 사회의 소비는 상품을 구매하는 행위를 가리킨다. 이에 따라 상품 생산의 목표는 사용가치의 창조에 있는 것이 아니라 교환가치의 창조에 있으며, 그것도 상품으로서의 교환가치를 산출하는 데 있다.

(3) 후기 자본주의 사회의 소비

후기 자본주의 사회에서의 소비는 이미지 창출의 수단, 자신을 타인과 구별하기 위한 사회적 행위, 그리고 욕구의 재창조 수단 등으로 해석되는데, 이를 구체적으로 알아보면, 다음과 같다.

첫째, 소비는 소비자 자신의 이미지를 만들어내는 수단이다. 후기 자본주의 사회에서 교환가치는 하나의 이미지로 나타난다. 현대 소비자들은 자신이 구입, 소비하는 상품의 이미지로써 자기 자신을 표현하므로 상품 이미지 속에 표현되는 것은 결국 상품이 아닌 단순한 기호로서 현실적으로 그 영향력이 증명된 이미지라 할 수 있다. 이미지는 연쇄적인 특성을 가지고 있으며, 사물은 전체적인 의미 속에서 이미지의 고리 및 세트와 관련된다. 요컨대, 소비자들은 상품을 이미지의 연결 세트 속에서 소비한다고 할 수 있다.

둘째, 소비는 자신을 타인과 구별하려는 사회적 행위이다. 후기 자본주의 사회에 들면서 사물은 인간의 욕구로부터 분리되고 추상화되어 단순한 기호로서의 성격을 갖게 되었다. 즉, 소비자들은 상품을 사용가치로서만 소비하지 않고 자신을 다른 사람과 구별 짓는 기호로 소비하고 있다는 것이다. 이는 사회적으로 의미 있는 기호를 통해 자신을 다른 사람과 구별하기 위하여 소비한다는 것을 의미한다.

셋째, 소비는 또 다른 욕구를 창조하는 수단으로서의 역할을 한다. 모든 사람은 욕구 충족의 원칙 앞에서 평등하며, 또 원칙적으로는 자신의 욕구를 충족시킬 수 있는 소비의 평등화가 이루어져 있다. 그러나 소비의 평등화는 또 다른 차별화의 충동을 자극하고, 풍요한 소비사회의 이면에는 새로운 욕구가 끊임없이 생겨나고 있다.

생활정보 해지된 보험 계약의 부활

보험료 연체로 해지된 계약의 부활

보험계약자가 일시적으로 보험료 납입을 연체했을 경우, 해지환급금을 받지 않았다면, 연체된 보험료 납입 후 동일한 조건으로 보험계약을 유지할 수 있다.

보험료 연체로 해지된 보험계약은 보험계약 해지일로부터 2년 이내에 부활이 가능한데, 연체된 보험료와 이자를 납입하게 되면 기존 계약과 동일한 조건으로 보장을 받을 수 있다.

압류 등으로 해지된 계약의 부활

보험 가입자가 채무 불이행으로 인한 압류, 담보권 실행 등으로 해당 보험계약(소액 보장성 보험 제외)이 해지될 수 있다. 이 경우, 보험계약의 실질적 보험금 수령자인 보험수익자가 선의의 피해를 입을 수 있다.

보험사는 채무불이행으로 보험계약이 해지된 경우, 해지일로부터 7일 이내에 보험수익자에게 이를 통지해야 하며, 보험수익자는 보험계약자의 동의를 얻어 압류 등을 유발한 채무를 대신 지급하고, 15일 이내에 부활을 청약하면 기존 계약과 동일한 조건으로 계약이 유지된다.

보험 모집자 등의 부당한 권유로 해지된 계약의 부활

보험 모집자가 기존 계약을 해지하고 새로운 계약을 하도록 권유하는 일이 있다. 이 경우, 보장 범위가 달라지거나 보험료가 인상되는 등의 불이익이 생길 수 있다. 보험 모집자의 부당한 권유로 해지된 계약의 보험계약자를 보호하기 위해, 기존 계약이 해지된 날로부터 1개월 이내에 새로운 계약을 가입하게 하거나 기존 계약이 해지된 날로부터 6개월 이내에 신계약을 가입하게 하면서 보험 기간·예정 이율 등 중요한 사항을 비교하여 알리지 않은 경우에는 기존 보험계약이 해지된 날로부터 6개월 이내에 소멸된 보험 계약의 부활을 청약할 수 있다. 〈출처: 금융감독원〉

자료: 『소비자시대』, 2011년 9월호, p. 34.

3.2 소비문화의 의의와 특징

1) 소비문화의 의의

문화는 물질적인 것에서 정신적인 것에 이르기까지 다양한 의미로 해석되며, 그 범위 또한 매우 광범위하다. 일반적으로 문화는 '한 사회의 인간행동을 규정짓는 사회적 규범과 양식의 총체적 복합체'로 간주되며, 우리들의 삶의 양식, 즉 생활양식을 가리킨다. 여기서 문화의 특성에 대해 알아보고자 한다.

첫째, 문화는 사회 구성원들의 행동의 기준이 되며 규범을 제공하는 것으로, 욕구의 방향과 내용, 그리고 그 충족 방법 등을 통제하는 기능을 갖는다. 문화의 핵심인 가치체계는 사회 구성원들의 사고 및 행동 방향을 통제하는 역할을 한다.

둘째, 문화는 사회생활 과정에서 터득되는 일련의 행동규범이다. 한 사회의 규범과 가치 체계는 문화적 학습 과정을 통하여 그 사회 나름대로의 문화적 환경으로 발전되며, 계속적인 변화 과정을 통해 다음 세대로 계승되는 특성이 있다.

셋째, 문화는 사회 구성원 대다수에 의해서 공유되는 특성이 있다. 문화가 사회 구성원들의 행동 지침·방향과 규제의 역할을 하기 위해서는 사회 구성원 대다수가 그것을 수용하고 있어야 한다. 이는 어떤 특정 집단이나 소수를 통제하는 규범이나 행동 기준이 다수를 통제하는 규범이나 행동 기준이 될 수 없는 데서 알 수 있다.

한편, 문화적 특성이 사회에 따라 다르듯이 소비문화도 시대 및 사회에 따라 다르다. 또 동일한 사회라 하더라도 그 사회의 경제 발전 정도와 욕구에 따라 다르게 나타난다. 그러므로 우리 소비문화는 우리의 소비에 대한 관념, 사고 및 태도, 소비철학, 소비윤리 등과 같은 소비에 대한 사고를 포함하여 소비행위, 소비관습, 소비생활양식, 그리고 재화와 서비스를 가리킨다 하겠다.

소비문화는 고대로부터 시작되었으나 소비가 하나의 소비문화 형태로 자리 잡은 것은 18세기 이후이며, 또 상류사회 모방 때문에 활성화된 것이다. 19세기 후반의 소비문화는 단순히 상품의 양과 종류가 많아졌다는 점이 아니라 백화점과 같은 새로운 소매점의 등장으로 인해 과거와 다른 구매·소비 경험을 한다는 특징을 갖는다.

2) 우리나라 소비문화의 특징

앞으로는 새로운 라이프스타일의 출현과 함께 사회 환경 및 가치관의 변화, 소득·교육 수준의 향상 등으로 예술이나 패션과 같은 멋의 문화, 새로운 식료품·외식산업의 출현으로 인한 맛의 문화, 레저와 스포츠, 여행 등의 여가문화가 크게 발전될 것으로 보인다. 또한 자아실현 욕구의 증대, 감성·감각의 중시, 편리성 추구 등으로 인해 인스턴트 문화가 소비문화에 확산될 것이다.

기업들 간에는 디자인, 포장, 광고, 촉감, 색상, 기업 이미지 및 서비스 등 비가격 요소에 의한 경쟁이 치열해질 것이다. 이는 오늘날에는 단순히 고품질의 상품을 저가격으로 제공하는 것만으로는 소비자를 만족시킬 수 없기 때문에 나타나는 현상이라 하겠다. 소비는 경제적 현상임과 동시에 문화적 현상이다. 여기서 우리나라 소비문화의 주요 특징을 살펴보고자 한다.

첫째, 우리의 생활이 기본적 욕구 충족 시대에서 여가생활 중시 시대로 이행되고 있으며, 우리 사회에는 근검·절약하려는 풍조가 쇠퇴되고 '소비수준 = 성공 정도·신분 상태'식의 물질 중심적인 사고가 만연되고 있다.

둘째, 우리나라 소비자들의 의식에는 과시적, 자기 본위적, 쾌락적이고, 또 경쟁적 모방과 차별화를 목적으로 한 소비 경향이 크게 자리 잡고 있다.

셋째, 우리나라에는 과소비적 소비문화, 즉 충동 소비, 과시적 소비, 현재 중심적 소비, 경쟁적 모방 소비, 과잉 소비 등이 만연해 있음은 물론, 우리나라의 많은 소비자들은 자기중심적이고 개인주의적인 소비행태 속에서 소비수준이 곧 자신의 신분과 지위를 나타내는 기준이 된다는 의식을 갖고 있으며, 실제로도 신분·지위 과시를 위해 과도한 소비를 하고 있다. 어떤 문화가 한 사회에 들어와서 대중들의 습관과 사고를 변화시키는 데에는 상당한 시간이 소요되는데, 우리나라 경우, 생활양식과 가치관의 변화가 급속히 이루어져 왔다.

결론적으로 말해, 건전한 소비 가치관을 확립하고, 그러한 소비문화를 정착시키는 것은 소비자 개인의 행복을 위해서는 물론, 국민경제 발전을 위해서도 매우 중요하다. 따라서 소비문화의 성격과 그 변화 추세를 소비자의 복지 측면에서 평가하여 바람직한 대안을 제시할 수 있도록 소비문화에 대한 연구가 활발히 이루어져야 할 것으로 본다.

4. 소비자 관련 학문

4.1 소비자학

소비자학(consumer science)은 소비자와 소비자를 둘러싸고 있는 외부 환경과의 상호작용을 연구하는 학문이다. 소비자학은 욕구·태도와 같은 소비자의 특성, 개인 및 가계 소비자행동, 시장을 중심으로 한 소비자환경, 소비자문제의 파악·해결, 소비자정책, 그리고 소비자 능력 향상 및 소비자만족 증대를 위한 소비자교육 등을 연구대상으로 한다.

소비자학은 소비자행동, 소비자행동의 경제적·사회적·심리적·생태적 영향 요인, 미시·거시 수준에서의 소비 유형과 가계행동, 그리고 소비자에게 영향을 주는 공공정책 등에 대한 분석을 주요 내용으로 하고 있다.

요컨대, 소비자학은 소비자 관점에서 소비자와 소비자를 둘러싼 외부환경과의 상호작용을 연구 대상으로 하는 학문이라고 할 수 있다.

4.2 마케팅

소비자를 중요시하게 된 것은 마케팅(marketing)[15)]이 단일 학문으로 등장한 이후이다. 사회적 유통시스템의 최종목표가 인간의 욕구 충족에 있는 이상, 마케팅 의사결정은 당연히 소비자 지향적이어야 한다. 그리고 마케팅은 소비자학과 가장 관련성이 많은 학문이라 할 수 있는데, 이는 마케팅의 한 영역인 소비자행동이론이 소비자학의 발전에 많은 공헌을 했기 때문이다. 즉, 소비자학의 많은 내용들이 마케팅 연구, 특히 소비자행동 연구에서 제공된 것이라 할 수 있다.

4.3 행동과학

행동과학에서는 생리학·정신병학 등 자연과학에 가까운 분야의 문제와 정치학·경제

15) 마케팅(marketing)이란, 원래(1960년대) '생산자로부터 사용자에 이르는 제품 및 서비스의 흐름을 통제하는 기업활동'으로 정의되었으나, 오늘날에는 '소비자욕구를 충족시키기 위한 일체의 행위' 또는 '소비자 생활수준의 창조와 전달' 등으로 폭넓게 정의되고 있다.

편의점 – 세븐일레븐 전경

학 등 사회과학 분야의 문제를 다루고 있다. 그리고 가치, 의사결정, 기업조직, 이질문화와의 접촉 등의 문제와 같이 개별 과학에서는 충분히 다룰 수 없는 중간 영역의 문제를 이해하고자 하는 학문이 바로 행동과학이다. 이러한 행동과학에서는 인간행동으로부터 인간 본성에 대한 추정이 가능하다고 보고, 인간행동의 다양한 측면을 연구해 왔는데, 최근에는 소비자행동에 관한 실증적 연구들이 활발하게 수행되었다. 이들은 소비자의 구매행동을 이해하는 데 많은 도움을 준다.

4.4 경제학

소비자행동 연구에서는 '경제학은 인간행동을 취급하지 않으며, 경제학 연구의 일차적 관심이 인간행동은 아닌 상품의 움직임에 있다'고 한다. 그러나 재화나 서비스는 사회적 경험을 통하여 그 자체의 의미를 찾을 수 있으므로, 경제학의 관심도 궁극적으로는 인간행위에 있다고 볼 수 있다. 사실 경제학자들은 오랫동안 소비자에 관한 실증적이고 방법론적인 문제들을 체계적으로 연구해 왔으며, 그들의 연구 결과는 경제정책 수립과 경영자 연구에 공헌한 바 크다. 그리고 1990년대 이후에 하나의 독립학문으로 등장한 소비자학의 연구에도 적지 않은 기여를 했다.

제2장

소비자주의 일반이론

1. 소비자주의의 의의와 배경

1.1 소비자주의의 의의

1) 소비자주의의 의의

오늘날 소비자들은 충동적이며 나약할 뿐만 아니라 제품에 관한 정보나 지식이 부족하다. 이로 인해 많은 소비자들이 구매의사 결정 시에 혼란을 겪는가 하면 권익마저 침해당하고 있다. 이러한 상황을 인식한 소비자들이 자신들의 권익을 지키기 위해 전개한 것이 바로 소비자주의 운동이다.

일찍이 소비자주의(consumerism)에 대해 부스커크(R. Buskirk)와 로드(J. Rothe)는 소비자가 생활수준의 창출 과정에서 축적한 불만족을 보상 및 구제받기 위한 소비자들의 조직화된 노력이라고 규정하였으며, 또 아커(D. Aaker)와 데이(G. Day)는 소비자의 권리를 침해하는 행위로부터 소비자들을 보호하기 위하여 설계된 정부, 기업, 그리고 독립된 조직 등의 활동으로 정의 내린 바 있다. 그런데 부스커크와 로드의 정의에서는 소비자 관련 기관을, 그리고 아커와 데이의 경우에는 소비자 개인을 경시하고 있어, 위 두 가지의 정의는 다소 제한적으로 내려진 것이라 할 수 있다. 사실, 소비자주의 개념은 위험으로부터의 구제나 보호 이상으로 많은 의미를 갖는다.

일반적으로 소비자주의란, 소비자보호를 위해 소비자단체, 정부 및 기업 등이 전개하는 조직적 운동으로, 소비자 등이 여러 가지 경로를 통하여 소비자 관련 활동을 수행하거나 새로운 제도를 형성해 나감으로써 자신들의 권익을 보호하는 활동 또는 구매자의 위험부담주의(caveat emptor doctrine)[16]를 배제하고, 기업으로 하여금 판매 후에도 자사 제품 및 서비스에 대해 책임을 지도록 하는 것을 가리킨다.

더 나아가 소비자주의는 소비자주권이 실현되고 소비자권익이 확립되어야 한다는 하나의 이념 또는 사상이라 할 수 있다. 사실 소비자주권의 실현과 소비자권익의 향상은 소비자운동을 통해 실현되는 것이므로 포괄적 차원의 소비자주의는 소비자운동을 포함하는 것으로 본다. 요컨대, 소비자주의는 소비자권리 실현 및 보호를 위한 하나의 사상이나 이념을 의미하는데, 넓은 의미에서는 그 실천적 행동이라 할 수 있는 소비자운동까지 포함하는 것이라 하겠다.

한편, 현대 소비자주의 개념은 원래의 것에 비해 많이 확대된 것이다. 즉, 오늘날의 소비자주의는 경제적 환경의 왜곡 및 불공정에 대한 관심, 인간의 건강, 공공복리, 안전, 그리고 소비자교육 및 탈빈곤화 문제까지도 포함시키고 있다. 이와 관련하여, 소비자주의 개념은 두 가지 견해, 즉 구매자와 판매자 간의 시장거래에 한정하는 견해와 쓰레기 처리나 교육과 같은 정부와의 거래까지도 포함하는 견해로 구별된다.

지금까지 살펴본 정의들을 종합해 보면, 그 활동 범위 및 영역 면에 있어 다소 상이한 점이 있으나 소비자권익을 추구한다는 점에서 대동소이하다. 즉, 소비자주의란, 대체로 소비자를 지지하거나 보호하기 위한 소비자단체나 개인, 정부, 그리고 기업의 조직화된 노력이라고 할 수 있다.

여기서 소비자주의 활동 영역에 대한 세 가지 견해를 알아보면, 다음과 같다.

첫째, 소비자주의 본래의 핵심 부분인, 소비자와 기업 또는 구매자와 판매자 간의 직접적인 교환과 관련하여 제기되는 불만을 소비자주의의 영역으로 보는 견해이다. 이 경우, 교환 관련 마케팅 활동이 소비자불만의 주된 내용이 되는데, 이는 마케팅 활동이 기업활동들 중에서 소비자와 가장 먼저, 가장 많이 접하는 활동이고, 또 소비자 입장에서는 가장 가시적이기 때문이다.

둘째, 소비자주의 영역에는 기업은 물론이고 교환관계에 있는 모든 조직들로부터 소비자를 보호하는 제반 사항까지 포함된다는 견해이다. 이는 소비자문제가 소비자와 병원,

16) 구매자 위험부담주의는 상품을 구입한 소비자(구매자)가 구매 후에 발생할 수 있는 잠재적 위험을 부담하는 것을 말한다. 이는 소비자의 권익을 옹호하는 판매자 위험부담주의(caveat venditor doctrine)에 상반된 개념이다.

생활정보 청약철회 의사표시는 14일 이내 해야

'방문판매 등에 관한 법률'에서는 방문판매 영업사원이나 전화 권유로 체결한 계약에 따라 물품이나 서비스를 제공받은 경우, 14일 이내에 청약철회가 가능하다고 규정한다. 예를 들어, 방문판매 영업사원과 체결한 교재 구매 계약에 따라 11월 18일에 교재를 수령하였다면, 수령일 다음날인 11월 19일 0시부터 12월 2일 자정까지가 청약철회 기간이다.

또한 상품이나 서비스의 내용이 표시·광고의 내용과 다르거나 계약 내용과 다르게 이행된 경우에는 상품이나 서비스를 공급받은 날로부터 3개월 이내, 다르다는 것을 안 날 또는 알 수 있었던 날로부터 30일 이내에 청약철회를 할 수 있다.

그리고 견본품이나 DVD 등을 배송해주겠다는 안내를 받고 집 주소를 알려줘 집으로 교재가 배송된 경우에는 물품을 택배로 반품하는 동시에 청약철회를 하겠다는 취지의 내용증명우편을 발송해야 한다.

내용증명우편으로 청약철회나 계약취소 의사를 표시하면 소비자가 계약을 체결할 의사가 없었음을 입증하는 명확한 자료가 된다. 내용증명 우편은 언제 누구에게 어떤 내용의 문서를 발송했다는 사실을 우체국이 보증하는 특수우편으로, 서면 내용이 정확히 전달됨은 물론, 보낸 사실에 대한 증거로 활용된다.

자료: 『소비자시대』, 2011년 1월호, p. 31.

학교, 경찰서, 그리고 세무서와의 관계에서도 발생할 수 있으며, 또 개인생활에 영향을 미치는 환경적 문제에까지 확대시킨 것이라 할 수 있다.

셋째, 다른 사람들이나 조직들 간의 교환관계에서 파생된 문제가 어떤 개인이나 기업 등과 같은 사회적 단위에 미치는 간접적인 영향까지도 소비자주의의 영역에 포함된다고 보는 견해이다.[17)]

17) 소비자 김 군이 A제철 회사로부터 철을 구입할 경우를 보면, A제철은 강철을 생산함에 있어 김 군이 낚시놀이를 하는 강을 오염시킬 수 있는데, 이로부터 김 군이 보호받아야 한다는 것이다.

2) 현대 소비자주의의 특성

원래 소비자주의 운동은 1900년대 초에 위해제품이나 허위·과장 광고로부터 소비자를 보호하기 위하여 전개된 운동이다. 오늘날의 소비자주의 운동은 여러 가지 환경 변화로 인해 과거의 소비자운동과 다소 다른 성격을 갖고 있는데, 그 주요 내용을 살펴보면, 다음과 같다. 첫째, 오늘날의 소비자주의는 사회경제적 환경의 변화로 인하여 고소득, 고성취도, 그리고 안정된 물가 등과 같은 비교적 좋은 환경에 놓여 있다. 둘째, 소비자 관계법의 제정 목적이 과거에는 주로 독과점 방지 등 경쟁 유지에 있었고, 소비자보호는 부수적이었다. 이에 반해, 오늘날에는 소비자보호 그 자체를 목적으로 제정된 법률들이 많다. 셋째, 오늘날 소비자주의는 소비자 조직 및 사회단체들로부터 많은 호응을 받고 있어 과거보다 그 힘이 훨씬 강하고, 그 결과 기업에 대한 영향력도 크다.

한편, 기업들도 소비자주의에 대해 과거와는 다르게 인식하고 있는데, 이를 구체적으로 살펴보면, 다음과 같다. 첫째, 소비자주의는 기업에게 있어 위협적인 것이 아니라 기회 제공적인 것이 될 수 있다. 즉, 기업이 소비자운동에 적극적으로 참여함으로써 자사에 대한 소비자 신뢰감 향상을 통해 기업 성장의 기회를 확보할 수 있다는 것이다. 둘째, 기업의 소비자주의는 장기적으로 볼 때 기업과 소비자 모두에게 유익한 것인데, 더구나 기업에 대해서는 자신들에 대한 정부 규제를 감소시켜 주기도 한다. 셋째, 앞으로 기업에 대한 소비자주의의 압력이 지속·강화될 것으로 보인다.

1.2 소비자주의의 등장 배경

소비자주의의 기원은 명확하게 말하기 어려우나, 시장상황과 더불어 소비자문제가 발생하였다는 사실에 대해서는 의견이 일치하고 있다. 즉, 구매자와 판매자 간에 제품이나 서비스의 가격, 품질 등에 대한 대립현상이 나타난 시기에 소비자주의가 발생하였다고 보는 것이다. 조직적인 소비자주의 운동이 나타나는 데에는 진보적인 사회분위기와 재화의 생산·분배양식에서의 급격한 변화에 관련된 소비자문제가 존재한다.

한편, 현대적 소비자주의의 등장 원인[18]에 대해서는 여러 가지 의견이 있으나, 초기

18) 대량생산·대량소비 시대 이후 소비자들은 결함상품, 위해상품, 과대·과장 광고 그리고 부당한 가격 인상 등으로 많은 피해를 입었고, 이로 인한 불만들이 표면화되었다. 이에 복지사회의 실현과 소비생활의 만족을 목적으로 한 소비자주의가 등장하게 된 것이다.

쉼터 랠프 네이더(Ralph Nader)

네이더는 프린스턴 대학과 하버드 대학을 나와 소비자권익 보호에 일생을 바친 변호사로서, 미국 소비자운동을 능동적, 적극적인 소비자운동으로 발전시킨 공으로 '소비자 대통령'이라 불리고 있다.

그는 1960년 당시 고속도로에서 발생한 자동차 사고에 관심을 갖고 자동차의 안전 설계 문제를 제기하였다. 즉, 1965년 GM사에서 제작한 신형차 콜베어(Corvair)의 결함을 폭로하는 것을 포함한 『어떤 속도에서도 안전하지 못한 차(Unsafe at any Speed)』라는 책을 발간하여 자동차 안전에 소비자들의 관심을 집중시켜, GM사로 하여금 콜베어의 생산을 중단토록 하였다.

이를 계기로 소비자운동은 불량제품이나 공해 요인 등을 적극적으로 고발하는 고발형 소비자운동으로 변화되었다고 할 수 있다. 또한 네이더는 고속도로에서 일어나는 사망과 부상 등 사고의 원인이 소비자 개인의 책임이라기보다는 자동차 구조 때문이라고 하면서, 소비자 안전을 위해 정부는 기업에 어떠한 압력을 가해야 한다고 주장하고, 관련 법률의 제정을 제안하였다. 그 결과, 1966년 자동차안전법이 제정되었다.

소비자주의에 없었던 다음과 같은 요인들과 관련이 많다. 첫째, 잉여 시간의 증가와 소득수준의 향상이 소비자주의를 확대·심화시켰다. 둘째, 인플레이션(inflation)이 소비자들의 생활을 어렵게 만들었다. 즉, 물가 상승이 소비자로 하여금 보다 우수한 상품을 기대하도록 했고, 또 기업이 그 기대에 부응하지 못하여 소비자를 실망시키게 된 것이다. 셋째, 기술이 거의 없는 근로자의 고용으로 인해 상품의 질이 저하되었다. 넷째, 소비자의 품질 개선 요구와 기술의 진보가 제품의 복잡성을 증대시켰으며, 또 제품의 성능 및 신뢰성 문제는 물론이고 서비스의 양적 증대 문제마저 초래하였다. 더구나 소비자들은 기업의 경제적, 기술적 상태·능력과 무관하게 우수한 상품을 요구하고 있다. 다섯째, 랠프 네이더(Ralph Nader)와 같은 소비자 지도자에 의하여 소비자운동이 대중화되었다. 이로 인해 소비자운동은 그 힘이 커진 것은 사실이나, 정치성이 내포된 경우도 있었다.

여기서 소비자주의 발생의 상황적 배경으로 생산의 성격 변화와 소비자주권의 붕괴를 들 수 있는데, 여기서 이들에 대해 구체적으로 살펴보고자 한다.

1) 생산의 성격 변화

자본집중 현상과 기술혁신의 진전으로 인해 새롭고 다양한 상품들이 대량생산되었고, 대량유통·대량소비 체제도 구축되었다. 그리고 지금까지 경험적으로 이루어졌던 판매활동 및 소비활동이 급속히 변화되었는데, 이를 소비혁명[19] 또는 생활혁명이라 한다. 이러한 소비혁명은 소비생활의 구조적 변화와 소비구조의 고도화 현상[20]을 초래하였고, 우리의 생활을 편리하고 풍족하게 변화시켰으며, 더 나아가 소비생활의 본질마저 바꾸었다. 사실 전통적인 소비자 의사결정 이론에서는 소비자들이 자주적으로 의사결정을 하며 소비구조의 변화는 주로 기업에 의해 이루어지는 것으로 보고 있다.

한편, 소비자욕구·의사에 부응하는 재화의 생산이야말로 '소비를 위한 생산'이며, 소비자주권(consumer sovereignty)을 실현시키는 일이라 하겠다. 따라서 소비자 의향에 따르지 않는 생산은 존재가치가 없다고 말할 수 있다. 그러나 현실적으로 기업은 이윤 추구를 목적으로 하기 때문에 소비와 이윤이란 두 가지 목적을 달성시켜야 하는 입장에 있다.

더구나 우리의 시장환경을 살펴보면, 소비자주권의 원리가 실현되지 않고 있으며, 소비자는 왕이라는 말이 허황된 구호에 불과하다. 대량생산에 의하여 초래된 고도의 대중소비 시대 내지 풍요 사회는 소비를 위한 생산보다는 도리어 생산을 위한 생산 또는 이윤을 위한 생산의 성격을 갖게 되었으며, 여기에서 소비자주의가 발생한 근원적, 구조적 원인을 찾을 수 있다.

2) 소비자주권의 붕괴

일부 기업들의 허위·과장 광고, 과잉 포장, 계획적 진부화 등은 소비자의 합리적 소비생활을 저해할 뿐 아니라 불필요한 노력마저 요구하게 된다. 이는 많은 소비자들이 안고 있는 일반적이고 기본적인 문제로, 소비자문제를 사회적 문제로 부각시킨 가장 주요한 요인이다.

---

19) 소비혁명(consumption revolution)은 소득수준의 상승, 산업기술의 진보 등으로 소비의욕, 소비생활의 내용, 소비에 관한 도덕의식 등이 급격히 고도화, 근대화되는 현상을 가리킨다.

20) 소비구조의 고도화 현상은 생활필수품 중심의 소비에서 생활편의품 중심의 소비로의 전환을 의미한다.

생명·건강 유지와 행복 증진을 위한 인간의 노력은 우리 모두에게 주어진 기본적 권리로, 어느 누구도 이를 방해할 수 없다. 그럼에도 불구하고 소비자를 이윤 획득의 수단으로 여기는 일부 기업들이 소비자들에게 소비를 조장하거나 사용가치가 남은 제품을 폐기토록 하는가 하면 상품 가격을 지나치게 높게 책정함으로써 소비자잉여마저 착취하기도 한다. 더구나 일부 기업은 유해·결함 상품을 시장에 출현시키거나 산업공해를 배출함으로써 자연과 생활마저 파괴하곤 한다. 이로 인해 많은 소비자들이 인간으로서의 행복추구권과 생활권마저 침해당하는 등 여러 가지 소비자문제를 겪고 있다.

1.3 소비자주의의 목표

소비자주의의 목표는 여러 가지가 있으며, 각 소비자 조직은 저마다의 목표가 있다. 일반적으로 소비자주의는 소비자교육, 소비자자위, 기업의 사회적 책임 수행의 세 가지 목표를 갖는데, 이들은 상호 관련성을 갖는다.

1) 소비자교육

소비자정보의 부족은 가장 기본적이고 심각한 소비자문제이다. 따라서 그들에게 정확하고 풍부한 정보를 제공하는 것은 무엇보다도 중요한 일이다. 소비생활에 필요한 광범위한 지식과 정보를 소비자로 하여금 습득케 하는 소비자교육은 소비자주의의 첫 번째 목표가 되고 있다. 상품의 품질·기능, 사용 방법, 제조업자 및 판매처의 신용도 등은 소비자들이 상품을 선택하는 데 매우 유익한 정보이다.

일반적으로 소비자교육은 가정 소비자교육, 학교 소비자교육, 그리고 사회 소비자교육으로 나누는데, 학교교육에서는 소비자주의의 중요성이나 상품 선별 방법과 같은 기초적인 것들을, 사회교육에서는 실질적인 소비생활문제들을 주로 다룬다.

현실적으로 볼 때, 경제생활을 영위하고 있는 성인 소비자, 특히 가정주부를 대상으로 하는 사회 소비자교육이 주된 소비자교육이 되고 있다. 그러나 아동이나 청소년들도 그 나름대로 독특한 소비문화를 형성하고 있으며, 또 그들의 소비생활 형태가 성인 소비생활로 이어지기 때문에 가정 소비자교육과 학교 소비자교육에 대해 보다 많은 관심을 가져야 할 것이다.

편의점 – CU(구 Family Mart) 전경

2) 소비자 자위

소비자 자위(self-defense)란, 소비자가 제반 불이익이나 피해로부터 스스로 방어하는 것을 말한다. 여기에는 두 가지 방법이 있다. 즉, 먼저 소비자 개인이 스스로 또는 어떤 조직과 연계하여 특정 상품의 구매나 특정 상점에서의 구매를 거부하는 방법과 소비자 조직이 자신들에게 영향을 미치는 법률의 입법을 지지하거나 반대하는 방법이 있다.

소비자 자위가 실현되기 위해서는 우선 소비자교육을 통한 소비자 의식 및 역량의 제고와 조직화가 선행되어야 한다. 사실 소비자교육은 소비자주권 실현을 위한 가장 기본적이고도 중요한 과제인 동시에 소비자운동의 실천적 목표이기도 하다. 소비자가 소비생활을 영위하면서 겪게 되는 피해나 부당함을 스스로 깨닫고 이를 바로잡고자 하는 것은 바로 성숙하고 역량 있는 소비자를 육성하는 데에서부터 시작된다고 할 수 있다. 바로 이 점에서 소비자 자위와 소비자교육은 상호 관련성이 높다고 하겠다.

3) 기업의 사회적 책임 완수

소비자주의는 의존효과(dependence effect)[21]에 대한 소비자의 저항력 함양을 통해

---

21) 의존효과(dependence effect)란, 소비자의 욕망이 광고 선전에 의해 환기되듯이, 욕망 충족 과정에 소비자가 사업자에 의존하는 것을 말한다. 생산자들이 소비자의 욕망에 따라 제품을 생산하는 것은 소비자주권에 입각한 것이다. 대부분의 기업들은 광고 등의 수단을 통해 소비자의 욕망을 자극, 유도하고 있다.

상품 선택 시 소비자들이 자주적으로 판단할 수 있도록 하고, 소비자주권을 확립하는 데 그 목적이 있다. 이를 위해, 소비자 내지 소비자 조직은 자신들의 통일된 의견을 사업자에게 전달하고, 기업 스스로 여러 가지 사회적 책임을 수행하도록 해야 할 것이다.

2. 소비자주의의 발전과 업적

2.1 소비자운동의 발전

소비자운동은 소비자들이 자신의 권익을 지키기 위해 사업자의 부당행위에 조직적, 비조직적으로 대항하기 위한 운동이며, 자본주의 경제의 성숙단계인 19세기 후반 이후 서유럽에서부터 시작되었다. 이러한 소비자운동은 발생 배경에 따라 영국에서 시작된 생활협동조합형 소비자운동, 미국에서 발전된 정보 제공형 소비자운동 및 고발형 소비자운동으로 나눌 수 있다.

1) 외국 소비자운동

(1) 제1기: 생활협동조합형 소비자운동

영국을 중심으로 한 서유럽제국의 소비자운동은 산업혁명 후의 성숙된 자본주의를 배경으로 하고 있다. 이 시기에는 산업혁명으로 야기된 노동자와 자본가의 대립 현상이 심했으며 노동조합운동도 활발하였다. 이러한 소비자운동의 시초는 1844년 12월 영국 랭카셔 주의 맨체스터 근교에 있는 로치데일 마을에서 저임금과 실직에 허덕이던 모직물 직공 28명이 결성한 '로치테일 공정개척자 조합'(Rochdale Society of Equitable Pioneers)이다.

공상적 사회주의자 로버트 오언(Robert Owen)의 영향을 받은 이들은 처음 식품점을 개설하여 성공한 뒤 방직 공장을 설립하게 되었다. 조합원이 1만 명을 넘어 성공을 거두자 도매 부문에도 진출하여 막대한 수입을 올렸으며, 그 수익금은 교육 및 자선 사업에 기부하였다. 투자 자본에 대해서는 고정 이자를 지불했고, 이익금은 구매 실적에 따라 분배하였다. 이는 오늘날까지 소비자조합의 기본 구조가 되어 왔으며, 로치데일 조합은 세계 협동조합운동의 초석이 되었다.

당시 근로자들은 노동에 대한 정당한 대가를 받지 못하고, 높은 소비자물가, 낮은 품질수준 및 유해식품 등으로 인해 고통 받는다고 생각하였다. 이때의 소비자운동은 생필품을 직접 구입하는 데 중점을 둔 극히 제한된 소비자운동이었으며, 또 조직적으로는 전개되지 않았다. 기존 노동조합운동과 더불어 전개된 소비조합운동은 독일, 스웨덴, 덴마크 등 서유럽 국가에서 활발히 전개되었으며, 소비용품을 저렴하게 공급하는 데 많은 역할을 하였다.

(2) 제2기: 정보 제공형 소비자운동

1872년 미국 소비자보호법이 세계 최초로 제정되었으며, 소비자운동이 본격적으로 시작된 것은 그보다 훨씬 뒤인 1900년경이었다. 개인주의적 경쟁사회인 미국의 소비자운동은 소비자에 대한 정보 제공 활동을 중심으로 전개되었다. 그리고 19세기 후반 이후에는 급격한 공업화로 인하여 도시 인구 집중화 현상이 나타났으며, 노동문제가 사회문제로 등장하였다. 당시 경영자들은 늘어나는 시장 수요를 감당하기 위해 주로 공장시설의 확충, 생산성 제고를 위한 작업 방법의 개선, 그리고 대량생산화 등에 관심이 많았다. 그리고 1898년에 노동조건 및 근로자 생활 향상을 목적으로 하는 전미소비자연맹이 설립되었고, 이로 인해 좋은 노동조건을 가진 사업자의 상품을 구매하는 등 전국적인 소비자운동이 전개되기 시작하였다.

특히, 1906년 싱클레어(U. Sinclair)가 시카고 육류 포장 산업이 처한 비위생적이고 열악한 환경을 묘사한 『정글(*The Jungle*)』이라는 책을 발간하였다. 이는 곧 대중적인 분노와 여론을 유발시켜, 소비자보호에 대한 국가적 관심을 갖게 하였고, 결과적으로는 불량식품 규제를 내용으로 하는 연방식품의약품법(1906)과 연방육류 검사법(1907)을 제정토록 한 것이다. 1920년대 이후 대량생산·대량판매 방식이 성행함으로써 허위·과장 광고 문제가 나타나게 되었고, 합리적인 상품 선택에 의한 소비지출의 필요성이 인식됨으로써 주부 중심의 소비자보호운동이 전개되기에 이르렀다.

미국에서 소비자운동은 1929년 경제공황을 계기로 확산되었다. 즉, 경제공황으로 인한 물가 상승과 실업 사태로부터 자신을 보호할 필요성을 인식한 여성단체들이 소비자운동을 전개하게 된 것이다. 그리고 소비자운동에 크게 자극을 준 것은 1927년 체이스

(S. Chase)와 슐링크(F. Schlink)의 『*Your Money's Worth?*』 등과 같은 소비자 계몽 서적이다. 이 책은 소비자의 구매력을 낭비하도록 하고 대량생산의 이익을 강탈하는 판매 전략을 고발한 것으로, 기만, 강압적인 판매, 계획적 진부화 전략 등을 비판하고 있다. 또 소비자정보를 제공하기 위해 과학적인 상품 표준 및 검사가 필요함을 역설하고 있다.

뿐만 아니라 소비자들의 생활비 절약 방법들이 제시되는데, 그중에는 건전하게 의심해 보는 것, 집에서 제품을 만드는 것, 정부로 하여금 제품기준을 세우게 하는 것, 공정한 시험기관을 설립하는 것 등이 있다. 이때부터 정부제공형 소비자운동이 본격적으로 이루어졌으며, 또 소비자들이 소비자권리를 적극적으로 인식하게 되었다.

체이스와 슐링크는 1928년에 최초의 상품테스트 기관인 소비자조사연구소(Consumers' Research, Inc.)를 설립하였으며, 또 기관지인 『소비자조사지(*Consumers' Research Magazine*)』를 발행하여, 소비자들에게 다양한 상품 정보를 제공하였다. 그리고 소비자교육운동을 처음으로 전개한 1935년에 동 연구소에서 분리된 미국소비자연맹(Consumers Union of U. S.)의 설립을 보았으며, 또 『컨슈머리포트(*Consumer Reports*)』를 발간하게 되었다.

한편, 루즈벨트(F. D. Roosevelt) 대통령의 뉴딜(New-Deal) 정책에 따라 정부가 소비자보호에 적극적으로 개입하게 되었고, 연방거래위원회(FTC)에게 강력한 소비자피해 구제 권한을 부여하였다. 미국에서 발생, 발전한 정보 제공형의 소비자운동은 스웨덴, 노르웨이, 영국으로 크게 보급되었다. 1920년대와 1930년대에 걸쳐 활발히 전개된 정보 제공형 소비자운동과 제2차 세계대전 이후의 대량생산·대량소비 시대를 배경으로 '현명한 소비자'의 육성을 목표로 한 소비자주의 개념이 탄생한 것이다.

(3) 제3기: 고발형 소비자운동

1962년 케네디 대통령의 소비자 4대 권리 공포에 힘입어 미국에서 소비자운동이 본격화되었다고 할 수 있다. 여기에는 1960년대의 급격한 경제발전으로 인한 환경파괴, 공해의 발생, 유해·결함 상품의 증대, 그리고 기업에 대한 불신감 고조 등의 사회적 배경이 작용되었다고 본다. 또한 교육 및 소득 수준이 높아지고 물자가 풍부해짐에 따라 소비자 기대 수준이 높아진 점, 대중매체들이 소비자문제를 자주 다룸으로써 소비자주의가 대중적 관심을 불러일으킨 점 등도 적지 않게 영향을 준 요인이다.

그 후, 공정포장표시법(1966), 자동차안전법(1966), 상품보증법(1972) 등의 소비자 관련법이 제정되었으며, 1972년에는 소비자상품안전위원회가 설치되었다. 이러한 조치와 더불어, 존슨(L. Johnson) 대통령은 백악관에 소비자문제 담당 특별보좌관을 두는 제도를 마련하였으며, 포드(G. R. Ford) 대통령은 1975년 5번째 소비자권리인 교육을 받을 권리를 제창함으로써 소비자교육이 활발하게 전개되는 계기를 마련하였다. 이러한 정부의 노력과 함께, 미국 소비자운동은 랠프 네이더에 의하여 더욱 고조되었으며, 1966년 전국적 소비자 조직인 미국소비자연합회(Consumer Federation of America)가 설립되었다.

이후 미국의 소비자운동은 불량상품 배격, 상품테스트, 가격 인상 반대 등으로 대표되는 이전의 소비자운동과 달리, 기업 규제와 행정 개선을 적극적으로 촉구하는 진보적인 소비자운동으로 변화되기에 이르렀다. 오늘날에는 성숙한 소비자, 즉 '책임 있는 시민 소비자'라는 목표를 강조함으로써 보다 성숙한 소비자주의를 지향하고 있다.

2) 우리나라 소비자운동

(1) 1950년대 ~ 1970년대 후반

우리나라 소비자운동의 효시는 1955년부터 시작된 서울여자기독교청년회(서울 YMCA)의 소비자운동이다. 그 후 1964년에 한국부인회가, 1965년에 대한어머니회가 소비자운동을 시작하였으나 별 성과가 없었다. 1970년대에 와서 소비자의식 향상과 주부교실중앙회(1972), 주부클럽연합회(1972), 한국여성단체협의회(1973) 등의 참여로 우리나라 소비자운동이 활력을 찾게 되었다.

한편, 1968년에 우리나라 최초의 전문소비자단체인 한국소비자보호협회가 조직되어 그 나름대로 활동을 시작하였으나, 이듬해에 활동이 중단되었다. 그리고 소비자연맹이 1970년에 탄생되었는데, 이 또한 전문 인력의 부족과 재정적 어려움으로 활동을 중단하다가 1978년부터 다시 활동을 개시하였다. 이처럼 초기 우리나라 소비자운동은 전문 소비자단체가 아닌 기존 여성단체들에 의해 전개되었으며, 계몽 활동 위주였다.

1970년대 후반까지는 소비자단체에 대한 법적·재정적 지원 부족, 소비자 전문가·지도자의 부재, 소비자운동에 대한 인식 부족 등으로 인하여 소비자단체들이 그 역할을 다하지 못하였고, 또 그로 인해 소비자운동 역시 활발히 전개되지 못했다.

(2) 1970년대 후반 ~ 1980년대 중반

1976년 여성단체협의회, 주부클럽, 주부교실, 대한YWCA 등은 당시 경제기획원(현재 재정경제부)으로부터 재정 지원을 받아 소비자보호단체협의회를 조직하였다. 그 후, 소비자연맹(1979), 소비자문제를 연구하는 시민의 모임(1985) 등이 동 협회에 가입함으로써 한국소비자단체협의회[22]는 10개 회원단체와 함께 한국 소비자운동을 이끄는 대표적 전문 소비자단체로서 자리 잡고 있다. 1980년 이후에는 소비자단체들이 관련 국제회의에도 참석하였으며, 또, 1980년에 우리나라 소비자운동사에 길이 남을 소비자보호법이 제정됨으로써 소비자단체를 조직할 수 있는 제도적 근거가 마련되었다.

요컨대, 초기 우리나라 소비자운동은 소비자문제를 파악하여 대책을 마련하기보다는 외국, 특히 일본의 소비자운동 프로그램을 모방하는 수준이었으며, 1980년대에 들어와서 우리 현실에 부합되는 명실상부한 한국적 소비자운동이 전개되었다고 말할 수 있다. 그러나 이때에도 소비자주의 관련 이념의 미정립, 자금 및 소비자 지도자의 부재, 소비자의 적극성 결여 등의 문제들이 여전히 남아 있었다.

(3) 1980년대 중반 이후

1987년 12월에 있었던 소비자보호법 개정으로 인해 소비자운동, 특히 소비자단체에 대한 제도적 지원[23]이 강화되었고, 이로써 우리나라 소비자주의가 도약하는 계기가 마련되었다고 할 수 있다. 즉, 소비자의 7대 권리가 제시되고 한국소비자보호원의 설립이 추가된 동법의 개정이 우리나라 소비자운동 역사에 커다란 전환점이 되었다는 것이다. 그리고 1996년에 소비자보호법이 소비자단체의 권한과 지위를 제도적으로 강화시키는 방향으로 다시 개정됨으로써 우리나라 소비자운동이 본궤도에 오르게 되었다.

1990년대 이후, 종전과는 달리 새로운 소비자문제가 등장하기 시작하였다. 1997년 미국 수입산 쇠고기에서의 O-157 병원균 검출, 수입 아이스크림에서의 유해물질 검출, 1999년 벨기에 산 돼지고기의 다이옥신 파동 문제, 유전자 조작 콩 문제 등이 대표적인 사건이었다. 전자상거래가 급속히 확대되면서부터는 인터넷상의 각종 사기 거래 및 불법

22) 한국소비자단체협의회는 소비자보호단체협의회의 바뀐 명칭으로, 제5장에서 상세히 다루어진다.

23) 소비자단체에 대한 보조금 지급 조항이 명시됨으로써 소비자단체 활동의 보장 및 활성화에 크게 기여하게 되었다.

생활정보 소셜커머스 서비스

소셜커머스(Social Commerce)의 파격적인 할인율만 보고 물품을 구입하면 후회할 수 있다. 소셜커머스를 통해 물품을 구입할 때에는 피해 예방을 위해 다음 사항을 준수해야 한다.

꼭 필요한 물건인지 따져야 한다

소셜커머스에서 판매하는 상품은 높은 할인율을 자랑하는 경향이 있다. 소셜커머스에서 판매하는 상품의 가격이 아무리 저렴하더라도 꼭 필요한 것인지를 생각해보고 구입 여부를 결정해야 한다.

상품의 구입 조건을 따져 보아야 한다

소셜커머스에서는 많은 상품을 취급, 판매하고 있으며, 판매 조건도 다양하다. 상품을 구매하기 전에 사용 가능 시기, 사용 마감 시기, 1인 구매 제한 횟수, 쿠폰 유효 기간 및 사용 방식, 시설 확인, 테이크아웃 가능 여부 등을 꼼꼼히 살펴보아야 한다.

교환·환불 조건을 확인한다

소셜커머스 업체가 통신판매중개업자인가, 아니면 통신판매업자인가 하는 논란이 있었으나 2011년 5월 공정거래위원회가 통신판매업자로 결정을 내렸다. 통신판매업자는 판매한 물품에 대한 사후 책임을 져야 한다. 서비스 이용 전에 업체의 교환·환불 등 조건을 확인한다.

상품 정보를 미리 검색해 본다

업체에서 제시한 음식 양과 실제 음식 양의 차이, 소셜커머스를 통해 방문한 손님과 일반 손님과의 서비스 차이 등으로 인한 소비자 불평이 증가하고 있다. 상품을 구입하기 전 구입할 상품에 대한 정보를 검색해 불이익이 발생하지 않도록 한다.

반값 할인에 현혹되지 않는다

소셜커머스 업체들이 대폭 할인된 상품을 수없이 내놓는 만큼 서비스 이용객도 보다 꼼꼼한 정보 수집을 해야 할 것이다. 광고에 이끌려 구입하기보다는 자신에게 꼭 필요한 상품과 서비스인지 한 번 더 생각해 보는 소비자가 되어야 한다.

자료: 『소비자시대』, 2011년 6월호, p. 13.

거래로 인한 소비자피해, 소비자 개인정보 노출 등 새로운 소비자문제가 제기되기 시작하였다. 이처럼 각종 소비자문제가 빈번하게 발생하자, 1991년 합성세제 덜 쓰기 운동 및 분유 광고 금지 대회, 1993년 미국산 수입 밀(발암 농약 검출) 사용 저지 캠페인, 1994년 에너지 절약 캠페인 등이 확산되기 시작하였으며, 유전자 조작 제품 여부 표시 의무화, 전자상거래 관련 소비자보호지침 및 표준약관 등이 마련되기에 이르렀다.

2.2 소비자주의의 주요 업적

1) 소비자권리의 법적 보장

케네디 대통령이 1962년 3월 15일, 연방의회에 소비자교서를 보낸 것은 미국 소비자운동의 전환점을 마련하였는데, 이는 대통령이 소비자보호 문제를 최초로 제기하였다는 점에서 그 의의가 크다. 즉, 케네디 대통령이 소비자권리장전(Consumer Bill of Rights)을 선언하고, '소비자는 권리를 가진다'는 것을 성문화하여 소비자권리를 보장토록 한 것은 소비자주의가 낳은 대표적 업적이라 할 수 있다. 특히 소비자권리장전은 전 세계 여러 나라의 소비자 관련 법률 제정에 기본 틀을 제공하였다는 점에서 그 의의가 매우 크다.

요컨대, 소비자권리의 공포는 결과적으로 소비자권리의 중요성을 많은 사람들에게 환기시켰으며, 그 내용들이 지역사회에 대한 기업의 기여도를 평가하는 기준으로서 역할을 하였고, 그 후 소비자 관련 법률을 제정하는 데 기초가 되었다는 점에서 높이 평가되고 있다. 따라서 케네디 대통령의 소비자권리 공포는 소비자주의의 다른 어느 업적과도 비교할 수 없는 큰 공적이라 하겠다.

2) 기업의 인식 변화

소비자주의의 또 다른 공헌으로서 소비자 및 소비자주의에 대한 기업의 인식 변화를 들 수 있다. 즉, 기업 경영자들이 소비자운동으로 인하여 사회적 책임감을 보다 크게 인식하게 되었고, 사회봉사 기회도 갖게 되었다는 것이다. 더 나아가 소비자주의가 기업에 대해 마케팅 기회를 제공하는 것으로 인식하도록 하였다.

현대적인 기업 경영자라면 소비자주의를 '시장경쟁 상의 우위'를 확보하는 수단으로 간주, 활용할 필요가 있다고 본다. 나아가 기업에서 소비자주의를 마케팅 기회로 활용하기

전남 장흥시장 어물점

위해서는, 우선 소비자만족을 증대시킬 수 있도록 보다 좋은 제품을 개발하고 사회 지향적 마케팅 개념(societal marketing concept)[24]을 도입하는 등 소비자 및 사회에 대해 보다 적극적인 관심을 가져야 할 것이다.

3) 사회문화적 발전

소비자주의는 단순한 소비자 고발이나 부당 기업 행위에 대한 저항만을 내용으로 하는 것이 아니라 '인간 중심의 복지사회를 이룩한다'는 가치관에 바탕을 둔 사회개혁운동이다. 사실 소비자주의는 경제적인 측면에서뿐 아니라, 부당 상행위 예방, 소비자와 기업 간의 불신 해소 및 도덕심 회복 등 사회문화적 측면에서도 많은 발전을 가져다주었다.

소비자주의 실현과 사회 진보에 대한 열망 간의 관련성을 알아보면, 개인이 소비자주의 운동에 적극적으로 참여함으로써 자유주의 신념과 공동체의식을 함께 지지한다는 점에서 찾을 수 있다. 소비자주의 운동은 사회의 전통적 가치와 풍요로워진 물질적 여건을 조화시키기 위한 시도라고 할 수 있으며, 또 양자 간의 긴장을 조화시키는 수단으로 볼 수

24) 사회 지향적 마케팅(societal marketing concept)이란, 기업은 자신들의 마케팅 활동 결과가 장기적으로 소비자와 사회에 어떠한 영향을 미칠 것인가에 대해 관심을 갖는 것은 물론, 사회에 대해 부정적 결과를 야기하지 않도록 하는 마케팅이다. 따라서 사회 지향적 마케팅은 고객만족, 기업목적, 그리고 사회복지를 동시에 추구하는 마케팅 개념이라고 할 수 있다.

있다. 즉, 소비자주의는 소비의 즐거움을 합법화하는 동시에, 효율성과 인본주의라는 전통적인 가치도 내포하고 있다는 것이다.

3. 소비자와 소비자운동

3.1 근로자와 소비자운동

근로자는 소비자운동과 누구보다도 관련성이 높다. 왜냐하면, 기업 횡포, 인플레이션 등이 다른 어떤 이들보다도 근로자들에게 큰 영향을 끼치기 때문이다. 따라서 노동자들은 임금 및 고용 문제와 같은 수입 측면의 운동, 즉 노동운동에는 물론, 물가 인플레이션과 같은 지출 측면의 운동, 즉 소비자운동에도 보다 적극적으로 참여해야 할 것이다. 근로자들이 이러한 노동 및 소비자문제의 본질을 충분히 인식할 수 있을 때 비로소 노동자로서의 역할과 소비자로서의 역할을 다할 수 있을 것이며, 또 노동조합과의 소비자단체의 구성원 간의 단결력 강화에도 기여할 수 있을 것이다.

3.2 농민과 소비자운동

농민은 노동의 공급원 내지 소규모 식량 생산자로서 자본주의 발전에 많은 역할을 해왔다. 우리나라 농가는 1970년대 이후부터 소비생활 형태가 도시형으로 변모되었으며, 또 농민들도 가계비의 팽창, 물가 상승 및 유해·결함상품 등의 문제를 안게 되었다. 더구나 농민의 소비자문제에는 도시 소비자에 비해 복잡 다양하며, 일반 소비자들이 갖는 문제 이상의 것들이 내포되어 있다. 농민들은 소비자의 역할은 물론이고 최종생산자 내지 중간생산자로서의 역할도 하기 때문이다. 그들은 주로 씨앗, 농약, 비료 및 농기구 등을 구매하고, 생산된 농산물을 시장에 직접 내다 팔거나 가공 및 생산원료로 재판매하게 되는데, 이 과정에서 다양한 소비자문제를 경험하게 된다.

더구나 농민들은 자신들을 소비자로서 인식하지 못하는 경향이 있으며, 또 여러 가지 열악한 조건·여건으로 인해 도시인에 비해 소비자로서의 역할을 잘 해내지 못하고 있는 실정이다. 따라서 농촌 소비자들도 하루 빨리 소비자의식 향상을 통하여 구매 및 소비생활의 합리화를 이룩하도록 해야 할 것이다. 한편, 일본의 농협부인회와 한국의 새마을부인회는 대표적인 농촌 소비자 조직이라 하겠다.

3.3 여성과 소비자운동

소비자운동이 여성 내지 부인 단체를 중심으로 전개·발전되어 왔음은 주지의 사실이다. 이는 여성, 즉 주부가 구매의 주된 담당자이고, 또 여성운동과 소비자운동이 불가분의 관계에 있기 때문이다. 즉, 주부가 구매의 주된 담당자이고, 또 여성운동과 소비자운동이 불가분의 관계에 있기 때문이다. 그리고 여성운동은 여성이 사회나 가정에서 자신들의 권리, 책임, 그리고 사명을 자각하고 그 역할을 충분히 수행할 때 비로소 발전할 수 있다. 이는 곧 다양한 성격 및 목표를 갖는 여성단체들이 공동행동을 취할 수 있는 근거가 되며, 여성의 권리나 사명감은 여성 소비자운동을 유지하는 힘이 된다.

소비자문제는 소비자 개인으로서는 해결이 불가능할 수 있으나 그들의 발상과 행동을 통일·단합시킴으로써 해결이 용이해질 수 있다. 결론적으로 말해, 여성이 보다 나은 인간생활을 지속적으로 추구해 나가기 위해서는 가정, 지역 및 직장 등에서 자신들의 생활을 영위하면서 소비자운동에 적극적으로 참여해야 할 것이다.

4. 소비자주의에 대한 전망

향후 소비자주의는 계속 유지되고 확대될 것으로 보는데, 여기에는 소비자주의의 목표 내지 목적이 명확하게 제시되고 소비자들이 이를 충분히 인식하고 있어야 한다는 사실이 전개된다.

투표를 통해 정치라는 상품을 선택하는 것은 한 개인 정치인 혹은 정당, 정치집단의 성패를 결정짓는 유권자의 행위이다. 소비자들은 이러한 행위를 시장에서, 슈퍼에서, 생활속에서 매일 수십 차례씩 하고 있다. 우리는 이러한 행위, 어쩌면 삶 그 자체인 소비자들의 일상을 소비라고 부르는데, 소비행위를 통해 기업이 살거나 죽고, 시장이 바뀌고 뒤집어질 수 있다는 것이다. 이는 소비자주의 이념과 실천적 소비자운동이 그 기능을 충분히 발휘할 때 비로소 가능하고, 또 효율적으로 이루어질 수 있다.

소비자주의가 지속·확대될 것으로 보는 이유는 다음과 같다. 첫째, 소비자운동의 형성·발전 요인들이 계속 존재할 것으로 보기 때문이다. 즉, 정보의 부족, 허위·과장 광고, 기업에 대한 불신, 판매 경쟁의 치열, 마케팅 기관의 책임성 결여 등의 현상들이 지속될 것이다. 이들은 소비자의 과잉기대, 제품 복잡성의 증대, 부적합한 서비스 시스템 등으로 특징지을 수 있는 풍요사회의 부산물이라 할 수 있다. 둘째, 인플레이션, 에너지 부족 그리고 환경문제 등이 소비자문제를 확대시키고, 소비자주의를 발전시킬 것이다. 셋째, 소비자학 전공자들의 배출로 인해 많은 소비자 전문가 및 운동가들이 등장하여 소비자주의를 발전적으로 이끌 것으로 본다.

그러나 소비자주의의 성장속도가 그리 빠르지 않을 것으로 보는 측도 없지 않다. 그 이유로는, 기업의 사회적 책임의식 향상, 소비자운동 목표 및 프로그램에 대한 의구심, 그리고 소비자 관련법에 대한 불만 증대 등이 있는데, 여기서 이들에 대해 구체적으로 살펴보고자 한다. 첫째, 기업들이 불법 및 기만 행위 억제와 자율구제의 효율성 향상에 많은 노력을 기울이게 되고 또 이로 인해 기업활동에 대한 정부 규제가 감소될 것으로 보고 있다. 여기서 문제가 되는 점은 소비자권리를 보호하고자 하는 자발적인 기업의 노력의 결과라고 여겨지는 것도 실제로는 상당 부분 기업의 부당한 활동을 감시하는 소비자운동의 숨은 노력의 결과라는 것이다. 둘째, 새로운 규제와 입법이 어떠한 편의나 이익을 제공하기도 하나 그 이면에는 어떤 불이익이 있을 수 있다고 보는 사람이 있는가 하면 새로운 법규의 제정이 그 이전의 법규보다 더 많은 문제를 유발시킬 수 있다고 하는 사람들이 없지 않다. 셋째, 새로운 법률 및 규제가 도리어 소비자보호 기회를 감수시킬 수 있다고 보는 경우도 있을 수 있다. 넷째, 소비자 관련법의 증가로 인해 법률 간의 충돌 현상이 있을 수 있고, 또 어떤 법률이 영세업자들의 부담을 가중시킬 뿐 아니라 자유경쟁마저 제한하는 결과를 초래할 수도 있을 것이다.

결론적으로 말하면, 소비자주의는 복잡 다양한 다른 문제들과 다소 마찰하면서 계속 성장할 것이며, 또 기업과 정부에 대한 소비자주의의 영향력도 커질 것으로 본다. 왜냐하면, 자유시장체제가 유지되는 한 소비자주의를 형성·발전하게 하는 요인들이 계속 존재될 것이기 때문이다.

제3장

소비자권리와 소비자문제

1. 소비자권리의 의의와 내용

1.1 소비자권리의 의의

소비자권리는 제품 및 서비스의 구입, 사용과 관련된 소비자의 권리를 뜻하며, 그의 보장은 소비자주의를 실현하는 데 전제가 된다. 생산자나 판매자가 자신이 생산·판매할 상품을 자유로이 결정할 수 있듯이, 소비자 또한 원하는 상품을 자유롭게 선택할 권리가 있다.

그러나 현실적으로는 소비자들이 사업자가 일방적으로 결정한 가격 및 거래 조건으로 구매하는 등 여러 가지 면에서 문제가 있다. 이것이 거래현장에서 해결될 수 있도록, 즉 소비자권리가 확보·실천되도록 관련 조치를 마련해야 할 것이다.

소비자권리를 최초로 제창한 사람은 미국의 케네디(J. F. Kennedy) 대통령이다. 그는 1962년 3월 15일 미국 하원에 보낸 '소비자 이익 보호를 위한 특별교서'에서 소비자의 4대 권리, 즉 안전할 권리, 선택할 권리, 정보를 제공받을 권리, 의견을 반영할 권리를 선언하고, 정부는 소비자들이 이들 권리를 원만히 실천할 수 있도록 각종 조치를 취해야 한다고 주장한 바 있다. 이어 국제협동조합동맹(1964), 유럽공동체(European Community: EC, 1975), 국제소비자기구[25](Consumers International: CI, 1980), 일본의 제5회 인권교류집회(1986) 등에서도 소비자권리를 선언하거나 명문화하였다.

25) 과거에는 국제소비자연맹(International Organization of Consumers Union: IOCU)이라고 하였다.

유럽공동체는 건강과 안전을 보호할 권리, 경제적 이익을 보호할 권리, 피해 보상을 받을 권리, 정보와 교육을 받을 권리, 대표의 권리로 구성되는 5대 소비자권리를, 또 국제소비자기구는 안전할 권리, 선택할 권리, 정보를 제공받을 권리, 의사를 반영할 권리, 보상받을 권리, 교육받을 권리, 쾌적한 환경을 누릴 권리 등의 7가지를 주창하였다.

일본의 동경시 또한 1995년 10월 사업행위의 적정화 및 소비자피해 구제에 관한 조례를 통해 "소비자는 생명 및 건강이 침해당하지 않을 권리, 적정한 표시를 행하게 할 권리, 부당한 거래 조건을 강요당하지 않을 권리, 부당하게 입은 피해를 공정하고 신속하게 구제받을 권리, 정보를 신속하게 제공받을 권리를 갖는다."라고 한 바 있다. 우리나라의 경우를 보면, 1980년 소비자보호법 제정 당시에는 소비자권리에 대한 언급이 없었으나 1987년과 2001년 동법 개정 시에 소비자권리 내용이 삽입·추가되었다. 그 내용은 안전할 권리, 선택할 권리, 정보를 제공받을 권리, 의견을 반영할 권리, 피해 보상을 받을 권리, 교육을 받을 권리, 단결 및 단체행동권, 환경권 등 8가지이다. 이들 중 안전할 권리, 선택할 권리, 정보를 제공받을 권리는 사업자 활동과 관련된 권리이고, 의견을 반영할 권리, 피해 보상을 받을 권리, 교육을 받을 권리, 단결 및 단체행동권은 소비자에 대한 지원을 통해 실현될 수 있는 권리이다.

한편, 소비자주권은 1963년 허트(W. H. Hutt)에 의해 처음 명명된 것으로, 시장에서의 소비자 선호가 상품 생산량 및 가격 결정에는 물론, 사회 전체의 자원 배분에까지 영향을 미친다. 소비자주권이란, 자유경쟁을 원칙으로 하는 자본주의 경제에서 경제 유형, 산업구조, 생산 등을 결정하는 최종적인 권한이 소비자에게 있다는 것을 의미한다. 또 사무엘슨(P. Samuelson)은 구매 및 소비 행위를 정치에서의 투표 행위에 비유하면서 소비자 선호가 어떤 제품이 얼마나 생산되어야 하는가를 결정한다고 하였다.

모든 상품은 소비자에게 선택·구매되어 그의 욕구를 충족시킬 때 비로소 생산자의 목적이 달성될 수 있으며, 기업의 생산 활동 또한 계속적으로 이루어질 수 있다. 이에 생산자는 소비자가 원하는 재화를 소비자가 원하는 가격으로 제공해야 한다고 말할 수 있다.

요컨대, 소비자주권은 사회 전체에 대한 자원의 배분 등이 시장구조를 통해 소비자의 자유롭고 자주적인 선택에 의해 결정되는 상태를 의미하고, 소비자권리는 제품이 가계에 배분되는 방법을 가리킨다고 할 수 있다. 중앙정부가 무엇을 얼마나 생산할 것인가를

독일 뮌헨시장 야채점

결정하는 사회주의 경제체제 하에서는 소비자주권이 존재하지 않는다.

현대사회는 제품이 다양화·복잡화되고 있으며, 대량생산·대량판매·대량소비가 이루어지는 사회이다. 그런데 소비자는 다양한 상품을 조금씩 구입해야 하고, 더구나 상품의 제조업자가 누구인지, 자신이 원하는 품질이나 성능을 가진 것인지, 또 생명·신체·재산에 주는 피해가 어느 정도인지 등에 대해 명확하게 알지 못하고 있는 실정인데, 바로 이러한 현실적 문제로 인해 소비자들이 피해를 보고 있다.

뿐만 아니라, 제품 가격 및 거래 조건에 대한 결정이 사업자와 소비자 사이의 교섭에 의해서라기보다는 기업에 의해 일방적으로 이루어지고 있다. 이는 양자 간의 힘의 불균형에서 기인된 것으로, 자유주의 경제이념[26]의 근본을 파괴시키고 소비자주권마저 침해하는 것이다.

결론적으로 말해, 소비자주권이 확보되고 소비자권리가 실현되어야 하는데, 그러기 위해서는 사업자의 힘과 소비자의 힘이 같아야 하며, 이는 곧 우리들이 해결해야 할 과제라 하겠다. 그리고 소비자권리의 실현은 소비자의 합리적 선택과 기업 간의 완전경쟁을 실현하는 데 기본이 되는 것이므로 무엇보다도 우선적으로 이루어져야 한다.

---

26) 자본주의 경제이념은 모든 개인에게 자유스러운 경제활동을 최대한 보장한다는 것이다. 자본주의 경제체제는 개인의 사유재산과 자유로운 이윤 동기의 추구를 인정함으로써 개인의 경제적 창의성을 극대화하고 과학기술의 발달을 가속화시키는 장점이 있다. 반면, 개인의 극단적인 이기심을 촉발시키고 빈부의 격차를 심화시킨다는 단점도 있다.

1.2 소비자권리의 내용

우리나라 소비자기본법상의 소비자권리에 대해 알아보면, 다음과 같다.

1) 안전할 권리

안전할 권리는 건강과 생명에 위해한 상품으로부터 소비자가 보호받을 권리를 가리키는데, 위험한 장난감, 불량식품, 약품, 그리고 소비자가 위험을 깨달을 수 없는 상품 등과 관련성이 많다. 이 권리에는 상품이나 서비스로 인한 생명, 신체 및 재산상의 위해로부터 보호받을 권리는 물론, 관련 기관에 대해 안전에 필요한 건의 및 시정 요구의 권리도 포함된다. 정부에서는 그동안 나름대로의 소비자안전 정책을 수립·실시해 왔으나 아직 많은 위해요소들이 존재하고 있다. 따라서 소비자들은 이러한 피해가 발생하지 않도록 상품 구입·사용 시에 많은 주의를 기울여야 할 것이다.

2) 정보를 제공받을 권리

정보를 제공받을 권리는 소비자들이 상품 및 서비스의 선택에 필요한 정보나 지식을 제공받을 권리를 가리키는데, 정보 제공의 권리 또는 알 권리라고도 하며, 선택할 권리를 실천하는 데 전제가 되는 권리이다. 이러한 정보를 제공받을 권리는 소비자가 상품이나 서비스를 선택할 때 그 품질과 성능, 내용, 성분, 가격, 거래 조건 등에 대하여 정보를 제공받을 권리와 허위·기만 정보로부터 보호받을 권리로 구분된다. 따라서 이 권리는 소비자가 허위적·기만적인 상품 정보나 과대광고 등으로부터 보호받고, 또 이러한 정보로 인해 야기된 피해를 보상받을 권리라고 할 수 있다.

이 권리의 실현을 위해서는 기업과 행정당국이 소비자에게 참된 정보를 충분히 제공하고, 생산자나 판매자는 허위·과장 광고를 하지 않아야 한다. 또, 소비자들이 상품 관련 제반 표시(내용)를 믿을 수 있어야 하는데, 이는 소비자의 합리적 의사결정과 신뢰하는 소비사회를 조성하는 데 기본이 된다. 더 나아가 소비자는 사업자에게 상품 및 서비스 정보를 요구할 권리가 있다. 소비자단체들이 상품 특성, 판매 조건 및 거래 방법 등을 조사하여 그 결과를 공표하고 있는데, 이는 객관적이고 참된 정보를 소비자에게 제공하는 것을 목적으로 하며, 소비자단체의 중요한 기능이다.

3) 선택할 권리

선택할 권리란, 소비자가 상품이나 서비스의 구매 시에 상표, 거래 상대방(소매점), 거래 조건 등을 자유롭게 선택할 수 있는 권리를 의미한다. 이 권리의 실천을 위해서는 다양한 상품과 서비스들이 제시되어야 함은 물론이고, 소비자들이 풍부한 정보를 가지고 있어야 한다. 요컨대, 선택할 권리는 많은 사업자들이 다양한 상품을 경쟁적으로 제공하고, 소비자가 가장 좋은 품질이나 가격, 거래 조건의 상품을 선택할 수 있을 때 비로소 보장되는 권리이다.

오늘날 상당한 경제력을 가진 일부 대기업들이 제반 거래 조건을 결정하는 데 있어 소비자의 참여기회를 박탈하거나 현명한 선택을 방해하곤 한다. 이러한 여건에서 선택할 권리가 실천되기 위해서는 기업의 독과점 및 불공정 거래행위를 철저히 규제하고, 기업 간의 경쟁이 자유롭게 이루어질 수 있어야 하는데 특히 소비자의 합리적인 선택을 저해하는 허위·과장 광고[27]는 강력히 규제되어야 할 것이다.

4) 의견을 반영할 권리

소비자에게는 소비생활에 영향을 주는 국가 및 지방자치단체의 정책 수립과 기업의 경영 의사 결정에 자신의 의견을 반영시킬 권리가 있다. 의견을 반영할 권리는 정부나 기업이 각각의 소비자정책 수립 시에 소비자 의견을 반영시키고, 소비자문제를 신속하게 해결함으로써 실현될 수 있는 권리이다. 또한, 기업이 상품이나 서비스에 대한 소비자 의견을 경영활동에 지속적으로 반영토록 하기 위해서는 소비자 상담실과 같은 소비자 전담 기구를 설치·운영하는 것이 바람직하다. 왜냐하면, 소비자의 선호가 가격기구를 통해 경영자에게 전달되지 않을 경우에는 가격기구 이외의 제도적 장치, 즉 소비자 전담 기구를 통해서라도 그것이 전달되도록 해야 하기 때문이다.

5) 피해 보상을 받을 권리

소비자는 구매 상품 및 서비스로 인한 피해를 공정한 절차에 의하여 보상받을 권리를 가진다. 이 권리로 인해 소비자들은 기업의 소비자기구, 소비자단체, 한국 소비자보호원, 정부 내의 관련 기관 등에 자신이 입은 피해에 대하여 보상이나 구제를 요구할 수 있다.

---

27) 허위광고는 어떤 것을 왜곡하여 사실처럼 전달하는 광고를 말하며, 과장광고는 상품의 성능 등에 대해 소비자가 오인하거나 현혹될 정도로 과대·과장하여 표현한 광고를 가리킨다.

최선의 소비자보호 방법은 소비자에게 피해가 발생하지 않도록 하는 것이나, 우리의 복잡한 시장경제 측면에서 보면, 이는 어디까지나 이상에 불과하다. 아무튼 소비자피해 발생 시에 소비자들이 적절한 보상을 신속히 받을 수 있도록 하는 제도적 장치가 있어야 하는데, 소액다수의 피해가 대부분인 오늘날의 소비자피해가 기존 제도에 의해 구제되는 데에는 다소 문제가 있다. 따라서 소비자피해가 원만히 구제되기 위해서는 현행 소비자분쟁의 해결 기준을 검토하는 등 제반 소비자피해 구제 제도를 지속적으로 보완해 나가야 할 것이다.

6) 교육을 받을 권리

이는 소비자들이 합리적인 소비생활을 영위할 수 있도록 하는 데 필요한 교육을 받을 권리이다. 현실적으로 볼 때, 소비자들은 상품이나 서비스에 대한 지식을 충분히 갖지 못하며, 또 생산기술의 급속한 발달로 복잡 다양해진 신상품의 품질, 성능 등에 대해서도 잘 모르고 있다. 바로 이 점을 일부 판매업자들이 악용함으로써 소비자피해 문제들이 유발·급증되고 있는 실정이다. 이러한 소비자피해를 근본적으로 방지하기 위해서는 소비자 스스로가 노력해야 하는 것은 물론, 학교, 정부, 소비자단체, 한국소비자원 등에서 보다 적극적으로 소비자교육을 실시해야 할 것이다.

7) 단체를 조직하고 활동할 권리

소비자들은 자신들의 권익 보호를 위해 단체를 조직하고, 단체행동을 할 권리를 갖는다. 소비자의 조직화는 소비자운동의 활성화·발전에 기본이 되는 중요한 일이나, 실제로 조직화하는 것은 매우 어려운 일이다. 소비자의 단체 결성과 이를 통한 소비자운동이야말로 소비자문제 해결에 기본이 되며, 또 소비자들의 단결은 소비자운동을 효과적으로 전개하는 데 필수적 사항이라 하겠다. 그리고 소비자들은 자신들의 힘이 클수록 국가 및 지방자치단체에 대해 소비자보호책의 수립을 보다 강력하게 요구할 수 있을 뿐만 아니라, 기업에 대해서도 고품질, 저가격의 상품 공급과 소비자 피해 예방 및 구제 조치 등을 쉽게 유도해 낼 수 있다.

참고로, 2012년 9월 현재 우리나라에는 소비자보호단체협의회와 그 회원단체인 한국소비자연맹, 소비자문제를 연구하는 시민의 모임 등 10개 민간소비자단체가 있다.[28]

---

28) 구체적인 내용은 제5장 2.2(우리나라 소비자단체 현황)를 참고하기 바란다.

생활정보 로밍 서비스 피해 예방법

소비자 A씨는 우즈베키스탄을 방문했을 때 로밍 서비스를 이용했다. 하지만 통화 품질이 떨어져, 전화를 걸거나 받아도 소리가 들리지 않아 여러 차례 다시 전화를 걸어야 했다. 귀국해서 보니, 로밍 서비스 요금이 1백20만 원이나 나왔다. 로밍 요금이 1분 단위로 책정돼 있어, 단 몇 초 통화한 것까지 모두 1분으로 산정이 되었기 때문이다. 로밍 서비스 피해 예방법을 알아보면 아래와 같다.

정액 요금제 이용

일부 국가의 경우, 정액 요금제로 로밍 서비스를 이용할 수 있다. 사용 가능 금액이 정해져 있기 때문에 요금이 과다 부과되는 것을 막을 수 있다.

떠나기 전, 로밍 고객센터 방문

공항에 있는 각 이동통신사의 로밍 고객센터에서 상세한 설명을 듣고 관련 자료를 받을 수 있다. 최신 핸드폰은 자동 로밍이 되기 때문에 출발하기 전에 그곳에 들러 로밍 사용 여부를 확인해야 한다.

해당 국가의 SIM카드 사용

장기간 체류하고 현지 통화할 일이 많으면 현지의 SIM카드를 구입, 사용하는 것이 저렴하다. 체류국의 이동통신사의 요금이 부과되기 때문이다. 한국에서 사용하는 번호로 오는 전화는 받을 수 없다는 단점이 있다.

데이터 로밍 해제

스마트폰 이용이 많아지면서 무선인터넷에 접속하는 데이터통신으로 요금이 부과되는 경우가 많다. 불필요한 데이터 통신 사용을 막기 위해 데이터 로밍을 해제할 수 있다. 휴대전화에서 직접 설정할 수도 있지만 통신사에서 무료로 제공하는 데이터 로밍 차단 서비스를 이용하는 것이 좋다.

자료: 『소비자시대』, 2011년 10월호, p. 31.

8) 쾌적한 환경에서 살 권리

소비자는 쾌적한 환경에서 살 수 있는 권리를 가진다. 우리나라는 그간 고도 경제성장을 하면서 맑은 것이 오염되었고, 그 오염은 국민 건강을 침해하고 있다. 푸른 산, 깨끗한 물, 맑은 공기, 조용한 환경은 인간이 생존하는 데 필수 불가결한 요소이다. 후손에게 쾌적한 환경을 물려줄 책임과 권리가 소비자에게 있다. 이 권리는 소비자의 생활의 질을 향상시키기 위한 물리적 환경에 대한 권리로, 환경이 소비자의 생명이나 건강을 해치지 않고 쾌적하게 유지되도록 요구할 권리이기도 하다. 여기에는 개별 소비자가 통제할 수 없는 환경문제에 대한 보호는 물론이고, 현세대와 미래세대를 위해 환경을 보호하고 향상시키기 위한 요구까지 포함된다.

2. 소비자권리의 실현 방법

2.1 입법적 조치와 사법적 통제

1) 입법적 조치

소비자피해는 사업자와 소비자가 대등한 지위에 있지 않음으로써 발생하는 이른바 구조적 피해가 대부분이며, 여러 가지 원인으로 인해 발생한다. 주요 원인으로는 소비자에게 불리하게 만들어진 약관, 안전성이 결여된 제품, 생명·신체상의 손상 등이 있다.

현재 우리나라에는 소비자기본법, 독점 규제 및 공정거래에 관한 법률, 물가 안정 및 공정거래에 관한 법률, 식품위생법, 공산품 품질관리법, 약관의 규제에 관한 법률, 방문판매법, 할부거래법 등 100여 개가 넘는 소비자 관련 법률이 있다. 이들 중 소비자기본법 등을 제외한 대부분의 법률들이 처음부터 소비자의 권리 실현을 목적으로 한 것이 아니라, 특정 행정 목적을 실현하기 위해 제정된 원래의 법률에 소비자 관련 규정이 삽입되거나 소비자보호 방향으로 다소 개정된 것에 불과하다. 따라서, 많은 소비자 관련 법률들이 순수 소비자보호 관점에서 보면, 그 내용이 다소 미흡한 수준이라고 할 수 있다.

요컨대, 우리나라에는 상품 및 서비스 정보의 제공과 안전한 상품의 공급을 기업에게 요구하거나 소비자피해를 신속히 구제하도록 하는 법률적인 장치가 부족한 실정이다.

이에 소비자권리의 확보, 소비자피해 예방, 그리고 신속한 피해 구제를 위한 입법적 조치가 필요하다고 하겠다.

2) 사법적 통제

소비자를 보호하기 위한 사법적 통제로는 형사적 통제와 민사적 통제가 있다.

우선 형사적 통제란, 법을 위반한 사업자에 대하여 부과하는 형사적 제재를 의미한다. 예를 들어, 공정거래위원회에서는 불공정한 약관에 대해 수정·삭제를 권고할 수 있으며 시정 명령을 위반한 사업자에 대해서는 2년 이하의 징역 또는 1억 원 이하의 벌금에 처할 수 있다.

민사적 통제 방법으로는 소비자가 받은 피해의 구제나 예방, 부당한 약관의 무효 및 부당 경쟁 행위의 중지 청구 등이 있다. 법원 판결에 의한 구제는 소비자의 소송 제기가 있어야 하는데, 이는 법률지식의 부족, 소송비용의 과다, 소송절차의 복잡성, 시간적 문제 등으로 인해 그 실효성이 낮다. 그 결과, 고액의 피해나 생명·신체상의 안전 침해와 같이 그 정도가 크거나 심각한 경우를 제외하고는 많은 소비자들이 피해에 대한 구제를 포기하는 경향이 있다. 여기서 소비자피해를 신속하고 간편하게 구제할 수 있는 집단소송법[29)]의 제정 등과 같은 사법적 조치가 필요하며, 또 소비자피해 대부분이 소액 다수의 피해임을 감안하여 실질적으로 피해 구제가 될 수 있도록 법률적 보완 조치가 따라야 할 것이다.

2.2 행정적 규제와 경쟁 유지·촉진

1) 행정적 규제

소비자를 보호하는 데에는 국가 및 지방자치단체가 중요한 역할을 한다. 우리나라의 경우에는 정부가 오랫동안 경제정책 수립에 주도적 역할을 해왔기 때문에 더욱 그러하다. 여기서 행정적 규제는 소비자보호에 관한 정부의 규제를 의미하는데, 그 시행이 강제적일

29) 집단소송법이란, 같은 집단으로 묶을 수 있을 정도로 이해관계가 밀접한 다수의 피해자 중에서 그 집단을 대표하는 사람이 소송을 수행하고, 피해자 중에서 별도로 제외신고를 하지 않는 한 당연히 판결의 효력이 피해자 전체에게 미치도록 하는 집단 구제 제도이다.

뿐만 아니라 예방적인 조치를 강구할 수 있다는 장점이 있다.

예를 들어, 식품이나 의약품의 경우, 소비자의 안전을 보장하기 위하여 제조·가공업에 대한 허가제를 도입함으로써 소비자피해를 사전에 예방할 수 있으며, 또 보험약관에 대한 사전인가제의 운용으로 소비자에게 불리하지 않도록 할 수 있다.

우리나라에서는 각 부처별로 소비자 관련 규제를 하고 있으며, 이들 부처의 소비자 업무는 공정거래위원회에 의해 통합·관리되고 있다. 앞으로는 지방자치단체의 소비자보호 기구와 피해 구제 업무가 확대될 것으로 보인다.

2) 경쟁 유지·촉진

사업자들 간의 경쟁은 소비자들이 양질의 상품을 보다 싼값으로 구입할 수 있도록 하는 역할을 한다. 기업 간에 공정하고 자유로운 경쟁이 되기 위해서는 사업자의 시장 지배적 지위의 남용 금지, 기업 결합과 경제력 집중[30] 억제, 부당한 공동행위의 제한, 불공정거래 행위 금지 등의 조치들이 요구된다.

2.3 소비자 조직화와 사업자 자율 규제

1) 소비자 조직화

소비자들이 사업자와 대등한 위치에 있기 위해서나 자신의 권익을 보호하기 위해서는 무엇보다도 조직화가 이루어져 있어야 하는데, 사실 이는 매우 어려운 일이다. 우리나라에는 한국소비자단체협의회를 위시한 10여 개 소비자단체[31]들이 활동을 전개하고 있으나 개별 사업자나 사업자 단체에 대항하거나 소비자의 권익을 보호하는 데에는 자금 부족, 소비자 전문가의 확보 및 양성 등 여러 가지 문제들이 산적해 있다.

2) 사업자 자율 규제

자율 규제는 사업자가 정부나 소비자단체의 요구에 수동적으로 대처하는 것이 아니라

30) 경제력 집중이란, 경제적 자원이나 주요 경제활동이 특정 기업집단(재벌)이나 대기업에 의해 점유되고 있는 상태를 말한다. 우리나라는 삼성, 현대 등에 의한 소유·지배의 집중이 심각하다.

31) 소비자단체에 대해서는 제5장 2.2(우리나라 소비자단체 현황)를 참고하기 바란다.

사업자 스스로 소비자문제를 예방·해결해 나간다는 점을 그 특징으로 한다. 능동적으로 임한다는 것이다. 부당·허위 광고, 기습적인 가격 인상 등에 대한 규제 및 보상은 사업자 자율 규제의 대표적 예이다. 이러한 사업자 자율 규제는 기업들이 일반적으로 할 수 있는 소비자보호 방법이다.

3. 소비자문제의 의의와 발생

3.1 소비자문제의 의의와 특성

1) 소비자문제의 의의

우리는 일상생활 과정에서 수많은 상품을 구매, 소비하고 있는데, 이 과정에서 여러 가지 문제들을 맞고 있다. 구체적으로 보면, 소비자는 물질적 필요나 문화적 욕구를 충족하기 위하여 자신의 소득으로써 수많은 재화나 서비스를 구입, 소비하게 되는데, 이 교환 내지 거래와 관련하여 여러 가지 문제에 부딪힌다는 것이다.

소비자문제(consumer affairs)란, 잠재적인 소비자들이 상품이나 서비스를 구입, 사용함에 있어 그들의 권리가 침해당함으로써 유발되는 문제를 뜻하며, 안전에 관한 문제와 소비자의 경제적 이익에 관한 문제로 구분된다. 이러한 소비자문제는 소비자들에게 경제적·신체적·시간적·심리적 불이익을 준다는 점에서 문제시되고 있다.

그리고 소비자문제는 상품 자체의 품질 내지 안전성에 문제가 있기 때문에, 가격이 경쟁 원리에 의해 공정하게 결정되지 않기 때문에, 경쟁 원리가 적용되지 않는 제품의 경우, 그것을 대신하는 규제 수단이 없기 때문에, 그리고 그것이 있다 하더라도 기능이 제대로 발휘되지 않기 때문에 발생하는 문제라고 할 수 있다. 이러한 소비자문제는 소비자가 입은 피해를 어떻게 구제 또는 예방할 것인가 하는 문제와 관련이 있다. 여기서 소비자피해란, 사업자와 거래하는 상품과 서비스 및 그것의 거래 조건·방법에 관하여 소비자가 가졌던 기대와 현실 사이에 부(−)의 불일치가 있는 상태를 뜻하며, 상품 결함, 부당 표시, 부당 내용의 계약 체결 등이 그 원인이 된다.

사실 실제로 발생한 손해만을 가리키는 소비자피해를 소비자문제와 같은 개념으로 보면, 발생 가능성이 있는 잠재적 피해(예: 의약품의 안전성 문제)는 소비자문제에서 제외된다. 그러나 실제로 발생되지는 않았더라도 발생 가능성이 있는 잠재적 소비자피해는 소비자문제에 포함되어야 하므로, 소비자문제는 잠재적 소비자피해를 포함하는 개념으로 보아야 할 것이다.

궁극적으로 소비자문제는 소비자 이익과 복지를 유지·향상시키는 과정에서 나타나는 문제이다. 경제문제가 인간행동의 결과에 대하여 화폐적인 가치를 부여하는 문제, 즉 국민총생산, 1인당 국민소득, 생산성 등에 초점을 맞춘 문제라면, 소비자문제는 인간 행동 중에서 재화를 최종 소비하는 생활자로서의 경제적 행동에 중심을 둔 문제라 할 수 있다. 이 점에서 소비자문제가 반경제성장적인 성격의 문제라고 한다.

이는 가격기구를 통하여 시장 시스템에 반영되지 않는 측면, 즉 소비자의 안전, 사회 및 경제 정의의 실현, 소득의 재분배, 소외계층의 보호, 자원절약, 환경보호 활동 등 비시장 시스템 요인들이 소비자문제의 원천이 되기 때문이다. 국민소득이 높고 사회복지에 관심이 많은 선진국들이 소비자문제에 관심이 많은 이유가 바로 이 때문이다. 여기서 소비자문제 해결을 위한 우선적 과제는 소비자의 의식 향상과 조직화를 통한 소비자운동이라 하겠다. 결론적으로 말해, 오늘날 소비자문제는 개별 소비자의 능력 범위를 벗어난 대량생산·대량판매·대량소비로 이뤄지는 경제사회의 구조 그 자체와 관련성이 높다. 따라서 소비자문제는 소비자 자신만의 문제라기보다는 사회 전체의 문제이며, 또 소비자, 정부, 기업 등이 함께 노력해야 해결될 수 있는 문제라 할 수 있다.

한편, 소비자문제는 다음과 같이 3가지 영역으로 구분된다.

첫째, 개별 소비자로서의 최종 소비자가 일상생활에 필요한 상품을 구입, 소비하는 과정에서 야기되는 문제이다. 이는 소비자문제의 기본적 영역으로, 결함·유해 상품에 의한 피해, 허위·과장 광고나 불공정거래로 인한 피해와 같이, 개인으로서 소비자의 이익이 침해되는 것이다.

둘째, 사회적 소비자로서 맞이하게 되는 소비자문제이다. 즉, 소비자가 사회생활을 영위하기 위해 도로, 공원 등 사회 공공시설을 이용하는 과정에서 직면하는 소비자문제를 말한다. 여기서 소비자가 공공서비스[32]에 대해 그 대가를 직접 지불하지는 않으나 세금을

32) 이때의 공공서비스는 일종의 공공재인 동시에 소비재이다.

네팔 박타푸르 시장 소녀 상인

납부하기 때문에 간접적으로나마 대금을 지불하는 것으로 본다. 오늘날 불량 공공서비스로 인한 소비자문제들이 증가되고 있는 실정이다.

셋째, 자연 소비자로서의 소비자가 대기, 하천 등 자연적 생활환경의 파괴로 인해 맞게 되는 소비자문제이다. 이는 곧 환경의 보존과 회복이라는 차원에서 본, 비교적 새로운 소비자문제 영역이라고 할 수 있겠다.

2) 소비자문제의 특성

소비자문제는 현대 경제사회의 특징이라 할 수 있는 대량생산·대량유통·대량소비로 인해 발생되는 문제로, 그 피해 발생이 보편화되어 있으며, 일단 발생하면 광범위하게 파급되고 피해가 심각하다는 점 등의 특성이 있다.

(1) 피해 발생의 보편성

오늘날의 상품은 대량생산, 생산공정의 다단계, 유통과정의 복잡성 등의 특성을 갖는다. 즉, 상품이 소비자의 손에 도달하기까지에는 기업 내에서의 많은 생산공정과 시장에서의 긴 유통과정을 거치게 되는데, 이들 단계에서 소비자 피해가 발생할 가능성이 높다는 것이다. 여기서 소비자문제는 보편적으로 발생되는 문제라 하겠다.

(2) 피해의 광범위성

대량생산·판매되는 상품에 어떤 문제가 발생할 시에는 소비자피해가 일시에 광범위하게 확산되는 경향이 있다. 특히 고도의 기술적 결함이 있는 상품일 경우에는 그 원인을 찾기가 어려울 뿐만 아니라 그것을 찾는 데 긴 시간이 요구될 수 있기 때문에 많은 소비자들에게 피해를 주게 된다.

생활필수품에 있어 카르텔(cartel)[33]이 형성되거나 유해물질이 첨가된 식품으로 인한 소비자피해는 사회적 확산력이 크기 때문에 소비생활 과정에서 쉽게 볼 수 있는 현상이다.

(3) 피해 원인 규명의 곤란성

오늘날 상품·서비스의 생산공정 및 유통 과정에는 많은 사람들이 개입된다. 따라서 소비자피해의 원인이 생산 및 유통 과정의 어느 단계에서도 있을 수 있기 때문에 그 원인이 어디에 있으며, 또 그 책임이 누구에게 있는지를 규명하기가 매우 어렵다. 더구나 여러 가지 이유들이 결합되어 발생하는 소비자피해일 경우에는 그 원인 및 책임 소재를 가려내기가 더욱 힘들 것이다.

(4) 피해의 심각성

소비자문제는 소비자에게 경제적·시간적·심리적 피해를 줄 뿐만 아니라 인간의 생명과 신체에도 영향을 미친다. 특히 결함상품, 위해상품 및 약품, 잘못된 의료서비스 등은 우리의 생명마저 위해하고 있는 실정이다. 따라서 이러한 상품들로 인한 소비자피해 예방은 매우 중요하다 하겠다.

(5) 피해 회피의 곤란성

생산자들은 시장 경쟁에서 우월한 지위를 확보하고 자본 회전을 빠르게 하기 위하여, 제품 안전성에 대한 검증을 소홀히 하는가 하면 소비자의 대체수요를 유발하기 위하여 상품 수명을 의도적으로 단축시키거나 제품 모델을 자주 변경하고 있다. 물론, 구형 제품 유지에 필요한 부품도 충분히 갖추지 않고 있는 실정이다. 이는 사업자들이 상품의 안전성이나 품질 향상보다는 자신들의 이익 획득을 중요시한 결과라고 할 수 있다.

33) 카르텔(cartel)이란, 시장 독점을 목적으로 동일 산업의 기업들이 가격, 생산량 등에 관해 상호 협약을 맺음으로써 경쟁을 피하면서 연합하려는 일련의 기업연합(企業聯合)을 가리킨다.

(6) 소비자 지위와 기업 지위의 불평등

현실적으로 기업은 상품에 대한 기술·정보가 많은 데 반해, 소비자는 그러지 못하다. 이는 소비자가 기업과의 거래에 있어 대등하지 못한 상태에 있다는 것이다. 가격·거래 조건의 결정 또한 소비자와 기업이 교섭에 의해서라기보다는 기업에 의해 일방적으로 이루어진다. 더욱이 시장 지배력[34]이 큰 소수의 대기업이 산업을 주도하는 시장의 경우에는 소비자주권 행사가 불가능하다.

사실 많은 거래의 경우, 부당·허위 표시 상품의 구입, 부당한 계약의 체결 등과 같은 소비자피해 요인의 존재 가능성이 높으며, 또 소비자들이 피해 발생 그 자체를 인식하지 못할 때도 있다.

(7) 구조적 피해 발생

소비자문제는 다음과 같은 구조적 문제로서의 성격을 갖는다. 첫째, 대기업의 독과점이나 기업 간의 카르텔에 의한 시장 독점으로 형성된 시장 지배가 소비자의 자유선택권을 제한함으로써, 발생하는 구조적 성격으로서의 소비자문제를 유발하게 된다. 둘째, 기업의 안전성 확인 불충실이나 불필요한 모델 변경 등으로 인해 발생하는 소비자문제 역시 구조적 문제라고 할 수 있다. 셋째, 허위·과장 광고, 부당구매 권유, 판매 제품에 대한 책임 회피, 유통기구의 복잡화 등으로 인해 소비자는 구매 욕구를 자극받게 되고, 불필요한 제품을 충동적으로 구매하는 등의 소비자피해들이 많이 발생되고 있다.

일반적으로, 소비자피해는 그 대부분이 최종소비 단계에서 발생되는 것이므로 그 피해 당사자는 바로 생활자로서의 소비자가 된다. 그리고 피해의 원인 대부분이 현대 경제의 구조적 문제와 관련되어 있기 때문에, 제조 및 유통 과정 전체를 종합적으로 검토하지 않는 이상 소비자피해를 근본적으로 해결한다는 것은 거의 불가능하다고 하겠다.

---

34) 시장 지배력이란, 시장에 있어 이른바 독과점적인 지위를 말한다. 시장 지배력을 갖고 있는 사업자를 시장 지배적 사업자라 한다. 공정거래위원회에서는 특정 상품·용역 시장에서 점유율이 높은 독과점 기업들의 횡포로부터 소비자와 여타 사업자를 보호하기 위하여 1981년부터 '시장 지배적 사업자'를 지정하는 제도를 운용하고 있다.

생활정보 민원 열람에서 출력까지 인터넷으로 한다

급하게 주민등록등본과 같은 민원서류가 필요한데, 바빠서 민원 기관을 방문할 시간이 없어 발을 동동거렸던 경험은 누구나 있다. 그런데 알고 보면 인터넷으로 민원을 신청해 열람하고 프린터로 출력도 가능하다.

민원24(http://www.minwon.go.kr)에서는 국민들이 행정 기관을 방문하지 않고 집이나 사무실 등 인터넷이 연결된 곳이라면 어디서든, 24시간 365일 필요한 민원을 안내하고 열람·발급할 수 있는 서비스를 제공한다. '민원 안내' 서비스는 법률에서 규정하고 있는 모든 민원(전입신고 등 5천여 종)에 대해 처리 기관·처리 기한·수수료·구비 서류·연락처 등을 안내한다. '인터넷열람민원' 서비스는 필요 민원을 신청해 컴퓨터 화면으로 그 내용을 열람할 수 있다. '인터넷 발급 민원' 서비스는 주민등록등초본 등 1천여 종의 민원을 화면으로 열람하고 프린터로 출력할 수 있다.

호적등본 발급이 가능할까?

기존의 호적등초본 신청은 2008년부터 가족관계등록부로 변경되었으며 인터넷으로 출력할 수 없다. 단, 인터넷으로 신청하고 우편으로 수령할 수 있다.

인감증명 발급이 가능할까?

인감증명서는 인터넷으로 신청할 수 없고 시·군·구·읍·면·동 단위의 행정기관을 직접 방문해야 한다. 단, 서울특별시청과 광역시의 시청에서는 발급 업무를 담당하지 않으므로 구청 등 산하 행정 기관을 방문해야 한다.

주민등록등초본은 어떻게 발급 받나?

주민등록등본상 세대원의 주민등록초본 발급은 가능하다. 부모가 어린 자녀의 초본을 발급 받는 경우, 로그인과 공인인증서는 부모의 정보를 사용하고 교부 대상자에는 자녀의 정보를 입력하면 된다.

자동차등록원부는 소유주만 발급 가능한가?

소유주와 상관없이 누구든 차량에 대한 자동차등록원부 갑(을)부 신청이 가능하다.

자료: 『소비자시대』, 2011년 6월호, p. 35.

3.2 소비자문제의 발생

1) 소비자문제의 발생 배경

소비자문제는 소비자가 상품이나 서비스를 구입·사용하는 과정에서 발생되는 문제라 할 수 있다. 이러한 소비자문제는 자급자족 경제사회에서는 없었으며, 산업 발전에 따라 생산과 소비가 분리되고, 소비자와 생산자가 시장에서 소득과 재화를 교환하는 시장경제시대에 와서 비로소 발생한 문제이다. 그리고 소비자문제가 대두되기 시작한 것은 대량생산체제가 확립된 후이며, 그것이 본격적으로 발생한 것은 자본주의가 고도로 발달하면서부터이다. 즉, 경쟁의 자유가 상품의 과잉생산을 초래하였고, 또 이로 인해 판매 부진 및 기업 간의 경쟁 심화 현상이 유발되었으며, 이들이 결과적으로 소비자문제를 유발시킨 것이다.

요컨대, 소비자문제는 경제적 환경 및 소비생활의 변화로 유발된 문제라고 할 수 있다.

(1) 경제적 변화

여기서 소비자문제의 유발·증대 요인들에 대해 알아보면, 다음과 같다.

첫째, 독과점시장의 출현·확대로 인해 소비자문제가 유발되었다고 할 수 있다. 자본주의사회 내지 자유경쟁시장에서는 상품 가격이 원칙적으로 수요와 공급에 의해 결정되어야 한다. 그러나 현실적으로는 독과점적 시장구조로 인해 가격 및 거래 조건이 기업에 의해 일방적으로 결정되는가 하면, 또 이로 인해 소비자 이익이 침해받기도 한다.

환언하면, 소비자들이 시장경제에서 주권을 갖고 생산자가 무엇을, 얼마만큼, 어떠한 가격으로 생산·판매하여야 할 것인가를 구매라는 투표 행위로써 결정한다는 자유주의경제 이념이 근본적으로 무너졌다는 것이다. 요컨대, 선택권 행사에 의한 소비자 이익의 확보가 구조적으로는 불가능하고, 이로 인해 소비자주권이 상실되기에 이르렀다고 말할 수 있겠다.

둘째, 소비자의 구매 기회 증대 또한 소비자문제의 증가 요인이다. 즉, 생활수준의 향상과 기술의 발전에 따른 생산력 증대로 인해 소비자들은 많은 상품들을 쉽게 획득할 수 있게 되었으며, 여기에다 소비자 신용제도의 확대가 동 현상을 촉진시켰다.

셋째, 급속한 기술혁신으로 인해 신제품이 대량으로 출시되는 데 반해, 소비자의 제품지식은 이를 따라가지 못할 뿐 아니라, 기존의 소비자지식마저 유용성이 낮아진다. 더구나 소비자정보[35] 중에 기업이 제공하는 정보가 가장 많고, 또 기업 정보 가운데에는 허위

·과장 정보들이 많아 문제가 되고 있다.

오늘날에는 짧은 기간에 수많은 신제품들이 출시되고 있다. 이는 소비자에게 선택 기회를 많이 가져다준다는 이점이 있으나, 일정 수준의 상품지식·경험을 갖기 전에 또 다른 신제품이 출시되는 현상으로 인해 소비자의 상품 선택을 어렵게 하며, 제품 안정성이 검증되기 전에 신제품을 출시하는 경우가 있다. 이는 소비자들에게 생명이나 신체·재산상의 피해를 줄 수 있다.

넷째, 광고 증대 또한 소비자문제를 발생시키는 요인이 되고 있다. 이는 광고가 소비자의 구매 욕구를 지나치게 자극시킬 뿐만 아니라, 새로운 수요를 창조하는 과정에서 소비자의 선호를 왜곡시키는 면도 없지 않기 때문이다.

다섯째, 기업 간 경쟁의 비가격화도 소비자문제의 원인이 된다. 즉, 기업 간의 판매 경쟁이 심화되면 가격 내지 품질 경쟁보다는 광고 경쟁이 치열해지는 경향이 있는데, 이는 곧 소비자문제의 유발 요인이기도 하다.

이러한 비가격 경쟁화 현상은 제2차 세계대전 이후 시장이 수요 초과 상태에서 만성적 공급 초과 상태로 바뀜으로써 나타난 것이다. 공급 초과 상황일 때에는 대부분의 기업들이 마케팅 활동을 적극적으로 수행하게 되었는데, 이 또한 소비자문제의 발생 요인이 된다. 이렇듯 시장 경쟁이 치열해짐에 따라 일부 기업들은 온갖 판매 수단 및 방법을 동원하게 되었는데, 허위·과장 광고나 부당 표시 등도 그 한 예라 하겠다.

(2) 생활양식의 변화

오늘날 물질적 풍요와 사회적 변화는 소비자의 라이프스타일 및 소비패턴을 크게 변화시켰고, 결과적으로는 소비자문제도 발생시키고 있다. 경제사회가 발전할수록 소비자는 생활의 양보다는 질적인 향상을 추구하게 되는데, 특히 소득이 많아지고 여가 시간이 늘어나면서 고도화된 소비생활을 요구하게 된다. 뿐만 아니라, 소비자의 지식수준이 향상됨으로써 정보에 대한 소비자 기대 수준도 높아지고 있는데, 이 또한 소비자 불만 요인이 된다.

---

35) 소비자정보는 상품 관련 모든 정보를 의미하며, 소비자 개인의 경험, 상업적 커뮤니케이션, 그리고 여타의 독립 기관들로부터 획득된다. 주요 소비자정보로는 비교 실험 정보, 라벨 및 품질 보증 등이 있는데 이들은 소비자의 구매의사결정이 합리적으로 이루어지도록 한다.

2) 소비자문제의 발생 원인

일반적으로 소비자는 구입 상품에 대해 자신의 평가 기준(evaluative criteria)[36]으로써 구매 전의 기대와 구매 후의 지각을 비교하게 되는데, 구매 후의 지각이 기대에 미치지 못할 경우, 불만이 형성되어 소비자문제로 이어지게 된다. 근래 소비자문제가 크게 증가하고 있는데, 이는 생활수준의 향상에 따른 제품 소비량의 증가가 주요 요인이라고 할 수 있다. 여기서 소비자문제의 주요 발생 원인을 보면, 다음과 같다.

첫째, 상품의 품질 및 안전성 문제이다. 대부분의 제품들이 기술 발달로 인해 점차 복잡화·고도화되고 있으며, 이와 관련하여 결함·위해상품도 증가하고 있다. 근래에는 대량 수입·판매되고 있는 후진국의 값싼 제품들이 낳는 소비자문제도 많다. 여기서 수입 공산품·농산품에 대한 철저한 품질 및 안전성 검사가 요구된다고 할 수 있다.

둘째, 왜곡되고 부정확한 정보로 인해 소비자문제가 발생한다. 즉, 소비자들이 정보의 부족과 기만적이거나 과장된 정보로 인해 피해를 많이 본다는 것이다. 소비자의 올바른 제품 선택을 위해서는 상표, 제조업자명, 소비자가격, 상품의 수량 및 중량, 제조 장소, 제조 일자, 유효기간, 제품 성분 용도 및 사용법, 취급상의 주의, 품질보증, 공공기관에 의한 품질인증[37]('KS'마크, '검'마크, 'Q'마크) 등 많은 정보가 필요하다. 이러한 정보의 대부분은 상품에 부착된 표시를 통해 얻을 수 있다.

셋째, 방문판매·통신판매·다단계 판매 등과 관련하여 소비자문제가 발생한다. 먼저 방문판매의 경우, 판매원의 강매, 사기판매, 불명확한 판매조건 등으로 소비자들이 피해를 입고 있다. 통신판매는 생활방식의 변화, 맞벌이 부부의 증가, 신용카드의 일반화 등으로 급속히 발전하고 있는 판매제도이고, 다단계 판매는 불법으로 규정된 피라미드식 판매와는 다르나, 그의 파행적 운영으로 소비자피해가 적지 않는 실정이다.

넷째, 근래에는 환경 관련 소비자문제들이 많이 발생되고 있다. 즉, 오늘날의 기업으로서는 제품의 개발·생산·판매·사용·폐기 등 전 과정을 통해 상품이 환경에 미치는 영향을 고려하여야 한다. 왜냐하면, 어떤 제품이나 제품의 사용이 환경을 오염시킬 경우에는

36) 평가 기준은 소비자들이 구매 시에 대안들을 평가하기 위한 기준을 가리키는데, 대체로 소비자가 추구하는 객관적이거나 주관적인 제품특성이다. 승용차의 경우에는 안정성, 승차감, 배기량(연비), 스타일 등이 평가 기준이 된다.

37) 품질인증제도는 제품의 품질 향상과 소비자에게 고품질의 제품을 제공하기 위해 정부나 공신력 있는 기관이 품질 검사를 통해 제품의 우수성을 인정해주는 제도이다.

소비자 및 사회 전체에 피해를 주고, 또 환경단체나 소비자 단체는 물론 정부 관련 기관으로부터 여러 가지 압력과 불이익을 받을 수 있기 때문이다.

다섯째, 구매 후의 소비자 불만·불평[38]으로 인한 소비자문제도 있는데, 이는 판매 후 서비스(A/S), 배달 문제, 그리고 교환 및 환불 등이 주요 원인이다. 판매 후 서비스 문제는 주로 제품보증서에 책임의 소재를 분명히 밝히지 않았거나 제조업자나 판매업자들의 책임 회피 때문에 나타나는 문제이다. 소비자가 제품이나 서비스에 대해 불만이 있을 때 그의 해결을 요구할 권리를 갖는데, 이 요구가 받아들여지지 않을 때 소비자문제가 유발된다.

오늘날 소비자문제는 일상생활에서 보편적으로 발생하는 문제이다. 즉, 현대사회를 살아가고 있는 많은 사람들이 소비자문제를 겪고 있을 뿐 아니라 많은 상품들에서 문제를 경험하게 된다는 것이다. 여기서 향후 소비자문제에 대해 전망해 보면, 다음과 같다.

첫째, 소비자문제의 발생이 종래에는 가전제품, 자동차, 그리고 식품과 같은 상품에서 많이 있었으나, 앞으로는 금융서비스, 의료서비스, 레저 등 서비스의 비중이 높아질 것이다. 즉, 앞으로는 전체 산업에서 서비스산업이 차지하는 비중이 커져 감에 따라 소비자문제 또한 서비스 분야에서 더욱 많을 것이다.

둘째, 최근 인터넷을 통한 전자상거래의 빠른 확산으로 인해 전자상거래와 관련된 소비자문제들이 급증하고 있다. 더 나아가 온라인 쇼핑 관련 소비자피해 중에서 인터넷 서비스 판매, 피라미드·다단계 판매 등에서의 소비자피해가 증가할 것이다. 정보화 사회로의 이행으로 인해 개인 신용정보의 누출에 의한 사생활 침해 문제도 급증할 것으로 예상된다.

셋째, 노인 인구의 증가로 인해 노인용 상품 및 서비스들이 많이 출시되고, 또 이와 관련된 소비자문제들도 증가될 것으로 본다. 노인 소비자들은 낮은 소득과 신체적 제한, 정보에의 접근 기회 부족 등으로 인해 기만적 판매 행위의 주요 표적이 되고 이에 쉽게 노출될 수 있다. 그렇기 때문에 노인 소비자 보호문제는 가장 시급히 해결해야 할 과제라 하겠다.

넷째, 국제화 및 무역 자유화에 기인한 소비자문제들이 증가할 것이다. 미국에서 리콜

---

38) 소비자가 불만족을 느끼게 되면, 해당 기업이나 판매업자에 대해 비호의적인 구전(口傳) 활동이나 보상 요구, 법적 조치 등의 불평 행동을 취하는 경향이 있다.

라오스 비엔티엔 모닝 마켓 상인

(recall)[39] 조치되어 판매 금지된 식품이나 의약품이 국내에 수입되어 아무런 제약 없이 판매된 경우를 그 예로 들 수 있다.

4. 취약 소비자 및 우리나라 소비자의 문제

4.1 취약 소비자의 문제

1) 청소년 소비자 문제

청소년은 연령이나 생활주기를 기준으로 분류한 인간 유형의 하나이다. 우선 청소년기는 아동에서 성인으로 변하는 신체적·정신적·사회적 전환기에 위치하고, 중·고등학교 교육기에 해당된다. 이는 사춘기 이후 약 10년간의 시기, 즉 대략 12세에서 22세 사이가 된다. 또 청소년기는 부모에의 의존기와 그로부터의 독립기 사이의 접합 시점으로

39) 리콜(recall)제도란, 안전성 문제가 있는 제품을 생산, 판매한 사업자가 이를 소비자에게 알리고, 제품을 거두어들여 수리, 교환, 환급해 줌으로써 발생 가능한 위해를 예방하려는 제도이다. 이는 안전한 소비생활, 기업 이미지 개선, 국가경쟁력 향상을 가져오는 좋은 제도이다.

서 소비자 사회화(consumer socialization)[40] 과정 중에서 매우 중요한 시기이다. 독립성 확보, 적절한 성적 대응, 교우관계의 협조와 동일시, 그리고 도덕관 및 가치관의 체득 등 자기주체성을 비교적 왕성하게 형성하는 인간 발달상의 결정적 시기라고 할 수 있다.

청소년 소비자란, 아동 소비자와 성인 소비자의 중간에 위치하면서 그 나름대로의 특이한 생활양식과 소비 성향을 갖는 소비자를 의미한다. 이들은 가족의 구매의사결정에 점차 많은 영향을 미치고 있으며, 또 하나의 독립시장으로서 크게 주목받고 있다. 그러나 청소년 소비자들은 원래 그 성격이 단순하고 즉흥적인 데다 판단력·절제력·의사결정능력이 부족하며, 특히 소비자 지식 및 경험의 부족, 충동구매 경향, 자금 관리 능력 부족, 유행에의 민감성, 성인 소비 행태 모방 등 많은 문제를 갖고 있다.

뿐만 아니라, 그들은 상품 식별력과 금전 가치 및 선호에 대한 이해력이 부족하며, 담배, 술과 같은 성인상품에 대해 강한 호기심을 갖는다. 이와 관련하여, 청소년기의 소비 관습이 소비자 방위가족(family of orientation)[41]에서 발생한다는 점에서 청소년 소비자를 독립된 소비자로 인식하기보다는 가계소비의 의존자로 간주하는 경향도 있다. 이러한 청소년들이 소비자로서의 행동을 합리적이고 건전하게 영위할 수 있도록 의식수준을 향상시켜야 한다. 왜냐하면, 많은 청소년들은 구매 및 소비 활동을 비합리적·비경제적으로 하는 경향이 있으며, 또 다른 어떤 소비자집단보다도 소비자권익이 많이 침해받고 있기 때문이다.

2) 노인 소비자 문제

일반적으로 노인은 경제적·사회적·문화적 배경에 따라 다르게 정의되고 있다. 즉, 노년층의 연령 기준은 사회마다 다르며, 그 기준도 변하는 경향이 있다. 우선, 노인이란 '일을 수행해 나가는 역할보다는 사회적 역할, 즉 일상적이고 융통성이 있는 역할을 수행하기에 적합한 시기에 있는 사람' 또는 '생리적, 신체적으로 변환기에 있고 심리적으로는 개성의 기능이 감퇴하며 사회적 관계에 대한 과거 지향적 태도를 지니는 사람'으로 정의되고 있다.

국제노년학회에서는 노인을 '노령화의 결과로서 심리적, 생리적, 정서적 및 행동적

---

40) 소비자 사회화는 일반 사회화의 하위개념으로, 시장경제체제에서 소비자로서의 역할을 수행하는 데 필요한 지식, 태도, 기능을 습득해 가는 과정을 가리킨다.

41) 방위가족이란, 자기가 태어난 가족을 가리키는데, 생가가족(生家家族)이라고도 한다.

측면에서 능력 감퇴 현상이 일어나는 시기에 있는 사람'이라고 규정하고 있다. 즉, 노인 소비자는 연령 또는 생활주기를 기준으로 분류된 소비자 유형의 하나로, 경제적 빈곤, 정신적·육체적 병고, 인간관계 단절에서 오는 고독감, 그리고 무위 내지 무역할의 고충을 겪는다. 이 점은 노인을 취약 소비자의 범주에 속하도록 하는 원인이 된다. 〈표 3-1〉은 2010년부터 2015년까지 노인 인구 추이를 나타낸 것인데, 여기서 노인 인구가 지속적으로 증가하고 있음을 알 수 있다.

표 3-1. 노인 인구

(단위: 명)

구 분	2010년	2011년	2012년	2013년	2014년	2015년
노인 인구	5,452,490	5,656,990	5,889,675	6,137,702	6,385,559	6,624,120
독거노인 수	1,021,008	1,065,428	1,111,385	1,158,890	1,205,676	1,250,792
독거노인 비율(%)	18.73	18.84	18.87	18.88	18.88	18.88
요보호 독거노인 수	175,613	183,253	191,158	119,329	207,376	215,136

* 독거노인 수: 통계청, 『장례인구추계』, 2011. / 요보호독거노인 수: 보건복지부, 『노인돌봄기본서비스의 발전방안 모색』, 2010.

** 2013년, 2014년, 2015년의 값은 추산에 의한 것임.

자료: 한국소비자단체협의회, 『소비자』, 2012년 5월호, p. 33.

무엇보다도 노인들은 경제력의 상실 및 부족으로 인하여 소비자로서의 욕구 충족이 어려우며, 저소득층 소비자와 같이 시장에서의 영향력이 약할 뿐 아니라, 심리적 불안, 고독감 등으로 인해 판매원에게 기만·이용당하는 경우가 많다. 특히 건강이 나쁜 노인일 경우에는 편안함을 주는 것이라면 무엇이든지 하려는 성향이 있고, 또 비교적 교육수준이 낮고 활동성이 약해 소비자정보와도 거리가 멀다.

노인층은 신체적, 정신적 특성상 상담이나 피해 구제가 용이하지 않는다는 점을 고려할 때, 실제 피해 건수는 접수 건수를 훨씬 상회할 것으로 추정된다. 특히 노인층의 소비자피해는 주로 방문판매, 즉 노인들이 많이 모이는 장소를 방문하여 사은품이나 유창한 화술로 구매를 유도함으로써 발생한다. 피해 품목별로는 주방용품, 건강보조식품, 의료보조기구 순으로 많으며, 피해 유형으로는 사은품 제공, 강연회, 효도관광, 경로잔치, 공공기관 사칭, 당첨, 설문조사 등이 있다.

3) 저소득층 소비자 문제

저소득층은 국가나 문화적 규범에 따라 다르지만, 상대적으로 소득수준이 낮은 가계를 뜻하는 '상대적 빈곤 개념'[42]에 의해 정의된다. 절대적 빈곤은 최저생계비보다 낮은 소득을 갖는 가계를, 또 상대적 빈곤은 한 국가의 평균적인 소득수준의 일정 비율에 미달하는 가구를 가리킨다. 저소득층 소비자는 일반적으로 성취동기가 낮고 의타심이 많으며, 심리적 무기력감을 갖고, 운명론적인 사고를 하는 경향이 있다. 더구나 이러한 심리적 특성과 사회적 환경으로 인하여 중간소득층이나 고소득층에는 볼 수 없는 비교적 특수한 소비자문제를 겪는다.

그러므로 저소득층 소비자에 대해 한편으로는 소득 증대를 통해 빈곤 상태로부터 벗어나도록 하고, 다른 한편으로는 소비자 능력을 증진시켜 소비생활을 효율적으로 하도록 해야 한다. 그런데 그들이 획득하는 소득이 자신들의 비효율적인 소비생활로 상쇄될 수 있으며, 또 소득을 증대토록 하는 비용보다 소비를 합리적으로 하도록 하는 비용이 적게 들 수 있다.

여기서 저소득층 소비자의 특성을 알아보면, 다음과 같다.

첫째, 저소득층 소비자들은 낮은 소득수준으로 인한 생활 불만을 물질로 보상받으려고 하는 보상 소비적 동기를 갖는다. 이러한 심리야말로 효율적인 소비생활을 저해하는 요인이라 하겠다. 특히 그들은 사업자의 기만적인 상술이나 광고에 쉽게 현혹되는 경향이 있으며, 자신의 구매력 한도 이상으로 소비함으로써 가계수지 균형을 깨뜨리기도 한다.

둘째, 저소득층은 교육수준이 낮고 구매 경험이 적기 때문에 소비자로서의 지적 수준이 낮으며, 그 결과 합리적인 구매의사결정 또한 어렵다.

셋째, 저소득층 소비자들은 구매 활동 범위가 좁고, 효율적인 정보 탐색이 어려워 신용구매나 대량판매의 혜택이 없거나 적다.

넷째, 광고나 제품 정보 등의 정보를 이해하는 데 비교적 많은 시간이 소요되며, 또 피해 발생 시 대처능력 또한 부족하다.

결론적으로 말해, 저소득층 소비자들은 일단 소비자에 비해 불리한 여건에 있으며, 다른 어떠한 소비자집단보다 소비자문제를 많이 겪는데, 이는 그들이 일반 소비자문제뿐 아니라 저소득층 특유의 소비자문제까지 갖기 때문이다.

42) 상대적 빈곤은 동일 사회 내의 다른 사람과 비교하여 적게 가지는 것을 말하며, 상대적 빈곤선은 특정 사회의 구성원 대다수가 누리는 생활수준에 못 미치는 수준을 뜻한다.

생활정보 조립 PC 선택 방법

듀얼코어? 하드코어? CPU 선택

코어가 많을수록 CPU의 성능이 뛰어나다. 듀얼코어는 코어가 2개, 쿼드코어는 코어가 4개라는 뜻이다. 고사양 게임과 동영상 변환 등 뛰어난 성능이 필요하다면 코어i7 등 쿼드코어 CPU를 선택하면 좋다. 듀얼코어는 쿼드코어보다는 느리지만 가격이 싸면서 프로그램을 사용하는 데 무리가 없다. 코어i3, 코어2듀오, 펜티엄, 애슬론x2가 대표적이다.

그래픽카드 꼭 있어야 할까?

인텔 코어 I 시리즈 CPU 등은 그래픽카드가 내장돼 있어 별도로 그래픽카드를 장착하지 않아도 돼, 그렇지 않은 제품보다 저렴하다. 이들 제품은 문서 작업을 비롯한 사무 업무 또는 인터넷용, 동영상 감상용 PC 등에 적합하지만 3D 게임 등을 즐기기엔 부족하다. 게임이 목적이라면, 별도의 그래픽카드를 장착해야 한다. 게임용 PC에 알맞은 그래픽카드는 지포스 GT240, GTS450, GTX460, GTX560, 라데온 HD4870 등이 있다.

좋은 파워 서플라이 고르는 법

아무리 좋은 부품을 써도 파워 서플라이가 안정적으로 전원을 공급하지 못하면 시스템이 다운되는 현상이 일어날 수 있다. 좋은 파워 서플라이를 선택하기 위해서는 크게 출력과 효율성을 따져봐야 한다. 출력은 최대출력보다 정격출력이 얼마인지가 중요하다. 사무용 PC는 300~400W, 게임용 PC는 500W 이상의 정격출력을 가진 제품을 선택해야 한다. 효율성이 높을수록 안정적이고 전력 소모가 적다. 효율성은 80plus 인증으로 확인할 수 있다. 화이트-브론즈-실버-골드 등급이 있으며 골드 등급의 효율이 가장 좋다. 일반인에게는 화이트, 브론즈 등급이 적합하다.

하드디스크는 회전속도 확인

하드디스크를 살 때 용량을 확인하지만 디스크 회전 속도는 잘 살피지 않는 경우가 많다. 하드디스크 내부 회전속도는 rpm으로 표기하며, 일반적으로 rpm이 높을수록 빠르다. 데이터를 불러오는 속도가 빠르면 작업 속도도 빨라진다. 데스크톱 컴퓨터에 장착하는 3.5″ 하드디스크는 7,200rpm 제품이 많고, 일부 고성능 하드디스크는 10,000rpm도 있다. 속도가 빠를수록 전력 소모량이 많고 소음도 크다. 〈출처: 에누리닷컴(http://www.enuri.com)〉

자료: 『소비자시대』, 2011년 7월호, p. 39.

4.2 우리나라 소비자의 과소비 문제

우리는 IMF 경제체제 이전까지 만해도 1인당 국민소득이 일만 달러에 이르렀고, 2020년에는 경제규모가 세계 7위로 부상된다고 매우 자랑스러워했다. 이에 반해, IMF 구제금융이 있기 직전에는 '거품경제 이래서는 안 된다', '과소비 추방하여 경제를 되살리자', '과소비야말로 우리 사회의 가장 큰 문제이다' 등의 말은 물론이고 경제 불안론·위기론, 망국론까지 있었다.

한국소비자원이 실시한 '우리나라 소비문화 의식조사'에 의하면, 우리 사회 소비 풍조에 대해 '불건전하다'고 한 응답자가 60%나 되고 '건전하다'고 한 응답자는 10.7%에 불과했다. 불건전 소비의 이유로는 물질만능적 사회 풍조, 부유층의 과시소비, 사치 조장 광고, 경쟁 소비 순으로 많이 나타났다. 그리고 다른 한 조사에서는 응답자의 68.3%가 소비생활의 이중적 가치[43]에 동의하고 있었는데, 여기서 우리 사회 전반에 소비생활의 이중적 가치가 만연하고 있음을 알 수 있다.

한편, 과소비는 소득 면이나 자원 면에서 일정한 기준을 넘는 소비를 뜻하고 과시소비는 타인을 통해 자신의 만족을 얻으려는 소비를 가리킨다. 과소비는 소득보다 지출이 많을 때, 필요보다 많이 소비할 때, 환경을 파괴하는 소비를 특징으로 한다. 또 과시소비는 우월하고 싶어하는 허영심의 표현으로서의 소비, 부의 증거를 나타내고 싶어하는 소비, 그리고 업적 내지 지위를 나타내는 수단으로서의 소비가 그 대표적 예이다. 따라서 과소비와 과시소비는 개념적으로 엄격히 구분된다 하겠다.

여기서 우리나라 소비자들의 과소비(over consumption)[44] 문제에 대해 구체적으로 알아보고자 한다.

1) 과소비 문제의 원인

(1) 소비지출 및 선택적 지출의 과다

과소비 문제의 원인으로 먼저 우리의 소비지출이 소득에 비해 너무 많으며, 그것도

43) 소비생활의 이중적 가치란, '내가 하면 합리적 소비, 남이 하면 과시소비'와 같이, 동일한 소비에 대해 자신의 입장에 따라 다르게 인식하는 것을 의미한다.

44) 과소비(over consumption)는 소득보다 많은 소비지출, 필요 이상의 많은 소비 등을 의미한다. 과소비는 일부 계층의 과시 소비에서 비롯된 것이며, 과시소비는 타인에게 보이기 위한 소비로, 과소비의 원인이 된다.

먹고 놀고 즐기는 데 많이 소비하고 있다는 사실을 들 수 있다. 이로 인해 소비 증가율이 소득 증가율을 앞지르는 경우도 있었다. 통계청이 밝힌 2012년도 2/4분기 도시근로자 가계수지 동향을 보면, 가구당 평균소득은 4백3십만 원인데, 월평균 소비지출은 2백5십7만 원이다.

(2) 신형·대형·고급 제품의 무조건적 선호

우리나라 소비자들은 새 것, 큰 것, 좋은 것은 물론 비싼 것, 외국 것을 지나치게 좋아하는 경향이 있는데, 이야말로 과소비의 근본 원인이 되며, 우리 사회의 커다란 문제라 하겠다.

〈표 3-2〉는 가전제품 사용년수에 대해 한국과 미국을 비교한 것으로, 이를 통해 우리 소비자들이 새 것(신형 또는 신제품)을 지나치게 좋아하고 있음을 알 수 있다. 즉, 동표에 의하면, 한국 소비자들이 컬러텔레비전을 7년 동안 사용하는 데 비해 미국 소비자들은 12년 동안 사용한다. 또 세탁기의 경우, 한국 소비자가 6년, 미국 소비자는 우리의 2배가 넘는 13년이나 사용한다. 물론, 여기에는 우리나라 소비자 측의 문제뿐만 아니라 기업 측의 기술적 문제도 내포되어 있다.

표 3-2. 가전제품 사용년수의 한·미 비교

(단위: 년)

구 분	한 국	미 국
컬러 TV	7	11
세탁기	6	13

그리고 소비자들의 외제품 선호 현상은 고급 소비재 수입의 증대, 경상수지 악화, 외환보유고 감소, 국내산업의 경쟁력 저하 등을 초래한다. 우리나라 소비자들의 지나친 외제품 선호는 과시적, 맹목적인 것으로, 불건전한 소비자의식에 기인된 것이라 하겠다.

요컨대, 우리나라 소비자의 가장 큰 문제는 실용성보다는 체면, 형식, 외관을, 미래보다는 현재를, 제품(품질) 자체보다는 제조업자나 상표의 명성을 중요시하는 그들의 의식 내지 성향에 있다. 더 나아가 우리나라 소비자의 소비 행위 또한 비합리적이고 불건전하다고 할 수 있는데, 이는 일부 부유층 소비자의 과시적·허례 허식적 심리, 중산층 소비자들의 상류층 내지 부유층 소비 행태 모방, 그리고 충동적 구매 욕구·행동 등에 그 원인이 있다고 본다.

2) 과소비 문제의 해결 방안

(1) 소비생활의 계획화·합리화

첫째, 소비자들이 소비생활을 건전하고 합리적으로 하기 위해서는 먼저 현재의 소비생활 내지 소비지출, 특히 오락, 외식, 레저 등과 같은 선택적 지출에 있어 과시적·모방적·충동적 구매나 불요·불급 상품의 구매가 없는지를 점검해야 한다. 또한 구매하려는 상품이 자신의 구매 목적 및 소득수준에 적합한 것인지도 확인해야 할 것이다.

둘째, 구매 활동을 계획적으로 하고 시장 정보·지식을 메모하는 습관을 길러야 한다. 왜냐하면, 계획적 구매는 충동구매와 불요·불급 상품 구매를 예방함은 물론, 합리적인 구매 활동에 필수적이기 때문이다. 시장정보의 메모 및 활용은 소비자로 하여금 알뜰 구매토록 할 뿐 아니라 가계자금도 절약토록 해준다. 요컨대, '좋은 습관 = 평생 자산'이란 말처럼 계획적 구매 및 시장정보의 메모 습관은 자산 증대를 가져오고, 미래의 생활도 윤택하게 한다.

셋째, 외상 구매를 억제하고 맹목적인 유명품·외제품 선호를 지양해야 한다. "외상이면 소도 잡아먹는다"는 말도 있듯이, 많은 소비자들이 고가의 상품을 스스럼없이 외상 구매하는 경향이 있는데, 이는 곧 낭비적이고 불건전한 소비행동의 대표적 예가 된다. 그리고 소비자의 외제품 선호 현상 또한 기업의 국제경쟁력 저하와 국제수지 악화를 초래하는 것으로, 개인적으로나 국민경제적으로나 바람직하지 못한 것이다.

(2) 소비자의 의식 변화

우리는 "'변하지 않는 것이 아무것도 없다'는 말만이 변화가 없다.", "사회의 모든 것이 변하고 있다" 등의 말들을 자주 듣곤 한다. 소비자의식은 소비생활의 질적 향상과 국민경제 발전에 기초가 되는 매우 중요한데, 앞에서 우리나라 소비자의식에 많은 문제가 있음을 보았다. 이에 우리나라 소비자들은 아래와 같이 근본적인 의식 변화를 해야 한다.

첫째, 소비자들은 소비자로서의 주권의식을 갖고, 의식수준을 향상시켜야 한다. 이는 소비자가 시장에서 자신의 권리를 실천하거나 성숙된 소비자로 생활하는 데 기초가 된다.

둘째, 근검·절약하는 정신을 가져야 한다. 소비자의 근검·절약 정신은 건전한 소비생활에 기본이 되며, 더 나아가 미래의 생활을 풍요롭게 하는 데 필수적이다. 그러므로 소비자들은 물질적 풍요로움보다는 정신적 풍요로움을, 현재의 소비보다는 미래의 소비를 중요시하는, 소위 건전한 정신·미래지향적인 소비자의식을 가져야 한다.

셋째, 모든 소비자들이 공동체의식을 갖고, 검소한 소비생활을 해야 한다. 일부 소비자들의 무절제한 과시적 구매는 주위 사람들에게 위화감을 줄 뿐만 아니라 모방 구매마저 유발할 수 있기 때문이다. 따라서 우리 소비자들은 나보다는 이웃과 환경을 생각하는, 사려 깊은 소비자가 되도록 노력을 해야 할 것이다.

(3) 소비자로서의 의무 완수

우리나라 소비자기본법 제5조(소비자의 책무)에서는 다음과 같은 내용을 소비자 책무로 들고 있다.

첫째, 소비자는 사업자 등과 더불어 자유시장경제를 구성하는 주체임을 인식하여 물품 등을 올바르게 선택하고, 제4조의 규정에 따른 소비자의 기본적 권리를 정당하게 행사하여야 한다.

둘째, 소비자는 스스로의 권익을 증진하기 위하여 필요한 지식과 정보를 습득하도록 노력하여야 한다.

셋째, 소비자는 자주적이고 합리적인 행동과 자원 절약적이고 환경친화적인 소비생활을 함으로써 소비생활 향상과 국민 경제 발전에 적극적인 역할을 다하여야 한다.

한편, 소비자들이 완수해야 할 일반적 의무는 다음과 같다.

먼저, 소비생활 정보·지식의 축적과 소비자 능력 함양을 위해 노력해야 한다. 즉, 소비자는 소비생활에 필요한 시장 정보 및 상품 지식을 획득하고 구매의사결정 능력을 함양해 나가야 한다는 것이다. 소비생활의 합리화는 정보에 입각한 과학적인 구매의사결정에 달려 있으며, 상품 속성, 비교 평가 방법, 상품 구매·이용 지식, 소비자 고발 방법, 소비자기본법·피해 보상 규정 등이 소비자정보의 대표적 예라 하겠다.

그리고, 상품 사용 및 관리를 보다 철저히 해야 한다. 구매 상품의 사용·관리는 상품 수명에는 물론, 소비생활의 질적 수준과 환경(오염)에도 영향을 미친다. 이에 소비자는 카탈로그 숙지를 통해 상품 사용 능력을 함양해야 하고, 보다 오랫동안 사용할 수 있도록 상품 관리에 만전을 기해야 한다. 이를 위해서는 A/S 센터(연락처) 등을 메모해 두고, 상품설명서를 쉽게 찾을 수 있도록 보관하여야 한다. 요컨대, 상품 사용·관리 노력에 따라 상품의 상태 및 기능이 달라진다는 사실을 유념해야 할 것이다.

지금까지 우리 사회의 구조적 문제이면서 우리나라 소비자의 특징이라고 할 수 있는 과소비 문제를 소비자 측면에서, 그리고 그 원인과 해결 방안을 중심으로 고찰해 보았다.

미국 뉴욕 첼시마켓 전경

즉, 우리나라 소비자의 특징으로 과소비를 들 수 있으며, 소비자들이 소득수준에 비해 지나치게 많이 소비하는 것은 신형품, 대형품, 고급품, 외제품에 대한 무조건적 선호 성향 때문임을 알 수 있었다.

결론적으로 말해, 소비자들은 삶의 질 향상과 국민경제 발전을 저해하는 과소비 성향에서 하루빨리 탈피하여 건전하고 합리적인 소비생활을 영위하도록 해야 한다. 나아가 오늘날의 불건전한 경제 및 소비사회를 정상화시키기 위해서는 무엇보다도 소비자 각자가 자신의 마음속에 있는 거품을 빼내고, 건전하고 합리적인 소비의식을 가져야 할 것이다.

제4장

소비자교육과 소비자정보

1. 소비자교육의 의의와 유형

1.1 소비자교육의 의의와 목표

1) 소비자교육의 의의

오늘날 소비자교육은 경제성장과 기술혁신, 상품 및 서비스의 다양화, 그리고 소비자 경험 및 지식의 부족 등으로 인하여 사회적 과제가 되고 있으며, 또 소비자단체, 정부, 기업 등은 이러한 소비자교육의 중요성을 크게 인식하고 있다. 그리고 소비자운동에는 네 가지 프로그램, 즉 고발, 소비자교육, 상품테스트 및 조사·분석, 그리고 출판·홍보가 있으며, 소비자운동이 성공하기 위해서는 무엇보다도 소비자의 의식화 및 조직화가 전제되어야 하는데, 이는 바로 소비자교육을 통해 이루어질 수 있다.

소비자교육[45]이란 구매지식 및 소비생활을 합리적으로 관리하고, 여러 가지 구매 대안들 가운데 선택하는 데 있어 자신의 소비가 개인과 사회에 미치는 영향을 고려하여 구매결정할 수 있는 능력을 갖도록 도와주는 것으로 정의된다. 그리고 소비자교육은 소비자들이 자신의 부(富)를 극대화시킬 수 있도록 상품 구매 및 소비 능력 향상에 필요한 정보를 효율적으로 획득·이용·평가할 수 있게 하며, 또 현재의 가치관과 라이프스타일에서 합리적으로 구매, 소비를 할 수 있도록 가르치는 것을 의미한다.

요컨대, 소비자교육은 소비자가 소비생활 주체로서 자신의 권리와 책임을 자각(自

45) 교육이란, 교육 상대에게 영향을 끼쳐서 그로 하여금 가치 있는 모습으로 성장토록 하는 사회 기능을 의미한다.

覺)하고 필요자원의 관리 및 소비를 합리적으로 할 수 있도록 소비자 지각·능력을 제고시키는 과정이라고 할 수 있다. 그리고 소비자정보와의 관련성에 대해 알아보면, 먼저 니클레스(G. Nickles)는 '소비자정보는 제품 및 서비스에 관련된 것이고, 소비자교육은 보다 현명한 구매결정을 위한 여러 가지 사실·수치의 이용 방법을 가르치는 것'이라 하였다. 또한 쏘렐리(B. Thorelli)는 '제품 및 소비자 특성에 관한 포괄적인 자료는 소비자교육이고, 개인적인 제공물과 관련된 자료는 소비자정보'라고 설명하면서, 소비자교육과 소비자정보는 개념적으로는 서로 다르지만 상호 보완적 관계에 있다고 한 바 있다. 그러므로 소비자교육은 소비자가 정보를 수집·이해 및 활용할 수 있는 능력을 갖도록 도와주는 것을 뜻하며, 소비자정보는 피교육자인 소비자에 의하여 그 유용성과 깊이가 좌우되는 것이라 하겠다. 여기서 소비자정보의 성격과 이용에 관한 여러 가지 커뮤니케이션은 소비자교육에 포함된다.

2) 소비자교육과 소비자 능력

소비자교육은 일반적으로 소비자 능력을 향상시키기 위한 교육, 즉 소비자 각자가 가치를 선택하고 그것을 근거로 생활양식을 이루어 나가는 능력을 개발하려는 교육이다. 그리고 소비자교육은 어떤 가치를 획일적으로 강요하는 것이 아니라, 각자가 다양한 가치 가운데에서 능력을 개발함으로써 소비자행동을 주체적으로 선택·결정하고 생활양식을 이루며 그 결과에 대한 책임을 지는 능력을 개발하기 위한 것이다.

한편, 모스와 테라스(B. Morse & J. Terrass)는 능력에 기초한 교육은 개인이 그들에게 기대되는 능력을 이해하고, 요구되는 능력의 획득을 실증하는 과정이라고 한 바 있다. 또 메이어(R. Mayer)는 능력에 기초한 교육을 받으면 학습자는 무엇인가를 할 수 있는 능력을 갖게 되며, 능력에 기초한 교육에 있어서는 성취해야 할 표준이 정해져 있고, 모든 피교육자들이 능력을 습득하게 되지만 그 시간은 개인별로 차이가 난다고 하였다.

그리고 머피(P. Murphy) 등은 현재의 소비자 프로그램이 충족시키지 못하는 욕구를 규명하기 위하여 소비자교육 커리큘럼 자료를 검토, 모듈(module)[46]을 개발, 제시하였다.

---

46) 모듈(module)이란, 기계 또는 시스템의 구성단위로서 복수의 전자부품이나 기계부품 등으로 조립되어 특정 기능을 하는 부분 장치를 말한다. 컴퓨터, 전자기기 등이 복잡해짐에 따라 정보 교환이나 부품 개발을 쉽게 하기 위해 제품과 부품의 중간적 장치로 모듈이라는 개념이 도입되었다. 컴퓨터 시스템에서 중앙처리장치, 주기억장치, 입출력장치 등을 각각 하나의 모듈이라고 할 수 있다.

이 모듈은, 다음 〈표 4-1〉에서 제시된 바와 같이, 소비자들로 하여금 네 가지 소비자 능력을 습득하게 함으로써 사고하게 하며 지속적으로 소비자가 되도록 한다. 이와 같이 소비자 능력은 소비자교육의 핵심이며, 소비자 능력에 기초한 소비자교육은 소비자교육의 목표를 효율적으로 달성하도록 하는 이점이 있다.

표 4-1. 머피의 소비자 능력과 소비자교육 목표

소비자 능력	소비자교육 목표
탐구과정	문제 인식 → 잠정적 해결책 고려 → 용어의 명료화 → 자료 수집 → 자료의 분석 → 결론
가치평가과정	가치의 구성요소 인식 → 가치에 적절한 행동 고려 → 예시된 가치의 규정 → 가치의 원천에 대한 가설 설정 → 가치의 대안 분석 → 가치선호의 검토
의사결정과정	의사결정문제의 인식 → 대안 고려 → 대안 규정 → 결과 예측 → 대안 분석 → 대안 서열화
활동과정	쟁점의 인식 → 증거·대체활동의 고려 → 소비자활동의 규정 → 증거와 선택활동의 조직 → 활동 분석 및 결과 수용 → 활동 개시 및 평가

자료: 이기춘(1999), 『소비자교육의 이론과 실제』, 교문사, p. 114.

3) 글로벌화와 소비자교육

글로벌화는 정치, 경제, 사회, 문화 등 모든 분야에서 국가 간 상호의존성이 심화되어 지구(촌) 공동체가 형성되어 가는 과정을 의미한다. 예를 들어, 경제 분야 글로벌화는 다양한 국민경제가 하나의 지구촌 경제로 통합되어 가는 과정을 말한다. 즉, 상품 및 서비스의 수출·입, 자본의 유출과 유입, 기술의 도입과 해외 수출, 노동력의 유입과 유출 등을 통하여 세계적 분업 구도가 심화되어 가는 현상이라 하겠다.

이러한 경제의 글로벌화는 소비생활 전반에 나타나고 있다. 무엇보다 여행의 자유화와 함께 글로벌 관광이 촉진되어 해외에서의 소비가 증가되고 있다. 뿐만 아니라, 국제전자상거래의 발전으로 국내 소비자가 인터넷을 통해 외국인과 직접 거래하는 경우와 해외구매 대행 사이트를 통한 국제 인터넷 상거래가 크게 증가하고 있는 실정이다.

각국의 소비문화가 전 세계적으로 동질화되고 있는 현상이야말로 글로벌화와 소비생활의 관계를 잘 나타내는 것이라고 할 수 있다. 무엇보다도 전 세계적으로 유사한 기호와

생활정보 전열매트 사용·보관법

2006년부터 2009년 10월까지 한국소비자원 소비자위해감시시스템(CISS)에 접수된 전열매트류 관련 안전사고는 2백73건이었다. 연도별로 살펴보면, 2006년 34건, 2007년 79건, 2008년 88건, 2009년(1~10월) 72건으로 꾸준히 증가한 것으로 나타났다.

사고가 가장 많은 품목은 전기장판으로 1백85건(67.8%)이었다. 그 다음으로 전기매트 34건(12.5%), 전기온수매트 12건(4.4%), 전기온열기·찜질팩·전기담요 각각 11건(4.0%), 전기방석 5건(1.8%), 전기뜸질기 4건(1.5%) 순으로 조사됐다. 전열매트를 안전하게 사용·보관하는 방법은 아래와 같다.

- 전기온수매트는 일반 전기매트에 비해 열밀도가 높아 저온 화상의 위험성이 증가할 수 있으므로 온도 관리에 주의해야 한다. 특히 노약자가 사용할 때는 보호자의 세심한 관리가 필요하다.
- 전기온수매트가 작동하는 중에는 물이 뜨거우므로 뚜껑을 잠근 상태로 사용한다. 특히 어린이의 손이 닿지 않도록 주의한다.
- 전기온수매트에서 이상한 소리가 나면 사용을 중단하고 애프터서비스 센터에 가서 점검을 받는다.
- 전열매트류를 사용하지 않을 때는 전원 스위치를 끄고, 장기간 보관했다가 사용 시에는 1~2일 정도 이상이 없는지를 확인한 후 사용한다.
- 전열매트류를 보관할 때 완전히 접어서 보관하지 않도록 해야 한다. 접어서 보관할 경우, 제품 내부의 열선이 꺾여 감전, 화재 위험성이 있다.
- 전열매트류의 조절기(controller)를 발로 밟거나 충격을 주지 않도록 한다. 조절기가 합선돼 발화하는 경우가 있으므로 주의해야 한다.
- 전열매트류는 라텍스 매트리스와 함께 사용하지 않는다. 열에 약하고 인화성이 높은 라텍스 매트리스와 함께 사용하면 화재의 위험이 있다.
- 전기온수매트나 온수찜질팩은 물이 새지 않는지 수시로 점검한다.

자료: 『소비자시대』, 2011년 1월호, p. 13.

구매 패턴을 갖는 글로벌 소비자가 등장하고 있으며, 또 이들 글로벌 소비자는 UCC, 유튜브 등의 새로운 매체들의 영향을 받아 글로벌 소비문화를 형성하고 있다. 지구촌 어딘가에서 일어나는 다양한 사건과 정보 등은 실시간으로 지구촌 구석구석까지 전해지고 있는 것이 오늘날의 현실이다. 이러한 글로벌화가 소비생활의 윤택함을 더해 주기도 하지만, 국내 소비자의 서구화, 세계화와 함께 소비문화를 변질시키기도 한다.

오늘날 글로벌화로 인한 소비자문제가 증가하고 있으므로 글로벌 시대에 부응하는 소비자교육이 필요하다. 따라서 오늘날의 소비자교육에는 글로벌화에 대한 일반적인 내용은 물론, 글로벌 시대의 소비자 선택 관련 내용, 글로벌 관점에서의 지속가능 소비 문제, 글로벌 소비생활 지식·기술 등의 내용이 다루어져야 한다. 그리고 글로벌 시대의 소비자교육 정책은 소비 선택에 필요한 실질적 지식을 강조하는 방향으로 가야 한다. 글로벌 소비자문제, 국제거래, 국제 소비자 피해, 지속가능 소비 등과 관련된 지식을 제공할 수 있는 소비자교육을 지향해야 할 것이다.

또한 글로벌 시대의 소비자 성향 및 교육환경에 적합한 새로운 소비자교육 방법을 도입해야 한다. 오늘날의 소비자들은 과거 미디어가 제공하는 콘텐츠를 수동적으로 향유하였던 것과는 달리, 인터넷의 보급·확산, 고급 온라인 콘텐츠 제공, UCC 사용 증가 등에 힘입어 직접 콘텐츠를 제작하고 소비하고 있기 때문이다. 따라서 글로벌 시대 소비자의 자아실현 욕구에 부합할 수 있는 맞춤형 및 참여형 교육방법도 강구하여야 할 것이다.

예컨대, 공정거래위원회가 추진하는 e-러닝 시스템이 맞춤형 시스템으로서 기능을 수행할 수 있도록 하여야 한다. 이를 위해서는 소비자교육의 부문별, 대상별로 강좌가 마련되어 소비자가 선택할 수 있게 하여야 한다. 또한 소비자교육 대상을 세분화하고 세분집단별로 소비자 역량을 측정하여 각 세분집단에 적합한 소비자교육 내용 및 방법을 개발하여야 할 것이다.

4) 소비자교육의 목표

오늘날의 시장상황을 살펴보면, 소비자들이 기업의 판매 전략에 이끌려 가고 있을 뿐 아니라, 불량 및 저질 상품, 가격 조작 행위 등으로 인해 소비자 권익이 크게 침해받고 있는 실정이다. 이러한 상황에서 소비자교육은 소비자로 하여금 자신의 권익을 스스로

방글라데시 다카 뉴마켓 채소점

실현시키도록 하는 것으로, 소비자와 사업자 간의 힘의 균형을 이루도록 하는 데 그 목표가 있다. 즉, 소비자교육은 소비자가 소비생활의 질적 향상을 도모하기 위해 현명한 소비자로서의 역할을 수행할 수 있는 능력을 갖추도록 하는 데 그 목적이 있다는 것이다. 내기(M. Nagy)에 의하면, 소비자문제의 해결 방안으로서 기업의 자발적 행위, 정부의 조정 역할, 그리고 소비자교육을 제시하고, 이 중 소비자교육이 가장 중요하다고 한 바 있다.

한편, 이득연과 송순영은 소비자교육의 목표를 세 가지 차원, 즉 가치교육 차원, 구매교육 차원, 시민교육 차원으로 구분하고 있다. 여기서 가치교육 차원은 소비행위의 가치문제를 따져 보고 바람직한 소비가치의 형성을 도모하기 위한 것으로, 소비행위의 주체성 확보 및 합리적인 소비문화 형성, 소비가치 기준 형성 등을 목표로 한다.

그리고 구매 교육 차원은 '무엇을 따져 보고 구매결정하는 것이 가장 합리적인가'에 대한 의사결정 능력을 배양시키는 것이며, 또 이러한 구매교육 차원에서의 소비자교육 목표에는 기본적 경제 원리에 대한 이해 증진, 합리적 자원 관리 능력의 향상, 소비자문제에 대한 인식 제고, 소비자정보 분석·평가 능력 배양, 올바른 상품·서비스 구매 방법의 습득 등이 있다.

마지막으로 시민의식 교육 차원은 구매 문제 발생 시 적극적으로 해결을 꾀함으로써 시민사회 구성원으로서의 책임과 의무를 다하도록 하는 것으로, 문제 해결 능력의 배양 및 소비자 책임의 자각 등을 목표로 한다. 〈표 4-2〉는 소비자교육의 내용을 가치관 교육, 자원 관리 교육, 합리적 구매 교육, 소비자 시민 교육 등의 네 가지 범주로 구분한 것이다. 이는 이득연과 송순영의 견해에 비해 자원 관리 교육을 별도로 구분하여 제시하고 있다는 점이 그 특징이라 하겠다.

표 4-2. 소비자교육 내용

영 역	내 용	기 본 요 소
가치관 교육	소비윤리	소비욕구, 소비태도, 물자절약, 소비자문화, 분수에 맞는 생활, 충동구매, 아껴 쓰기, 취미와 여가 생활
	환경보호	환경보호(수질, 대기, 토양), 교통문제, 재활용, 쓰레기 분리수거, 쓰레기 종량제
자원 관리 교육	경제원칙	욕구, 자원, 수입과 지출, 희소성, 생산, 화폐, 금융, 재정, 공급과 수요, 협업과 분업, 가격, 교환, 경쟁, 시장, 실업, 인플레이션, 물자의 이동, 산업
	금전 관리	용돈, 용돈기입장, 살림살이, 가계부, 수입, 지출, 재산, 소득분배, 예산, 저축, 소비, 신용, 보험, 세금, 연금
합리적 구매 교육	의사결정	문제 인식, 정보 탐색, 대안 평가, 선택
	구매	의류, 식품, 상품과 서비스
	영향 요인	환경적 영향, 심리적 영향, 개인적 영향
	소비자정보	안전·위해, 품질·규격, 표시·정보, 광고, 거래 조건·방법, 가격, 유통
소비자 시민 교육	소비자 역할	소비자 참여, 소비자 의식
	소비자의 권리와 책임	안전, 선택, 보상, 교육, 단체
	소비자 문제와 해결	기만, 배상, 제품 안전, 피해 구제, 분쟁 조정

자료: 『한국소비자원 연구보고서』, 2002. 3.

1.2 소비자교육의 유형

1) 교육주체별 유형

소비자교육은 주로 가정, 학교, 사회에서 이루어진다. 가정 소비자교육은 아동 소비자를, 학교 소비자교육은 청소년 소비자를, 그리고 사회 소비자교육은 성인 소비자를 대상으로 실시한다. 이러한 소비자교육은 생애교육으로서의 특성을 갖고 있기 때문에 일생 동안 체계적으로 이루어져야 하고 또 바람직한 소비자교육이 되기 위해서는 생애주기에 따라 가정과 학교, 그리고 사회가 유기적인 관계를 갖고 실시되어야 한다. 〈표 4-3〉은 이마이와 나카하라가 소비자교육의 효과를 개인, 사회 그리고 기업으로 나누어 제시한 것이다.

표 4-3. 소비자교육의 효과

개인	·선택에 관한 비판적인 사고 능력 계발 및 촉진 ·현대 경제사회에서 생활하는 인간으로서의 자신감과 자립심 고취 ·여러 가지 입장에서 가치를 받아들이는 능력 개발 ·균형 잡힌 개인과 가족의 생활양식 형성 ·각자의 가치에 따라 생활문화 창조 능력 함양
사회	·소비자 입장에서의 문제 인식 능력 개발 및 소비자보호법의 효과적인 시행 ·생활자 관점에서 생활을 우선하는 사회 실현 도모 ·소비자와 사업자 사이에 힘의 균형 도모 ·균형 잡힌 국제적인 경제인과 생활자 육성 ·평생교육형과 시민참가형 인재 양성
기업	·구전[47]에 의한 상품과 기업명의 홍보 ·기업 이미지와 애호도(loyalty) 제고 ·소비자만족의 증대와 소비자불만·불평의 감소 ·시장 메커니즘을 통한 기업 발전 ·건전한 기업이 생존과 기업의 자율 규제의 지원

(1) 가정 소비자교육

자녀들은 부모의 소비생활을 보면서 소비자로서의 학습을 자연스럽게 하게 된다. 어린 시절 소비자로서의 경험은 일생 동안 영향을 미치기 때문에 가정 소비자교육이야말로 매우 중요하다. 그리고 가정 소비자교육은 의도적, 체계적으로 이루어지기보다는 소비자 사회화 과정을 통해 이루어지며, 소비자 사회화는 부모의 가치관과 태도로부터 많은 영향을 받는다.[48]

소비자 사회화란, 한 개인이 소비자로서의 역할을 수행하는 데 필요한 소비자 능력을 키우는 과정으로, 다른 소비자의 행동을 보고 모방하거나 사회적 상호작용을 통해 자연스럽게 이루어진다. 대체로 개인은 부모, 친구, 학교, 대중매체 등 준거집단의 영향을 받게 되는데, 그중에서도 부모가 어린이의 소비자 사회화에 가장 많이 영향을 미친다.

---

47) 구전(口傳)이란, 상품을 구매, 사용해 본 소비자가 자신의 사용 경험을 다른 소비자에게 전달하는 현상을 말한다. 이때 전달되는 정보는 긍정적일 수도 있고, 부정적일 수도 있다.

48) 우리나라 중·고등학교에 재학 중인 남·여 학생 440명을 대상으로 실시한 김영신 등의 조사에 의하면, 중독적 구매행동을 한다고 인지되는 부모일수록 그 자녀들도 중독적 구매행동을 많이 하는 것으로 나타났다.

(2) 학교 소비자교육

학교 소비자교육은 일정한 과정 및 교재를 통해 이루어지므로 가정 소비자교육과 사회 소비자교육에 비해 단계적, 체계적이라고 할 수 있다. 또한 학교 소비자교육은 단순히 소비생활 기술을 습득하도록 하는 데 목적이 있는 것이 아니라, 청소년들의 올바른 소비문화를 형성하고 합리적 소비생활을 영위하도록 소비자 능력을 제고하는 데 목적이 있다.

여기서 우리나라 학교 소비자교육의 문제점을 알아보면, 다음과 같다. 첫째, 우리나라에는 아직 독립적인 소비자교육 교과목이 없는 실정이다. 단지 고등학교의 경우, 가정, 생활경제, 상업, 공통사회, 경제, 환경과학 등의 과목에 소비자 관련 내용이 다소 있을 뿐이다. 둘째, 소비자교육을 제대로 수행할 수 있는 전문교사가 부족하다. 소비자교육 전문가를 양성하기 위해서는 향후 대학 내 소비자학과의 신설과 기존 소비자 관련 학과에서의 관련 교과목의 확충이 요구된다 하겠다. 소비생활 상담원과 같은 소비자 전문가의 양성(제도) 또한 검토되어야 할 사항이다. 셋째, 학교 소비자교육에서는 사례연구, 게임, 실태조사, 역할연기(role play) 방식, 시청각 자료 등이 활용될 경우, 그 효과가 클 것이다. 현실적으로 교사용 지침서나 슬라이드, 비디오 자료 등과 같은 시청각 자료들이 부족하여 학생들의 학습 동기를 유발시키는 데 다소 한계가 있다. 이에 한국소비자보호원, 교육인적자원부 등과 같은 정부기관들이 좋은 소비자교육 자료를 개발, 제공해야 할 것이다.

(3) 사회 소비자교육

사회 소비자교육은 성인 소비자로 하여금 사회·경제적 상황에 대응할 수 있는 소비자 능력을 제고시키기 위한 교육으로, 학교 소비자교육에 비해 교육 동기 유발이 어렵고 비체계적이다. 그리고 사회 소비자교육의 주요 내용으로는 새로운 소비생활에서의 적응, 실생활정보의 제공, 이를 활용할 수 있는 소비자 능력 계발 등이 있으며, 또 사회 소비자교육의 형태로는 소비자단체 소비자교육, 행정기관(국가나 지방자치단체, 한국소비자보호원 등) 소비자교육, 기업 소비자교육, 대중매체 소비자교육 등이 있다.

한편, 소비자단체에서 실시하는 소비자교육의 내용으로는 소비자운동의 필요성, 정부의 소비자정책 해설, 소비자의식 계몽, 합리적 소비생활의 지혜, 소비자 고발 사례 발표 등을, 한국소비자보호원에서는 소비자교육 프로그램의 개발, 교육·자료 등의 제작·배포, 소비자교육 관련자·사업자의 교육연수 개최 등을 실시하고 있다. 그리고 기업의 소비자교육에서는 정보 제공 활동을 주된 내용으로 하고 있는데, 소비자의 정보 요구 욕구와 기업의 이윤 추구 욕구가 함께 실현되는 방향에서 이루어지고 있다.

표 4-4. 주체별 소비자교육의 특징

주 체	대 상	특 징
가정	아동	목적 지향적, 비체계적이고, 준거집단의 영향력이 크다.
학교	청소년	단계적, 체계적이며, 소비자 능력 제고에 목적이 있다.
사회	성인	지속성이 부족하고, 정보 제공적이다. 학교 소비자교육에 비해 교육동기 유발이 어렵다.

2) 교육내용별 유형

(1) 환경 소비자교육

일반적으로 환경문제는 근본적으로 환경에 대한 인간의 잘못된 인식에서 비롯되었기 때문에, 일정한 지역 내에서만, 그리고 단기간에 해결될 수 있는 문제가 아니다. 이러한 환경문제로 인한 환경교육의 필요성은 1972년 스웨덴의 스톡홀름에서 '단 하나뿐인 지구(Only one earth)'라는 주제로 개최된 'UN 인간환경회의' 때부터 인식되었다. 이 회의에서 제창된 「UN 인간환경 선언문」은 환경문제를 세계적 차원으로 부각시키고, 환경교육의 필요성을 인식케 하는 계기가 되었다. 그 후 환경문제 해결을 위한 환경교육 관련 국제회의가 있었는데, 여기서 환경교육이 인류의 공동과제로 천명되기에 이르렀다.

우리나라 환경부에서는 환경교육이란, 모든 사람이 다양한 자연환경과 인공환경을 구성하는 자연적·사회적·경제적 및 문화적 요소들 사이의 상호작용을 이해토록 하고, 환경문제를 파악, 해결하며 환경의 질을 관리할 수 있는 지식, 가치관, 태도 및 기능을 함양하는 것이라고 정의하고 있다. 그리고 교육인적자원부에서는 '환경과 인간생활의 상호관계 이해'를 환경교육의 목적으로 두고, 환경에 대한 생태적 관점을 수용하면서, 전체 교육활동에서 환경교육을 강조하여 지도하도록 하고 있다. 환경문제가 인간의 환경에 대한 그릇된 가치관과 태도에서 비롯된 것이라고 볼 때, 소비자 환경교육은 그 문제를 근본적으로 시정하는 가장 효율적인 조치라고 할 수 있다. 이는 곧 환경교육의 중요성을 피력함으로써 소비자에 대한 환경교육의 필요성을 더욱 강조한 것이다.

(2) 안전 소비자교육

소비자의 신체, 건강에 대한 안전문제는 그 역사가 같다. 오늘날에는 소비자 안전교육에 재산상의 안전까지 더해져 그 중요성과 비중이 커지고 있다. 우리는 일상생활 속에서 많은 재화·서비스를 구매, 사용하면서 그 안전성에 대해서는 그렇게 중요시하지 않는 편이다.

소비자안전을 절대적인 개념이 아닌 상대적인 개념으로 본다면 사회의 소비자 안전의식 수준은 매우 중요한 의미를 갖는다. 사회의 안전수준을 높이는 데에는 많은 비용이 들기 때문에 개발도상국으로서는 그렇게 활발하게 전개하지 못한다. 정부의 안전기준이 미흡할수록 소비자 개개인의 안전관련 노력은 많이 요구되며, 또 소비자들의 안전 확보 노력은 다양한 방법으로, 그리고 소비의 전 과정을 통하여 행해질 수 있다. 그리고 안전문제와 관련한 소비자 능력의 증진은 장기적으로 볼 때 의미가 매우 크며, 또 소비자운동가들은 과점기업이나 집중도가 높은 산업의 시장 지배력에 도전하는 것보다 위해상품이나 기만적 행위를 시장에서 몰아내는 일에 초점을 맞추어 왔었다.

UN에서 소비자보호 가이드라인(guide line)을 검토한 것은 여러 국가, 특히 개발도상국의 소비자보호를 도모하기 위해 1981년 7월 UN 경제사회이사회에서 소비자보호 가이드라인 시책을 채택한 데에서 비롯되었다. 이 가이드라인 3장에서는 소비자의 건강과 관련이 많은 식품, 물, 의약품 분야에는 교육·연구계획은 물론, 제품의 품질 관리, 적절하고 안전한 유통기구, 국제적인 표시의 규격화, 그리고 정보 제공을 위한 시책 등이 크게 필요하다고 하였다.

(3) 재무 소비자교육

재무 교육이란, 소비자가 만족을 극대화하기 위해 경제적 자원을 효율적으로 관리하는 데 필요한 지식과 기능을 개발시키는 과정으로 정의되며, 지금까지 소비자를 대상으로 하는 재무 교육은 소비자교육의 한 부분으로 간주되어 왔다. 그리고 소비자교육의 주요 주제로 허만(R. Herrmann)은 재무 관리를 들었으며, 바니스터와 몬스마(R. Banister & C. Monsma)는 자원 관리 영역 하에 있는 재무 계획 교육을 제시하고 있다.

오늘날 경제적 환경이 복잡해지면서 소비자로 하여금 재정자원의 효율적 관리 능력을 향상토록 하는 것이 무엇보다도 중요한 과제가 되고 있다. 이는 소비자 재무 교육의 필요성을 강조한 것으로 볼 수 있는데, 사실 소비자들이 스스로 재무설계에 필요한 지식과 기능을 습득하여 효율적으로 재무설계를 하는 데는 다소 어려움이 따른다. 요즘 우리나라 금융기관은 일부 부유층 고객에게는 소비자 재테크 서비스를, 일반 서민에게는 손쉽게 이용할 수 있는 소비자 상담 서비스를 제공하고 있다. 결론적으로 말해, 대부분의 소비자들은 자신의 재무관리 능력을 향상시킬 수 있도록 하는 소비자 재무 교육을 필요로 하고 있다.

(4) 정보화 소비자교육

현대 사회가 정보사회로 급속히 이행되면서, 소비자는 지금까지와는 다른 새로운 유형의 문제에 직면해 있다. 정보화사회에서 소비자들이 경험하는 문제는 크게 두 가지로 나눈다. 그 하나는 엄청난 속도로 진행되고 있는 정보화 자체나 각종 정보기술에 대한 무지에서 비롯되는 불편함이나 괴리감이고, 다른 하나는 정보화로 인해 발생하는 부차적인 문제들, 즉 개인정보 유출로 인한 각종 소비자피해 등의 문제이다.

상기 두 가지 면의 소비자문제를 해결하는 데 가장 필요한 것은 소비자가 정보기술을 활용하여 자신에게 필요한 정보를 효과적으로 탐색, 이용하는 능력을 향상시키는 일인데, 이를 정보화 소비자교육이라 한다. 정보화사회에서는 소비자에게 정보를 판단, 선택할 수 있는 능력이 요구되며, 또 소비자의 정보화 교육이야말로 합리적인 소비자시민으로서의 역할을 제대로 수행할 수 있는 능력을 개발하도록 하는 유일한 방법이라 하겠다. 그런데 적지 않은 여성 소비자, 특히 주부들이 컴퓨터 기술 습득 등 정보화 교육을 받지 않아 정보화 사회에서 합리적인 소비자로서의 역할을 다하지 못하고 있다. 그리고 소비자가 정보화 지식이 부족할 경우에는 사회 적응력이 떨어져 소비자로서의 역할을 수행하는 데 문제가 따른다. 물론, 컴퓨터를 접할 기회가 적은 노인 소비자들도 정보화 사회에서 사회생활을 원만히 하기 위해 정보통신기술을 습득해야 할 것이다. 따라서 정보화 사회에서는 변화하는 환경에 대응하기 위한 소비자 재교육 및 평생교육이 크게 요구된다 하겠다.

2. 아동·청소년 소비자 교육

2.1 아동 소비자 교육

1) 아동 소비자 문제

넓은 의미의 아동기는 유아기를 포함하여 대략 출생에서부터 12~14세, 즉 청소년기에 들어가기 전까지를 말하고, 좁은 의미의 아동기는 6~14세의 시기로 유아기 다음의 단계이며, 대체로 초등학교 재학 기간과 일치한다. 기업에서 아동 소비자에 관심을 갖기 시작한 것은 제2차 세계대전 이후로, 전쟁 후 베이비붐으로 인해 아동의 수가 급증했기 때문이다. 기업 측에서 보면, 아동은 다양한 상품이나 서비스 시장을 형성하는 소비자로, 그들 부모의 구매에 크게 영향을 미침은 물론, 아동기는 상표 선호도·인지가 형성되는 시기이므로 아동을 미래시장의 소비자로 간주하게 된다.

현대사회에서 아동 소비자는 가정에서의 지위 향상, 욕구 절제력의 부족, 대중매체, 특히 텔레비전에의 과다 노출과 같은 특징을 가지면서 가계구매 행위에 직·간접적으로 영향력을 미치고 있다. 그런데 아동은 신체적·심리적으로 성숙되지 못한 상태이므로 그들에게 합리적인 소비자행동을 기대하기는 어렵다. 따라서 아동기는 부모나 학교로부터 소비생활에 관한 교육·지도가 많이 필요한 시기라 하겠다.

슈트라우스(W. Strauss)는 화폐에 대한 아동의 이해를 연구한 결과, 대부분의 아동들이 5세가 되면 무엇을 구매하기 위해서 화폐가 필요하다는 것을 알게 된다고 하였다. 또 맥닐(J. McNeal)은 일반적으로 5세 아동은 부모의 선택에 의존하고 대부분의 7세 아동은 때때로 스스로 구매 행위를 한다고 한 바 있다. 이러한 성향은 부모의 자녀에 대한 역할 강화나 아동지향적 광고에 의해 보다 빨리 형성될 수도 있을 것이다.

김영옥과 이기춘의 아동 소비자 기능 및 관련 요인 연구에 의하면, 아동 소비자의 기능은 사회인구학적 특성인 성별, 어머니의 교육수준, 월평균 가계소득에 따라 의미 있는 차이가 있다고 하였다. 또, 아동의 소비자로서 기능 수준은 여학생이 남학생보다 높고, 어머니의 교육수준이나 월평균 가계소득이 높은 집단일수록 높게 나타난다고 밝혔다. 그리고 앤더슨과 맥닐(C. Anderson & J. McNeal)은 8~11세 아동 소비자가 겪는 소비자문제를 조사한 결과, 아동은 특정 물품의 구매의사결정 시 상품의 질을 확인하기 어렵고, 가격과 상품가치와의 관계를 알지 못한다고 한 바 있다.

아동 소비자의 일반적인 소비자문제로는 인지능력·정보처리능력·상품지식 등의 부족으로 인한 광고 문제, 자유재량 소비액이 크게 증가한 아동을 대상으로 사행심을 부추기거나 비교육적인 유행상품을 만들어 아동 소비자를 현혹하는 상행위 및 어른들의 소비행태를 모방하여 소비심리를 부추기는 등, 아동을 대상으로 한 사기성 상술 행위, 학교 주변의 소비환경 문제 등이 있다.

생활정보 과일 구매·보관법

모양이 고르고 색깔이 같은 것이 좋다

과일을 고를 때 가장 중요한 것은 모양이다. 과일은 저마다의 모양이 있는데, 원형이나 장원형에 가까운 것이 좋다. 아무리 색깔이 좋아도 울퉁불퉁하다면 기형과의 일종이다.

색깔은 전체적으로 고르게 착색된 것이 좋다. 사과, 배, 복숭아 등은 열매자루(열매꼭지)의 반대편에 있는 꽃받침 부위가 노랗거나 빨간색인 것을 골라야 한다. 파란색 과일은 잘 익지 않은 것이다. 포도의 경우, 캠벨얼리, 거봉은 짙은 검정색일수록 잘 익은 것이다. 표변에 하얀 과분이 많을수록 제대로 익은 것이며 열매자루가 파랗고 단단할수록 신선한 것이다.

가장 맛있는 온도는 따로 있다

일반적으로 과일은 온도가 낮을수록 단맛을 많이 느낄 수 있다. 그러나 온도가 너무 낮으면 혀가 차가워져서 둔감해지기 때문에 단맛을 잘 못 느끼게 된다. 과일별 적정 온도는 수박 8~10℃, 참외·배·사과·포도·단감·자두·멜론 5~7℃, 육질이 연한 복숭아 11~13℃, 단단한 복숭아 8~10℃, 떫은감(연시) 15℃, 토마토 12~13℃이다.

함께 보관하면 안 되는 까다로운 과일은 따로 보관한다

사과·키위·자두·토마토·멜론 등은 에틸렌이라는 추숙 호르몬이 다량 배출된다. 다른 과일과 혼합 보관하면 쉽게 노화되기 때문에 같이 보관하지 않는 것이 좋다. 사과나 배 등은 랩과 같은 폴리에틸렌 필름에 밀봉하면 수분 손실이 거의 없어 한두 달 보관해도 제 맛을 즐길 수가 있다. 〈도움말: 농촌진흥청 원예연구소〉

자료: 소비자시대, 2011년 9월호, p. 34.

2) 아동 소비자 교육 방안

앞에서 살펴본 바와 같이, 아동은 소비자로서의 활동을 수행하는 과정에서 다양한 문제를 경험하고 있다. 그러므로 소비자로서의 능력을 향상시켜 소비자문제를 예방하고

베트남 하롱베이 수상시장 상인

소비생활의 질적 향상을 도모하여 합리적인 소비자시민으로 양성하기 위해서는 아동 소비자를 위한 교육이 반드시 필요하다.

화폐의 규칙적인 사용은 아동의 화폐에 대한 실질적 욕구뿐만 아니라 독립을 위한 정서적 욕구를 충족시킬 수 있는 좋은 방법이다. 그러므로 부모가 자녀에게 용돈을 주는 시기와 그 크기 및 방법 등이 매우 중요하다 하겠다. 우선, 아동에게 용돈 주는 시기는 빠르면 4세 또는 5세부터 늦으면 7세에 시작된다. 중요한 것은 일관적인 태도를 보이는 것인데, 그 대표적 예로 약속한 날에 반드시 용돈을 주는 것을 들 수 있다. 그리고 자녀에게 주는 용돈의 액수는 부모가 독자적으로 결정할 수 있지만 다른 아동 소비자들의 경우를 참고할 수 있으며, 또 자녀와 충분한 대화를 하고 그들의 요구를 들어볼 필요도 있다.

한편, 학교는 체계적인 교육으로써 아동의 소비자 능력을 개발해 주는 중요한 기관이며, 또 소비자교육은 가능한 한 빨리 실시될수록 효과적이다. 요컨대, 어린 시절부터 소비생활에 대한 바람직한 가치와 태도를 갖게 해주는 것이 중요하다고 할 수 있다. 그리고 초등학교 아동 소비자의 교육은 소비자의식 영역, 금전관리 영역, 구매 영역 및 개인 및 공공자원 사용 영역 그리고 소비자의 권리·책임 영역 등 다섯 영역[49]으로 나눌 수 있다.

49) 소비자의식 영역에는 소비자 개념, 욕구와 희소성, 소비가치와 생활양식, 사회 구성원으로서의 소비의식 등이, 또 금전관리 영역에는 화폐와 구매력, 소득의 소비, 저축과 신용 등이 있다. 그리고 구매 영역에는

2.2 청소년 소비자 교육

1) 청소년 소비자 문제

청년기는 발달심리학적 측면에서 보면, 아동기가 끝나는 약 12세부터 23~24세까지로, 통상적으로 13~18세의 중·고등학생을 일컫는다. 청소년 소비자는 소비자 발달단계에서 보면, 아동 소비자와 성인 소비자의 중간에 위치하며 그들과는 구별되는 생활양식과 소비 특성을 갖고 있다. 그리고 독립성이나 자아주체성을 갖고 있는 청소년 소비자는 아동 소비자에 비해 부모의 영향을 적게 받으며, 또 소비자행동도 독립적으로 하는 경향이 있다. 그러나 그들은 여러 가지 정서적 불안과 심리적 혼란, 즉 전통적인 가치관과 새로운 가치관 사이에서 혼란을 겪게 되면서 과시소비, 모방소비, 충동구매, 과소비 등과 같은 바람직하지 않은 소비행동을 표출하는 경우도 적지 않게 있다.

기업의 적극적인 마케팅 활동과 대중매체의 막강한 영향력으로 인해 청소년 소비자에게 바람직하지 못한 소비행동들이 나타나고 있는데, 그 대표적인 것으로 과시소비, 모방소비, 그리고 충동구매를 들 수 있다.

먼저, 과시소비는 어떤 지위의 획득·유지를 목적으로 다른 사람에게 과시할 수 있는 제품이나 서비스를 구매·사용하는 것으로 정의될 수 있다. 청소년 소비자의 과시소비 성향은 비교적 강한 편이며, 사회 전반적으로 보편화되어 있다. 실제로 청소년들은 유명 브랜드 제품을 상당히 많이 선호하고, 소비하는 것으로 나타났다.

둘째, 청소년들의 또 다른 소비 유형으로 또래집단의 소비행태를 따라하는 모방소비를 들 수 있다. 초·중·고등학생 2,041명을 대상으로 한 조사에서 주변 친구가 값비싼 유명 상표의 물건을 샀을 때 사고 싶다고 응답한 학생의 비율이 59.7%나 되었고, 한국소비자보호원 조사에서도 약 35%의 중·고등학생들이 친구 따라 상품을 구매한다고 응답하고 있어 청소년 소비자의 모방소비 정도가 상당히 심한 실정임을 알 수 있다.

셋째, 충동구매는 소비자가 재정적·사회적·심리적 결과와 관계없이 지속적으로 제품을 구입함으로써 발생되는 왜곡된 소비행위라고 할 수 있으며, 청소년 소비자는 전반적

구매의사결정 과정, 구매 시의 주의점, 광고 등이, 개인 및 공공자원의 사용 영역에는 개인자원의 사용 등이, 그리고 소비자권리·책임 영역에는 소비자권리·책임, 환경 관련 권리·책임, 소비자보호법, 소비자 문제와 해결 과정이 있다.

으로 충동구매 성향이 약간 높은 실정이다. 그리고 연령이 어릴수록, 남학생보다는 여학생이, 용돈을 많이 받을수록, 제품 구매에서 친구의 영향을 많이 받을수록, 물질주의 성향이 높을수록, 그리고 자기통제력이 낮을수록 충동구매 성향이 높은 것으로 나타나 있다.

이러한 청소년 소비자들의 소비행태는 소비자 개인만의 문제가 아니라 사회적인 문제라 하겠다. 이는 경제적인 가용 자원이 부족한 청소년들이 비정상적인 방법으로 상품이나 서비스를 가지려 할 경우, 청소년 범죄 등 사회적 문제를 발생시킬 수 있기 때문이다. 또 이와 같은 현상이 나타나는 이유를 알아보면, 가치관이 명확히 정립되어 있지 않은 상황에서 청소년들이 소비를 조장하는 내적·외적 환경에 너무 쉽게 노출되어 있기 때문이며, 또 소비자지식 및 경험이 부족하여 상품의 올바른 효용가치를 파악하지 못하기 때문이라고 할 수 있다. 더 나아가, 정보 탐색 활동을 적극적으로 하지 않거나 탐색의 효용에 대해서도 인식하지 못하고 있기 때문이다.

2) 청소년 소비자 교육 방안

과거 소비자교육에서는 금전 관리와 구매 기능에 중점을 두었고, 일반 경제지식, 가계재정, 구매 방법, 그리고 자원의 관리 등에 치중하였다. 그러나 오늘날에는 사회가 신용사회화·서비스화·정보화되면서 소비생활이 복잡해지고, 소비자들이 당면하는 문제 또한 물품에서 서비스로, 상품 자체에서 판매 방법으로, 안전문제에서 계약문제로, 그 범위가 훨씬 넓어지고 있다. 이에 청소년 소비자로 하여금 다양한 사회변화에 대처할 수 있게 하기 위해서는 이전보다 많은 내용과 영역을 소비자교육에서 다루어야 하는 실정이다.

학교나 소비자단체에서 실시하는 청소년 소비자교육이 효과적이기 위해서는 전통적인 강의·주입식 일변도의 교수-학습 형태에서 탈피하여 다양한 교수-학습 방법들을 활용하여야 한다. 특히 학생의 학습능력 발달단계가 고려된 교수-학습 방법이어야 하며, 또 교육 활동이 종료된 이후에는 반드시 이를 평가·정리함으로써 차기 소비자교육에 반영되도록 해야 할 것이다.

2012년부터 전국 초·중·고교에 주 5일 수업제가 전면적으로 도입됨으로써 청소년 및 청소년 가족의 소비생활시간이 증대되었다. 그런데 수업일수 감소에 따라 학교 소비자교육의 축소가 불가피해짐으로써 청소년 소비자교육에 새로운 과제가 생기게 되었다. 그동안 학교 소비자교육은 사회, 도덕, 기술·가정 등의 교과수업과 재량활동 및 창의적 체험활동 등의 비교과수업을 통해 이루어져 왔다. 그러나 주 5일 수업은 수업일수가 주는 만큼 교과수업상의 소비자교육에는 상대적으로 영향이 적겠으나 재량활동 수업 감소로 인한 소비자교육 시간 축소는 불가피하다. 따라서 향후 소비자교육은 기존 학교 소비자교육 과정의 충실화와 함께 사회(평생)교육이 강화되어야 하고 통합학습으로 이어져야 할 것이다. 또한 지역사회 체험활동 요구가 증가되면서 소비자교육 과제의 하나인 콘텐츠 생산의 체계적 전략 부족 문제가 더욱 부각될 수 있다. 이에 대한 해결 방안은 사회(평생)교육 인프라 확대와 연계해 지역소비자기관의 소비자교육 기능을 강화하거나 온라인 소비자교육 확충 등을 활용해 교육전달시스템을 개선하는 것을 들 수 있다. 주 5일 수업제가 실시된 지 10년이 지난 일본의 경우를 보면, 현재, 전국 10,750개의 지역교육센터에서 학교지원활동 및 방과 후 수업지원활동, 가정학습지원활동을 펼치고 있다.

참고로, 학교 소비자교육 내용을 알아보면, 아래 〈표 4-5〉에서와 같다.

표 4-5. 학교 소비자교육 내용

연구자명	이기춘·서정희(학교교육)	최윤선(학교교육)	이득연·송순영(사회교육)
교육 내용	·일반경제지식 ·가계재정 ·소비자정보 ·광고 및 판매 전략 ·유통 ·지불 방법 ·소비에 관한 가치관 ·소비자 의사결정 ·자원의 활용 ·환경문제 ·소비자의 권리와 책임	·경제적 측면: 화폐, 시장, 거래 ·관리적 측면: 구매 관리, 금전 관리, 정보 관리 ·사회적 측면: 자원보존, 환경공해, 사회복지 ·법적 측면: 소비자보호, 소비자권리, 소비자 역할	·소비자 가치 영역: 바람직한 소비생활(건전 소비 생활 가치 정립, 용돈 관리 능력 배양) ·구매 영역: 상품·서비스 구입 요령(품질 식별 능력 배양, 상품·서비스 구입 요령) ·시민의식 영역: 소비자의 권리·책임(소비자의 권리, 소비자운동, 환경보호적 생활양식)

자료: 이기춘(1999), 『소비자교육의 이론과 실제』, 교문사, p. 232.

3. 성인·노인 소비자 교육

3.1 성인 소비자 교육

1) 성인 소비자 문제

성인기는 청소년기로부터 성인기, 중년기, 장년기까지 포함하는 시기로, 연령으로는 18세 이후부터 59세까지를 말하며 사회적으로 매우 활발히 활동하는 시기이다. 그리고 성인기는 일생 중 기간이 가장 긴 시기인데, 35세를 전후로 다시 성인 전기 소비자와 성인 후기 소비자로 나눈다. 다른 연령대의 소비자와는 달리, 성인기는 발달과정 및 연령상 해당되는 영역이 넓어 그 특성을 몇 가지로 집약해서 표현하기 어렵다.

현재 우리나라 성인 전기에 해당하는 집단이 갖는 특성을 보면, 우선 6·25 전쟁 후에 출생하여, 어렸을 때부터 경제발전의 혜택을 누려왔고, 출산율 저하 및 핵가족화로 인해 소규모 가족에서 사회화되었으며, 정치·경제·문화 등 각 부문에서의 급속한 변화를 경험한 세대이다.

스탬플(R. Stampfl)이 제시한 한국 성인 소비자의 특성을 알아보면, 다음과 같다. 인플레이션·자원결핍·에너지위기·공해문제·정부의 시장규제 등이 문제시되는 사회에서 의사결정을 하게 되고, 물질에 대한 사적 소유라는 기존의 가치와 사회환경에 관심을 가져야 하는 의무 사이에서 갈등을 느끼나 자신의 경제적 행동이 사회에 미치는 결과에 대해 별로 중요시하지 않는다고 한다. 또한 물질적 소유, 사회적 소유, 편의성 등을 추구하면서 사회화되어, 절약에 의한 축적을 중요시하여 '많이 소유할수록 좋다'는 철학을 가지고 있으며 자신의 소비가 사회에 미치는 영향을 거의 고려하지 못하고 있다.

성인 소비자들은 다른 어떤 집단보다 그 연령대가 넓어 여러 가지 특성이 혼재하고 있고, 다양한 동기에서 다채로운 소비행동을 보이며, 소비자문제 역시 광범위한 영역에서 발생한다. 청소년기와 유사한 특징을 보이고 있는 성인 전기와, 노인기를 앞둔 성인 후기, 특히 장년기 소비자는 행동특성이나 경험하는 소비문제의 유형에 있어 상당히 다른 양상을 나타낸다. 그러므로 성인 소비자의 소비행동 특성 및 소비자문제를 포괄적으로 말하기는 매우 어려운데, 특히 소비행동의 경우에는 더욱 그러하다. 이에 반해, 소비자문제는 기본적으로 기업과 소비자가 상대방과 교환을 하는 과정에서 소비자의 권리가 사업자에 의해 침해됨으로써 생기는 문제로, 소비행동보다는 구체화하기가 용이하다.

2) 성인 소비자 교육 방안

성인 소비자를 대상으로 한 소비자교육은 개인의 만족을 충족시키기 위한 수단으로서만이 아니라 급격한 경제성장으로 인해 사회적·문화적 변화에서 발생하는 개인과 사회와의 분리현상을 최소화하고 개인이 이러한 흐름에 보다 쉽고 빠르게 잘 적응할 수 있도록 한다는 점에서 매우 중요하다. 이러한 성인 소비자교육은 학교 소비자교육의 연장선상에서 이루어져야 하며, 현실성과 실용성이 요구된다는 점을 특징으로 한다. 또한 성인 소비자교육은 성인 학습자의 자발적인 동기와 참여에 의한 자기학습이라는 점에서 다른 연령집단의 소비자교육과 차이가 나며, 응용 영역에 중점을 두어야 하는 소비자교육이다.

전술한 바와 같이, 성인 소비자는 사회경제적·인구학적 특성상 그 집단의 성격을 하나로 규정하기 어렵기 때문에 교육대상을 세분화하여 대상별로 교육내용을 마련할 필요가 있다. 이는 거주 지역에 따라 직업구성에 차이가 있을 수 있고, 또 이에 따라 도시지역 주민과 농촌지역 주민이 필요로 하는 상품이 다를 수 있기 때문이다.

한편, 성인기는 20대 초반에서 50대를 포괄하는 집단이므로 각 소비자의 생활주기별로 재정 상태와 목표가 다르다. 23~28세는 현명한 소비를 위한 재무관리가 필요하며, 44~45세는 아이들의 대학 진학과 연로한 부모님들에 대한 재정 보조를 위한 재무관리가 필요하다. 성인 소비자 교육에서 반드시 지켜져야 할 사항은 평생교육으로서의 성인 소비자 교육의 기회가 많은 소비자들에게 주어져야 한다는 점이다.

3.2 노인 소비자 교육

1) 노인 소비자 문제

노인 소비자는 노인기를 어떻게 정의하느냐에 따라 그 범위가 다르다. 즉, 노인 소비자를 대체로 60~65세 이상으로 보고 있으나, 신체적인 쇠퇴나 직장에서의 은퇴, 자녀의 분가, 개인 및 사회적인 인식 등에 따라 달라질 수 있다. 노인 소비자란, 생활주기상 노인기에 있는 소비자라 할 수 있으며, 다른 연령층 소비자와 구별되는 고유한 특성은 노화에 따른 신체 기능의 저하, 다양한 인생경험 등과 같은 신체적·정신적·환경적 특성에서 비롯된 것들이다.

노인 소비자는 기호나 선호, 상품 수요 면에서 다른 소비자와 뚜렷한 차이가 나며, 구매행동 시 고려하는 대안의 강조점과 쇼핑 이전에 형성되는 성향 면에서도 다르다. 이러한 노인 소비자의 문제는 노인 소비자가 갖는 제한된 인적·경제적 자원에 기인된 것들이 대부분이다. 즉, 노인 소비자들은 사물을 분석, 추리, 기억, 해결하는 능력의 감퇴에 따른 정보처리 능력 부족에 의한 문제들이 많다. 또한 노인 소비자들에게는 신체적 노쇠로 인해 활발한 정보 탐색이 불가능하고 효율적인 구매가 어렵다. 이외에도 노인 소비자들은 정보처리능력, 상품 사용·관리 능력 등을 충분히 갖추지 못한 채 급변하는 구매환경을 접하게 됨으로써 발생되는 문제, 소득이 없거나 부족하여 겪는 경제적 문제 등으로 인해 소비자로서의 기능을 제대로 수행하지 못하고 있다.

여기서 노인 소비자의 특성을 연구자별로 알아보면, 〈표 4-6〉과 같다.

표 4-6. 노인 소비자의 특성

구 분	태 도	특 징
이기춘(1991)	·노화에 따른 스트레스와 우울증 경험. ·사망 후 어떤 흔적을 남 기려는 욕망이 강함. ·인생 회고 과정을 보임.	·소극적·수동적·내향적임. ·경직성이 강하며 안전한 방법을 택함.
Crandall(1980)	·고립감과 외로움을 느낌.	·시력이 나쁘고 계산이 어려워 장례 준비, 토지 구입 등에서 사기당함. ·구매력이 증가함, 사기에 희생당함.
Meaddow *et al.* (1981)	·여가에 대한 관심 증가.	·움직임이 제한적임. ·마케팅 정보에 수동적임. ·쇼핑 자체를 즐김. ·신용카드 사용이 적음. ·하나의 동질적인 패턴의 시장이 아님.
小澤雅字 (1987)	·독신 실버의 증가. ·위험 회피의 성향. ·옛것 선호.	·간병과 의료 서비스에 대한 수요 증가. ·구매력의 개인 차이 존재. ·재산증식을 위한 투자에 관심. ·교육투자(각종 자격증 취득) 증가.

2) 노인 소비자 교육 방안

노인 소비자들 간에는 다른 어떤 연령층 소비자들보다 많은 개인차가 존재하는데, 이 점을 고려한 다양한 교육 방안이 요구된다. 특히 노인 소비자교육은 그 내용이 노인 소비자의 필요나 요구에 부응하는 것일수록, 사회의 요구나 현실에 바탕을 두고 있는 것일수록, 그리고 노인들의 일상생활 경험에 관한 것일수록 의의가 있다. 노인의 소비자교육 요구에 대해 알아보면, 〈표 4-7〉과 같다.

표 4-7. 노인의 소비자교육 요구

구 분	Burton & Hennon	이승신·윤경희	권정원·이기춘
수준	전반적으로 높음.	중간 이상으로 높음.	대부분 높게 요구함.
내용 및 순서	·의료서비스 ·실용품 ·조세 ·음식 ·수선 작업 ·자동차 ·보험 ·일반 수송 ·사회보장과 의료보장 ·의복 ·정부 서비스 ·눈과 치아의 치료 ·약품법	·보상 방법 ·약품 ·환경오염 ·식품 ·기만 대처 행동 ·일반 구매지식 ·수선 및 수리 ·노인복지 ·금전 관리 및 공과금 ·신용구매	·건강 및 병원 이용 ·피해 구제 ·여가 ·조세 ·구매 기술 ·재산 관리 ·재취업 준비

자료: 박명희·이민표, 「노인 소비자 연구 실태」, 『소비자학연구』, 제3권 2호, p. 23.

노인 소비자 교육 프로그램의 개발 시에는 요구순위가 높은 주제영역을 우선적으로 배려하고, 그의 계획 수립 시에는 교육 내용뿐 아니라 교육 방법도 고려되어야 한다. 교육 방법이 노인 소비자교육의 효율성과 흥미로움을 결정하는 주요 요소이기 때문이다. 따라서 노인들은 새로운 학습을 하려는 동기가 약하기 때문에, 교육에의 동참을 유발하기 위한 방법이 중요하다. 노인 소비자교육은 주로 민간 소비자단체에 의해 이루어져 왔는데, 앞으로는 기업과 정부에서도 많은 관심을 가져야 할 것이다.

한편, 노인들은 학습 속도가 느리기 때문에 학습에 비교적 많은 시간이 요구된다는 점을 노인 소비자교육 프로그램 설계 시에 반드시 고려해야 한다. 그리고 노인 소비자교육 프로그램의 설계·평가 시에는 동 프로그램의 목적에 부합되고 세부 목표를 모두 포괄하며 차기 프로그램 설계에 도움이 되도록 이루어져야 할 것이다.

생활정보 스마트폰 유료 앱 이용자 피해 많다

한국 소비자원이 2010년 12월 유료 앱 구매 경험이 있는 소비자 5백 명을 대상으로 조사한 결과, 유료 앱을 설치·이용하면서 불만을 느끼거나 피해를 경험한 응답자가 전체의 48.2%에 이르는 것으로 나타났다. 반면, 무료 앱을 설치·이용한 소비자 중 불만이나 피해 경험이 있다고 한 응답자는 27.8%였다. 여기서 유료 앱 구매자들의 불만·피해 경험이 무료 앱 이용자에 비해 약 1.7배 높음을 알 수 있다. 주요 소비자 불만 및 피해 유형은 '품질 불량(48.6%)', '앱에 관한 상품 정보나 표시·광고의 허위·과장성(44.0%)', '앱이 제대로 다운로드 되지 않거나 작동되지 않음(40.4%)' 등이다.

– 유료 앱 소비자피해 내용 –

(단위: %)

순위	내용	비율
1	앱의 품질 불량	48.6
2	앱에 관한 상품 정보, 표시·광고의 허위·과장성	44.0
3	앱이 제대로 다운로드 되지 않거나 작동하지 않음.	40.4
4	앱의 설치·이용 중 스마트폰에 문제 생김.	29.4
5	이용 가능한 앱 스토어와 앱이 영문이라 불편함.	24.8
6	무료 앱을 다운로드 받았으나 요금 청구됨.	23.9
7	결제 방법이 불편함.	21.1
8	이용 중 문제가 생겨 초기화(리셋)하게 돼 설치한 앱이 모두 삭제됨.	17.4
9	구매하거나 이용하지 않은 앱의 요금이 청구됨.	11.9
10	유료로 다운로드 받은 후 얼마 지나지 않아 무료로 전환됨.	11.0

* 중복응답

자료: 『소비자시대』, 2011년 4월호, p. 44.

3.3 소비자교육 실태

1) 우리나라 소비자교육 실태

우리나라 소비자교육의 태동기는 국민소득과 수출이 급성장한 제3차 경제개발 5개년 계획이 끝난 1970년대 후반으로 볼 수 있다. 대량생산으로 상품이 급증하자 소비가 촉진되었고, 삶의 질을 생산 측면에서만 접근하던 것이 소비 측면에서도 고려하기에 이르게 된 것이다. 그리고 소비의 증가와 더불어 소비자문제가 증가하자, 생활의 질을 향상시키기 위한 소비자교육에도 관심을 갖게 되었다. 여성단체연합회, 주부교실중앙회, 주부클럽연합회 등이 소비자교육 프로그램을 전개하기 시작하였다. 그러나 이러한 활동 역시 자원의 부족과 경직되고 억압적인 사회 분위기로 인해 활성화되지 못하였다.

한편, 가정경제학의 뿌리에서 시작된 소비자교육은 소비자 권익의 향상이라는 과제와 소비자 삶의 질 향상을 통한 소비자 복지의 향상이라는 학문적 목표를 갖는 소비자학으로 일부 대학에서 교육되기 시작하여, 1980년대에 와서 하나의 새로운 학문 분야로 자리를 잡기에 이르렀다.

1990년대는 소비자교육을 통한 인적자원의 강화가 제품의 질은 물론 국제 경쟁력을 향상시킬 수 있으며, 소비자문제 해결에도 도움을 줄 수 있어, 궁극적으로 소비자 복지가 증진된다는 점에서 소비자교육에 대한 관심이 상당히 제고되었다. 나아가서는 소비자교육 정책의 확대로 소비자교육이 대학에서 이루어질 수 있는 분위기가 조성되었으며, 중·고교 소비자교육을 위한 공청회나 시범학교가 운영되었다. 소비자단체에서도 소비자의 생태학적 책임, 소비윤리 및 가치관에 관한 것들을 주요 내용으로 한 소비자교육들이 많이 실시되었다.

1990년 이후 한국소비자원에서도 소비자교육을 실시하였는데, 그간의 교육 내용을 살펴보면, 소비자 관련 집단에 대한 교육과 소비자에 대한 소비자교육으로 나누어 볼 수 있다. 소비자업무 관련 집단에 대한 교육은 비교적 활발하게 진행되어 온 반면, 소비자들을 대상으로 한 소비자교육은 상대적으로 미약할 뿐 아니라 비체계적으로 이루어져 왔다. 그리고 『소비자시대』와 『어느 회사 제품이 가장 좋은가』라는 상품 정보지도 발행하고 있는데, 특히 『소비자시대』는 『월간 소비자』와 함께 우리나라 소비자들에게 매우 유용한 정보지이다.

현재 한국소비자원은 분야별·계층별 소비자교육 콘텐츠를 기본서, 동영상, PPT 등 다양한 형태로 제작하고 있다. 또한 학생들의 올바른 경제습관 형성을 위해 1997년부터 '소비자교육 시범학교'를 운영하여 학교에서 활용이 가능한 수업교재를 개발하고 있다.

또한 1996년 한국소비자학회는 소비자 상담 전문인을 필요로 하는 시대적 추세와 고객만족경영이라는 사회적 요구에 부응하기 위하여 소비자 상담사자격인증제 부여를 제도화하여 소비자 상담 전문인을 양성하기 시작하였다. 나아가서는 1997년 소비자 재무설계사 자격 인증제도가 신설됨으로써 대학에서 소비자교육이 한층 강화되는 계기가 마련되었다.

2) 외국의 소비자교육 실태

(1) 미국

미국에서는 1920년대부터 소비자교육의 필요성이 인식되기 시작하여 1939년에 정규 소비자교육 과정이 중·고등학교 및 대학에 개설되었으며, 25,000여 개의 중·고등학교에서 소비자교육이 이루어졌다. 당시에는 구매 및 자금 관리가 소비자교육의 중심 내용이었으나, 1940년대에는 소비이론, 가격, 수요 및 공급 등의 경제 개념이 그 주요 내용이 되었다.

1970년대에는 소비자교육이 직업교육 분야에서 반 정도를 차지하고, 미국 전체 중의 60% 이상이 주정부, 지방정부에서 마련한 소비자교육 교사 양성 및 교사 재교육 프로그램을 운영하고 있었다. 그리고 소비자교육이 학교교육으로 제도화된 것은 1962년 케네디 대통령의 4대 권리 제창과, 1975년 포드 대통령의 다섯 번째 소비자권리 '소비자교육을 받을 권리'의 제창 이후, 그에 대한 관심이 높아지면서부터이다.

중·고등학교 소비자교육에서는 학생이 장차 소양 있는 시민으로서 소비생활을 하는 과정에서 최대한의 만족감을 얻을 수 있도록 하기 위하여 소비자문제, 소비자권리 및 책임, 개인의 가치관, 건강, 레크리에이션, 보험, 투자, 세금 등을 주요 내용으로 하고 있다.

(2) 일본

일본에서는 1950년대 고도 대중소비시대의 도래로 인하여 비교적 일찍이 소비자문제를 맞이하였다. 일본의 소비자교육도 우리나라처럼 사회교육이 중심이 되었고 주부를 주된 대상으로 하였다. 1958년 일본생산성본부가 소비자위원회를 설립하였고, 1961년 일본 소비자협회에서 처음으로 소비자교육을 실시하게 되었다.

또한 1966년 국민생활심의회에서는 소비자교육의 목표와 대책을 다음과 같이 구체적으로 밝힌 바 있다. 즉, 국민생활심의회에서는 자주성을 가진 현명한 소비자의 육성을 교육 목표로 하면서 소비자로서 상품 및 서비스에 대해 합리적인 가치 판단 능력을 기르는 것, 소비생활을 향상시키는 합리적인 방안을 체득하는 것, 경제사회에서 소비 및 소비자가 갖는 의의를 자각시키는 것 등을 내용으로 하고 있다. 1971년부터 1973년까지 개정·시행되었던 문부성의 학습 지도 요령에 의해, 소비자교육 내용들이 사회과 교육과정 등에 다소 삽입되었다. 1975년 지방공공단체와 국민생활심의회에서 소비자교육에 관한 견해를 발표하였는데, 이는 행정 주도로 진행된 일본의 소비자교육이 소비자에 의한, 소비자를 위한 소비자교육으로의 전환을 의미하는 것이다. 1981년과 1982년의 심의회 보고서는 소비자교육이 생애교육으로서 실시되어야 할 필요성을 강조하고 있다.

일본의 소비자교육은 매우 체계적으로 이루어져 왔는데, 특히 소비자교육의 정체성 및 이론 확립을 위한 노력을 많이 기울여 왔다. 즉, 소비자교육지원센터 등이 중심이 되어 2006년 추진한 '소비자교육내용체계화 연구'는 일본 소비자교육의 범위와 목표를 제시하였고, 2008년 소비자교육자료 온라인 사이트를 구축하였다. 그리고 '소비자교육에 관한 OECD 소비자정책위원회 정책 제언'을 통해 소비자교육 추진방법에 대한 논거를 제공하는 등 일본은 글로벌 소비자교육 전략 수립과 권고안 마련을 주도하였다.

또한 2010년 11월 일본 소비자청은 문부과학성과 공동으로 '소비자교육추진회의'라는 소비자교육 연계체계를 마련하여 학교 소비자교육과 평생소비자교육을 연계하여 실시하고 있다. 여기서 일본 소비자교육 내용을 살펴보면, 〈표 4-8〉과 같다.

표 4-8. 일본 소비자교육 내용

구 분		내 용
추구하는 소비자상		"독립적인 소비자"
소비자교육 목표		- 소비생활에 필요한 지식·정보를 자발적으로 습득하는 등 자주적이고 합리적으로 행동할 수 있는 소비자 육성 - 소비생활에 관한 환경보전 및 지적재산권 등의 적절한 보호를 배려하는 소비자 육성
소비자 교육의 4대 영역 및 영역별 목표	1. 안전	- 상품(식품 포함)의 안전성 등에 관한 정보를 확인하고 생활·건강에 대한 영향을 고려하여 상품을 선택 이용할 수 있다. - 상품 사고 위험에 적절히 대처할 수 있다. - 안전하게 살 수 있는 사회를 목표로 소비자의 안전을 보장하기 위해 협력할 수 있다.
	2. 계약·거래	- 자신의 필요를 충족시키기 위해 적절하게 판단하고 합리적으로 선택할 수 있다. - 가계를 적절하게 관리하고 합리적인 생활설계 및 돈의 사용법을 안다. - 계약의 의미, 내용이나 계약상의 권리와 의무를 이해하고 계약을 성실히 이행한다. - 문제가 있을 때 적절히 대처할 수 있으며 안심한 계약거래가 가능한 사회를 목표로 한다.
	3. 정보	- 정보통신으로 소비생활 향상에 도움이 되게 한다. - 개인 정보를 적절히 관리하고 자타의 권리와 이익을 고려하여 정보통신을 적절히 활용할 수 있다. - 지적재산권을 배려하여 타인의 창작물 등을 이용할 수 있다.
	4. 환경	- 상품의 구입 단계에서 환경에 미치는 영향을 고려해 상품을 선택할 수 있다. - 상품의 사용, 폐기 단계에서 물건을 소중히 하고 소비생활이 환경에 미치는 영향을 인식하고 적절한 대처가 가능하다. - 지속가능한 사회를 목표로 소비생활과 관련된 환경보전에 대해 협력할 수 있다.

자료: 배순영, 「주5일 수업제와 소비자교육 대응 방안」, 『한국소비자원 소비자정책동향』, 2011. 9.

4. 소비자정보와 소비자지식

4.1 소비자정보

1) 소비자정보의 의의

현대사회에서 보다 나은 생활을 영위하기 위해서는 현명하게 판단하고 올바르게 행동할 수 있어야 하며, 그러기 위해서는 진실하고 풍부한 정보 및 지식이 필요하다.

즉, 소비자는 제품이나 서비스를 구매함에 있어 많은 불확실성과 위험에 부딪히게 되는데, 이러한 불확실성과 위험을 최소화하기 위해, 즉 잘못된 구매로 인한 금전적·신체적·시간적·정신적·사회적 손실을 제거·감소하기 위해서는 정보가 있어야 한다.

소비자정보란, 상품이나 서비스를 구매·사용하는 과정에서 수반될 수 있는 재정적·심리적 불확실성 및 위험을 감소시킬 수 있는 모든 수단을 의미한다. 즉, 소비자정보는 소비자가 상품을 구매·사용하는 데 도움이 되는 정보로, 기업이 제공하는 광고, 제품설명서, 카탈로그, 품질표시, 보증서와 소비단체와 국가기관의 여러 가지 인증마크, 간행물, 소비자 개인의 경험, 입소문, 상업적 커뮤니케이션, 독립적인 자료와 비교실험 등이 있다. 이러한 정보들은 인간생활의 질적 수준을 향상시키는 도구로, 시간적·물질적 자원을 절약시켜 주며, 화폐를 효율적으로 사용하도록 하고, 구매결정에 도움을 준다. 그리고 소비자정보는 경쟁적이면서도 보충적·보완적인 성격을 갖는데, 이 점은 소비자정보 프로그램 개발 시에 반드시 고려되어야 할 사항이다.

소비자주의가 사회적으로 확대되기 위해서는 소비자들의 많은 지지가 필요하고, 이를 위해서는 정보를 효율적으로 제공할 수 있는 소비자정보 프로그램이 있어야 한다. 물론, 이는 소비자에게 유용한 정보를 제공할 수 있을 때 비로소 소비자주의 이념을 실천할 수 있는 진정한 소비자보호 수단이 되며, 또 소비자주의 발전에도 기여할 수 있다.

또한 현대 산업사회의 특징인 정보기술의 발전은 우리의 경제·사회 구조를 근본적으로 변화시키고 있다. 소비자들은 상품 구매 시에 정보를 필요로 하는데, 이는 정보의 획득·이용으로써 이익을 얻거나 피해를 예방할 수 있기 때문이다. 즉, 정보의 가치는 정보의 유용성에 있다고 할 수 있다. 현실적으로는 많은 소비자들이 정보부족으로 피해를 보고 있는데, 이의 해결이 소비자정보 프로그램의 근본 목적이라 하겠다.

소비자정보의 부족 현상은 상호 관련성이 있는 두 가지 이유에 기인한다. 하나는 정보 획득 비용과 정보로 얻는 이득에 관한 것이고, 다른 하나는 '시장실패'(market failure)[50]에 관한 것이다. 대체로 정보 수집·처리·평가에는 비용이 소요되는데, 여기에는 수집된 자료를 분석하는 데 필요한 시간·노력, 그리고 실제적 화폐비용 등이 포함된다.

현실적으로 소비자정보는 광범위하게 분산되어 있는데, 이로 인해 소비자들이 필요로

50) 시장실패란, 시장메커니즘으로는 자원배분이 효율적으로 이루어질 수 없는 경우를 말한다. 이러한 시장실패야말로 정부가 자원배분에 개입하게 되는 이유라 하겠다.

하는 정보를 탐색·획득하는 데에는 노력과 비용이 소요된다. 일부 소비자들은 그들의 안녕과 복지에 좋지 않은 허위 정보를 갖기도 하며, 또 이로 인해 피해를 보기도 한다. 이는 산업 및 일반 광고 정보들 중에 거짓 정보가 적지 않고, 소비자들의 소비자정보에 대한 식별력이 부족하기 때문에 초래되는 현상이라고 할 수 있다. 결론적으로 말해, 소비자들은 구매의사결정에 유익하거나 소비자로서의 능력을 향상시킬 수 있는 참된 정보를 얻는 데 최선의 노력을 기울여야 한다. 나아가서는 정부 및 기업 또한 소비자정보 부족 문제를 해결하는 데 보다 적극적인 자세를 취해야 할 것이다.

한편, 소비자들은 자신의 의사결정이 올바른 결정이기를 바라는데, 그러기 위해서는 적시에 진실하고 실용성이 높은 정보의 충분한 획득과 올바른 사용이 요구된다. 현실적으로 소비자들이 정보를 획득하고 이용하는 데에는 적지 않은 어려움이 따른다. 그리고 소비자는 올바른 판매자를 선별하고 적절한 조치를 취할 수 있어야 하는데, 여기에는 판매업자에 대해서는 물론, 상품의 일반적 특성도 알고 있어야만 한다. 소비자가 진실하고 풍부한 정보로써 상품을 비교하고, 대체 상품들 간의 가격 및 품질 상의 차이를 식별하는 데에는 정보의 획득·활용이 필수적이다.

여기서 소비자의 올바른 정보 획득 및 사용을 저해하는 요인에 대해 알아보면, 다음과 같다.

첫째, 일반적으로 소비자들이 정보 획득을 위해 그다지 노력하지 않는다는 점이다. 그 주요 원인을 보면, 소비자들은 시장이 이상적으로 잘 운영되고 있으며, 정보 탐색 노력에 비해 소비자 자신이 얻을 수 있는 이익이 적다고 보기 때문이다.

둘째, 상품의 기술적 복잡성이 상품 관련 정보 획득에 장애가 된다. 소비자들은 가격 및 품질 정보가 상품 구매에 도움이 된다는 사실을 잘 알지 못하고 있는데, 이는 곧 소비자가 정보 획득을 위해 적극적으로 노력하지 않는 이유가 된다. 그리고 소비자들은 정부관계기관의 제품시험 결과를 비교적 신뢰하면서도, 이를 잘 활용하지 않는 경향이 있다. 상품 가격 및 품질 정보의 보급이 저해되는 또 다른 이유는 기술적인 문제, 즉 제품시험에 많은 시간과 비용이 소요된다는 점이다.

셋째, 소비자는 지식에 따라 행동하지 않는 경향이 있다. 즉, 소비자들이 상품 가격 및 품질정보를 갖고 있더라도 실제로는 구매자로서 해야 할 시장규제 역할을 못하는 경우도 있다는 것이다. 이는 소비자들이 광고 내용에 따라 쉽게 수동적으로 행동하는 경우에서 잘 알 수 있다.

넷째, 제품 가격 및 품질수준이 지나치게 다양하여 소비자들이 확보하기가 힘들 정도로 많은 정보가 요구되기 때문이다. 뿐만 아니라, 소비자들이 값싸고 품질 좋은 제품을 구매하는 데 다소 관심을 기울이는 데 비해, 일부 판매업자들은 외형만 변형시켜 높은 가격을 부여한 제품을 판매하는 데 관심이 많다.

2) 소비자정보의 원천

소비자들은 구매의사결정에 필요한 정보를 어디에서 얻는가? 소비자정보의 원천은 크게 세 가지, 즉 개인적 정보원천, 상업적 정보원천, 객관적 정보원천으로 나뉘는데, 여기서 이들에 대해 구체적으로 살펴보면, 다음과 같다.

(1) 개인적 정보원천

일반적으로 소비자들은 필요로 한 정보를 자신의 과거 경험이나, 친구, 친지, 이웃 등 다른 소비자들의 경험이나 판단에서 얻는다. 이 같은 개인적 정보는 개인적 차원의 주관적인 정보로서 정보의 질적 측면에서 불완전성이 내포될 가능성이 높다. 소비자들의 경험이나 판단은 각기 다를 수 있으며 편견이 배제되지 않은 부정확한 정보일 가능성이 높기 때문에 소비자의 구매의사결정에 도움이 되지 않을 수 있다.

(2) 상업적 정보원천

상업적 정보는 제조업자, 판매업자 등이 제공하는 정보로서 광고, 판매 촉진용 제품 정보지, 판매원이 제공하는 정보 등이 있다. 상업적인 정보는 기업이 판매 촉진의 일환으로 제공하는 정보(보통은 무료)인데, 소비자들은 이들 정보에 대한 소비자의 신뢰도는 비교적 낮은 편이다. 그러나 고도의 기술로써 생산되는 신기술 제품의 경우에는 소비자들로서는 상업적 정보원천에 의존할 수밖에 없는 실정이다.

(3) 객관적 정보원천

객관적 소비자정보는 신문이나 잡지, 정부보고서, 조사기관이나 소비자단체에서 제공하는 정보 등을 가리키는데, 대체로 사실에 근거하고 편견이 없어 신뢰성이 높다. 그리고 이들 정보는 공급자도, 소비자도 아닌 제3기관에 의해 제공되는 정보로서 소비자 모니터 및 제품 비교평가를 통해 제공되는 정보들이다. 오늘날에는 소비자단체의 적극적인 활동과 정보산업 및 인터넷의 발달로 인해 객관적 소비자정보들이 점차 다양하고 풍부하다. 따라서 소비자가 정보 탐색의 노력을 조금만 기울인다면 실제 소비생활에 도움이 되는 정보를 쉽게 구할 수 있는 실정이다. 지금까지 살펴본 소비자정보 원천들의 장점과 단점을 비교해 보면, 〈표 4-9〉과 같다.

표 4-9. 소비자정보(원천)별 장·단점

구 분	장 점	단 점
상업적 정보	정보비용이 적고, 적은 비용으로 자주 이용 가능한 정보가 존재한다.	편견에 치우칠 가능성이 높고, 신뢰성이 낮은 정보가 많다.
개인적 정보	적은 정보비용으로 신뢰할 수 있는 다양한 정보를 여러 곳에서 얻을 수 있다.	간헐적이며, 그릇된 정보가 있을 수 있다.
객관적 정보	신뢰할 수 있는 사실에 근거한 정보이다.	정보비용이 많으며, 정보가 완전하지 못하다.

최근 독일의 연방정부와 주정부가 함께 개발한, 소비자를 위한 인터넷 포털 사이트(lebensmittelwarnung.de)가 등장하였다. 이 사이트를 통해 소비자들은 위해식품에 대한 정보를 쉽게 알 수 있다. 한국소비자원이 신뢰성 있고 공정한 정보를 제공하고 공유할 목적으로 오픈한 T-gate 역시 소비자가 필요로 하는 상품 선택 정보를 원스톱으로 쉽게 검색할 수 있는 정보 포털 사이트(www.tgate.or.kr)이다.

3) 소비자정보와 소비자확신

일반적으로 소비자확신은 제품이나 제조업자 등에 대한 검토 및 의사결정 과정에서 이루어지며, 기업 측면에서 보면 자사 제품에 관해 소비자가 갖는 확신 내지 믿음을 의미한다. 하워드(A. Howard)와 쉐스(N. Sheth)는 의사결정상의 확신은 상표 이해에 많은 영향을 미칠 뿐만 아니라, 구매자행동에 있어서 중심적·균형적 역할을 하며, 상표 판단을 위한 정보 탐색 노력을 결정하는 역할도 한다고 보았다.

한편, 정보가 더 이상 필요하지 않거나 정보 탐색 동기가 없을 때 정보균형 상태가 이루어지고, 그 결과 확신이 이루어진다. 플로렐(Florrell)에 의하면, 소비자확신은 구매 결과에 대한 소비자의 예측·평가와 관련성이 높으며, 통합적 소비자정보 연구에 중요한 역할을 한다. 그리고 메이어(L. Mayer)와 니코시아(M. Nicosia)는 정보가 풍부할수록 확신이 강화되며, 소비자 확신의 강화는 기업과 사회에 유익하다고 말한 바 있다.

더 나아가 소비자정보에 대한 이해와 지각은 소비자확신에 매우 중요한 역할을 한다. 왜냐하면, 소비자의 정보 이해 정도가 행동 결과, 즉 행동의 능률성과 정확성에는 물론이고, 확신과 만족, 그리고 정보의 추구 및 이용에 영향을 미치기 때문이다. 물론, 지각된 위험[51] 정도가 높고 복잡한 구매일수록 많은 정보 탐색 노력이 필요하다. 즉, 위험이 많을수록 소비자이해 및 확신을 위한 정보가 많이 필요하다는 것이다.

또한 라이트(L. Wright)는 제품이 복잡할수록 정보욕구가 강하다고 하였는데, 이는 '복잡성이 낮은 경우에는 복잡성이 높은 경우에 비해 정보의 평가가 그렇게 중요하지 않다'고 말한 베트만(K. Bettman)의 주장과 동일하다. 따라서 복잡성이 높은 상황일수록 정보 수집 및 처리를 위한 획기적인 동기유발이 필요하다고 할 수 있다.

일반적으로 소비자는 구매의사결정상에서 확신 단계 이전부터 정보를 이해·지각할 수 있어야 하는데, 이는 소비자정보가 소비자확신뿐 아니라 다른 여러 가지에도 영향을 주기 때문이다. 그리고 자코비(J. Jacoby) 등의 연구에서는 위험 정도가 낮은 상황에 비해 복잡성이 낮은 상황일 때 정보시험이 적게 필요하다는 결과가 나타났다. 비교적·평가적인 정보는 소비자확신을 강화시키고 소비자만족도 증대시키는데, 이는 그 정보가 소비자이해를 도모함으로써 궁극적으로는 의사결정에 도움을 주기 때문이다.

한편, 소비자정보 관련 기관들이 추구할 방향에 대해 알아보면, 다음과 같다.

첫째, 소비자의 정보 부족 문제를 해결하는 데 정부 및 소비자단체가 적극적으로 나서야 한다. 소비자의 개인적 경험이나 기업의 광고는 객관성·신뢰성이 낮아 소비자정보로서 유익하지 못하기 때문이다.

둘째, 소비자의 구매활동에 도움이 되는 복합적인 소비자정보체계를 구축해야 하는데, 이는 한 가지 정보 형태보다 여러 가지 정보 형태의 복합적인 것이 유용성이 높기 때문이다.

셋째, 소비자정보도 지방화되어야 한다. 농촌 소비자들이 필요한 정보와 도시 소비자들

---

51) 지각된 위험(perceived risk)은 제품을 구매, 사용하는 과정에서 소비자가 갖는 예기치 못한 부정적 결과에 대한 불안감을 말하며, 재무적 위험, 성능상의 위험, 신체적 위험, 심리적 위험, 사회적 위험 등이 있다.

이 필요한 정보 사이에는 다소 차이가 나므로, 지역별·계층별의 배려 없이 일률적으로 제공되는 정보는 정보로서의 유효성이 낮다. 따라서 소비자정보는 거주 지역 또는 계층에 따라 제공되어야 할 것이다.

넷째, 유형상품 정보도 중요하지만 서비스상품[52] 정보는 더욱 중요하다. 왜냐하면, 서비스의 특성으로 인해 구매의사결정 시 품질수준을 사전에 알아볼 수 없음은 물론, 서비스 제공자별로 가격이 다르기 때문이다.

주요 소비자정보 – 제품설명서

4.2. 소비자정보 프로그램

오늘날 소비자정보 프로그램은 소비자정책, 마케팅 커뮤니케이션(marketing communication)[53], 그리고 교육 등으로 인해 그 중요성이 증대되고 있다. 그리고 소비자정보 프로그램은 원래 대안적 상표들의 단위당 가격을 알려주는 것에서부터 최저가격으로 구매하는 방법에 이르기까지 다양한 정보를 보급하는 데 목적이 있으나, 소비자의 제품 및 제조업자에 대한 믿음을 증대시키는 데 더 큰 목적이 있다 하겠다.

---

52) 서비스(service)는 만져볼 수 없고(무형성), 생산과 소비가 동시에 행해지며(비분리성), 품질이 고르지 않고(이질성), 저장이 불가능하다(소멸성)는 점에서 제품과 다르다.

53) 마케팅 커뮤니케이션(marketing communication)이라 함은 제품이나 기업에 관한 정보를 소비자에게 전달하는 언어들을 총괄하여 일컫는 말이다.

또한 소비자, 제품이나 서비스, 시장과 같은 환경요소들이 고려되지 않을 경우, 소비자들이 정보가 구매결정에 도움이 된다는 사실을 모를 경우, 그리고 구매결정 시에 정보가 이용·평가되지 않을 경우에는 소비자정보 프로그램이 성공하지 못한다. 더 나아가 제품이나 서비스를 합리적으로 구매하려고 노력하지 않을 경우, 소비자정보가 지나치게 복잡하거나 정보의 가치에 비해 정보 획득 시간, 노력, 비용이 많이 소요될 경우, 정보 및 교육(내용)이 소비자의 가치·행동체계, 신념 등과 일치하지 않을 경우, 그리고 정보가 일부 사람들에 의해 오도될 경우에도 소비자정보 프로그램은 실패 가능성이 높다.

소비자정보 프로그램과 관련하여 정보의 중요성은 제품 요소, 구매욕, 그리고 평가능력 요소에 따라 달라지는데, 여기서 이들에 대해 구체적으로 살펴보고자 한다.

1) 제품 요소

소비자가 중요시하는 제품의 소비자정보 프로그램은 중요시하지 않는 제품의 그것에 비해 많은 관심을 갖게 된다. 제품의 주요 요소로는 제품 가격 및 사용 기간, 사치품-필수품 여부, 건강 및 안전상의 유해성 정도, 그리고 유통의 범위, 관여도 등이 있다.

(1) 제품의 가격 및 사용 기간

우선, 정보의 중요성은 제품 가격에 따라 다른데, 이는 소비자들이 스타킹 구매 정보에 비해 자동차 구매정보를 중요시하는 경향에서 알 수 있다. 제품 가격에는 소비자의 구매가격(금액)은 물론, 수명 비용과 보수 및 서비스 비용도 포함된다. 예를 들어, 음식이나 의류는 단위당 가격이 낮지만 장기간 많은 양을 구매, 소비하게 되므로 지출 금액이 크고 전체 지출에서 차지하는 비율이 높다는 사실을 고려해야 하고, 또 자동차는 유지 및 사용하는 데 많은 비용이 소요된다는 점에서 수명비용을 고려해야 할 것이다.

(2) 필수품-사치품 여부

일반적으로 필수품 소비자정보 교육 프로그램은 사치품의 그것보다 중요하다. 왜냐하면, 식료품에 라벨(label)을 붙이거나 등급을 매기는 등의 필수품 소비자정보 교육 프로그램은 사치품의 그것에 비해 많은 소비자에게 도움을 주기 때문이다.

(3) 건강 및 안전상의 유해성 정도

건강 및 안전 관련 소비자정보 교육 프로그램은 다른 어떤 프로그램보다 중요하다. 약품류에 부착된 주의 및 지시 정보는 약품의 오용이나 부작용에 대한 주의를 환기시켜 소비자피해를 예방해 주며, 또 위험성이 높은 제품일수록 그 피해 및 심각성 정도가 크다.

(4) 유통의 범위

여기서 범위란 사용자의 범위를 뜻하는데, 이는 곧 제품의 중요성을 의미하기도 한다. 즉, 범위는 얼마나 많은 사람들이 또는 전체 중 몇 퍼센트의 사람이 특정 제품을 구매하느냐를 의미한다는 것이다. 따라서 광범위하게 사용하는 제품의 정보 프로그램은 극히 일부만이 사용하는 제품의 그것보다 중요하다고 말할 수 있다. 그러나 약품 가격 및 설명서가 모든 소비자들에게 필요한 정보이지만 특히, 노인 소비자에게 유용성이 높다. 물론, 일부 소비자만이 관계되는 프로그램이더라도 소홀히 하지 않아야 할 것이다.

(5) 관여도

소비자들이 중요시하지 않거나 관심이 없는 제품의 경우에는 그에 관한 정보에 주의나 관심을 기울이지 않음은 물론, 그 정보를 활용하지도 않는 경향이 있다. 그 예로 소비자가 판매 후 서비스(A/S)나 전력 소모량을 알아보지 않고, 고가의 냉장고를 구매하는 경우를 들 수 있다. 따라서 제품의 기재 내용과 실제 간의 차이는 물론, 대체상품 간의 차이에 대해 소비자들이 충분히 알 수 있도록 하는 소비자정보 교육 프로그램이 필요하다고 본다.

2) 구매 요소

정보의 중요성은 제품 및 서비스의 구매 요소들, 즉 구매량, 구매 시기, 그리고 재구매 횟수·기간 및 소비자들의 구매 습관 등에 따라 다르다고 할 수 있다.

(1) 선매 경향: 구매 심의의 길이

일반적으로 소비자는 다양한 정보 원천으로부터 정보를 얻게 되는데, 여기에는 적절한 시간이 소요된다. 이는 의료 서비스, 결혼 서비스, 그리고 일부 가정용품 수선 서비스 등에서 알 수 있는 사실이다. 그리고 소비자들이 정보시스템에의 접근이 쉽고 빠를수록 그들의 구매 가능성은 높고, 또 불확실성과 위험이 높을수록 쇼핑 및 구매 심의에 많은 시간이 소요된다. 따라서 쇼핑 경험 및 정보 수집 기회가 적을수록 제품 정보의 유용성은 높다고 말할 수 있다.

(2) 구매-재구매 사이클

오늘날 제품 및 서비스의 재구매 주기(cycle)가 과거에 비해 짧아지고 있는데, 이는 곧 과거에 비해 많은 소비자 경험·정보가 요구되고 있다는 사실을 나타낸다. 소비자의 제품·서비스 구매는 단 한 번으로 끝이 날 경우도 있으나 여러 번 지속적으로 반복되는 경우도 있다. 또 과거의 정보·경험을 잊어버렸거나 당시의 구매가 부적절하다고 생각할 때 소비자는 새로운 정보의 중요성을 높게 인식하게 된다.

3) 평가능력 요소

정보의 중요성은 소비자의 평가능력에 따라 다를 수 있다. 소비자가 제품의 필요성이나 적합성을 평가하는 데 있어, '특별한 전문 기술·지식이 필요한가'라는 문제에 직면할 수 있다. 이와 관련해서 넬슨(P. Nellson)은 상품을 조사상품, 경험상품, 그리고 신용상품으로 분류하였다. 조사상품이란 소비자가 시험이나 상표를 통해야 평가할 수 있는 상품을 의미하고, 경험상품은 제본(견본)을 사용해 본 후에야 알 수 있는 상품을, 그리고 신용상품은 시험사용으로도 알아볼 수 없는 상품을 가리킨다. 소비자의 평가 능력을 고려한 정보의 중요성에 대해 알아보면, 다음과 같다.

(1) 조사상품

일부 상품은 간단한 점검이나 정보만으로도 그 내용을 쉽게 알 수 있으나 내용물을 확인할 수 없는 포장 상품일 경우에는 그러하지 못하다. 이러한 포장 상품에는 소비자정보의 일종인 상표나 등급표를 붙이는 프로그램이 반드시 따라야 한다. 상품 및 서비스의 구매 전 평가에 영향을 미치는 또 다른 요소로 정보의 수집 시기 및 장소를 들 수 있다. 소비자들이 상품을 구매·사용한 후에 부정적·비난적 상품 정보를 접하기도 하는데, 이로 인해 소비자가 여러 가지 심리적 반전을 일으킬 수 있다.

정보의 수집 시기·장소는 제품 자체보다 소비자교육·정보 시스템 자체와 관련이 많다. 그리고 정보나 시험으로는 쉽게 평가되는 조사상품은 소비자정보 시스템이 상대적으로 적게 필요하며, 조사상품의 평가 방법과 정보를 내용으로 하는 소비자교육 프로그램은 소비자에게 매우 유용하다. 특히, 소비자들이 그러한 지식이나 기술을 갖고 있지 않거나 사용하지 않을 때에는 소비자교육 프로그램이 더욱 유용하게 된다.

(2) 경험상품

경험상품은 소비자 개인이 실제로 사용·경험해야 알 수 있는 상품을 가리킨다. 일반적으로 소비자정보 프로그램은 재구입이 용이하거나 실험이 쉽고 안전하며, 그 소요비용이 적은 상품일 때에는 별로 도움이 되지 않으나 재구입이 어렵고 경험하는데, 비용과 위험이 많이 드는 상품일 때에는 크게 도움이 된다. 따라서 고가 상품일수록, 내구성이 높은 상품일수록 소비자정보는 제품 시용(product trial) 구입비용을 많이 경감시켜 준다. 소비자들이 타인의 경험을 자신의 구매결정에 활용하거나 대체하려는 것은 바로 이 때문이다.

(3) 신용상품

어떤 제품의 경우에는 과거 제품 사용 경험이 있다 하더라도 소비자가 그 제품을 적절히 평가하지 못할 수 있다. 즉, 소비자의 경험 부족, 인지의 한계, 제품의 복잡성 등으로 인해 신용제품과 그 필요성을 외부 정보 및 지식을 통해 평가하는 경우가 있다. 한 예로 소비자들이 전문지식의 부족으로 포장 레이블에 기재된 어떤 내용을 명확히 인식하기 위하여 전문가에게 문의하여 조언(정보)을 받는 경우를 들 수 있다.

또한, 제품의 복잡성과 소비자의 정보저장 한계로 인해 소비자가 일정 수준 이상의 정보를 획득하고 평가를 하지 못할 수 있다. 이처럼 소비자가 자신의 조사나 경험으로써 평가할 수 없는 신용상품의 경우에는 보다 많은 소비자교육 및 정보 제공 활동이 수반되어야 한다.

4.3. 소비자지식

1) 소비자지식의 의의

일반적으로 소비자지식은 소비자 능력의 인지적 영역으로, 소비자들의 소비생활과 관련된 지식을 가리킨다. 다시 말해, 소비자가 특정 제품이나 서비스에 대하여 가지고 있는 경험이나 정보의 양을 뜻하며, 새로운 정보 처리 및 평가에 많은 영향을 미친다.

소비자들이 경제생활 과정에서 본연의 임무를 충실히 이행하기 위해서는 기본적인 경제이론에서부터 시장정보에 이르기까지 다양한 지식을 갖고 있어야 한다. 왜냐하면, 소비자들이 많은 지식을 갖고 있을수록 의사결정이 합리적으로 이루어져 소비자로서의 이익을 얻을 수 있을 뿐 아니라, 무지로 인한 피해도 사전 예방할 수 있기 때문이다.

오늘날 기업은 소비자들이 어떤 방향으로 행동해 주기를 바라면서 끊임없이 정보를 제공하고 있다. 즉, 기업은 소비자들이 특정 자사 제품에 대해 호의적인 지식을 갖도록 정보를 준다. 이는 소비자가 무엇을 구매하고, 얼마를 지불하고, 언제 구매하느냐 등에 대한 기본적인 결정이 소비자지식에 따라 다르다는 사실에 기인한 것이다. 그리고 소비자에 따라 제품지식에 차이가 있고, 잘못 인식되고 있는 지식도 있다.

마케팅의 공통적 목표는 소비자지식에 영향을 주는 것이므로, 기업으로서는 소비자가 알고 있는 것, 즉 소비자지식의 내용을 파악하고 있어야 한다. 더 나아가서는 지식이 소비자의 기억 속에 어떻게 조직화되어 있고, 이 조직화된 지식은 어떻게 측정할 수 있는가 등에 대해 알고 있어야 한다.

2) 소비자지식의 종류

일반적으로 소비자 분석에서 가장 먼저 파악되어야 할 사항은 '소비자가 무엇을 아느냐', 즉 소비자지식의 내용이다. 소비자지식은 제품지식, 구매지식, 사용지식으로 구분되는데, 여기서 이들에 대해 구체적으로 알아보고자 한다.

(1) 제품지식

제품지식에는 다양한 유형의 정보가 결합되어 있으며, 제품 범주와 제품 범주 내에 있는 상표의 인식, 제품 전문용어, 제품 속성이나 특성 및 상표에 대한 신념 등이 포함된다. 이러한 제품지식은 인지도 분석과 이미지 분석을 통해 파악된다. 상표 인지도 조사 방법으로는 머릿속에 먼저 떠오르는 생각을 기술하도록 하는 방법이 있으며, 또 특정 혜택이나 사용 상황을 규정하여 적절한 상표를 기록케 하는 한정적인 방법도 있다.

상표 인지도는 상표 이미지 형성과 소비자가 구입 대상으로 고려하는 고려 상표 집합

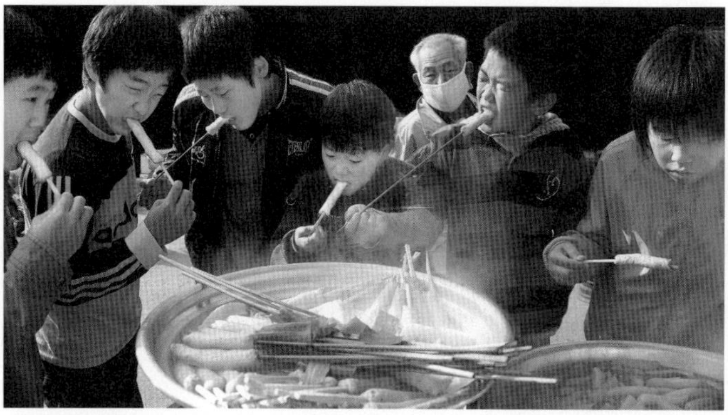

전통시장 소년 이용객

(consideration set)[54]의 기초가 될 뿐 아니라, 고려 집합 중에서 선택할 때 기준이 되기도 한다. 상표 인지도 조사는 소비자의 제품지식을 파악하는 데 중요하며, 상표 이미지 분석은 상표의 상대적 위치를 확인하는 데 중요한 역할을 한다.

일반적으로 소비자는 기억하고 있는 내용을 중심으로 여러 가지 정보들을 결합시켜 제 나름대로의 상표 이미지를 갖게 된다. 또 과거의 제품 혜택, 감정 및 제품의 물리적 속성 등에 의해 상표 이미지 내지 상표 연상을 갖는다. 이미지 분석은 상표 이미지 형성에 요구되는 특정 연상의 확인 단계와 한 상표에 대한 연상의 강도를 평가하는 단계로 구성되어 있다. 또한 제품 가격 관련 소비자지식은 기업의 마케팅 관리에 중요한 역할을 한다. 즉, 마케팅 관리자의 가격 결정은 소비자들이 생각하는 가격 정보에 많은 영향을 받게 되며, 또 소비자들이 가격(정보)에 관심이 많을수록 가격 인하에 대한 마케터의 관심도 많다.

(2) 구매지식

구매지식은 제품을 구매하는 데 필요한 정보로, 구매 장소에 관한 것과 구매 시기에 관한 것으로 구성된다. 소비자의 주요 결정 사항 중의 하나는 바로 제품을 어디에서 구매하는가인데, 이의 결정은 구매 장소에 관한 지식에 달려 있다. 제품지식에 대한 인지

54) 고려 상표 집합은 고려 상표군 혹은 환기 상표군(evoked set)이라고도 하며, 시장에 출시된 어떤 제품의 전체 상표 가운데 소비자의 머릿속에 떠오르는 일부 상표들을 가리킨다. 소비자마다 고려 상품 집합의 크기가 상이하다.

및 이미지는 구매지식의 주요 요소이다. 애고(愛顧)[55] 수준이 낮은 것은 표적 소비자 중에서 특정 점포에 대한 소비자들의 인지도가 낮거나, 이미지가 나쁘기 때문이다.

구매 장소 지식은 특정 제품을 취급하는 점포가 어디에 있는가, 제품이 실제로 점포 내 어디에 위치해 있는가 등에 관한 지식이다. 물론, 점포 내 제품 위치 지식은 구매 행위, 특히 구매결정에 영향을 미치며, 소비자가 점포에 친숙하지 못할 때에는 점포 내에 있는 정보에 의존해야 할 것이다. 언제 구매해야 하는가에 대한 소비자의 의사결정은 구매 시기 지식과 관련이 많으며, 이는 특히 혁신 제품의 구매 시에 중요한 역할을 한다.

(3) 사용지식

사용지식은 제품이 '어떻게 이용되고, 제품사용 시 무엇이 요구되는가'에 대한 기억 속의 모든 정보를 의미한다. 소비자의 사용지식은 다음과 같은 이유에서 중요하다. 먼저, 소비자들은 제품 사용 방법을 잘 모를 때, 즉 사용 정보가 부족할 때 구매 가능성이 낮으며, 제품 사용 방법이나 상황에 대한 불완전한 정보를 가질 때 구매 장벽이 발생한다. 또한, 불충분한 사용지식은 제품 구매에 직접적으로 영향을 미치지 않더라도 소비자 불만을 낳는 주요 요인이 될 수 있다. 따라서 기업으로서는 소비자들이 자사 제품 사용 방법 등에 관한 지식을 충분히 갖도록 해야 할 것이다.

55) 애고(patronage)란, 소비자가 특정 점포만을 찾는 경향으로, 긍정적 이미지가 형성, 누적된 결과로 나타나는 것이다.

제2부

주체별 소비자주의

제5장

소비자단체의 소비자주의

1. 소비자단체의 의의와 기능

1.1 소비자단체의 의의

우리나라에는 한국소비자단체협의회와 10여 개 민간 소비자단체가 있다. 이들은 그들의 활동사가 우리나라 소비자운동사라 할 정도로 소비자 관련법 제정 촉구 등을 통해 소비자보호 및 증진을 위해 노력해왔다. 그리고 소비자들이 보호받기 위해서는 무엇보다도 그들의 행동 통일이 있어야 한다. 즉, 소비자들은 우선 행동통일체(소비자단체)를 형성하고 행동을 통일시켜야 하는데, 이는 소비자들의 행동이 소비자단체를 통해 통일되어야 사회적 힘을 발휘할 수 있기 때문이다.

소비자단체는 전체 사회의 3영역, 즉 정치사회(국가), 시민사회, 경제사회(시장) 가운데 시민사회 영역에 속한다. 여기서 시민사회란 물자를 소비하면서 민간차원의 사적 생활과 문화생활이 이루어지는 곳이며 소비생활의 장소라고 할 수 있다. 시민사회에는 가정이라는 생활공간, 가정 밖의 소비문화 생활의 공간, 그리고 각종 자발적으로 결성된 크고 작은 모임, 단체, 조직, 기관 등 2차적 결사체들의 공간이 포함된다. 소비자운동은 경제사회(시장, 기업)를 비판, 감시하여 소비자들의 권익을 보호하는 역할, 즉 제품 및 서비스의 품질, 가격, 유통, 광고, 판촉 등에서 소비자권익 침해 현상을 감시·감독하는 활동을 수행하는 것이라고 할 수 있다.

한편, 소비자단체는 활동 내용에 따라 조사연구단체, 정보단체, 서비스단체, 교육단체, 주권옹호단체, 행동단체 등으로 구분할 수 있다. 그러나 현실적으로 볼 때 대부분의 소비자단체들은 이러한 활동들을 포괄적으로 수행하고 있다. 그리고 소비자보호에 대한 소비자단체의 역할은 소비자의 소비생활 전반에 걸친 소비자권리를 지켜주는 데 있다. 소비자단체의 목적 또한 다양하다. 그러나 어떠한 형태의 소비자단체이든 간에 그 기본적인 목적은 소비자주의를 실현하는 데 있다. 여기서는 소비자단체들이 갖는 일반적인 목적을 알아보고자 한다.

소비자단체의 첫 번째 목적은 소비자교육에 있는데, 그 주요 내용으로는 소비자의식의 고취와 구매 시기, 시장상황, 상품 품질, 가격, 할인판매 등에 대한 비판적 평가 능력의 제고를 들 수 있다.

두 번째 목적은 소비자 스스로가 기업의 부당행위 등으로부터 방어할 수 있도록 하는 데 있다. 소비자가 개별적으로나 소비자단체의 지원을 통해 특정 상점 또는 특정 상품의 구매를 거부하는 경우, 소비자단체가 소비자권익에 영향을 줄 수 있는 특정 입법을 지지하거나 반대함으로써 소비자를 보호하는 경우 등이 그 예이다.

세 번째 목적은 기업의 사회적 책임 완수를 추구하는 것이다. 이는 기업으로 하여금 자신들의 사회적 책임을 다하도록 하는 것을 의미하며, 소비자문제 해결에 기본이 되는 소비자주의의 목적이라고도 할 수 있다. 왜냐하면, 대부분의 소비자문제들이 의식적, 무의식적인 기업행동에 의해 유발되고 있기 때문이다.

1.2 소비자단체의 기능

소비자단체는 민간 소비자정책 추진 주체로서 소비자들의 현실과 법·제도 사이의 간격을 메워 주는 역할을 한다. 소비자단체의 기능은 매우 다양하다. 소비자단체의 직접적인 활동으로는 소비자 권익과 관련된 시책 건의, 소비자 상담 및 불만 처리, 제품 가격 및 품질 조사, 고발과 시정 요구 등이 있는데, 당면한 소비자문제를 해결하려는 노력과 관련된 것이다. 간접적인 활동으로는 소비자교육, 불매운동, 각종 품평회, 전시회, 세미나 개최 등이 있다.

여기서 우리나라와 외국 소비자단체의 주요 기능 및 활동을 살펴보면, 다음과 같다.

1) 소비자 상담 및 불만 처리

소비자들은 상품이나 서비스를 구매·소비하는 과정에서 불만을 갖는 경우가 많은데, 이는 그 과정에서 피해를 입었기 때문이다. 피해 소비자는 자신의 불평·불만을 해결하기 위해 소비자단체·기관에 고발하게 된다. 대부분의 소비자단체들이 고발센터를 개설, 운영하고 있으며, 그들의 고발 접수 건수는 매년 늘어나고 있는 추세이다. 소비자불만이 접수되면 그 내용에 따라 상담이나 정보 제공, 환불·수리·교환·해약 및 반품을 받도록 주선을 하기도 하며 합의배상, 기업에 대한 시정 및 경고를 유도한다든지, 당국에 고발하는 등의 조치를 하고 있다.

우리나라의 경우, 한국소비자단체협의회 10개 회원단체의 소비자 상담실과 전국 시·도 소비자 상담실에서 부정·불량 상품이나 부당한 거래, 서비스 등으로 인해 피해를 입은 소비자들의 고발을 접수하여 상담하고 있다. 특히 한국소비자단체협의회는 전국의 소비자 상담을 총괄하여 실생활에서 발생하는 소비자문제를 정리하고, 이를 통해 얻어진 자료를 바탕으로 소비자정책 방향을 제시하고 있다.

2) 소비자교육

소비자단체의 소비자교육은 직접적인 것과 간접적인 것으로 구분된다. 예를 들어, 상품테스트나 구매정보의 제공은 간접적인 소비자교육 활동이며, 지역별로 강사를 파견하여 소비자를 대상으로 직접적 소비자교육 활동을 벌일 수 있다. 국제소비자기구(Consumers International: CI)에서는 저소득층 소비자교육 활동을 주요 과제로 삼은 바 있으며, 소비자 교육활동 실태 조사, 효과적인 교육 방법 연구 등을 적극적으로 추진하고 있다. 소비자단체들은 자체 회원 및 일반 소비자를 대상으로 소비자의 경제 동향, 소비자의 권리, 환경문제, 상품 광고, 소비자 관련 법률, 소비자정보 수집, 상품 구매 요령, 의식 계몽 및 정부의 소비자정책 해설, 합리적 소비생활 방법 등에 대한 소비자교육을 실시하고 있다. 또한 소비자운동을 보다 효율적으로 추진하기 위한 소비자 연수, 모니터 교육 및 실무자 교육, 시민 교육, 세미나, 직장 교육도 실시하고 있는데, 이들 중에 소비자 연수와 모니터 교육의 비중이 높다.

한국소비자단체협의회에서는 전국의 소비자운동 실무자들을 대상으로 실무지도력 강화를 위한 실무자 교육을 매년 실시하고 있고, 병행하여 소비자운동에 자원하여 참여하는 지도자의 양성 및 강화를 위하여 자원지도자 및 자원봉사자 교육을 진행하고 있다. 소비자의 합리적이고 현명한 소비생활을 유도하기 위해서 소비자교육의 역할이 매우 크다고 할 수 있다. 따라서 소비자단체에 의한 소비자교육을 보다 확대하고 프로그램 또한 다양화해야 할 것이다.

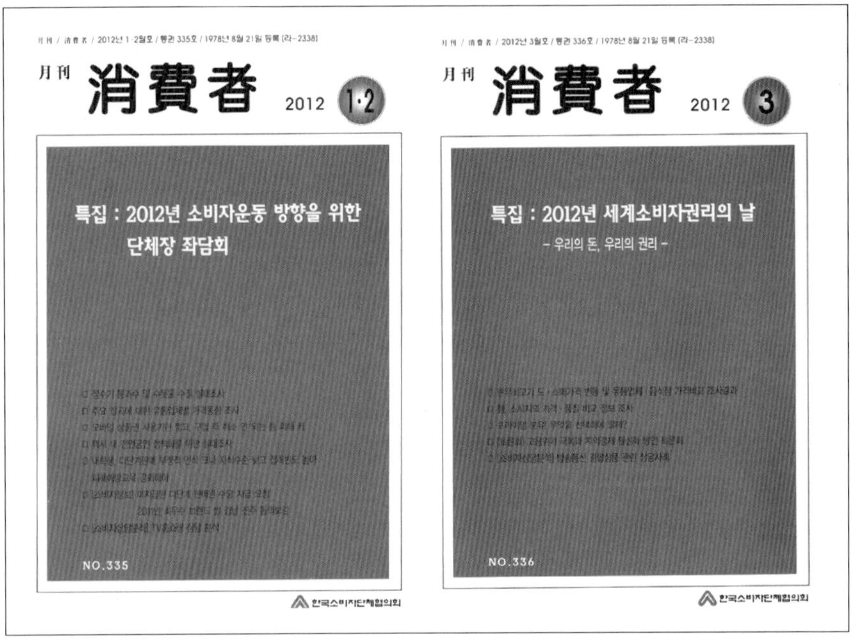

주요 소비자정보지 - 한국소비자단체협의회의 『월간 소비자』

3) 상품테스트

소비자운동에 있어서 상품테스트[56]는 중요한 의미를 갖는다. 소비자단체의 상품테스트 방법은 소비자들이 선택하기 어려운 상품을 비교 테스트의 대상으로 선정하고, 어떤 방법으로 테스트할 것인가를 결정하는 것이다.

대부분의 소비자들은 KS마크(㉿)와 같은 국가 공인 품질인증마크가 부착된 상품을 선택하는 경향이 있는데, 이는 그들이 관련 기관의 상품테스트 결과를 신뢰할 뿐만 아니라, 그것을 자신의 상품 구매의사결정에 많이 참고하기 때문이다. 물론, 이러한 상품테스트는

56) 상품테스트는 소비자단체가 자체 검사실에서 실시하거나 한국소비자원의 시험검사실 또는 정부기관의 전문검사기관에 의뢰하여 실시한다.

어디까지나 소비자의 입장에서 수행되어야 하며, 소비자단체에서 자체적인 테스트 설비를 갖추지 못한 경우에는 공정하고 중립적인 전문검사기관에 위탁해야 한다. 상품테스트의 결과는 신중한 심의를 거친 후 조직의 기관지에 발표된다.

그리고 테스트 결과로 나타난 상품의 결함이나 부당한 가격은 해당 기업에 의해 확인되어야 하며, 이를 무시하는 기업은 사회적 지탄을 받게 된다. 물론, 상실된 소비자권리를 상품테스트에 의해 어느 정도 회복할 수 있으나, 그렇다고 소비자운동 목적 자체가 상품테스트에 의해 달성될 수 있는 것은 아니다. 많은 소비자단체들이 상품테스트를 실시하고 있는데, 이는 상품테스트가 소비자에게 있어서 매우 유용한 자기방어적 수단이기 때문이다.

소비자단체의 상품테스트 품목으로는 과일, 채소, 곡물, 생선과 같은 생활필수품에 대한 가격 조사와 수입 농산물의 위해성 조사, 백화점 바겐세일 등 거래 조사를 들 수 있다. 또한 식품, 의약품, 의류 등 각종 상품의 품질, 성능, 외관에 대한 시험·검사를 통한 상품테스트도 실시되고 있다. 이 외에도 소비자단체는 곡물류, 육가공류, 과자류와 같은 식품과 석유, 휴지 등의 공산품의 포장된 상품 표시량과 실량을 비교·검사하는 실량 검사를 실시할 뿐만 아니라, 모니터 조사와 소비자의 고발을 접수하여 조사하는 소비자 고발 검사도 수행하고 있다.

4) 소비자정보의 제공

소비자단체는 소비자의 합리적이고 현명한 소비생활을 유도하기 위해 소비자정보지를 만들어 다양한 정보를 제공하고 있다. 정보 제공형 라벨링(informative labelling)은 상품테스트나 소비자교육의 한계를 극복할 수 있는 하나의 수단이며, 또 소비자운동의 일환이라고 할 수 있다. 특히 소비자단체의 정보 제공형 라벨링은 신제품, 복잡한 상품, 그리고 포장상품에 대한 여러 가지 사실을 소비자가 알기 쉽게 표기하도록 하여 제품 선택에 활용하도록 하는 데 그 목적이 있다.

한국소비자단체협의회에서는 월간 『소비자』를 통해 소비생활에 필요한 정보를 소비자들에게 제공하고 있으며, 회원 소비자단체들의 사업 홍보와 소비자의식 계발을 위해 많은 노력을 기울인다. 또 상품테스트, 실태 조사, 고발 처리 결과를 비롯한 각종 소비자정보를 담은 월간 『소비자』는 소비자에게 생활정보를 제공해 주며, 소비자들의 주권의식을 높이는 데 많은 역할을 한다. 한편, 일반 소비자뿐만 아니라 전국의 대학교 도서관 및 초·중·고등

울산 남창 옹기종기 시장

학교에 배포되어 소비자교육을 위한 교재 및 자료로 이용된다. 이 밖에도 동 협의회는 회원단체들의 사업 및 소식들에 대한 내용을 주간 뉴스레터로 발행하여 소비자에게 정보를 제공하고 있다.

5) 소비자행정의 촉진

소비자단체의 대정부 활동으로는 소비자 고발센터의 소비자 상담 결과와 정책 연구를 토대로 한 소비자 관련법의 제정 및 강화를 위한 활동과 소비자행정 전반에 대한 시책 제안 등이 있다. 이러한 활동은 소비자보호에 있어 매우 기본적이고 중요한 역할을 한다.

또 소비자 이익에 반하는 제도와 관련되거나 사회 변화에 따라 발생하는 제반 소비자문제에 대해 사안별로 대처하기 위해 관계자, 전문가들이 참여하는 간담회나 토론회 등을 통해 정책적 대안을 강구한다. 특히 소비자, 학계, 업계, 행정당국 대표들이 참여하는 토론회를 개최하여 각종 소비자정책 수립 및 개선에 대한 제안하고 있다. 실제로 소비자기본법, 제조물책임법, 약관규제법, 전자상거래보호법, 식품위생법, 주택임대차보호법, 방문판매 등에 관한 법률 등의 제정 및 개정에 소비자단체의 의견이 적극 반영되고 있으며, 또 소비자 의견을 최대한 수렴하여 정책 및 법률 제정에 반영시키고자 세미나 및 공청회를 개최하고 있다.

6) 물가조사 및 감시활동

한국소비자단체협의회에서는 전국의 36개 지역에서 활동하고 있는 372명의 물가감시원들과 함께 기초생활필수품 및 개인서비스요금에 대한 정기물가조사와 특별물가조사를 실시하고 있다.

소비자단체는 소비자의 가계에 미치는 영향이 큰 공공요금을 포함한 기초생활필수품 및 개인서비스 가격에 대해 전국 13개 지역에서 매월 2회의 정기적인 가격 조사를 통해 지역의 가격 형성과 물가 변동 추이를 살펴보고 담합에 의한 가격 인상 등을 견제하며, 지역 주민들에게 자세한 가격 정보를 공개하여 소비자의 알 권리를 만족시키는 활동을 전개하고 있다. 또한 변화하는 소비환경에 따라 사회적·시기적으로 소비자들에게 민감한 부분에 대해 전국 36개 지역에서 특별물가조사를 실시하여 소비자들에게 유용한 가격 정보를 제공하고 합리적인 소비생활을 위한 가이드라인을 제시한다.

7) 국제협력의 강화

세계 각국의 소비자단체는 소비자문제의 해결 및 사전예방을 위하여 다양한 분야에서 협력관계를 맺고 있다. 이들 단체는 상호간 정보를 교환하여 악질적 수출에 제재를 가하고 소비자국제경찰기구를 설치하여 국제무역의 악성거래를 감시·감독하고 있다. 우리나라에서도 한국소비자단체협의회, 한국소비자연맹, 소비자문제를 연구하는 시민의 모임 등 5개 단체가 국제소비자기구(CI)[57)]에 가입하고 CI에서 개최하는 세미나, 회의 등에 참여하고 있다.

특히 국가 간의 교역이 활발해짐에 따라, 소비자운동의 국제협력은 점차 그 중요성이 높아지고 있다. 국제소비자기구 연구조사위원회가 실시하는 상품의 국제 비교 테스트를 그 예로 들 수 있다. 오늘날 소비자단체의 국제협력은 이러한 상품테스트에 그치지 않고 공공서비스와 환경 부문으로까지 확대되고 있다. 그 예를 들면, 국제소비자기구가 개발도상국 및 후진국 소비자 지원을 위한 기금을 설립한 것은 소비자운동이 국제적인 차원에서 전개되고 있음을 보여준 것이라고 할 수 있다. 개발도상국 소비자보호의 필요성을 인식한

57) 국제소비자기구(Consumers International)는 각국 소비자단체들이 소비자문제의 국제적 공동해결을 위하여 1960년에 결성되었으며, 런던에 본부가 있다. 2004년 현재 전 세계 115개국 250여 개 단체가 참여하고 있는 독립적 비영리 조직이다.

국제소비자기구에서는 아프리카의 소비자 실태를 조사하고 원조기금을 설립한 바 있다. 그 원조기금은 국제소비자기구에 가입된 회원국의 기부금으로 조성된 것이며, 이것은 주로 개발도상국 및 후진국 소비자단체에 지원되고 있다.

이 밖에도 소비자단체에서는 인터넷 시대의 도래로 소비자들이 다양한 정보의 홍수 속에서 소비자에게 필요한 정보를 탐색하여 합리적이고 안전한 생활을 영위할 수 있도록 하기 위하여 정보화 사업을 실시하고 있으며, 또 합리적인 소비문화 캠페인을 꾸준히 벌여 소비자의 물가 상승에 대한 불안 심리로 인한 충동구매, 사재기 등을 억제하고 낭비적인 소비생활태도를 개선시켜 나가고 있다.

1.3 소비자 조직화와 국제소비자기구

1) 소비자 조직화

모든 사회운동은 조직적으로 전개될 수 있을 때 비로소 소기의 성과를 거둘 수 있다. 이에 따라 소비자주의의 실현을 목표로 하는 소비자운동이 효율적으로 전개되기 위해서는 소비자 조직화가 이루어져 있어야 하는데, 이는 현실적으로 쉽지 않은 일이다. 왜냐하면, 소비자 개개인이 독립된 존재이고 그들 간의 이해관계가 같지 않을 수도 있어 뚜렷한 구심점이 없는 소비자들을 조직화하는 것은 어렵기 때문이다.

과거 사람들은 소비자 개인이 기업이나 특정 조직에 대항해서 자신의 주장을 관철시키고자 하는 행동을 무모한 것으로 생각했다. 그 결과, 일부 소비자들은 자신들의 힘을 모으고 키우기 위해 조직화·집단화함은 물론, 기존의 조직이나 집단을 통합, 대형화하려고 하였다. 이는 자신들도 기업조직과 같이 힘을 형성할 수 있고, 또 조직화야말로 기업에 대응할 수 있는 최선의 방법임을 소비자들이 알게 되었기 때문이다. 더 나아가서는 집단화 및 그 진전을 통해 소비자들은 물론, 기업, 정부 그리고 사회까지도 소비자운동에 동참하기를 기원하면서 이를 위해 많은 노력을 기울여 왔다.

물론, 소비자운동이 이상적으로 전개되기 위해서는 무엇보다도 집단 구성원의 참여와 협조가 수반되어야 한다. 소비자 조직의 등장과 구성원들의 적극적인 노력이 경영자로 하여금 소비자주의를 약하고 일시적인 것이 아니라 기업이 간과할 수 없는 시장의 큰 힘으로 간주하도록 하였다.

그러나 소비자 조직화는 매우 어려운 일인데, 이는 조직 구성원들의 상충된 이해관계로 인해 형성되자마자 실패하거나, 지속적인 구성원 영입이 이루어지지 않아 소비자 조직이 해체된 과거 경험에서 알 수 있다. 그럼에도 불구하고 소비자 조직은 다른 조직에 비해 강력한 조직으로 발전될 것으로 기대된다. 왜냐하면, 모든 사람이 소비자인 동시에 소비자 조직의 구성원이 될 수 있기 때문이다. 물론, 소비자 조직이 최상의 조직이 된다면 소비자혁명이 달성된 것이나 다름없을 것이다. 그러나 소비자 조직이 그와 같은 힘을 지니기까지에는 많은 어려움과 과정이 따르게 됨을 명심해야 할 것이다.

2) 국제소비자기구

국제소비자기구(Consumers International: CI)는 1960년 미국과 여러 유럽국가의 소비자단체 대표들이 네덜란드의 헤이그에 모여 창립한 국제소비자연맹(International Organization of Consumers Union: IOCU)을 모체로 하는 국제적 소비자기구이다.

이 기구는 소비자보호의 국제적 협력을 도모하기 위해 1960년 4월 창립회원국 소비자단체(미국소비자연맹, 영국소비자협회, 오스트레일리아소비자협회, 벨기에소비자협회 및 네덜란드소비자협회)를 비롯한 16개 단체를 회원으로 하여 발족되었다. 국제소비자기구는 3년마다 국제대회를 개최하고 있으며, 2011년에 제19차 대회[58)]가 개최되었다. 우리나라에서도 한국소비자단체협의회, 한국소비자연맹, 소비자문제를연구하는시민의모임 등 5개 단체가 가입해 국제소비자기구(CI)에서 개최하는 세미나, 워크숍, 회의 등에 참여하고 있다. 국제소비자기구의 주요 활동목표는 첫째, 소비자보호를 위한 국제협력 증진, 둘째, 소비자문제에 관한 정보교환, 셋째, 국제소비자단체에 대한 지원, 넷째, 국제적 소비자 이익의 대변을 들 수 있다.

한편, 국제소비자기구의 회원자격요건으로는 정치단체와 무관할 것, 비영리조직일 것, 간행물에 광고를 게재하지 말 것, 소비자기구가 제공하는 소비자정보 및 조언을 기업이 영리적으로 이용하지 못하도록 할 것, 그리고 활동 및 발언이 자신들이 받는 보조금과 무관할 것 등이다. 그러나 상기 요건을 갖추지 않았다 하더라도 소비자 이익을 위해 활동하는 조직이라면 국제소비자기구의 통신회원단체가 될 수 있는데, 우리나라의 경우를

58) 제19차 국제대회(World Congress)는 2011년 5월 3일부터 6일까지 '내일의 소비자 역량 강화(Empowering Tomorrow's Consumers)'라는 주제로 홍콩에서 개최되었다.

보면, 한국소비자연맹과 소비자문제를 연구하는 시민의 모임이 정회원으로, 그리고 한국소비자단체협의회는 통신회원으로 가입되어 있다.

국제소비자기구는 소비자문제해결에 관한 정기적 회의, 소비자문제에 대한 세미나 개최 및 결의안의 채택, 회원에 대한 도서 및 자료의 제공, 그리고 정기간행물 발행 등을 주요 활동으로 하며, 회원단체에 대한 업무 협조 및 지원, 소비자운동의 확대, 그리고 국제적 차원의 소비자 이익 선언 및 보호를 활동목표로 설정한 바 있다. 특히, 이 기구는 다국적기업의 불안전하거나 부적절한 상품, 폐기물, 기술의 세계적 지배 등에 대한 소비자 피해를 국제적으로 알리고 그에 대한 조치를 강구하는 노력도 하고 있다.

국제소비자기구의 조직을 살펴보면, 〈그림 5-1〉과 같다. 국제소비자기구는 매 3년마다 개최되는 세계회의에서 정회원 단체에 의해 선출된 이사회에 의해 운영되고 있다. 총회에서는 회장을 선출하고 결의안을 채택하며, 이사회는 8개 회원단체를 집행위원회에 임명하여 일부 감독기능을 위임하게 된다. 모든 지역은 이사회와 집행위원회가 대표하며, 참모들이 사무총장을 통하여 이사회 및 집행위원회에 보고하게 된다.

그림 5-1. 국제소비자기구(CI)의 조직도

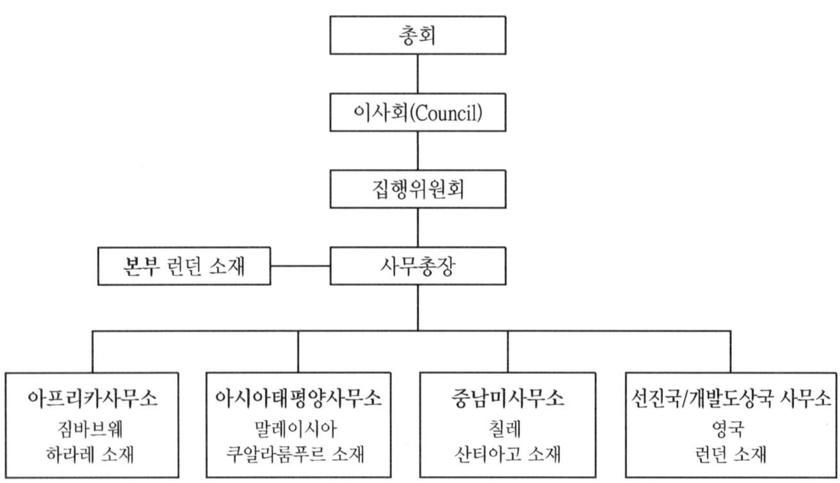

2. 우리나라 소비자단체

우리나라 소비자운동은 1960년대부터 시작되었다. 초기 소비자운동은 여성운동의 일환으로 전개되었다. 그 후 소비자문제가 점차 광범위하고 심각하게 되자, 소비자문제를 해결하고 소비자 복지 증진을 추구하기 위한 전문소비자단체들이 발족되었다. 1980년대 이후부터 활발하게 전개된 소비자운동은 정부의 소비자 보호 정책과 소비자보호법의 입법에도 많은 영향을 미쳐왔다. 그리고 많은 연구자들이 우리나라 소비자운동을 3개 시기로 구분하고 1960년대 후반을 태동기, 1970년대 후반을 활동 진입기, 1980년대 후반을 성숙기로 부르고 있다. 여기서 우리나라 소비자운동을 시대별로 나누어 설명하면, 다음과 같다.

2.1 우리나라 소비자운동

1) 1960년대

1960년대부터 여성단체들은 여성운동의 한 부분으로 소비자보호 활동을 전개하기 시작하였다. 1967년 '한국부인회'는 소비자 불만 창구를 개설하여 소비자문제를 다루기 시작하였으며, 소비자정보지인 『소비자 보호』를 발간하면서 소비자정보를 제공하기 시작하였다. 1968년 '서울 YWCA'에서는 사회문제부 내에 소비자보호위원회를 구성하여 소비자운동을 전개하였다. 그러나 이 시기는 소비자라는 단어조차 생소한 상황에서 소비자문제 및 소비자의식이 조금씩 싹트기 시작하는 초기 단계라고 할 수 있다.

2) 1970년대

1970년대 초반에는 많은 여성단체들, 즉 주부클럽연합회(1972년), 주부교실중앙회(1972년), 여성단체연합회(1972년)가 창설되어 소비자보호 활동이 활발하게 전개되기 시작하였다. 그리고 1976년에는 조직적인 소비자운동을 전개하기 위한 소비자보호단체협의회(현 한국소비자단체협의회)가 결성되면서, 소비자운동이 전문 소비자단체에 의해 주도되는 전환점을 맞게 되었다. 또한 1978년에 한국소비자연맹이 창설되어 소비자문제를 전문적으로 다루는 소비자단체로서의 역할을 수행하였다.

이 시기에는 1960년대보다 훨씬 다양한 소비자문제들이 발생하였다. 그 대표적인 예를 들면, 1970년 비소가 든 소다를 먹고 연쇄참사를 당한 소다 사건, 1971년 공업용 석회를 사용한 횟가루 두부 사건, 1978년 경상사료 사건과 번데기 식중독 사건, 1979년 수입 고춧가루에서 타르색소가 검출되어 폐기시킨 사건, 서울적십자병원 질소 사건, 주사기 결함 사건 등 많은 소비자문제 관련 사건이 발생하였다.

따라서 이 시기의 소비자단체의 활동은 주로 소비자의식을 고취시키기 위한 불량 상품 전시회 또는 우수 공산품 전시회, 실량 검사, 소비자교육 실시, 외국 소비자단체나 소비자운동가와의 교류 등을 중심으로 이루어졌다. 이들 활동은 소비자 권리 및 권익에 대한 인식이 부족한 상태에서 소비자보호에 대한 사회적 인식과 관심을 높이기 위해 시작된 활동이라 볼 수 있다.

3) 1980년대

1980년대는 우리나라 소비자운동의 성숙기라고 할 수 있다. 먼저, 소비자단체의 적극적인 소비자운동이 정부로 하여금 소비자 보호 정책의 추진을 촉진시켰다. 즉, 소비자단체들의 계속적인 촉구에 힘입어, 1980년 소비자보호를 위한 최초의 단독법인 소비자보기본법이 제정되었고, 1982년에는 소비자기본법 시행령이 마련되었다. 그 후 1986년 동법의 개정으로 한국소비자원이 개원됨으로써 정부의 소비자보호정책이 활발하게 전개되기에 이르렀다.

또한 과거 여성단체 중심의 소비자운동에서 탈피하여 소비자문제만을 전문적으로 담당하는 단체들의 활동이 활기를 띠기 시작하였다. 1981년 한국소비자단체협의회에서는 12월 3일을 '소비자의 날'로 정하였다. 그러나 이와 같은 적극적인 노력에도 불구하고 1980년대에도 많은 소비자문제들이 발생하였다.

1986년에 인공감미료인 MSG의 안정성에 대한 문제가 제기되었으며, 1988년에 콩나물 농약 사건이 발생하였다. 1989년에는 수입 식품 및 사료의 오염 문제, 비식용 우지를 사용한 라면 사건, 백화점 사기 바겐세일 사건 등이 있었다. 이처럼 소비자문제들이 많이 발생함에 따라, 소비자단체가 중심이 된 불매 운동이나 캠페인 등이 활발히 전개되기 시작하였다.

4) 1990년대 이후

1990년대에는 새로운 소비자문제들이 등장하게 되었다. 즉, 시장개방으로 인한 수입제품의 소비자 안전 문제가 제기되기 시작하였다. 그 예로 1997년 미국산 쇠고기에서 O-157 병원균 검출, 수입 아이스크림에서 유해물질 검출, 1999년 벨기에 산 돼지고기의 다이옥신 파동, 유전자 조작 콩 문제 등의 사건을 들 수 있으며, 인터넷의 급속한 보급으로 전자상거래에 있어서의 사기 등 불법행위로 인한 소비자 피해가 새로운 문제로 대두되기 시작하였다.

또한 소비자보호법제의 제·개정에 대한 소비자단체들의 활동도 계속되었다. 한국소비자단체협의회에서는 1986년 소비자기본법 개정, 1996년 리콜제도와 제조물책임법 제정, 1997년 소비자생활협동조합법 제정을 적극적으로 요구하였다. 그 결과, 리콜제도는 1990년대 후반에 도입되었으며, 1998년에 소비자생활협동조합법이, 1999년에 제조물책임법(2002년 7월 1일 시행)이 제정되었다.

2.2 우리나라 소비자단체 현황

소비자문제를 해결하기 위해서는 무엇보다 소비자들이 자발적으로 단체를 조직하고 단체에 참여하려는 적극적인 의식을 가져야 한다. 소비자는 스스로의 권익을 옹호하기 위하여 단체를 조직하고 이를 통하여 활동할 수 있는 권리가 있다. 이는 곧 소비자보호법에 명문화되어 있고 소비자의 8대 권리 중의 하나이기도 하다. 따라서 소비자단체는 자주적이고 적극적 의식을 가진 소비자들이 주도해야 할 것이다.

우리나라의 경우, 한국소비자단체협의체와 3개 이상의 시·도 지부가 있는 소비자단체는 재정경제부에 등록하여야 하며, 그 밖의 단체는 주된 사무소가 있는 지방자치단체에 등록하여야 한다. 물론, 이러한 소비자단체는 활동에 필요한 설비와 인력을 갖추어야 하고, 국가는 소비자단체의 건전한 육성·발전을 위하여 보조금을 지급할 수 있다.

1976년에 조직된 한국소자단체협의회는 2012년 현재 10개의 회원단체로 구성되어 있다. 10개 중앙단체는 대한YMCA연맹, 대한YWCA연합회, 대한주부클럽연합회, 소비자문제를 연구하는 시민의 모임, 전국주부교실중앙회, 한국소비생활연구원, 한국소비자교육원, 녹색소비자연대, 한국소비자연맹, 한국여성단체협의회이다. 이들 대부분의 단체는 중앙단체를 중심으로 지방에 지부나 지회를 두고 있고 중앙과 지부는 수평적인 관계에있

강원도 횡성 시장 – 정담

으며, 단체의 재정·운영도 각각 독립적이다.

이들 10개 소비자단체 중에서 소비자문제를 연구하는 시민의 모임, 한국소비자연맹, 한국소비자교육원 등 3개 단체는 소비자보호 관련 문제만을 전문적으로 취급하기 위해 설립된 단체이나, 나머지 단체들은 소비자보호 활동을 부수적·간접적으로 수행하고 있는 단체이다.

표 5-1. 한국소비자단체협의회 회원단체

단체명	설립연도	주 소	전 화
한국소비자단체협의회	1976	서울시 중구 명동1가 서울YWCA회관 701호	(02) 774-4050
녹색소비자연대전국협의회	1996	서울시 용산구 효창동 5-393번지	(02) 3273-7117
대한주부클럽연합회	1966	서울시 중구 남창동 1-2 상동빌딩 6층	(02) 752-4227
소비자시민모임	1983	서울시 종로구 신문로2가 피어선빌딩 603호	(02) 739-5441
전국주부교실중앙회	1971	서울시 중구 충무로5가 19-3	(02) 2266-5870
한국부인회총본부	1963	서울시 마포구 합정동 445-9	(02) 701-7321
한국소비생활연구원	1994	서울시 마포구 합정동 363-16	(02) 325-3300
한국소비자교육원	1981	서울시 서초구 양재동 97-4 신한빌딩 302호	(02) 579-0603
한국소비자연맹	1970	서울시 용산구 한남동 272-1	(02) 795-1042
한국YMCA전국연맹	1903	서울시 중구 소공동 117 YMCA빌딩 1층	(02) 754-7891
한국YWCA연합회	1922	서울시 중구 명동1가 1-3	(02) 774-9702

자료: 소비자단체협의회 홈페이지(http://www.consumer.or.kr).

한편, 한국소비자단체협의회에서는 홈페이지(www.consumer.or.kr)를 개설하여 협의회에 소속된 소비자단체 상담실에서 접수된 소비자 상담 내용을 소개하고 있다. 이 홈페이지의 내용 구성을 보면, 일간지의 소비자 관련 뉴스, 소비자 관련법, 소비자피해 보상규정, 유용하게 쓰이는 각종 서식·양식 등의 소비자 관련 정보로 이루어져 있다. 또 소비자 고발 사례에 대해 품목별, 유형별, 청구이유별, 처리결과별, 판매방법별 등 그 내용을 검색할 수 있다.

3. 소비자단체의 과제와 방향

3.1 소비자단체의 과제

소비자단체는 소비자보호에 있어서 가장 중요한 역할을 한다. 더구나 소비자단체의 역할이 모든 소비생활 관련 분야로 확대되고 있으며, 향후 소비자주의를 실현하는 데 소비자단체가 해결해야 할 과제들이 많이 있다. 여기서 소비자단체들이 해결해야 할 과제들을 소개하면 다음과 같다.

첫째, 비록 소비자 개개인이 소비자단체의 구성원이라 하더라도 이들은 상품테스트 결과를 주요 내용으로 하는 기관지의 독자에 지나지 않는다. 예를 들어, 미국 소비자연맹처럼 그 구성원들이 조직의 이사를 선출할 때 선거권을 가지고 있다고 해서 참다운 소비자 조직이라고 할 수 없으며, 또 그들이 발행하는 기관지[59]는 그 구성원들에 의해서만 구독되고 있는 실정이다. 소비자운동이 소비자의 이익을 추구하는 운동이라고 해서 소비자 모두를 참여시키는 것은 불가능한 일이며, 설령 그것이 가능하다 하더라도 조직운영이 비능률적이 될 뿐 아니라 그로 인한 문제도 발생할 수 있다. 따라서 소비자운동의 목적을 달성할 힘을 결집시킬 수만 있다면 비교적 결집하기 쉬운 회원을 중심으로 조직화하는 것이 오히려 효율적이라고 하겠다.

---

59) 미국소비자연맹(Consumers Union of US)의 기관지 『컨슈머리포트(Consumer Reports)』는 각종 상품의 추천, 제품과 서비스의 비교 테스트 결과, 쇼핑가이드, 제품 사용상의 주의점 등을 주요 내용으로 하고 있으며, 200만 명 이상의 독자를 확보하고 있다.

둘째, 소비자단체의 회원 대부분이 중산층이라는 사실이다. 주로 소비자문제의 최대 피해자는 저소득층이므로, 이들이 소비자보호 및 계몽의 주된 대상이 되어야 함에도 불구하고 실제로는 그렇지 못한 실정이다. 이는 곧 소비자 조직이 안고 있는 주요한 문제라 하겠다. 따라서 소비자 조직은 구성원의 수보다는 구성원의 성격 내지 계층으로 평가되어야 하며, 또 소비자보호운동이 효율적으로 전개되기 위해서는 다양한 계층의 사람들로 구성되어야 한다.

그리고 소비자단체의 활동을 소비자권리의 회복 내지 소비자혁명을 위한 소비자운동이라는 측면에서 보면, 그러한 활동은 소비자 자신의 힘으로 추진되어야 하고, 소비자 조직의 자금 또한 그들 스스로 조달해야 한다. 이는 기업들의 자금 지원이나 행정기관의 보조가 소비자운동의 이상적인 전개를 저해할 수 있기 때문이다. 뿐만 아니라, 기업 등으로부터 자금을 지원받아 상품을 비교테스트하고, 이를 소비자정보로 제공한다면 소비자불신이 있을 수 있다. 또, 소비자운동 자금을 중산층에서만 조달하는 것도 이상적이지 않다.

셋째, 소비자운동이 소비자단체의 중앙조직에 의해서만 전개되는 것은 문제가 있다. 왜냐하면, 각 지역에 따라 소비자문제의 양상이 다를 수 있고, 일부 지방의 소비자운동은 오히려 일종의 지역운동으로 발생되었기 때문이다. 더욱이 각 지방 소비자 조직은 중앙조직과는 다른 성격과 활동기반을 갖고 있는 경우도 있기 때문이다. 예를 들어, 소비자문제를 지역주민의 복지문제로 간주하는 지방조직에서는 기존의 부인단체, 협동조합, 노동조합 등을 이용하여 문제를 해결하려는 경향이 있다.

그런데 이들은 소비자단체와는 다른 목적으로 조직된 단체이다. 즉, 소비자보호를 목적으로 조직된 것이 아니라 그 회원이 소비자라는 점에서 소비자문제의 해결과 관련성이 있을 뿐이다. 일국의 소비자운동이 발전하기 위해서는 소비자단체조직들이 상호 협력해야 하는데, 이는 매우 어려운 문제이다. 따라서 지역에서의 문제 해결에는 한계가 있으므로 산발적인 지역별 소비자운동을 전국적 차원으로 결집시키는 전국적인 연합 소비자 조직이 필요하다.

또한, 소비자혁명을 목표로 하는 소비자운동은 지역운동과 본질적으로 다르다고 할 수 있다. 왜냐하면, 일반적 소비자문제의 대부분이 전국적인 규모로 발생되며, 독과점이 만연한 산업사회에서 필연적으로 발생하는 현상이기 때문이다. 물론, 비교적 강력한 중앙조직은 각 지방의 소비자 조직과 협력하여 지방조직으로서 해결하기 어려운 소비자문제의

생활정보 콘택트렌즈 사용 시의 주의사항

의료용구인 콘택트렌즈 착용자가 증가하고 있는 가운데 렌즈 사용·관리 부주의로 인한 부작용 사례가 점차 많아지고 있다. 2010년 접수된 1백63건의 피해 사례를 분석한 결과, 주요 부작용 증상에 있어서는 통증·충혈이 57.1%(93건)로 가장 많았고, 이물감 30.7%(50건), 각막염 8.0%(13건) 등의 순으로 나타났다.

부작용 요인으로는 콘택트렌즈 착용 방법 및 사용 시 주의 부족, 장시간 무리한 착용, 수면 중 착용, 렌즈 세척 소홀로 조사됐다. 콘택트렌즈 사용 시 주의사항은 아래와 같다.

- 콘택트렌즈를 착용하기 위해서는 반드시 안과 전문의의 처방에 따라야 한다. 착용 전에 안질환 유무 검사, 눈물이 충분한지, 독성 성분의 화학약품이 있는 곳에서 일하지 않는지, 알레르기 체질인지 등을 철저히 검사 받아야 한다.
- 콘택트렌즈는 매일 세척과 소독을 철저히 해야 한다. 항상 위생적으로 착용하고, 눈이 아프거나 충혈이 되면 렌즈를 빼고 안과 전문의와 상의한다.
- 콘택트렌즈는 규정 시간 이상 착용하지 않아야 한다. 과로·수면 부족·장시간 독서로 눈이 피곤한 경우, 잠시 착용을 중지하고 휴식을 취한다.
- 정기적으로 안과를 방문해 검사를 받는다.
- 다른 사람이 사용하던 콘택트렌즈를 착용할 경우, 세균·바이러스 등 각종 병원균에 감염될 수 있으므로 타인이 사용하던 것은 구입, 사용하지 않는다.
- 손을 깨끗이 씻은 채로 렌즈를 다루고, 사용 시 렌즈 표면에 무리하게 힘을 가하지 않으며, 전문회사의 세척액·보존액·생리식염수를 사용한다.
- 화장품 사용 시 콘택트렌즈에 접촉하지 않게 하고, 화장은 렌즈 착용 후 한다. 손톱은 콘택트렌즈 착용 시 자극을 줄 수 있으므로 짧게 깎는다. 〈김종남: 한국소비자원 식의약안전팀〉

자료: 『소비자시대』, 2011년 4월호, p. 32.

해결에 앞장서야 할 것이다.

넷째, 소비자단체의 회원들은 대부분 가정주부들이다. 이는 소비생활의 담당자인 주부들이 소비자문제를 많이 의식하게 되는 반면, 남성은 바쁜 직장생활 등으로 인해 소비자운동에 참여할 여유가 없기 때문이다. 그러나 앞으로는 남성들도 소비자운동에 동참하게 될 것이며 전문적인 지식이나 기술을 필요로 하는 분야에서 중요한 역할을 담당할 것으로 전망된다.

3.2 우리나라 소비자단체의 방향

우리나라 소비자단체는 미국 등의 선진국 소비자단체와는 달리, 상술한 소비자단체가 해결해야 할 과제 외에도 소비자 전문가 및 전문적인 지도자의 부족, 회원 수와 운영자금의 부족 등으로 인해 소비자단체로서의 역할을 다하지 못하고 있는 실정이다. 여기서 향후 소비자단체의 방안을 알아보면, 다음과 같다.

첫째, 재정이 확충되어야 한다. 소비자단체는 자율적 단체라는 본래의 취지로만 본다면 자체 재정으로 운영되어야 함이 마땅하다. 그러나 현재 우리나라 소비자단체 대부분은 재정이 부족하여 정부나 공공기관으로부터 재정적 지원을 받고 있다.[60] 향후 중앙정부로부터는 물론이고, 지방자체단체로부터도 소비자단체에 대한 지원이 있어야 할 것이다. 재정적 지원을 받는다고 해서 소비자단체의 활동이 정부나 지방자치단체에 의해 구속되지는 않아야 한다.

한편, 미국소비자연맹(Consumers Union)의 경우, 그 기관지인 『컨슈머리포트(Consumer Reports)』의 판매 수입이 그들의 가장 큰 재원이며, 그 외 재원으로는 비구속적이며 비상업적인 기부금, 기타 지원금, 수수료 등이 있다. 따라서 우리나라 소비자단체들도 회비 모금, 회원 확충, 수익사업의 개발 등을 통해 자체 재정을 확대해 나가야 할 것이다.

둘째, 소비자단체가 전문화되어야 한다. 우리나라의 소비자단체들의 활동은 대체로 비슷한 실정이다. 따라서 소비자단체가 단체별로 활동을 특화 및 전문화해야 한다는 것이다. 예를 들어, 소비자보호와 관련된 법률 및 제도를 중점적으로 다루는 단체, 시험·

60) 기획재정부, 서울특별시, 환경부 등으로부터 일부 보조를 받고 있다.

검사를 전문적으로 하는 단체, 소비자에게 정부 제공이나 교육을 주로 하는 단체, 소비자피해 구제를 전문으로 하는 단체 등으로 전문화될 필요성이 있다. 또 소비자단체는 개인의 신용정보와 프라이버시 문제, 환경문제, 그리고 금융, 광고, 유통 분야 등에서 나타나고 있는 소비자문제에 많은 관심을 가져야 한다. 또 이러한 문제들을 잘 해결할 수 있는 전문가를 육성해야 함은 물론, 이들 전문가들로 이루어진 전문소비자단체로 변모해야 한다.

셋째, 소비자운동의 저변 확대와 조직 강화가 있어야 한다. 현재 우리나라 소비자단체는 160여 개인데, 이는 일본의 4,500여 개와 비교할 때 매우 적은 실정이다. 따라서 소비자운동의 확대를 위해 많은 소비자단체가 조직되어야 할 것이다.

또한, 우리나라는 소비자운동을 전문으로 하는 단체의 수가 매우 적을 뿐만 아니라, 이들 전문단체가 갖고 있는 회원의 수도 적다. 특히, 몇몇 단체가 지방에 지부를 두고 있기는 하지만, 대부분의 소비자단체가 서울 중심, 중산층 중심, 주부 중심으로 조직·운영되고 있다는 사실은 우리나라 소비자단체 소비자운동의 발전을 저해하는 요인이라 하겠다. 이는 곧 우리나라 소비자단체의 활동이 범사회적 운동으로 발전·확대되기 위해 시급히 해결해야 할 과제이기도 하다. 이에 계층이나 직업 등과는 무관하게 모든 소비자를 대상으로 회원으로 확대시켜 소비자운동을 범국민적 운동으로 확대시켜 나가야 할 것이다. 동시에 지방, 특히 농촌 지역에도 그 지역 특성에 맞는 소비자단체 조직 및 활동이 필요하다고 본다. 즉, 지역별·대상별 특성에 맞게 소비자운동이 이루어져야 한다는 것이다.

넷째, 소비자단체 간의 연대활동이 강화되어야 한다. 우선 지역별 조직들이 제휴하여 전국적인 연대관계를 맺고 국제적인 소비자단체나 외국 소비자단체와 연대해야 할 것이다. 소비자단체 활동의 효율화를 위해서는 단체 간의 연대가 요구될 뿐만 아니라, 소비자문제가 전 세계적으로, 또 대량생산, 대량유통, 대량소비 경제구조 하에서 발생되는 것이기 때문이다. 더 나아가서는 언론기관, 행정기관, 전문가단체들과도 적극적인 협력관계를 구축해야 한다.

다섯째, 세계의 소비자운동은 시장경제의 세계화 추세와 자유무역체제의 강화라는 환경변화에 직면하여 지구환경의 보존 등과 같은 운동지표를 가지고 일대 전환점을 맞이하고 있다. 소비자운동은 과거 소비가 미덕인 분위기에서 벗어나 소비자책임의 강조 및 지속가능한 소비를 위한 소비자운동 시대로 전환해야 하는 시점에 있다. 우리나라 소비자운동도 이 같은 조류를 반영하여 소비의 선택권 강조보다는 자원의 효율적 사용, 폐기물의 감소, 건전하고 적절한 수준의 소비생활을 강조하여 탈소비사회적 방향으로 재정립되어야 할 것이다. 소비자권리 확보 차원을 넘어서서 소비자책임을 강조하고, 새로운 소비자운동의 목표를 설정하여 방향 전환을 시도하여야 한다.

여섯째, 소비자운동은 소비자, 기업, 나아가 국가경제를 위한 운동이 되어야 한다. 다시 말해서, 소비자운동은 기본적으로 소비자 보호를 추구하기 위한 운동이면서 동시에 국내 기업의 국제경쟁력과 국가경쟁력을 향상시키는 데 중점을 두어야 한다. 그러나 소비자 이익을 증진시키면서 기업경제와 국민경제를 향상시킨다는 것은 매우 어려운 일이라 생각된다.

사실 국내 기업을 지나치게 보호하는 것은 바람직하지 않으며 우리 경제를 바르게 이끌어 가는 방향이 아니다. 그렇다고 소비자 이익만을 우선적으로 보호할 수는 없는 상황이다. 합리적인 소비선택, 충분한 소비자역할 수행, 소비자책임의 실천을 유도하는 방향으로 소비자운동이 전개되어야 바람직하다. 소비자 이익과 기업 이익은 반드시 서로 상충되는 것은 아니다. 소비자운동은 기업의 자유경쟁이나 이윤 극대화를 부정하는 것이 아니고 공정한 거래, 안전한 상품 제공, 인간복지에 기여하는 기업활동 및 제품에 초점을 맞추고 있다.

따라서 소비자만족 증진과 복지 향상의 기본적 조건과 기업경영이 조화를 이룬다면 소비자운동과 기업활동 간에 충돌이 없을 것이다. 요컨대, 소비자운동은 소비자 이익 증진을 추구하면서 기업경쟁력이 향상되는 방향으로 전개되어야 할 것이다.

제6장

기업의 소비자주의

1. 기업 소비자주의의 배경

1.1 기업과 소비자주의

1) 기업과 사회

일반적으로 기업[61]이라고 하면 이윤을 목적으로 하는 사기업 부문의 조직을 말한다. 동네 슈퍼마켓이나 분식점과 같은 개인기업에서부터 삼성전자, 현대자동차, KT와 같은 대기업에 이르기까지 이들은 모두 기업이지만, 우리가 일반적으로 기업과 사회를 논의할 때의 기업은 개인 사업자나 중소기업보다는 주로 대기업을 가리킨다.

오늘날 기업들은 사회적 문제들에 대해서 관심을 가지게 되었다. 그 이유는 그간 별문제 없이 지나갔던 문제들에 대해 시민들의 관심이 높아졌고 때로는 심한 반대를 보이기 때문이다. 현대 사회에서의 기업은 제도로서의 기관, 관리상의 경영 기능, 그리고 경영인이라는 의미를 모두 함축한 개념이다. 사회는 구조적이고 기능적인 부분들의 전체 범위로서, 또 구성원의 전반적인 생활양식으로 기업의 환경을 구성하고 있다. 기업 환경으로서의 사회는 모든 구성 요소들 간의 사회적 관계가 응집된 총체로서의 성격과 개별 구성 요소의 단순한 집합체로서의 성격을 지닌다.

이처럼 사회가 갖는 두 가지 성격으로 인해 기업은 사회에 대해 환경 적응적 측면과

---

61) 기업은 이윤 획득을 목적으로 운용하는 자본의 조직 단위이며, 국민경제를 구성하는 기본적 단위이다. 또 생산수단의 소유와 노동의 분리를 기초로 영리목적을 추구하는 독립적인 생산경제단위이다. 그리고 회사는 상행위 등 기타 영리를 목적으로 설립된 사단법인으로서 기업의 법률적 형태라고 할 수 있다.

1990년대 경북 의성 시장 – 소쿠리 장수

사회 책임적 측면이 있다. 환경 적응적 측면에서의 기업 목적은 환경과의 상호 공존을 위해 동태적으로 환경에 적응하고 적극적으로 환경을 창조해야 한다. 또한, 사회 책임적 측면에서의 기업활동은 환경에 피해를 주지 않고 수행되어야 할 뿐만 아니라, 강력한 사회적 영향력에 걸맞은 적극적인 책임감을 가지고 수행되어야 한다. 그러나 기업의 사회적 책임 수행에 소극적인 경영자들이 없지 않다.

한편, 기업의 사회적 책임이란 "기업활동이 사회에 미치는 영향에 대해서 진지하게 고민하는 것"이라고 할 수 있다. 이러한 기업의 사회적 책임은 기업을 둘러싼 환경에서 시작된다. 사회를 구성하는 요소들과 다양한 이해집단들은 기업활동에 대해 여러 가지 감시와 비판을 가하게 된다. 이러한 비판과 감시는 기업으로 하여금 그들을 둘러싼 환경에 대해 더 많은 관심을 가지고, 사회적 계약을 이행하도록 노력하게 만든다. 그 결과 기존의 소비자불만은 점점 줄어들고 기업에 대한 기대감은 더욱 높아지게 되어 사회가 더욱 바람직한 방향으로 가게 된다.

2) 기업과 소비자주의

기업 간의 경쟁이 심화되고 소비자의식이 성숙될수록 기업은 소비자주의를 간과할 수 없게 된다. 소비자주의가 기업에 미치는 영향을 구체적으로 살펴보면, 다음과 같다.

(1) 소비자주의의 지속성과 기업

기업 환경요소로서 소비자주의가 사회적 현상으로서 일시적인 것인가 아니면 영구적인 것인가에 관해 많은 논란이 있어 왔지만, 대부분의 사람들이 소비자주의가 보다 실질적이고 사회적으로 성숙할 것으로 보고 있다. 여기서 실질적이라는 의미는 소비자주의가 실제로 기업활동에 커다란 영향을 미친다는 것으로, 소비자주의 활동과 기업활동이 밀접한 관련성을 가진다는 의미이다. 지금까지 소비자운동과 소비자권리는 지속적으로 발전 증대되어 왔다. 그러므로 앞으로 소비자주의는 소비자보호의 현실적 효과에 관계없이 지속될 것이며, 또 산업사회의 발전과 함께 더욱 확대·심화될 것으로 보인다.

(2) 소비자주의와 기업 수익성

소비자주의는 기업에게 수익을 가져다줄 수 있다. 일부 기업들은 소비자주의는 기업들에게 비용을 부담시키고, 비용은 결과적으로 소비자들에게 전가된다고 주장한다. 즉, 제품 및 서비스의 안전성 향상이나 정보 증대의 요구는 비용을 유발시키며, 비용은 결국 소비자들이 부담하게 된다는 것이다. 또한 그들은 소비자주의가 정치적으로 만들어진 것이며, 경제적으로 불건전한 것이라는 잘못된 인식을 갖고 있다.

그러나 소비자운동가들에 의하면, 기업의 소비자주의 실천이 소비자나 기업가에게 다음과 같은 실질적인 이익을 제공할 수 있다고 한다.

첫째, 제품 정보의 증대를 들 수 있다. 풍부하고 참된 정보는 소비자들이 주어진 소득으로 보다 많은 재화를 얻거나 일정재화를 보다 적은 지출로 획득할 수 있도록 한다. 이는 제품 정보로 인해 소비자가 효율적인 구매활동을 수행할 수 있고 그 결과 더욱 많은 재화를 얻을 수 있게 된다는 것이다. 물론, 산업 전체적으로도 보다 많은 재화를 판매할 수 있게 된다.

둘째, 입법화이다. 소비자주의는 시장점유율에 영향을 주는 광고 및 판매 촉진 등 촉진 비용을 제한하도록 하는 법률의 제정을 유도할 수 있다. 기업 간 과도한 촉진 경쟁은 제품의 본질적 성능 개선에 힘을 쏟기보다는 매출 신장에만 신경을 쓰도록 하여 기업의 장기적 경쟁력 향상에 도움이 되지 못할 수 있다. 대부분의 소비자들은 판매 촉진비가 총 비용의 많은 부분을 차지하고 있으며, 판매 촉진비의 감축은 제품 가격을 인하시킬 수 있다고 믿고 있다.

생활정보 TV 홈쇼핑 (피해) 상담 현황

원하는 제품을 원하는 장소까지 배달해주는 홈쇼핑은 많은 소비자들이 이용한다. 방송 화면만 보고 구입하는 데에는 제공하는 정보의 한계가 있어, 소비자 피해가 많다. 2011년도 '소비자시민모임 1372 소비자 상담센터'를 통해 접수된 TV 홈쇼핑 상담 건수는 8,862건으로 2010년도에 비해 약 2.8배에 이른다. TV 홈쇼핑 (피해) 상담의 품목별 현황을 보면, 아래 표와 같다.

[단위: 건(%))]

구 분	2010년	2011년
	건수(구성비)	건수(구성비)
식료품 및 건강식품	247(7.7)	863(9.7)
식생활기기	222(6.9)	665(7.5)
주방용품·설비	112(3.5)	322(3.6)
가구	119(3.7)	370(4.5)
가사용품	759(23.7)	1,465(16.5)
의류·섬유용품	765(23.9)	1,913(21.6)
보건·위생용품	283(8.8)	865(9.8)
차량 및 승용물	58(1.8)	112(1.3)
문화용품(카메라, 영상기기 등)	102(3.2)	340(3.8)
정보통신기기	279(8.7)	998(11.3)
도서·음반	24(0.8)	75(0.8)
스포츠·레저·취미용품	77(2.4)	272(3.1)
문화오락·여행	29(0.9)	136(1.5)
기타 기계류	24(0.8)	155(1.8)
금융 보험	72(2.3)	181(2.0)
운수, 택배	12(0.4)	68(0.8)
기타 미분류	15(0.5)	62(0.7)
전체	3,199(100.0)	8,862(100.0)

자료: 『소비자시대』, 2012년 1·2월호, p. 40.

셋째, 사회적 비용의 흡수를 들 수 있다. 소비자주의는 환경오염 정화를 위한 정부 지출, 즉 사회적 비용[62]의 감소를 초래할 수 있는데, 이는 결과적으로 소비자에게 낮은 세금과 개선된 환경을 제공한다. 이로써 소비자의 구매력 증가와 소비욕구 증가를 유발할 수 있다.

넷째, 만족 증대이다. 소비자주의는 안전하지 않거나 건강에 유해한 제품을 감소시킴으로써 소비자를 보다 안전하게 하고 만족스럽게 할 것이다.

1.2 기업의 사회적 책임

기업은 현대자본주의의 경제체제 하에서 경제성장의 주역을 담당해 왔다. 사회가 발전할수록 기업은 지속적으로 성장·발전해 나아갈 것이다. 이러한 상황에서 기업인의 역할은 기업의 유지와 발전을 위해 맡은 바 소임을 다하는 것이며 더불어 산업의 발전, 경제의 안정 및 소비자 복지 향상에 대한 중요성을 지각하고 이를 수행하는 것이다.

기업의 사회적 책임이란, 소비자, 종업원, 주주, 지역사회, 정부 등, 기업을 둘러싸고 있는 이해관계자에 대해 지켜야 할 사회적·윤리적 측면에서의 책임을 의미한다. 이는 어떤 기업이 사회적 책임을 무시한 정책을 수립해서 전개할 경우, 반드시 그 기업에 대한 사회적 지탄과 함께 정책의 수정을 요구하는 압력이 나타나게 된다는 것을 의미하는 것이다.

캐롤(A. Carroll)은 사회적 책임을 바탕으로 기업의 사회적 책임에 대한 4단계 모형을 다음과 같이 제시하였다.

제1단계 경제적 책임은 비용을 최소화하고 수익을 최대화하여 이익을 만들어 내는 것이다. 이러한 책임은 누군가의 강요에 의한 것이 아니므로 큰 문제는 아니라고 할 수 있다. 하지만 비용 절감을 위한 비인간적인 행동도 얼마든지 있을 수 있기 때문에 이러한 경제적 책임도 매우 신중하게 고려해야 한다.

---

62) 사회적 비용(social cost)이란, 사적 경제활동의 결과, 제3자 또는 사회에 그 피해가 돌아가나 사적 기업가에게 그 책임을 지우기가 어려운 온갖 유해한 결과와 손실을 의미한다. 그 가운데에는 보통 공해라 불리는 것 외에 자원의 고갈, 기술 진보의 정체, 독점에 의한 손실, 수송·유통 비용의 낭비 등이 포함된다.

제2단계 법적인 책임은 법을 준수하고 각종 정부 규제를 지키며 환경이나 소비자에 대한 규정을 지키는 것이다. 이는 기업경영이 공정한 규칙 속에서 이루어져야 하며, 사회가 법을 통해 만들어 놓은 틀 속에서 게임을 해야 한다는 것이다. 따라서 기업은 소비자에게 사실에 근거한 정보를 제공해야 하고, 법률을 준수해야 할 것이다.

제3단계 윤리적 책임은 법적인 기준을 최소한으로 하고 그 이상의 의무를 다하는 것이다. 이는 비록 법적으로 성문화되지는 않았지만 기업이 사회의 기대·요구 조건을 충족시켜야 한다는 것이다. 또한 소비자, 근로자, 투자자들의 기대와 기준 및 가치에 합당한 행동을 해야 한다. 예를 들면, 대부분의 소비자는 시장에서 국산 참기름, 중국산 마늘, 무공해 콩나물 등을 구분할 수 있는 능력이 없다. 단지 상점 주인의 말을 믿고 상품을 구입할 수밖에 없다. 이것이 바로 기업의 윤리적 책임과 관련되는 부분이라고 하겠다.

제4단계 박애주의적 책임은 자선단체에 대한 기부, 지역사회에 대한 기여, 지역사회 교육 등을 자발적으로 시행하는 것을 말한다. 즉, 지역사회의 한 시민으로서 지역사회 구성원의 삶의 질을 높이기 위해 노력을 다하는 것이다. 박애주의적 책임은 기업들이 행하지 않는다고 해서 비윤리적이라는 비난을 받지는 않는다는 점에서 윤리적 책임과 다르다. 〈그림 6-1〉은 기업의 사회적 책임에 대한 4단계 모형이다.

그림 6-1. 기업의 사회적 책임에 대한 4단계 모형

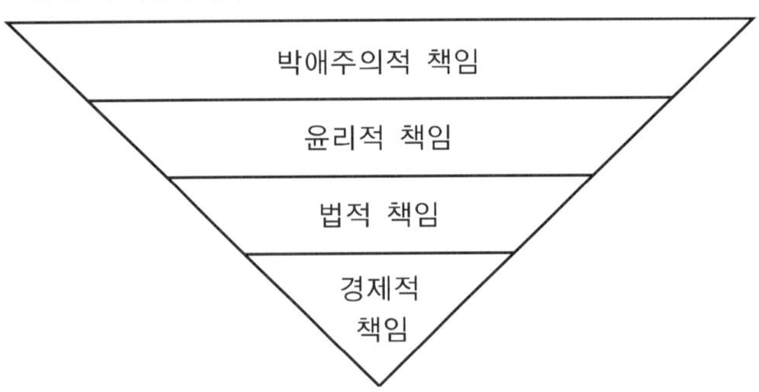

기업이 소비자문제를 잘 처리하기 위해서는 무엇보다 사회적 책임을 인식하고 건전한 경영 이념을 가져야 한다. 특히 기업 소비자 업무 담당자는 소비자 관련 정보를 신속하게 수집하여 최고경영자[63]의 의사결정에 반영되도록 해야 한다. 이러한 사회적 책임에 입각한 기업의 소비자보호 활동은 단기적으로 보면 기업에게 부담이 될 수 있지만, 장기적으로는 기업 이미지 제고 등을 통해 기업의 수익에 도움을 줄 수 있다.

기업에 대한 사회의 기대 및 요구 수준이 높은 현대사회에서 기업의 유지·발전은 사회적 기대에 부응하려는 기업의 노력에 달려 있다. 기업에 대한 사회적 기대의 대표적인 것이 바로 소비자주의이다. 즉, 소비자주의를 기업의 사회적 책임 사항으로 볼 수 있다는 것이다. 자본주의경제 하에서 어떤 제품을, 얼마나 많이, 얼마에 판매할 것인가 등의 문제는 기업의 독자적 결정 사항인 동시에 권리이다. 이와 마찬가지로 제품 및 판매 방법과 관련하여 생명·신체·재산의 안전을 요구하는 것은 소비자의 권리이다. 여기서 소비자권리의 침해에 대한 1차적 책임은 기업에 있다 하겠다.

스미스(A. Smith)는 소비가 모든 생산 활동의 목적이며 목표라고 하였다. 그리고 리즈만(D. Riesman)은 현대사회를 생산시대에서 소비시대로 전환된 사회로 규정하고, 카토나(G. Katona)는 현대를 대중소비사회로 부른다. 여기서 생산은 소비를 전제로 하며, 기업의 존립은 소비자의 소비생활 창조 여하에 달려 있다고 본다.

소비자권익 보호를 위한 소비자주의는 기업에게 가장 중요한 이해관계자 집단인 소비자가 바로 그 주체이며, 그 활동의 표적이 기업이다. 기업의 소비자주의는 바로 소비자를 의사결정의 중심에 두는 소비자 중심적 경영으로 이해될 수 있다.

1.3 소비자 지향적 마케팅

자본주의 경제체제 하에서 생산과 마케팅은 소비자욕구를 충족시키는 역할을 한다. 특히, 마케팅[64)]은 생산자와 소비자를 연결해 주어 궁극적으로는 소비자의 욕구를 충족시켜 준다. 여기서 소비자 지향적인 마케팅이 갖는 성격에 대해 살펴보면, 다음과 같다.

첫째, 소비자만족을 위해서는 마케팅 관리자들이 기업 내부와 외부를 연결하는 중개자의 역할을 수행해야 한다. 즉, 소비자욕구에 적극 부응하기 위해서는 소비자

---

63) 최고경영자는 기업의 최고 의사결정권자를 뜻한다. 대외적으로 기업을 대표하고 대내적으로는 이사회의 결의 사항을 집행한다.

64) 마케팅(marketing)은 기업이 상품 또는 서비스를 소비자에게 유통시키는 데 관련된 모든 경영활동으로, 매매 자체만을 가리키는 판매에 비해 훨씬 넓은 의미를 갖는다.

요구사항을 파악하여 생산 담당자에게 전달하고, 생산 부문에서는 이를 기초로 제품을 생산할 수 있도록 마케팅 관리자가 중개 역할을 해야 한다는 것이다. 이는 곧 기업이 소비자욕구를 충족시킬 수 있는 제품을 생산·판매할 수 있게 하며, 수익도 나도록 하는 방법이다.

둘째, 소비자 지향으로서의 마케팅을 들 수 있다. 어떠한 조직과 개인도 소비자에게 특정 제품이나 서비스를 구매하도록 강요할 수는 없다. 왜냐하면, 제품 구매에 대한 결정권은 소비자에게 있으며, 소비자는 기업의 생존에 막대한 영향을 미칠 수 있기 때문이다. 이러한 관점에서 마케팅 관리자는 소비자욕구에 초점을 맞추어야 한다. 소비자 지향이라고 하는 것은 기업이 무조건 자사 이익을 무시하고 소비자 이익에 노력해야 한다는 것이 아니라, 소비자만족을 통하여 기업 이익을 추구해야 한다는 것이다. 즉, 모든 거래에 기업과 소비자가 있으므로 양측 모두가 만족할 수 있어야만 한다. 소비자만족의 효과는 기업의 지속적인 성장과 수익성 측면에서 매우 중요하다. 만족한 소비자는 지속적인 재구매를 통해 고정 고객이 되고, 또한 긍정적 구전 효과를 통해 신규고객을 창출하기도 한다.

셋째, 소비자 지향적 조직문화를 유도한다. 많은 기업들은 소비자 지향의 의미를 충분히 파악하지 못하거나 그것을 실천하지 못했다. 소비자 지향이라는 말은 조직 자체의 문제라기보다는 의식의 문제로 보아야 한다. 즉, 기업의 최고경영자에서부터 사원에 이르기까지 모든 종업원이 소비자 지향적 의식을 가지고 소비자의 눈높이에 맞추어 최선의 노력을 기울이는 것이 바로 소비자 지향적 마케팅이라고 할 수 있으며, 이를 위해서는 새로운 전략의 개발에 앞서 종업원 의식의 변화가 선행되어야 한다.

소비자 지향적 마케팅과 관련된 기업의 몇 가지 변화를 살펴보면, 다음과 같다.

첫째, 현대는 '만들면 팔린다'는 시대가 아니다. 기업이 현대사회에서 유지·발전하기 위해서는 소비자가 원하는 것이 무엇인지를 파악하고 이를 제품 생산 단계에서부터 반영시켜 소비자들의 욕구를 충족시켜 나가야 한다는 것이다. 이러한 기업의 태도는 기업의 생존과 성장을 위해 필수적이다.

둘째, 소비자 지향적 마케팅으로 인하여 기업의 혁신과 변화가 초래되었다. 기업으로 하여금 자사 제품을 단순히 물질적 상품이 아닌, 소비자욕구 충족의 수단으로 인식하도록 하였고, 어떤 제품이 소비자욕구를 충족시킬 수 없다면 그 제품은 더 이상 제품으로서의 가치가 없으며, 기업은 그 제품을 제품 계열(product line)[65]에서 제외시켜야 함을 인식시켰다. 기업은 신제품 개발과 기술혁신을 추진할 때 소비자 지향성을 최우선적으로 고려해야 함은 물론, 최고의 마케팅 도구 내지 기업 성장의 발판으로 삼아야 한다.

셋째, 소비자 지향적 마케팅은 기업으로 하여금 기업의 목표를 현재보다는 미래에 더욱 중요한 가치를 두게 하였다. 소비자 욕구를 파악하고 이를 신중히 고려하는 것은 경영자로 하여금 미래의 중요성을 일깨워 주는 일이라고 할 수 있다. 그러므로 기업이 미래의 목표를 등한시하고 현재의 판매실적에만 몰두하는 매우 근시안적인 시각을 소비자 지향적 마케팅을 통해 사전에 방지할 수 있다. 그런데 기업의 마케팅전략이 기업 수익과 소비자 이익만을 추구하는 경우도 바람직하지 않을 수 있다. 왜냐하면, 특정 상품이 어떤 소비자에게는 유용하지만 다른 소비자에게는 유용하지 못할 경우가 있기 때문이다. 예컨대, 기업은 기업 수익과 소비자 이익은 물론, 사회 이익도 함께 고려해야만 한다. 바로 이러한 관점에서 사회적 마케팅(social marketing)이 등장하였는데, 소비자주의의 발전에 따라 그 중요성이 증대될 것으로 보인다. 사회적 마케팅 개념에서는 기업의 장기적 이윤 극대화의 수단으로 소비자만족을 중요시하는 것과 더불어 소비자 복지와 같은 사회 지향적 경영을 요구하고 있다. 따라서 기업은 소비자만족을 위한 제품 계획이나 시장 계획을 할 때 사회적·생태적인 측면을 고려해야 할 것이다. 이는 기업의 사회적 책임뿐만 아니라 장기적 이윤 확보에도 기여한다.

2. 기업 소비자주의 전략 및 소비자 전담 기구

2.1 기업 소비자주의 전략

1) 소비자주의 전략 유형

기업의 소비자주의 전략은 크게 소비자의 요구를 감소시키는 전략, 기업조직에 의한 전략, 그리고 비영리기관과 협력하는 전략으로 구분할 수 있다.

65) 제품 계열(product line)이란, 원재료, 생산 공정, 판매 경로 등에 있어 관련성이 높은 제품 집단을 말한다. 생활용품 업체의 경우, 주방세제, 비누, 샴푸 등의 제품 계열이 있다.

첫째, 소비자 요구 감소 전략은 소비자의 요구사항을 감소시키려는 전략으로, 소비자 불만 요인의 제거, 품질 향상 및 고객서비스 확대, 그리고 가격인하 등을 들 수 있다. 이는 고객의 욕구를 파악하고 이를 경영의사결정의 중요 기준으로 삼는 경영철학인 마케팅 콘셉트(marketing concept)[66)]와 다소 일치하는 것이다.

둘째, 기업조직에 의한 전략은 두 가지로 구분되는데, 그 하나는 소비자 전담 기구를 설치하여 소비자불만을 처리하고 소비자교육을 실시하는 것이다. 이는 기업의 성공 여부가 소비자에게 달려 있다고 보고 소비자만족의 극대화를 최우선 경영목표로 삼는 소비자 지향적 경영의 일환이라고 할 수 있으며, 소비자들이 소비자 전담 기구를 신뢰할 경우에 유효한 전략이다. 다른 하나는 기업이 비소비자 지향적 요인을 찾아서 이를 제거하는 방법으로서, 이 방법 또한 기업 내 소비자 관련 부서에 접수된 불만사항을 토대로 시스템을 개선하거나, 내부감사 혹은 외부전문가의 자문을 이용할 수 있다.

셋째, 비영리기관과의 협력 전략은 기업이 자사의 여러 가지 자원이나 소비자교육 프로그램을 협력 기관에 제공하는 것으로, 소비자운동가들과의 관계를 개선하고 광고비를 절약할 수 있다는 장점이 있다. 그러나 비영리기관과 기업이 각자의 이익을 위해 공모한다는 의혹을 받을 수 있으며, 또 양자 간의 견해가 다를 때에는 협력이 이루어지기가 어렵다는 단점이 있다.

위 전략들 가운데, 기업이 소비자 지향적 경영 이념을 갖고 신뢰받는 소비자 전담 기구를 설치·운영하는 것이 가장 바람직한 소비자주의 전략이라고 할 수 있다. 기업경영의 성패가 바로 소비자에게 달려 있기 때문에 기업은 소비자 전담 기구를 통한 '소비자의 목소리'에 귀 기울여야 한다. 그리고 기업은 소비자 이익에 봉사하는 것이 어떤 것이며 기업이 사회에 기여하는 것이 무엇인가를 분명히 할 필요가 있으며, 특히 소비자와 관련된 현안에 대한 기업의 성실한 자세를 나타내야 할 필요가 있다.

2) 소비자주의 전략 단계

일반적으로 기업의 소비자주의 전략은 정보 수집과 처리, 제조 및 판매 부문으로의 피드백, 그리고 경영정책으로의 피드백 등의 세 단계를 거치게 되는데, 이들 각 단계는

66) 마케팅의 기본적인 이념을 기업경영에 적용시키려는 시도의 결과로서 형성된 것이다. 대체로 마케팅 이념 또는 철학, 기업이 마케팅 활동을 하기 위한 기본자세 등으로 이해되고 있다.

독립적이면서도 상호관련성을 갖는다. 따라서 기업 소비자주의의 효율화를 위해서는 이들 세 단계에 대한 시스템적 관리가 요구된다. 단계별 내용은 다음과 같다.

(1) 제1단계: 정보 수집 및 처리

기업 환경의 변화는 기업경영에 많은 영향을 미치므로, 환경변화에 대한 정보의 수집 및 관리는 매우 중요한 일이다. 특히, 소비자로부터 직접 획득한 정보는 그 유용성이 매우 크다고 할 수 있다. 그 이유는 다음과 같다.

첫째, 기업이 소비자정보를 소비자로부터 직접 획득할 수 있다면, 정보 수집에 드는 비용과 노력을 절감할 수 있다.

둘째, 지금까지 자신들이 인식하지 못했던 신제품 개발이나 품질 개선에 관한 자료를 얻을 수 있다.

셋째, 소비자들의 요구에 대한 적절한 대응을 통해 소비자피해를 사전에 방지하고, 아울러 소비자 신뢰를 증대시켜 궁극적으로는 고객 확보 및 유지에 기여한다. 따라서 기업은 소비자정보를 효율적으로 수집·처리하고 이를 경영정책에 전략적으로 피드백할 수 있는 시스템을 구축해야 할 것이며, 고객의 불만이나 요청을 단순히 귀찮다거나 자원 낭비로 여기지 말아야 할 것이다.

(2) 제2단계: 제조 및 판매 부문으로의 피드백

소비자와 관련된 정보는 정보의 손실 없이 제조 및 판매 부문으로 흘러가 이들의 의사결정에 도움을 주어야 할 것이다. 즉, 고객의 목소리에 근거한 제품 개선 및 품질 제고는 고객만족을 유도하는 효과적 수단이 될 것이다. 가령, 자동차 결함의 보고, 가전제품 사용상의 불편함, 제품 관련 정보의 요청, 판매 후 서비스 개선 요청 등은 기업이 미처 알지 못했던 여러 사실들을 알게 해주는 중요한 수단으로 제조공정의 개선을 유도하여 추가비용을 절감하게 하고, 판매의 효율성을 제고시킬 수 있게 한다.

(3) 제3단계: 경영정책으로의 피드백

소비자 지향성(consumer orientation)은 기업이 이윤 추구라는 목적을 달성하는 데 반드시 이행해야 할 과제이다. 이를 위해 기업환경 정보, 특히 소비자정보는 경영정책에

1970년대 전통시장 – 소통의 현장

반드시 피드백 되어야 한다. 제조 및 판매 부문으로의 피드백이 단기적이고 가시적인 효과를 위한 노력이라면, 경영정책으로의 피드백은 장기적이고 기업조직 전체에 해당되는 소비자 지향적 노력이라고 할 수 있다. 이러한 경영정책으로의 피드백은 마케팅 콘셉트로 설명될 수 있다.

2.2 기업 소비자 프로그램

1) 소비자 프로그램의 개발

소비자주의의 중요성을 인식한 기업들이 소비자 프로그램(consumer program) 개발에 노력하고 있지만 프로그램의 실험적 성격으로 인해 많은 어려움을 겪는다. 기업에서 소비자 프로그램 개발 시에 고려해야 할 사항은 다음과 같다.

첫째, 소비자와의 대화, 품질·서비스·가치의 극대화, 선량한 기업정신의 함양 등에 관한 방침을 설정해야 한다. 소비자 프로그램의 성공 여부는 매출이나 이윤에 의해서가 아니라 장기적인 소비자 이익으로 평가되어야 하며, 또 소비자 프로그램이 소비자들에게 실질적으로 도움을 주는지, 유용한 정보를 제공하는지 등을 파악하기 위해 소비자를 대상으로 커뮤니케이션 실태 조사를 실시해야 한다. 사실 커뮤니케이션은 소비자 개개인과는 물론, 정치인, 소비자단체, 관련 협회 등에 이르기까지 다양하고 광범위하게 이루어져야 한다. 당연히 소비자로부터의 제안과 정보를 매우 중요하게 인식해야 할 것이다.

둘째, 최고경영자는 소비자 프로그램에 관심을 갖고, 프로그램 담당자들을 소비자정책 수립에 적극적으로 참여시켜야 한다. 특히 소비자들은 상품 정보 관련 시간이나 기술이 부족한데, 이 점을 소비자 프로그램 설계·운영자들이 유념해야 할 것이다.

셋째, 소비자 프로그램은 기만적이지 않아야 함은 물론, 단순히 우호적 공중관계(PR) 유지나 대중적 지지를 얻기 위한 것이 아니라 어떤 철학이나 본질을 가져야 한다.

한편, 효율적인 소비자 프로그램이란 쾌적한 점포, 양질의 상품, 그리고 유능한 관리만을 의미하는 것은 아니다. 오늘날의 소비자는 기업의 소비자 관련 의사결정에 참여하거나 참여할 수 있을 것으로 기대하고 있다. 따라서 기업이 자사 소비자 프로그램의 실효성을 높이기 위해서는 프로그램 개발 및 운영에 소비자를 참여시켜야 할 것이다.

어쨌든 소비자 프로그램 개발에는 여러 가지 어려움이 따르는데, 무엇보다도 의사결정 과정에서 문제를 정의하고 분석하며 탐색하는 일이 어렵다. 일반적으로 소비자문제는 소비자불만이 표출되면서 일어난 결과이며, 문제의 근본적 정의 및 해결 없이 외면적 증상의 제거만으로는 문제가 해결되지 않는다. 이러한 사실이 고려된 소비자 프로그램이야말로 소비자문제를 근본적으로 해결할 수 있는 프로그램이라 하겠다. 그리고 프로그램 개발상의 다른 문제점으로 문제 탐색상의 어려움을 들 수 있다. 어떠한 문제를 근본적으로 해결하기 위해서는 당연히 그 문제 자체를 탐색·식별하고 분석해야 하는데, 소비자문제는 그 자체가 동적이며, 또 많은 경우 다른 문제들과 복합적으로 발생하므로, 그것을 정확히 탐색하는 일은 쉽지 않다는 점이다. 더구나 많은 기업들은 문제를 예측, 탐색하는 정보시스템이 없기 때문에 문제에 대한 정확한 탐색이 어려운 실정이다.

2) 소비자 프로그램의 내용

기업은 소비자를 위한 다양한 프로그램을 개발·운영하고 있는데, 그 대표적인 것으로는 소비자정보 제공, 소비자교육, 사후서비스, 소비자 상담, 소비자 의견 수렴 등이 있다.

(1) 소비자교육 및 정보 제공 프로그램

소비자 입장에서 보면, 기업에 의한 소비자정보 제공이 소비자를 위한 순수한 정보 제공인지 아니면 판매를 위한 소비자 설득인지의 여부에 대하여 많은 논란이 있어 왔다. 기업의 소비자정보 제공과 소비자 설득은 개념상으로는 구별될 수 있지만, 실제로는 그 구별이 쉽지 않으며, 또한 기업의 소비자정보 제공은 직·간접적으로 소비자의 상품 선택에 영향을 주는 것이 사실이다. 기업이 제공하는 소비자정보로는 첫째, 상품 자체에 대한 정보, 둘째, 소비자의 상품 선택을 돕기 위한 각종 지식, 셋째, 정보 제공에 대한 안내 등을 들 수 있다.

(2) 사후서비스 프로그램

오늘날 급속한 기술 개발은 경쟁사들이 좀 더 빠르고 쉽게 제품을 모방할 수 있도록 한다. 사실 기업의 경쟁우위는 제품에 의해서가 아니라 서비스에 의해 좌우되는 경우가 많으며, 특히 소비자만족은 판매 후 제공되는 사후서비스의 질에 따라 크게 영향을 받는다. 만족할 만한 사후서비스는 소비자문제를 해결하는 수단이 되며, 기업의 소비자주의 실현을 위한 실천적인 도구가 된다. 그리고 기업은 소비자주의의 실현을 위하여 소비자가 원하는 편익과 효용이 무엇인지 파악하고, 단순한 판매자가 아닌, 제품과 서비스의 구매 조언자로서의 역할까지 수행함으로서 보다 적극적으로 소비자만족의 증대를 도모하고 이를 통한 기업 수익을 추구해야 한다. 국내 기업들이 시행하고 있는 사후서비스 제도를 정리하면, 〈표 6-1〉과 같다.

표 6-1. 기업의 사후서비스

구 분	내 용
약속 방문	사후서비스를 위해 가정을 방문할 경우, 편리한 시간을 약속하고 방문 직전에 전화로 확인하는 제도
사후서비스 후 확인	사후서비스 후 특정 시간 이내에 소비자에게 전화하여 확인하고 소비자의 불편 사항을 찾아서 수리해 주는 제도
평생고객관리	소비자의 사후서비스 접수 시점부터 사후관리까지 전산처리를 통하여 업무의 효율성을 꾀하고 소비자의 이력을 장기적으로 관리하는 제도
고객 전담 사후서비스 요원 지정	소비자에게 전담 사후서비스 요원을 지정, 서비스하도록 하는 제도

자료: 노영화·황정신, 『소비자 지향적 기업경영에 관한 연구』, 한국소비자보호원, p. 32.

(3) 소비자 상담 프로그램

우리나라 기업들이 소비자 상담을 본격적으로 시작하게된 것은 1980년대부터이다. 기업 이미지 향상, 고객만족 경영의 중요 수단과 소비자정보 수집 등의 원천으로서 소비자 상담이 중요한 역할을 하고 있다. 이를 인식한 많은 기업들이 불평·불만 상담, 피해구제, 의견 청취 등을 담당하는 소비자 전담 기구 내지 소비자 상담실을 운영하고 있다. 기업의 소비자 상담실 운영은 소비자 지향적 경영과 관련성이 매우 높다. 우리나라 기업들이 운영하는 소비자 상담실은 상담요원의 전문성과 친절함, 소비자의 이용 편의성, 그리고 소비자 의견 수렴의 적극성 등의 측면에서 개선할 부분이 많다. 여기서 우리나라 기업 소비자 상담실의 운영 실태와 그 개선 방안을 알아보고자 한다.

첫째, 대부분의 기업들은 소비자 상담실에 소비자 관련 법률지식, 제품지식 등을 부족한 비전문 상담요원을 배치하고 있으며, 게다가 상담요원들은 잦은 부서 이동과 업무 가중 등으로 인해 전문적인 소비자 상담을 하지 못하고 있다. 따라서 무엇보다도 시급한 일은 상담 전문요원을 배치하여 소비자에게 보다 우수한 상담 서비스를 제공하는 일이라 하겠다. 소비자 관련 기관에서의 직원 연수 또는 소비자 상담사 자격증을 가진 소비자 관련 학과 출신자의 채용·배치를 통한 소비자 상담요원의 전문성 확보 및 기업의 소비자 상담실의 독립화를 통한 소비자 상담요원의 전임 담당제가 이루어질 때, 보다 고차원적인 소비자 서비스를 제공할 수 있을 것이다.

둘째, 소비자 상담실의 정보화 미비이다. 소비자 상담실의 효율적 운영을 위해서는 상담 접수, 소비자정보 수집, 정보 검색·분류, 데이터베이스화 등을 위한 시스템이 원활히 운영되어야 한다. 또한 온라인과 오프라인을 통합할 수 있는 시스템의 구축과 소비자들이 인터넷 홈페이지를 통해 보다 쉽게 정보를 검색할 수 있도록 해야 하며, 야간과 공휴일에도 상담할 수 있도록 소비자 상담실의 전일제 운영도 필요하다.

셋째, 소비자 상담 결과에 대한 피드백 부족을 들 수 있다. 즉, 소비자불만 접수, 소비자 제안 사항 및 상담의 결과에 대해 개인적으로 사후 확인해 주고, 또 그 처리 결과를 경영 정책 수립에 적극적으로 반영하는 피드백 시스템의 운영이 필요하다. 피드백 시스템이 가져다주는 경영상의 현실적 이익으로는 소비자불만 대응체제 구축, 소비자정보의 사내 공유 및 이슈화, 최고경영진과의 직통 의사전달경로의 확보를 통한 경영에의 반영 등을 들 수 있다.

그러므로 기업은 소비자 상담 전문가를 양성하고, 이들을 신제품에 대한 소비자의 반응을 신속하게 분석하기 위한 소비자 모니터로 활용하고, 이들에게 신제품 개발에 대한 참여권을 부여하여, 기업 경영이 해당 부서에 핵심부서로서의 위상을 정립해 줄 필요가 있다. 소비자 상담은 기업, 소비자단체, 정부에서 실시하고 있는데, 그 특징을 상담 주체별로 비교해 보면, 〈표 6-2〉와 같다.

표 6-2. 상담 주체별 소비자 상담의 특성 비교

구 분	소비자단체	기업	한국소비자원
부서	소비자연맹, 시민의 모임, 소비생활연구원, 한국부인회, YMCA, YWCA, 대한주부클럽, 녹색소비자연대	기업 내 고객만족실, 고객지원센터, 소비자 상담실, 소비자보호실 등	소비자 상담실, 소비자정보센터
동기	소비자 권익 증진 및 소비자 복지 실현	소비자피해 구제 의무 수행, 고객 의견 욕구 파악	시장실패 부분 해결, 소비자피해 구제
피해 구제의 근거	소비자보호법의 소비자단체의 역할 규정	소비자보호법의 사업자의 피해 구제 의무	소비자보호법의 한국소비자보호원의 역할
특성	소비자문제 피해 구제, 소비자 권익 증진	자사 제품에 대한 상담, 고객 욕구 파악, 고객만족경영자료 수집, 마케팅 전략 정보 수집, 기업 이미지 쇄신, 재구매 유도	소비자문제 피해 구제, 소비자정책법 입안을 위한 실증 자료 수집, 소비자복지 실현, 시장경제 실현, 기업규제
제약 및 문제점	재정적 취약성, 전문성 결여, 지역 상담의 확대, 정보 네트워크 축적 부족	마케팅 차원에서의 상담, 기업 내 소비자 상담 부서의 지위 및 역할 문제	지역적 소비자 상담 부족, 소비자단체와 업무의 중복
활성화 방안	상담 업무의 분담화, 구매 전 상담으로 확대, 소비자정보 제공의 충실성, 상담 정보 및 업무의 체계화, 온라인 네트워크 구축	상담 부서의 독립적 지위 확보, 소비자 입장의 적극적 상담 자세, 상담 자료의 경영정책 피드백	지방자치제를 통한 지역적 소비자 상담의 활성화, 전문화 및 분업화 추진

자료: 허경옥 외 3인(2002), 『소비자 상담』, 시그마프레스, p. 201.

2.3 기업 소비자 전담 기구

1) 기업 소비자 전담 기구의 기능

기업에서 소비자 전담 기구를 설치·운영하는 목적은 다양하지만 일반적으로 시장적 요인이 주된 목적이라 할 수 있다. 시장적 요인은 기업 이미지 향상, 경쟁 기업에의 대응, 판매 촉진 등을 가리키며, 이들의 상대적 중요성은 최고경영자나 소비자의 인식에 따라 다르다. 여기서 소비자 전담 기구의 일반적 기능을 살펴보면, 다음과 같다.

첫째, 문제가 되는 기업의 관행을 파악·개선한다. 기업은 자사의 여러 가지 활동 중에서 소비자문제를 유발하는 관행을 파악하고 그 해결책을 강구하여야 한다. 소비자문제는 품질, 가격, 포장, 광고, 보증, 그리고 서비스 등의 측면에서 많이 발생되고 있다.

둘째, 소비자 및 소비자단체와의 커뮤니케이션을 원활하게 한다. 소비자가 기업의 소비자주의 인식 정도를 높게 평가할 때 의사전달의 성과와 소비자만족도는 높아진다고 할 수 있다. 따라서 기업은 자사의 기업 정책을 부정하거나 거부하는 소비자 및 소비자단체와의 커뮤니케이션을 통해 이를 적절히 관리해야 한다.

셋째, 소비자 프로그램을 수립한다. 소비자 프로그램은 기업과 소비자 간의 커뮤니케이션 정도에 따라 그 효과가 결정되므로 최고경영자나 소비자 담당자는 소비자 불평·불만의 해소 등과 같은 소비자문제 해결책을 적극적으로 강구해야 한다. 그럼에도 불구하고 현실적으로 많은 기업들이 소비자문제를 소홀히 다루는 경우가 적지 않다. 현재의 시장구조를 이해하고 소비자 가치에 대한 중요성을 지각한다면, 소비자 프로그램 개발의 중요성 또한 최고경영자들이 깊이 인식해야 할 부분이다.

넷째, 마케팅 기회를 탐색하도록 한다. 기업이 효율적인 소비자 프로그램을 개발하고 이를 실시할 경우, 그렇지 않은 경우보다 내·외적 도전에 보다 쉽게 적응할 수 있음은 물론, 이를 기반으로 새로운 마케팅 기회를 확보할 수 있다. 한 예로, 소비자 조사를 실시하여 섬유 유연제의 단점인 빨래 후 헹굼 물이 탁한 현상을 제거토록 한 신제품을 개발·판매함으로써 소비자들로부터 큰 인기를 끌었던 피존의 경우에서 이를 잘 알 수 있다.

생활정보 자동차보험 가입 시의 주의사항

보험료 비교 후 가입한다

자동차보험료는 온라인과 오프라인 등 가입 채널에 따라 차이가 크다. 가격, 서비스, 안정성 등 여러 가지 요소를 대한손해보험협회 사이트(http://www.knia.or.kr)를 통해 비교해 보고 가입하는 것이 유리하다.

종합보험 가입이 유리하다

자동차보험은 책임보험과 임의보험을 합하여 종합보험이라고 한다. 책임보험만 가입할 경우, 사고 발생 시 책임보험을 초과한 보상에 대해서는 자비로 충당해야 하므로 종합보험 상품을 가입해야 한다.

임의보험의 대물배상II는 1억 원 이상으로 가입한다

책임보험의 대물배상 I 의 한도는 1,000만 원밖에 되지 않기 때문에 1,000만 원을 초과한 손해는 대물배상II에서 보상하도록 해야 한다. 고가 차량과의 접촉 사고 시에는 손해배상액이 크기 때문에 대물배상II는 1억 원 이상으로 가입해야 한다.

대리운전담보특약에 가입한다

대리운전 관련 사고에 대비해 자동차보험의 특약인 대리운전담보특약을 가입하는 것이 좋다. 1년에 2만~3만 원의 보험료가 추가된다.

고가의 부속품은 미리 보험사에 알린다

자동차보험 가입 시 차량에 추가로 장착하는 오디오나 휠 등 부속품은 미리 보험사에 알려야 사고 시 보상 받을 수 있다. 자동차보험 계약 체결 시 보험사가 보상해야 할 자기 차량의 손해액은 보험개발원에서 정한 차량기준가액표의 차량가액을 기준으로 삼는다.

보험계약 후의 변동사항은 반드시 통보한다

보험계약 당시의 차량 종류, 차량 용도, 차량 구조, 차량등록번호 등이 계약 체결 후 변경되었는데도 이를 보험사에 통보하지 않으면 사고 발생 시 보상을 받지 못할 수 있다. 따라서 계약상의 내용에 변동이 생길 때에는 반드시 보험회사에 통지해야 한다.

운전자 범위에 유의해야 한다

많은 가입자들이 운전자 연령 한정특약과 가족운전자 한정특약 등을 가입한다. 이때 보험료를 아끼기 위해 운전자의 범위를 제대로 확인하지 않고 보험에 가입할 경우, 사고 시 보상을 제대로 받지 못할 수 있다.

자료: 『소비자시대』, 2011년 2월호, p. 25.

2) 기업 소비자 전담 기구의 요건

소비자 전담 기구를 기업조직의 어디에 두느냐 하는 문제는 동 기구의 운영에 많은 영향을 미친다. 기업들은 소비자 전담 기구를 홍보실이나 본사 각부와 동일한 위치에, 아니면 판매 부문이나 서비스 부문에, 그리고 제조·판매 부문의 제품 관리 부서 하에 두고 있다. 또 그 기구의 취지는 기업의 여건, 규모, 업종에 따라 다르나, 무엇보다도 소비자에 대한 최고경영층의 인식이 크게 좌우한다고 할 수 있다. 즉, 최고경영층이 소비자 문제를 얼마나 중요시하느냐가 그 기구의 배치, 활동 범위 및 성과를 결정한다고 하겠다.

표 6-3. 고객상담실의 업무

구 분	내 용
클레임 대응	·고객불만 처리(A/S) ·고객불만(제품, 영업, 서비스) 상담 ·소비자 피해 대응 및 조치(PL, 품질/영업 하자)
정보 수집 및 F/B	·VOC 수집, 분석, F/B ·CSI 조사 개선 ·정보 수집 시스템 운영(인터넷, 사내 시스템) ·소비자행동 연구 ·재발 방지 활동(근본 개선 유도)
고객접점 정보 제공	·고객 대응에 필요한 정보를 고객접점(영업, 서비스)에 제공 ·팸플릿, 사용설명서 검토 및 개선
고객 관리	·해피콜, VIP 고객 관리 ·모니터 그룹 운영, 고객제안제도 운영 ·대고객 이벤트, 고객 대상 제품 교육 및 공장 방문 등
소비자단체 대응	·정부 및 민간 소비자단체의 소비자불만 처리 ·단체 활동 협조, 참여, 지원 ·소비자 법규 정보 입수, 대응
사내 교육	·상담실 직원 교육 ·사내 임직원 CS 교육
소비자교육 지원	·소비자교육 정보 제공 ·외부 단체와 공동으로 이벤트, 프로젝트 추진

소비자 전담 기구가 효율적으로 운영되기 위해서는 다음과 같은 요건이 충족되어야 한다. 첫째, 소비자불평이나 문제를 해결, 관리할 수 있는 권한이 주어져야 한다. 둘째,

구매자나 사용자의 제품만족도를 파악하고 불만 요소를 탐색할 수 있는 데이터베이스 시스템이 갖추어야 한다. 셋째, 정책 수립 시 소비자를 대변·옹호해야 하며, 자사의 마케팅 프로그램에 대해 독자적으로 평가할 수 있어야 한다. 넷째, 고객의 눈높이에서 동 기구의 목표를 수립하고, 그 활동과 업적도 평가하여야 한다.

이 같은 요건들은 기업 소비자주의 및 소비자 전담 기구의 성과를 결정짓는 주요한 요소라고 할 수 있다. 그러나 국내에서는 일부 기업을 제외하고는 소비자 전담 요원이 없으며, 또 대부분의 기업들이 정부에서 요구하는 최소한의 인원을 형식적으로 갖고 있을 뿐이다. 이는 소비자 의사가 기업의 제반 정책 결정에 충분히 반영되지 못하는 주요 이유이다.

3. 기업의 소비자주의의 실천과 방향

3.1 기업 소비자주의의 실천

1) 기업소비자 전문가협회

기업소비자 전문가협회(Organization of Consumer Affairs Professionals in Business: OCAP)[67]는 기업 내 소비자 업무 담당자들이 전문적이고 자율적인 소비자보호 활동을 위하여 1984년 9월에 발족한 기업 자율적 단체이며, 2012년 현재 188개 기업(의 소비자전담부서)이 회원으로 있다. 회원 기업들은 농림식품분과(13개), 보건식품분과(42개), 유통분과(9개), 패션분과(19개), 제약분과(9개), 화학분과(32개), 금융분과(13개), 그리고 기관회원과 개인회원 등을 포함하여 총 188개 업체가 각 분과에 소속되어 활동하고 있다.

여기서 기업소비자 전문가협회의 설립 목적에 대하여 알아보면, 다음과 같다. 첫째, 소비자 전문가 양성을 통해 기업이 보다 능동적, 적극적으로 소비자업무를 처리하는 데 기반을 구축한다. 둘째, 기업 내 소비자 전문가들이 동업종이나 타 업종 간에 소비자문제에 관한 정보를 서로 교류할 수 있는 기회를 제공한다. 셋째, 소비자문제에 대한 각종 제도나

67) 기업소비자 전문가협회의 웹사이트 주소: http://www.ocap.or.kr

그림 6-2. 기업소비자 전문가협회 조직도

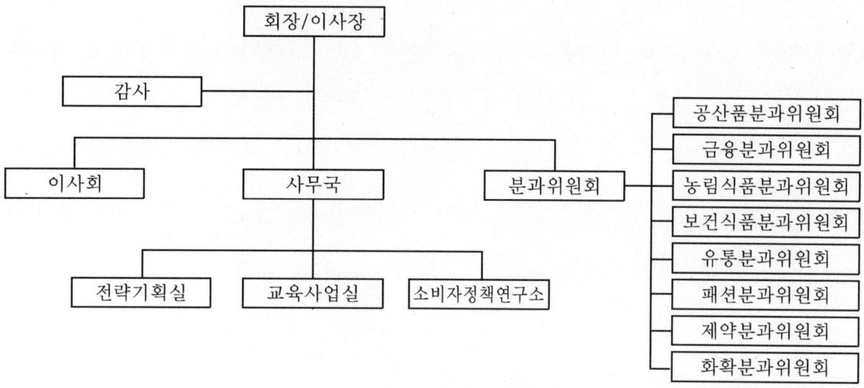

시책, 외국의 사례에 대한 조사 및 연구 활동을 수행한다.

한편, 기업소비자전문협회의 주요 활동을 소개하면 다음과 같다.

첫째, 소비자문제의 실태를 조사하고, 최신 자료·정보를 수집, 제공한다. 이는 소비자 관련 실태 조사는 물론, 연구 자료와 최신 정보 등을 수집, 분석하여 제공함으로써 기업 소비자보호 활동 선진화에 기여하고자 하는 것이다. 예를 들어, 각종 소비자 현안 및 동향에 관한 정보 제공, 회원사 시설 견학 및 타 업종 교류회, 정기 회의 및 소비자만족 특강을 통한 교류와 실시간 정보 제공, 분과위원회 운영 및 분과별 사례 발표회를 통한 전문 분야의 심층 정보 제공 등을 실시하고 있다.

둘째, 회원사의 소비자문제 책임자, 실무자 등을 대상으로 각종 세미나, 교육연수, 강연, 사례 발표 등을 통해 소비자 전문가 양성을 위해 노력한다. 구체적으로 보면, 소비자문제 관련 세미나, 소비자 상담 실무 교육·연수, 소비자만족 특강, 대학생 소비자 상담 현장실습, 소비자전문상담사 교육 등을 실시하고 있다. 특히 소비자학 전공 대학생들에게 기업의 고객 상담 부서, CS 부서 등에서의 실습 기회를 제공함으로써 소비자학의 활용과 졸업생 진로 선정에 대한 정보를 제공하고 있다.

셋째, 기업정보 전시회 개최, 기업 및 소비자의식 고취를 위한 환경보호 캠페인, 홍보매체를 이용한 제품 정보의 제공 등을 통해 소비자의 알 권리를 충족시키는 여러 가지 사업을 수행하고 있다.

대구 서문시장 먹거리 장터

넷째, 해외 선진 소비자 전문가(CAP)조직 및 소비자 단체 등과의 교류를 통해 회원사의 경쟁력 제고를 도모하고, 소비자보호 업무의 책임자·실무자의 자질을 고양시키기 위해 노력한다. 예를 들어, World CAP 교류회, 미국 SOCAP 및 일본 ACAP 조직과의 교류회, 그리고 해외 우수기업의 고객만족 벤치마킹 연수를 하고 있다.

다섯째, 현재 OCAP에서는 각종 소비자문제와 관련된 정보나 소비자 관련 단체의 동향을 수록한 『기업소비자정보』를 매월 발간하고 있으며, 소비자문제 사례집, 소비자 관련 자료집, 해외자료 번역 등 각종 출판물을 제작, 발간하여 소비자 및 회원사에게 제공하고 있다.

여섯째, 소비자문제에 관련 정보를 수집하고, 소비자정책 관련 법규·제도에 관한 개선점을 찾아내 정부 관련 기관에 건의한다. 기업소비자 전문가협회는 정부 및 지방자치단체의 소비자 관련 정책 수립에 기업 대표로서 참여하고 있다. 이러한 기업 소비자 전문가협회는 각 기업의 소비자 전담 기구가 기업 내에서 명실상부한 소비자문제 전문가로서의 역할을 할 수 있도록 그 위상을 정립하고, 기업이 소비자 지향적 체제로의 변화를 도모하고 있다. 또한 소비자 내지 소비자단체, 정부 및 기업 상호간의 이해를 증진시키고 소비자문제 해결에 신뢰를 가질 수 있는 분위기를 조성한다.

2) 기업의 자율 규제

자율 규제는 기업들이 생산·가공·판매 단계에서 품질 표시 및 광고 등에 관하여 자발적인 규제를 통해 소비자를 보호하는 조치라고 할 수 있다.

자율 규제의 집행 형태는, 다음 〈표 6-4〉에서 보는 바와 같이, 크게 세 가지로 구분된다. 일반적으로 자율 규제는 업계가 동업자조합을 결성하고 스스로 준수하여야 할 기준을 제정하는 한편, 위반 행위를 스스로 점검하는 것으로 이루어진다. 예를 들어, 한국인터넷성인문화협회는 2002년 1월 스팸메일 공해를 줄이기 위해 주요 성인정보 제공업체 35개 회원사를 중심으로 스팸메일에 대한 자체 기준을 마련 자율적으로 실천하고 있다. 국내외 기업의 자율 규제 운영 현황을 보면, 법적, 제도적, 시장상황에 따라 다양한 형태의 자율 규제를 운영하고 있다. 순수 자율 규제보다는 정부와의 협력적 자율 규제, 공동규제가 효율적이며 보편적이다.

표 6-4. 자율 규제의 형태

구 분	자율 규제 형태		
	자발적	완전 위임	부분 위임
규제 형식	독립형	협력형	위임형
위임 방식	없음	정책적 승인	법률적 승인, 정부의 관리와 감독
정부와의 관계	위임관계 없음	제도적 협력관계	법률적 위임관계
규제 중심 기구	소비자 및 기업기구	기업기구	기업기구
운영 주체	다양	이사회 또는 위원회	이사회 또는 위원회

자료: 송순영, 「사업자의 소비자보호 자율 규제 발전 방향」, 『소비자문제연구』, 제40호, 2011.

미국의 사업자 자율 규제는 정부와의 연관관계를 가지지 않은 채, 사업자 자율에 의한 자발적 자율 규제 형태를 띠고 있다. 미국에는 소비자보호를 위한 기업들의 자율적인 결성 단체인 경영개선위원회(Better Business Bureau: BBB)가 있는데, 이 위원회는 약 200개의 지방지부에 있으며, 각 지역별 단체들이 회원으로 가입되어 있다. 경영개선위원회의 주요 업무를 알아보면, 기업 영업에 관한 정보 수집 및 보급, 기업의 윤리 기준 설정 및 이러한 기준을 위반하는 기업 행위 공개, 소비자 고발에 대한 처리 등이다.

미국에서의 광고에 대한 자율 규제는 전국광고심의회(National Advertising Review Board: NARB)에서 행해진다. NARB는 각종 매체에 실린 광고의 진실성·정확성을 심사하고, 필요에 따라 자체 조사를 실시하여, 문제광고에 대해서는 수정이나 취소를 권고한다. 일본에도 이와 비슷한 기구인 일본광고심사기구(Japan Advertising Review Organization: JARO)가 있다. 그러나 일본의 소비자보호 관련 기업 자율 규제는 공정경쟁규약과 자주행동 기준을 통해 이루어지고 있다. 즉, 일본 공정거래위원회가 공정경쟁규약을 책정, 운영하고 공정경쟁규약을 승인하고 있는 형태이다. 우리나라에도 1993년에 광고주협회, 신문협회, 방송협회 등 광고 관련 단체가 모여서 광고의 자율 규제를 목적으로 '광고자율심의기구'를 설치, 1995년부터 활동하고 있다. 우리나라의 소비자보호 자율 규제는 자율규약의 형태로 사업자단체와 공정거래위원회의 협력 하에 이루어지고 있다. 다음 〈표 6-5〉는 우리나라 기업의 자율 규제 운영 현황이다.

표 6-5. 우리나라 자율 규제 운영 현황

분야	운영 내용
공정경쟁규약	- 독점 규제 및 공정거래에 관한 법률 제23조 8항 4호 조항에 근거함. - 사업자 간의 공정한 경쟁의 결과로 소비자를 보호함. - 예: 의약품 거래에 관한 공정경쟁규약 - 2010년 현재 한국제약협회 소속의 제약회사가 가입함.
표시·광고 자율규약	- 표시·광고의 공정화에 관한 법률 제14조에 근거함. - 예: 온라인 부동산 자율규약, 학원광고 자율규약, 안경업소 표시광고 자율규약, 유기농·화장품 표시 광고 자율규약
전자상거래분야 자율규약	- 전자상거래 등에서의 소비자보호에 관한 법률 제23조에 근거함. - 예: 통신판매중개자 자율준수규약
직접판매 자율거래규약	- 방문판매 등에 관한 법률 제33조 1항에 근거함. - 예: 방문판매 자율규약, 다단계 판매업 자율규약
소비자불만 자율관리프로그램 (CCCM)	- 소비자불만이나 피해 발생 시 기업내부에 이를 신속하게 대응할 수 있는 시스템과 명확한 기준을 마련함. - 소비자기본법 제16조 소비자분쟁 해결에 관한 조항에 간접적으로 근거함. - 2010년까지 기업소비자 전문가협회에서 운영하였으나 2011년부터 한국소비자원이 운영. 모범운영기업에게 CCCM 인증 마크 부여함.

미국에는 재료, 제품, 시스템에 대한 기준 및 안전 기준을 개발하고 설정하는 조직체(Standard Setting Organization: SSO)도 400개 이상 되며, 일본에도 완구협회와 식기용도자기의 중금속 규제를 위한 기업의 자율규제협회 등과 같은 단체가 신속하고 적절한 소비자피해 구제를 실시하고 있다. 하지만 우리나라의 경우, 이런 분야의 유사한 조직의 활동이 매우 미흡한 실정이다.

소비자 지향적 경영에는 소비자만족을 제고하는 다각적인 활동이 포함되어야 하나, 소비자보호를 위한 기본적인 활동이 우선적으로 강화되어야 한다. 즉, 소비자의 기본적인 권리가 실현되지 못한 상황에서의 소비자만족의 제고는 별 의미가 없다. 소비자안전 관련 사항은 법규 준수 활동으로서, 정부의 규제에 대응하는 의무적 활동이라 할 수 있다. 그러므로 우리나라에서도 기업의 소비자 안전을 위한 자발적인 단체가 조직되도록 하려면, 인센티브 제도의 도입과 같은 정부의 노력이 필요하다.

3.2 우리나라 기업 소비자주의의 방향

마케팅 개념의 실천적 측면에서 볼 때, 기업과 소비자는 모두에게 이득이 되는 소비자주의 실현을 위해 함께 노력해야 한다. 우선, 경영자는 소비자주의를 부정적으로 생각하거나 기만적으로 이용할 것이 아니라, 장기적 안목에서 보다 능동적, 효율적으로 실천해야 할 것이다. 기업 소비자주의의 방향을 구체적으로 살펴보면, 다음과 같다.

1) 소비자에 대한 이해 증진

소비자주의의 출현으로 인해 소비자의 욕구, 태도 및 선호 등에 대한 기업의 관심이 증대되었고, 이로 인해 경영자가 소비자주의를 효율적으로 관리하기 위해서는 무엇보다도 소비자에 대한 충분한 정보와 지식이 요구되고 있다. 이러한 지식이나 정보는 경영자나 마케팅 관리자가 소비자 이론 및 기법을 이해하고 과학적이고 체계적인 소비자 조사를 실시함으로써 얻을 수 있다.

2) 부당·불법 행위의 자제

기업이 단기적 이윤을 추구하기 위해 소비자를 기만하는 것은 매우 근시안적인 행위로서 많은 소비자문제를 유발시키게 된다. 이러한 행위는 소비자주의자의 표적이 될 뿐만 아니라, 정부나 관계 기관으로 하여금 자유로운 기업 행위에 대한 규제를 초래하게 된다. 따라서 기업은 소비자를 속이고 기만하는 등의 활동이나 부당·불법 행위를 자제해야 한다.

3) 소비자 전담 기구의 설치·운영

소비자문제를 효율적이고 전문적으로 해결하기 위한 기업 내 소비자 전담 기구 설치는 반드시 필요하다. 물론, 동 기구는 소비자문제 전문가로 구성되어야 하며, 최고경영자로부터 많은 관심과 지원을 받아야 한다. 또한 어느 정도의 독립성도 부여되어야 한다. 소비자 전담 기구는 무엇보다도 소비자의 요구와 불평에 귀를 기울이면서 기업과 소비자 간의 이익을 조정해 나감과 동시에 소비자문제와 관련된 의사결정, 특히 소비자 신용, 품질, 가격, 보증, 커뮤니케이션 등의 의사결정에 참여해야 한다.

또한 제품 정보를 개발·보급하고 소비자교육 프로그램을 개발·실시하는 데 있어 관련 협회나 경쟁기업과 협력해 나가야 한다. 소비자 전담 기구는 여러 가지 소비자 관련 활동을 계획하고 실천하게 되는데, 이 과정에서 회사의 이익과 소비자 이익을 함께 고려하는 매개체로서의 역할을 잘 해야 할 것이다.

4) 관련 자금의 확보

마케팅 자원[68]의 배분 문제는 오랫동안 기업의 주요 과제가 되어 왔다. 마케팅 콘셉트를 기준으로 자원을 비교적 잘 배분한 기업일지라도 거의 단면적, 일시적으로 기업활동을 관리하는 경향이 있다. 따라서 경영자는 기업환경의 변화에 따라 자사의 자원이나 노력을 보다 통합적이고도 장기적인 관점에서 배분해야만 한다.

오늘날 소비자 욕구에의 부응 여부가 기업의 존립을 결정하는 현실에서는 과거에 비해 보다 많은 자원을 소비자문제에 배분해야 할 것이다. 따라서 소비자를 위하고 소비자주의를 실천하는 데 필요한 예산을 충분히 배정해야 한다. 이러한 비용이 소비자가 구입하는 제품의 가격에 영향을 미칠 수 있다는 단점이 있음에도 불구하고, 소비자와의 관계를 개선하고 소비자주의를 실천하기 위해서는 반드시 필요한 것이다.

---

68) 마케팅 자원이란, 기업이 시장조사, 신제품 개발, 촉진 활동, 유통 경로 개척, 소비자 연구 등의 기능에 배분할 인적·물적 자원을 말한다.

5) 소비자교육의 실시·확대

기업은 소비자의 구매 및 소비 활동에 관련된 여러 가지 내용을 교육하여야 한다. 이는 제품의 수가 급증하고, 그 복잡성이 증대되고 있는 시장상황에서 소비자들의 합리적 구매결정을 돕기 위해서 반드시 필요하기 때문이다. 기업의 소비자교육은 소비자와의 커뮤니케이션 과정 및 활동으로서 소비자에게는 정보를 제공하고, 기업에게는 양호한 소비자 관계를 형성하도록 만들어 준다. 따라서 소비자교육은 소비자만족의 증진과 기업의 소비자주의의 실천에 매우 중요한 활동이라고 할 수 있다.

6) 관련 조합 및 업계협회와의 협력

생산자조합 내지 업계협회는 회원기업에게 소비자에 대한 총체적이고 거시적인 정보를 제공할 수 있다. 그리고 개별 기업의 목표와 행동은 산업이나 생산자조합의 보다 높은 사회적 책임, 특히 소비자주의의 실천에 기초를 두어야 하며, 개별 기업은 자사와 자사의 소비자 관계에만 집착하기보다는 보다 거시적이고 장기적인 입장에서 소비자문제를 해결할 필요가 있다. 이를 위해서는 개별 기업과 관련 협회 및 업계조직과의 협력이 요구된다.

7) 소비자 지향 경영체제 구축

전사적 입장에서 기업 소비자주의가 효율적으로 실천하기 위해서는 경영시스템을 소비자 지향적으로 전환시켜야 한다. 이를 위해서는 소비자 상담창구나 소비자 간담회의 개최 등을 통하여 소비자의 의견을 수집해야 할 것이다. 오늘날 소비자주의는 국내외적으로 확대·심화되고 있을 뿐만 아니라, 기업의 많은 이해집단들이 그것을 지원·조성하고 있다.

한편, 소비자주의 운동의 활동 영역은 물론이고 그 개념의 범위 또한 점차 확대되고 있어, 기업으로서는 그 어느 때보다도 소비자주의에 대한 관리를 등한시할 수 없는 것이 현실이다. 그리고 경영자는 사내적으로는 장·단기적인 소비자만족을 가져다줄 수 있는 신제품 개발에 주력하여야 하며, 사외적으로는 기업 환경관리의 일환인 소비자 관리를 더욱 철저히 하면서 보다 깊고 넓은 안목으로써 주어진 사회적 책임을 다해야 한다. 그러기 위해서 경영자는 무엇보다도 올바른 기업윤리[69]의 정립을 통해 소비자를 존중하고,

소비자준의 운동에 적극적으로 동참해야 한다. 왜냐하면, 소비자주의는 기업이 피할 수 없는 사회적 현상이며 산업사회의 발전과 더불어 더욱 확대·지속될 것이기 때문이다. 또한 소비자주의는 기업에게 있어 유익한 것이고 기업 이윤을 장기적으로 확보할 수 있도록 해주는 것이기 때문이다.

8) 소비자 지향적 정보 제공

소비자정보는 상품 및 서비스를 선택·구매·사용하는 데 있어 재정적·심리적인 불확실성 및 위험을 감소시킬 수 있는 모든 수단으로 정의된다. 만일 소비자들이 이러한 정보를 충분히 갖지 못하면 개개인의 피해를 사후적으로 처리해야 하는 갈등적 상황이 발생한다. 또한 기업이 제공하는 정보가 소비자의 합리적인 선택에 도움을 준다기보다는 자사 상품의 판매 촉진에 기여한다는 비판을 받기도 한다.

여기서 기업이 소비자에게 올바른 소비자정보를 제공하는 데 실천해야 할 몇 가지 사항을 소개하고자 한다.

첫째, 광고에 상품의 장점뿐만 아니라 소비자에게 도움이 되는 모든 사실정보를 포함해야 한다. 그리고 신제품 소개나 상품 특성에 대한 정보를 알려주는 광고가 아닌, 기업 이미지 광고의 지나친 확산도 자제되어야 한다.

둘째, 영업사원이나 상담요원에 대한 제품 교육을 통해 소비자 상담 및 피해 발생 시 기업의 신속한 처리를 하도록 함은 물론, 상품 사용 방법 등을 알려주어야 한다.

셋째, 언론매체와 협조하여 소비자정보를 지속적으로 제공하도록 노력해야 한다. 업계의 공통적인 소비자정보에 대해서 기업이 개별적으로 하기보다는 기업단체(OCAP, 대한상의, 전경련, 각종 전문단체 등)가 제공하는 것이 더욱 바람직할 것이다.

69) 기업윤리는 기업이 경영활동을 수행하면서 지켜야 할 원칙이나 규범 및 도덕의식, 즉 윤리를 의미하며, 기업경영의 투명성을 제고함으로써 윤리적 기업경영을 기할 수 있다. 기업윤리는 소비자의 생명과 안전에 관련된 의사결정사안에서 특히 중요하다.

쉼터 소비자 교육·정보 제공 'e-Consumer Library'

한국소비자원은 소비자교육 정보 포털사이트 'e-Consumer Library'를 구축해 다양한 교육 콘텐츠를 제공하고 있다. 이곳에서는 어린이, 청소년, 노인, 다문화 가정 등 대상별로 맞춤 제작된 동영상, 전자책(e-book) 등 다양한 형태의 콘텐츠를 제공하고 있다. 소비자 분야의 교수, 교사, 대학생, 공무원 등 교육 담당자와 일반 소비자가 시·공간적 제약 없이 교육·정보 자료를 활용할 수 있다.

소비자교육·정보 포털사이트는 인터넷 URL 'http://econsumer.kca.go.kr:8080' 또는 한국소비자원 홈페이지(http://www.kca.go.kr)를 통해 접속할 수 있다.

e-Consumer Library	한국소비자원 홈페이지

자료: 『소비자시대』, 2011년 5월호, p. 49.

제7장

정부의 소비자주의

1. 정부 소비자주의와 소비자정책

1.1 정부 소비자주의의 의의와 배경

1) 정부 소비자주의의 의의

소비자(단체), 사업자(기업), 정부를 소비자주의의 3대 주체라고 한다. 이들 중 정부는 소비자와 사업자 간의 이해관계를 조정하고 그들을 통제하는 중요한 위치에 있다. 따라서 정부는 소비자운동의 확대 현상과 소비자문제의 심각성을 인식하고 시장에서의 소비자 지위를 향상시키는 방향으로 소비자정책을 수립, 전개하여야 한다.

물론, 진정한 소비자보호는 소비주체인 소비자, 생산주체인 기업, 그리고 이 두 집단의 조정자라 할 수 있는 정부가 함께 노력함으로써 이루어지는 것이다. 소비자는 상품 구입 및 소비의 주체이며 국민 경제에 있어서 최대의 집단이다. 따라서 정부는 소비자와 사업자의 거래관계에서 사업자의 부당한 시장 지배 현상을 개선하고 소비자의 지위를 사업자에 대한 종속적 위치에서 대등한 위치로 끌어올리는 역할을 담당해야 할 것이다.

또한, 시장의 힘이나 여건이 소비자보호를 실행하는 데 적절하지 못할 경우, 이의 개선을 위해 정부가 개입하여야 한다. 즉, 사업자와 소비자의 주장이나 이해관계가 대립될 때에는 이의 조정에 정부가 나서야 한다는 것이다. 물론, 정부는 중립적 입장에서 양자를 조정해야 하는데, 소비자의 힘이 사업자에 비해 약하기 때문에 이를 고려한 조정이 이루어져야 할 것이다. 즉, 소비자행정의 역할은 소비자 지위의 향상을 통해 사업자와 소비자의 관계를 대등하게 하고 소비자들이 만족할 만한 물질적·문화적 생활을 영위할 수 있도록 하는 데 있다.

2) 정부 소비자주의의 배경

(1) 두 가지 관점

소비자행정은 소비자문제 해결을 위한 정부개입이라고 규정할 수 있는데, 이때의 정부개입의 역할은 두 가지 관점에서 볼 수 있다. 먼저, 소비자보호적 관점에서 보면, 사업자들은 이윤 극대화 동기에 의해 합리적으로 활동을 하는 데 반해 소비자는 그렇지 않은데, 바로 이 점에서 소비자가 정부에 의해 당연히 보호되어야 한다고 보는 것이다. 반면, 소비자주권론적 관점은 소비자문제는 사업자와 소비자 사이에 존재하는 정보의 비대칭성[70)]으로 인해 발생되기 때문에, 소비자에게 충분한 정보가 주어지면 합리적 의사결정이 가능하다고 보는 입장이다. 이에 소비자문제를 해결하기 위한 정부 역할 중의 하나는 사업자가 정보를 제공하도록 하는 일이라 하겠다.

기업의 소비자 지향적 경영목표 추구에 대응하여, 소비자는 적극적인 정보 탐색을 통한 합리적 구매의사결정을 해야 하며, 또 소비행위 과정에서 유발될 수 있는 위험에 대처하는 현명한 소비자가 되도록 노력해야 한다. 그러하지 못할 경우에는 시장에서 도태되는 기업이 있듯이 정보 탐색과 의사결정의 잘못으로 인해 소비자로서 피해를 입을 수 있다. 그리고 소비자문제를 해결하기 위한 소비자행정이 본질적·실천적으로 이루어지기 위해서는 무엇보다도 소비자 개개인의 자각이 전제되어야 한다. 만약 그렇지 않을 경우에는 소비자행정이 제대로 수행되지 않을 뿐 아니라 그 효과 또한 기대할 수 없을 것이다.

요컨대, 정부의 소비자행정은 사업자에 대한 강력한 규제를 하는 소비자보호적 관점과 소비자정보 제공을 통해 소비자주의를 실천하는 소비자주권적 관점을 조화시키는 차원에서 시행이 되어야 할 것으로 본다.

(2) 정부개입의 근거

경제적 효용의 증가와 소비자권리 보호를 위해, 소비자문제에 정부가 개입하게 되는데, 이를 구체적으로 살펴보면, 다음과 같다.

첫째, 경제적 효용 면에서 살펴보면, 시장의 경제적 효용 증대는 사회자원의 효율적

70) 판매자는 정보 등의 면에서 우위를 차지하고 있기 때문에 구매자-판매자 간의 교환은 일반적인 정보의 대칭이 아니다. 즉, 판매자는 정보를 얼마간 통제할 수 있고 문제를 경험적으로 검증할 수 있는 자원을 갖고 있으며, 대중매체에도 쉽게 접근할 수 있다. 이에 반해, 소비자는 그 반대의 위치에 있다.

편의점 - GS25 전경

이용과 사회복지 증진을 목적으로 하는데, 소비자문제는 이러한 시장 기능이 효율적, 정상적으로 발휘되지 못함으로써 유발되는 문제이다.

따라서 소비자문제를 유발하는 소비자정보의 결핍과 왜곡, 비경쟁적 가격형성, 시장접근성의 부족, 독점적 시장구조 등의 현상이 나타날 때 정부가 시장 개입에 나서는 것은 당연한 일이라 하겠다. 물론, 상품이나 서비스가 공공상품으로서의 조건을 갖추지 못할 때에도 정부의 개입이 필요하다.

둘째, 소비자권리 형성 면에서 보면, 소비자들이 이익을 추구하려는 것과 사업자와 동등한 위치에 있도록 노력하는 것은 소비자의 중요한 권리이다. 그리고 소비자 내지 소비자단체가 정부에 대해 소비자 관련법의 제정과 관련 정책의 개발을 요구해 왔다. 그런데 소비자의 '사회적 권리'는 아직 충분하게 보장되지 못한 수준에 있으므로, 정부는 관련법 제정 및 정책 개발을 위해 지속적으로 노력해야 할 것이다.

1.2 소비자정책의 성격

1) 소비자행정의 의의

오늘날 소비자문제는 사회적으로 큰 문제가 되고 있어 정부가 그의 해결에 개입하는 것은 당연하다. 즉, 소비자문제는 모든 사람에게 보편적이고 광범위하게 확산되는 경향이 있기 때문에 정부가 나서서 해결해야 한다는 것이다. 소비자정책은 시장 경제에서 소비자 문제를 해결하기 위하여 정부가 법과 제도를 통하여 시장에 직·간접적으로 개입하는 일련의 과정이다. 또한, 소비자정책은 정부가 소비자보호를 위해 소비자문제에 개입하고 그와 관련된 정책을 결정하는 기본방침이라고 할 수 있다.

정부 소비자정책의 근간에는 사후적 피해 구제와 사전적 피해 예방이 있다. 즉, 소비자 정책의 목표는 사업자 간의 공정경쟁을 촉진시키며, 사전적으로 소비자의 합리적 행동을 유도하고 사후적으로는 소비자피해를 효율적으로 구제하여 소비자문제를 최소화시키는 데 있다. 이는 궁극적으로 소비생활의 만족을 통한 국민생활의 질 향상이라는 목표와 관련된다.

한편, 소비자정책은, 소비자 이익이 공공이익의 일부인 것처럼, 공공정책의 일부이고 개발정책의 하나이다. 이러한 소비자정책은 개인의 자유로운 소비생활을 보장할 뿐만 아니라 소비자보호를 통해 사회적으로 바람직한 도덕적 가치를 실현토록 한다는 특성을 갖는다. 따라서 소비자정책 입안자들은 먼저 소비자들이 만족할 수 있는 여건을 조성하고, 또 그들의 욕구를 충족시켜 줄 수 있는 수단을 마련해야 할 것이다.

소비자정책은 정부가 공정한 거래질서 유지와 소비자 안전 확보 등의 규제 정책과 소비자교육·정보 제공·피해 구제 정책 등의 지원 정책을 수행함으로써 구체화된다. 이 중 규제 정책은 기업의 본원적 경제활동을 제약할 수 있기 때문에 소비자보호를 위한 규제 정책만을 지향하는 데에는 문제가 있다. 다시 말해, 소비자정책은 사업자에 대한 규제 정책과 소비자에 대한 지원 정책을 함께 전개해야 한다는 것이다.

한편, 오늘날 정부 소비자정책 환경이 크게 변하고 있는데, 그 대표적 예로 경제상황의 변화를 들 수 있다. 즉, 세계경제의 통합화 현상에 따른 경쟁의 글로벌화 등에 영향을 받아 각국 정부에서는 정책의 최대 목표로 지속적 경제 성장 및 발전을 지적한다. 또 경제성장과 더불어 소비자의 기대수준 또한 매우 높아졌다. 이에 각국 정부는 정책 수립에 소득, 재화, 그리고 서비스의 공정한 분배에 초점을 두면서 경제성장의 부정적인 영향을 억제하는 정책들을 개발하기에 이르렀다.

다른 소비자정책 환경 변화로 소비자보호를 위한 규제 강화, 정부 역할에 대한 소비자 기대·관심의 변화를 들 수 있다. 사실, 과거에는 소비자정책이 정부의 관심 대상이 되지

생활정보 안전인증 마크와 CISS

전기제품은 안전인증 여부를 확인해야 한다. 간혹 출처를 알 수 없는 마크들이 부착된 경우가 있는데, 어떻게 확인해야 할까? 13개에 달하던 법정의무 인증마크가 2011년부터 'KC마크' 하나로 통합됐기 때문에 소비자는 마크만 확인하면 된다.

국가통합인증마크 | 구 공산품안전인증마크 | 구 전기용품안전인증마크

CISS(Consumer Injury Surveillance System)는 소비자가 물품·서비스로 인해 다치거나 사망한 사례를 수집하고 분석하여 사업자 시정 권고, 리콜 건의 등의 조치를 취할 수 있도록 구축된 소비자위해감시시스템이다. 주요 안전사고 신고처로는 소비자안전센터 홈페이지(www.ciss.or.kr), 소비자안전 신고 전화(080-900-3500), 어린이 안전넷 홈페이지(www.isafe.go.kr)가 있다.

-소비자안전센터 및 어린이 안전넷 홈페이지-

자료: 『소비자시대』, 2011년 5월호, p. 50.

못했고, 그 결과 관련 법규도 제정되지 않았다. 미국에서는 한때 시장 메커니즘 기능과 관련된 규제 법규의 부정적 측면이 산업의 성장을 저해한다는 주장이 있었으며, 유럽에서는 이 문제들을 해결하기 위한 수단으로서 법규가 전혀 고려되지 않았다. 그러나 오늘날에는 국가에 따라 다소 차이가 있으나 많은 정부에서 소비자문제 해결을 위해 많은 법규를 제정하고 있다.

마지막으로, 국제화의 진전이다. 다국적 기업의 출현과 국제 무역장벽의 철폐로 인해 기업으로서는 자사 제품을 구매하는 외국 소비자의 요구에 부응해야 함은 당연한 일이라 하겠다. 따라서 정부의 소비자정책 입안자들은 이러한 여건을 감안한 미래지향적 소비자 정책을 개발해야 하고, 또 이에 부응하여 정부 소비자 조직도 정비해 나가야 할 것이다.

2) 소비자정책의 범위 및 추진체계

(1) 소비자정책의 범위

소비자정책은 〈표 7-1〉에서 보는 바와 같이, 거래 적정화, 안전성 보장, 정보 제공, 소비자교육, 그리고 피해 구제의 5개 영역으로 구분된다.

첫째, 거래 적정화는 소비자기본법 제12조에 의거하여 사업자의 불공정한 거래 조건이나 거래 방법으로 인하여 소비자가 부당한 피해를 입지 않고 합리적인 선택을 할 수 있도록 하는 데 목적을 두고 있다. 주요 내용은 사업자의 부당한 행위를 지정·고시하고 약관에 따른 거래 및 방문판매·다단계 판매·할부판매·통신판매·전자거래 등 특수한 거래에 대한 시책을 강구하는 것이다.

둘째, 안전성 보장은 소비자기본법 8조, 45조 내지 52조에 근거하여 각종 위해로부터 소비자를 보호하고, 사업자의 소비자안전에 대한 인식을 제고하는 데 목적을 두고 있다. 주요 내용은 위해의 방지, 사업자 준수 사항의 결정 및 준수 여부 점검, 어린이, 노약자 등 취약계층의 보호, 위해 발생 우려 시 관계 중앙행정기관에 대한 시정 요청, 사업자 결함정보의 보고 의무, 결함 물품에 대한 사업자의 자진 수거 의무 규정, 중앙행정기관의 사업자의 결함 있는 물품에 대해 수거·파기 등의 권고·명령 규정 등이다. 그리고 위해정보 수집을 위해 소비자안전센터를 설치하고 안전센터는 위해정보를 수집·분석하여 위해 방지를 위한 조치를 할 수 있음을 규정하고 있다.

표 7-1. 소비자정책의 범위

구 분		주요 법령		관련 기관
		공정위 소관	타 부처 소관	
규제행정	거래 적정화	공정거래법 표시광고법 할부거래법 방문판매법 약관규제법 전자상거래 소비자보호법 등	품질경영및공산품안전관리법 산업표준화법 등	공정거래위원회 지식경제부
	안정성 보장	소비자기본법	약사법 식품위생법 품질경영및공산품안전관리법 등	복지부(식약청) 지식경제부
지원행정	정보 제공	표시광고법	각 부처 개별 법령	공정거래위원회 한국소비자원
	소비자교육	소비자기본법	평생교육법	각 부처 공통
	피해 구제	소비자기본법 제조물책임법	민법	공정거래위원회 한국소비자원 법원

셋째, 정보 제공은 소비자기본법 13조 ②항에 근거하여 소비자가 물품 등을 합리적으로 선택할 수 있도록 하기 위하여 물품 등의 거래 조건·거래 방법·품질·안전성 및 환경성 등에 관련되는 사업자의 정보를 소비자에게 제공하는 것을 목적으로 한다. 주요 내용은 소비자에게 합리적 선택을 위해 필요한 정보 제공, 가격·품질 테스트 정보 지원 사업, 국내외 가격 차이 조사 및 발표 등이다.

넷째, 소비자교육은 소비자기본법 14조에 근거하여 소비자가 올바른 권리행사를 하고, 물품과 관련된 판단능력을 높이고, 자신의 선택에 책임을 지는 소비생활을 할 수 있는 역량을 강화하는 데 목적을 두고 있다. 주요 내용으로서 소비자교육 프로그램 개발, 소비자교육과 학교교육·평생교육을 연계한 시책 수립과 시행, 소비자 능력 향상을 위한 방송사업 실시 등이다.

다섯째, 피해 구제는 소비자기본법 31조, 53조~76조 등에 근거하여 소비자의 불만을 처리하고 관련 피해를 구제하려는 데 목적이 있다. 주요 내용으로는 소비자단체협의체의 자율적 분쟁 조정, 사업자의 자율적 불만 처리 권장, 한국소비자원의 피해 구제, 한국소비자원 하의 소비자분쟁조정위원회 설치·운영 등이 있다. 그리고 소비자피해가 발생하는 경우에는 집단분쟁 조정 의뢰·신청, 일정 요건을 갖춘 단체는 사업자의 소비자에 대한 권익침해 행위의 금지·중지를 구하는 소비자단체소송을 제기할 수 있음을 규정하고 있다.

(2) 소비자정책의 추진 체계

다섯 가지 소비자 정책 영역에서 각 정부 부처들은 개별 법령에 근거하여 이들 영역에 대한 소비자정책을 수행한다. 예컨대, 방송통신위원회는 전기통신사업법이라는 개별 법령에 따라 통신사업자와 소비자 간의 거래 관계를 규율하고 또, 식품의약품안전청은 식품위생법에 따라 식품안전을 위한 감시·단속의 업무를 수행한다. 공정거래위원회는 각 부처의 소비자정책을 총괄·조정하게 된다. 따라서 소비자정책의 최고 심의 및 의결기관인 공정거래위원회의 소비자정책위원회는 공정거래위원회를 비롯한 모든 중앙행정기관, 16개 광역자치단체, 한국소비자원, 금융감독원 및 소비자단체들이 시행할 소비자시책을 모두 포함한 소비자정책 기본계획과 시행계획을 확정하여 실시한다. 〈그림 7-1〉은 소비자정책의 추진 체계를 나타낸 것이다.

그림 7-1. 소비자정책 추진 체계

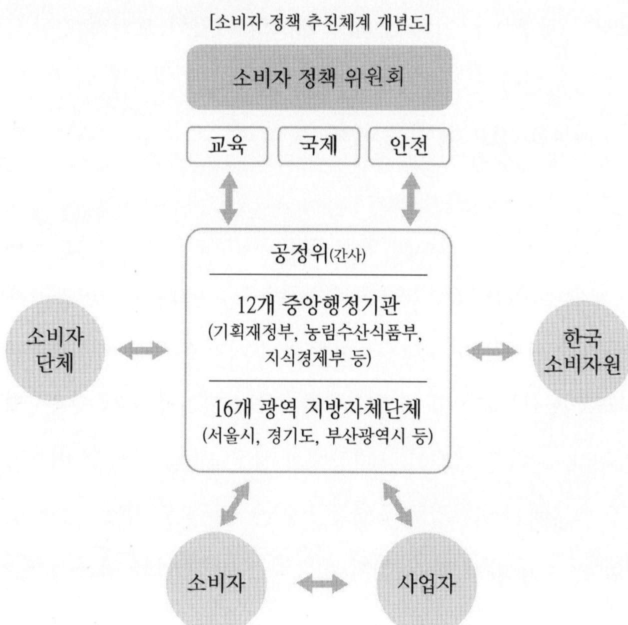

3) 소비자정책의 주체 및 영향자

소비자정책의 주체로 소비자정책을 직접 입안·결정·수행하는 정부를 들 수 있다. 여기서 정부는 중앙행정부처와 지방자치단체를 의미한다. 우리나라의 소비자정책 관련 부서는 재정경제부과 재정경제부 산한의 소비자정책심의위원회, 그리고 개별 중앙행정부처와 지방자치단체들이다.

(1) 소비자정책의 주체

소비자정책을 수립·결정하거나 강화하는 것에 대한 일차적인 책무는 정부에 있다. 소비자정책에는 정부의 많은 행정 부처들이 관련되고 있는데, 그들은 나름대로의 고유한 소비자정책을 수립해야 되지만, 소비자정책의 지향점에 있어서는 통합적인 방향이 있어야 한다. 그리고 소비자정책의 주무부서의 장관은 이러한 정책 분야에 영향을 미칠 수 있는 장치를 마련해야 한다. 즉, 관련 정책 분야의 활동을 관리하는 기구를 설치하고, 이를 통해 소비자정책의 전 국면을 종합적으로 조종하고 통제할 수 있어야 하며, 소비자정책 부처별로 책임과 역할이 분담되어야 할 것이다.

그런데 부문별 소비자정책을 통합하는 것은 어려운 문제이며, 특히, 각 부문의 이익이나 입장이 상반될 때에는 더욱 그렇다. 또 그것을 실행하는 과정에서 부정적 효과가 간과될 수도 있다. 왜냐하면, 어떤 정책적 결정으로 인해 소비자 개인의 이익이 오히려 집단의 이익보다 더 클 수 있다는 부정적 측면이 있을 수 있기 때문이다. 이의 해결을 위해서는 소비자정책기구를 구조적으로 개선할 필요가 있을 것이다.

(2) 소비자정책의 영향자

정부의 소비자정책에는 소비자(소비자단체), 교육기관, 사법기관, 소비자보호 공공기관, 언론, 그리고 사업자 등이 영향을 미친다. 따라서 이들은 소비자정책의 영향자라고 할 수 있으며, 정부는 소비자정책을 입안, 결정 및 집행하는 과정에서 공식적 또는 비공식적으로 그들의 의사를 반영하게 된다. 소비자 개개인은 시장에서 상품구매를 통해 소비자정책에 간접적으로 참여하고 있기 때문에 소비자정책의 영향자라 할 수 있다. 이는 소비자주권이 유지되고 개방시장시스템(open market system)이 존속하는 한 당연한 귀결이라고 할 수 있다.

소비자단체는 정부의 소비자보호정책에 대해 건의할 의무가 있고, 정부의 정책수립 및 집행과정에서도 많은 영향력을 행사한다. 또한, 소비자정책결정의 영향자로서의 교육기관은 매우 중요한 의미를 갖는다. 이는 오늘날 소비자 교육을 위한 학교교육의 역할이 강조되고 있고, 필수적이고 기초적인 소비자교육이 학교에서 이루어지기 때문이다.

사법기관은 소비자와 사업자 간의 분쟁을 최종적으로 판단해 주며, 판례를 통해서는 기존 법규정의 적용을 제시해 준다. 이를 사법기관의 소비자정책 결정·평가 기능이라 한다. 그리고 소비자 관련 공공기관도 상품의 시험·검사, 소비자피해 구제의 정책 집행 활동과 정책 건의를 통해 정부의 정책 형성에 영향을 주며, 언론 또한 소비자문제에 대한 여론 형성을 통하여 정부의 정책 결정 과정에 중요한 영향을 미친다.

이상에서 고찰한 소비자정책 영향자들은 공익을 목적으로 하는 데 반해, 기업들은 자신의 이윤 추구에 목적을 두고 있는데, 이 과정에서 소비자피해를 유발할 수 있다. 따라서 기업은 소비자피해 보상 기구를 설치·운영하여야 하며, 정부의 각종 법 규제를 준수해야 할 것이다.

4) 소비자정책 평가

정부는 소비자정책을 합리적으로 평가하고 그 평가 결과에 따라 필요한 경우, 소비자정책을 수정하여야 한다. 소비자정책의 평가와 수정을 위해 경제학 및 소비자행동 등의 이론에서 소비자정책 평가를 위한 시스템이 도출될 수 있다. 이는 경제학이론이 시장변화에 대한 기업의 반응을, 그리고 소비자행동 이론은 다양한 개별 소비자 반응에 대한 내용을 다루고 있기 때문이다. 물론, 특정 소비자정책의 편익과 비용을 비교·평가하는 데에는 소비자와 기업 양측의 반응과 법적인 제도 등이 고려되어야 한다.

한편, 정부의 개입 여부는 편익과 비용에 의하여 결정된다고 할 수 있다. 어떤 정보의 수정과 관련한 '편익의 최대화와 비용의 최소화'를 실현하는 데에는 동기부여력, 의사전달의 효율성, 원래적 보호라는 세 가지 원칙이 적용되어야 한다. 경영학자와 경제학자, 소비자 연구가, 법률가들의 공감을 얻을 수 있는 원칙이라면 더욱 가치 있을 것이다.

정부가 소비자정책을 평가·수정할 때 준거해야 할 원칙으로는 다음과 같다. 첫째, 소비자 선택을 확대하는 조치가 그것을 제한하는 조치보다 우선되어야 한다. 둘째, 제품 및 서비스 거래를 자유화하는 조치가 그것을 제한하는 조치보다 우선되어야 한다. 셋째,

구조적인 개선이 독립적 개선보다 우선되어야 한다. 넷째, 단순한 조치가 복잡한 조치보다 우선되어야 한다. 다섯째, 많은 집단들의 이익을 고려한 조치는 자기 규제를 필요로 하는 조치보다 우선적이어야 한다. 여섯째, 다양한 측면을 고려한 조치가 한 면만을 고려한 조치보다 우선적이어야 한다. 이 원칙들은 정부의 소비자 정책결정에 주요한 기준이 되며, 다른 소비자 관련 기관들의 정책 결정 및 수정 시에도 확대 적용될 수 있을 것이다.

1.3 우리나라 소비자정책의 변천

우리나라의 소비자정책은 선진국에 비해 소비자 구제를 위주로 이루어져 왔으나, 최근에는 식의약품안전부 설립, 위해정보보고기관 지정 등을 통해 소비자안전의 확보에 역점을 두고 있다. 외형상으로는 종합적인 소비자정책 추진 체계가 확립되어 있으나, 내용 면에서 정책의 실효성이 부족하다. 즉, 소비자정책의 기본 골격은 세워졌으나 이를 구체적으로 실행시키기 위한 세부 정책의 수립과 집행이 미흡한 실정이다. 또한 소비자정책이 분야별로 각 부처에 분산되어 수행되고 있으므로 정책의 일관성 유지가 어렵고, 중앙행정부처에서 소비자정책의 우선순위는 낮은 편이다. 이와 같은 우리나라의 소비자정책의 문제점을 파악하여, 개선해 나가야 할 것이다.

1) 1960년대 ~ 1970년대

1960년대에는 제1차 경제개발 5개년 계획의 실시와 더불어 국가경쟁력 강화가 최우선 과제였으므로 소비자권리 또는 소비자권익 보장에 대한 사회의 인식은 전무한 상태였고, 그 결과 소비자정책 또는 소비자행정 분야가 자리 잡을 수 없었다. 물론 소비자보호를 직접 목적으로 한 법률의 제정도 없었다.

수출 지향적 경제정책을 전개하는 과정에서 정부의 강력한 지원을 받은 일부 기업이 급성장하였고, 그로 인한 물가 상승이 큰 사회적 문제로 대두됨에 따라 독과점 규제 움직임 등 간접적인 소비자보호정책만이 있었을 뿐이다. 물가 안정 차원에서 설치된 국무총리실 직속의 국민생활향상심사위원회 내에 소비자보호분과위원회를 두었던 것이 정부 소비자정책의 출발점이었다. 1970년대에 와서 여성단체 중심으로 소비자보호를 뒷받침할 종합적이고 체계적인 소비자보호법의 필요성이 거론되기 시작하였다. 이에 정부에서는 1970년대 초부터 소비자보호를 위한 분야별 법제 마련에 노력하게 되었다.

1970년대의 우리나라 소비자행정 운영체계를 살펴보면, 재정경제원 주관 하에서 모든 행정이 이루어지도록 되어 있었다. 제정경제원 내의 새생활센터가 시와 도의 구청 및 보건소, 치안국의 경찰서, 국세청의 세무서 등에 설치되어 있는 새생활센터를 관장한다. 그 밖에 상공부의 유통수입국, 농수산부의 유통경제국, 보건사회부의 보건범죄고발센터 등에서도 간접적으로 소비자 업무를 담당하고 있다.

2) 1980년대 ~ 1990년대

1980년대에는 경제규모의 확대, 경제구조의 복잡화, 인플레이션 심리의 만연, 시장 기능의 왜곡, 독과점의 심화, 소비자피해와 같은 부작용 내지 문제점이 나타나, 시장 기능을 회복하기 위하여 자유롭고 공정한 경쟁을 유지하려는 많은 노력이 있었다. 이에 따라 1980년대는 소비자보호를 위한 각종 법제들이 추가 정비됨으로써 우리나라 소비자정책사에 변화를 가져왔다고 할 수 있겠다.

한편, 1990년대에는 소비자의 의식이 강화되고, 민간소비자단체의 적극적인 활동과 한국소비자보호원의 효과적인 활동으로 정부의 소비자정책이 활발하게 전개되면서 소비자환경이 크게 개선되고 소비자권익도 과거에 비해 향상되었다고 할 수 있다. 따라서 초기의 정책들이 가격 규제나 진입 규제, 사업 활동 규제 등을 중심으로 한 경제적 규제의 일종이었다면, 1990년대에 들어서는 가격뿐 아니라 소비자 안전과 품질, 정보 제공 등과 같은 부분에 초점을 맞추기 시작하였다. 이에 정부 또한 그동안 소홀히 해왔던 소비자보호 부문을 7차 경제개발 5개년 계획의 부분 계획으로 포함시켰는데, 그 주요 내용은 소비자주권 의식 신장, 정보 제공 기능 강화, 상품의 품질·안전기준 강화, 소비자보호 행정의 강화 등이다.

3) 2000년 이후

2000년대 소비자정책의 가장 큰 변화는 2007년 3월 소비자보호법을 전면 개정한 소비자기본법의 탄생과 2008년 2월 정부조직법 개정에 따른 소비자정책 종합·조정 기능의 공정거래위원회 이관이다.

먼저, 개정 소비자기본법의 특징을 보면, 소비자정책의 패러다임을 열등한 지위에 있는 소비자를 보호하는 데 초점을 맞췄던 '보호론적 관점'에서 소비자가 자주적으로 문제를 해결할 수 있도록 지원해 주는 '주권론적 관점'으로 전환한 점을 들 수 있다. 그리고 소비자보호법에서 소비자기본법으로, 또 한국소비자보호원이 한국소비자원으로 개명되었으며, 입법 목적 및 전반적인 법체계가 소비자보호에서 소비자권익 증진 및 소비자주권 강화로 전환된 점도 있다.

더 나아가 소비자단체 지원과 한국소비자원에 대한 지도·감독 기관이 재정경제부에서 공정거래위원회로 이관된 점, 정부의 위해 물품에 대한 조사권이 신설된 점, 소비자안전센터 설치의 법제화 등 소비자 안전 시책이 강화된 점, 단체소송제도 및 집단분쟁조정제도가 도입되어 실질적인 소비자 피해 구제에 큰 진전이 이루어진 점 또한 특징이라 하겠다.

2000년 이후 소비자정책의 특징은 크게 다섯 가지로 요약할 수 있는데, 이를 소개하면 다음과 같다.

첫째, 디지털시대에 부응하는 소비자보호제도 확립이다. 2000년 소비자보호제도는 전자상거래에서의 소비자피해 등 디지털 경제시대에 새롭게 발생하는 소비자문제에 대한 적극적인 대처, 소비자 개인정보 보호 제도 강화, 인터넷을 통한 소비자정보 제공 기회 확대를 기본 방향으로 삼고 있다.

둘째, 소비자 안전 제고를 위한 제도 개선과 효율적인 집행시스템 구축이다. 소비자에게 위해 우려가 있는 제품의 리콜 활성화를 위해 소비자보호원의 소비자 위해 정보 시스템 보안, 리콜 관련 제도 정비 등 소비자안전 시스템 구축을 위한 다양한 활동을 추진하고 있다.

셋째, 소비자의 알 권리 강화 및 거래 과정에서의 소비자권익 제고이다. 소비자의 선택권 보장을 위한 정보 제공의 강화와 불공정거래 관행의 개선을 기본 방향으로 삼고 있다.

넷째, 소비자 피해 구제 기능의 강화 및 소비자 행정의 활성화이다. 다양한 거래에 대응하고 피해 구제의 전문성과 효율성 제고를 통해 소비자가 보다 편리하고 공정하게 피해 구제를 받을 수 있는 여건을 조성하며, 지역주민에 대한 피해 구제 및 권익 보호 강화를 기본 방향으로 삼고 있다.

표 7-2. 우리나라 소비자정책 내용

연도	소비자 정책 내용
1961	· 부정경쟁방지법, 계량법, 공업표준화법, 상품권법, 증권거래법, 보험업법, 식품위생법, 자동차운수사업법 제정.
1963	· 약사법 제정.
1968	· 신진 자동차회사의 폭리 문제가 국정감사에 제기되면서 소비자보호를 위한 소비자보호요강안이 상정됨.
1971	· 불량 상품을 규제하기 위한 사전품질감사제와 국가 규격품표시제 실시.
1972	· 서울, 부산을 중심으로 한 가격표시제 실시.
	· 경제기획원에 물가안정국 신설.
1975	· 물가안정 및 공정거래에 관한 법률 제정.
1976	· 농수산물유통 및 가격안정에 관한 법률 제정.
1979	· 12월 제103회 정기국회에 상정함으로써 최초의 소비자보호법이 제정됨
1980	· 소비자보호법과 독점 규제 및 공정거래에 관한 법률이 제정됨.
	· 개정된 제2공화국 헌법은 소비자의 이익을 증진시키는 법률의 제정 및 개정 등 소비자보호입법에 의하여 구체화됨.
1982	· 독점 규제 및 공정거래에 관한 법률이 제정됨.
	· 소비자보호를 주목적으로 하는 기본법인 소비자보호법 제정, 9월 13일 시행령이 제정됨.
1986	· 12월 소비자보호법 개정안을 확정하고 1987년 4월 1일자로 시행령이 개정되어 개정법의 효력이 발생함.
	· 12월에 약관규제법이 제정됨.
1987	· 한국소비자보호원 설립.
	· 도소매업 진흥법의 제정과 부당경쟁방지법, 식품위생법 등의 개정.
1990	· 소비자 기만 광고, 허위·과장 광고 등을 불공정거래 행위로 정하는 등 독점규제법을 개정, 이와 관련한 고시도 동년 개정되어 시행.
1991	· 7월에는 도·소매업진흥법에서 철회권의 일종인 쿨링오프(cooling-off) 권리를 인정.
	· 방문판매법과 할부거래법이 제정됨.
1993	· 리콜제도 도입(자동차에 적용).
1994	· 신경제 5개년 계획에서 소비자정책을 구체적으로 정하여 시행함.
	· 경제기획원 산하에 소비자정책과를 설치하고, 중앙부처에 소비자 전담 행정기관 설치함.
1995	· 소비자보호법 2차 개정.
	· 방문판매법 개정.
1996	· OECD에 가입.
1999	· 식품위생법에 식품에 대한 리콜제도 도입.
2007	· 3월 소비자기본법 - 소비자보호법 전면 개정. 한국소비자원으로 개칭함.
2008	· 집단분쟁조정제도 도입.
	· 2월 정부조직법 개정. 소비자정책의 종합·조정은 공정거래위원회 소관. 한국소비자원의 지도·감독 권한이 재정경제부에서 공정거래위원회로 이관.

자료: 김영신, 김인숙, 이승신, 이희숙, 최병록(2000), 『소비자법과 정책』, 교문사, p. 59.

다섯째, 소비자의 역량 강화 및 소비문화 확산이다. 소비자의 자주적 역량 강화와 진정한 소비자주권 확립을 위한 소비자교육의 내실화 및 지속 가능한 소비문화 확산을 소비자시책의 기본 방향으로 삼고 있다. 이를 위하여 공중 이용 시설의 안전성, 식품 안전성, 환경 등에 대한 소비자단체의 감시 활동을 강화하고, 소비자생활 협동조합 활동을 활성화하는 한편, 소비자교육 시범학교 지원·대상 확대 등 소비자교육의 내실을 기했다.

여섯째, 소비자정책에 대한 국제적 논의와 협력이다. 시장의 세계화, 정보화의 진전, 신기술 제품의 출현, 환경오염 확산, 국제 소비자피해의 증가 등의 소비자환경 변화에 따라 국내 소비자정책을 수립하고 집행하는 데 있어서 국제사회의 정책 동향을 반영하고 관련 국가와 공조해 나가는 것이 점차 중요해지고 있다. 특히 국가 간 거래가 많아짐에 따라 국제적인 소비자 피해 및 분쟁이 증가하고 있고, 결과적으로는 국제적인 협력의 필요성이 점점 더 커지고 있다. 이에 따라 공정거래위원회는 세계 각 국의 소비자정책 동향을 파악하여 제도 개선에 반영하고 있으며, 또 소비자정책의 국제적 협력에도 많은 노력을 기울이고 있다. 대표적 국제협력단체로는 OECD의 소비자정책위원회 회의(CCP), 국제소비자보호 집행기구 네트워크(ICPEN), 국제표준화기구의 소비자정책위원회(COPOLCO), UN의 국제전자상거래법위원회(UNCITRAL) 등이 있다. 특히 국제전자상거래에 대한 분쟁해결을 위한 UNCITRAL ODR(Online Dispute Resolution) 마련에 적극 참여하여 우리나라 소비자정책을 국제 규범에 반영하고 국제전자상거래에 의한 국내 소비자의 피해를 구제하는 데 노력한 점과 2011년 7월 서울에서 아시아소비자정책포럼을 개최하여 아시아 개도국에 한국의 소비자법제 운용 경험 전수와 이들 국가와의 협력을 통해 국제 소비자문제를 해결하기 위한 협의를 주도한 점은 크게 주목할 만한 사실이다.

2. 소비자행정의 의의와 내용

2.1 소비자행정의 의의 및 영역

1) 소비자행정의 의의

소비자행정이란, 소비자의 이익을 보호하기 위해 국가(중앙행정부처 및 지방자치단체)

가 전개하는 소비자보호행정을 의미하며, 소비자의 삶의 질 향상을 과제로 한다. 이러한 소비자행정을 협의의 소비자행정이라고 하는 데 반해, 물질적 생산력이 소비자의 물적·문화적 요구에 적절히 부응되도록 하는 행정을 광의의 소비자행정이라고 한다.

원래 소비자행정은 협의의 소비자행정에서 시작되어 광의의 소비자행정으로 발전되었고, 그 최대 목표는 소비자주권의 실현에 있다고 할 수 있다. 그 실현을 위해서는 기본적인 소비자권리가 보장되어야 하고 다음과 같은 사항들이 실천되어야 할 것이다. 첫째, 부당판매행위, 허위표시, 부당광고, 부당한 계량, 가격 등을 구제해야 한다. 둘째, 소비자정보 제공에 의한 소비자선택을 지원해야 한다. 셋째, 소비자 의견이 정부의 정책결정에 반영되도록 하는 의사전달체제를 확립해야 한다. 넷째, 기업의 소비자 지향적 조직 및 경영활동에 대한 지도·감독을 강화해야 할 것이다.

이상과 같이, 소비행정은 사업자와 소비자 간의 불평등한 관계를 해소하고, 소비자권익 및 국민소비생활 향상을 위하여 정부가 개입할 때 비로소 그 의의가 있다고 할 수 있다. 따라서 정부는 소비자의 기본적 권리를 확보하고 소비자주의가 실현될 수 있도록 하기 위하여 관계 법령의 제정, 소비자행정 조직의 정비 및 운영, 강력한 소비자정책의 수립·실시, 소비자정보의 제공, 그리고 건전한 민간 소비자단체에 대한 적극적인 지원 등의 역할을 해야 할 것이다.

2) 소비자행정 영역

행정은 사업자의 준수사항을 규정해 놓고 사업자가 그것을 준수하도록 지도·권고하는 동시에, 위반 시에는 그 내용을 공표하거나 그에 상응하는 처벌을 함으로써 규제해 나가는 것을 말한다. 소비자행정 영역은 규제행정과 지원행정으로 나누며, 또 사업자에 대한 정부 규제[71]는 경제적 규제와 사회적 규제로 구분하는데, 여기서 이들에 대해 구체적으로 알아보면, 다음과 같다.

(1) 규제행정

규제행정은 경제적 구제와 사회적 규제로 구분되는데, 경제적 규제는 기업의 본원적 활동에 대한 규제를 의미하며, 진입 규제, 가격 규제, 그리고 영업활동에 대한 규제로

71) 규제란, 정부가 시장 기능에 개입하여 자원분배에 영향을 주는 행위를 의미한다. 즉, 정부가 경제성장 촉진, 물가 안정, 소비자안전 확보 등을 위해 민간 경제활동에 개입하는 것을 뜻한다.

나눌 수 있다. 우선, 진입 규제는 정부가 인가·허가[72]·면허·등록·신고·지정 등의 방법을 통하여 특정 산업 또는 특정 직종에서의 사업을 제한하는 규제를 말한다.

그리고 가격 규제는 최고가격 규제와 최저가격 규제로 나누어진다. 최고가격 규제는 소비자보호를 목적(물가 안정, 독과점 가격의 억제 등)으로 최고가격을 설정하여 가격을 규제하는 방식이고, 최저가격 규제는 생산자보호를 목적(사업자 간의 과당 경쟁 방지 등)으로 최저가격을 설정하여 가격을 규제하는 방식이다. 물론, 공공요금 규제도 가격 규제의 한 형태라 하겠다. 또, 영업 활동에 대한 규제는 거래질서의 확립을 위하여 거래 양식, 판매 방법, 거래 지역, 거래 조건, 영업 일수, 세일 기간, 경품 제공 등을 규제하는 것을 의미한다.

한편, 사회적 규제는 사업자의 사회적 활동에 대한 규제를 의미하는 것으로, 공해 방지 및 환경보호, 국민의 건강, 소비자안전, 그리고 정보 제공 등과 관련한 규제가 있다. 상기한 규제행정은 사업자의 활동에 대한 규제를 통해 소비자를 보호하는 데 그 의의가 있다. 그리고 이는 어디까지나 행정당국과 사업자 간의 직접적인 관계에서 성립되는 것이므로, 실질적 보호의 대상인 소비자와 행정은 간접적인 관계에 있다. 따라서 규제행정은 소비자주권에 근거한 적극적인 소비자행정이라고는 할 수 없다.

규제행정은 법률에 의한 규제가 주가 되므로 정부는 통일된 기준을 규정하고 관련 제도 및 지침을 마련하며, 관련 정책을 수립·추진해야 한다. 이와 더불어 소비자주권에 입각한 법률이나 제도를 지속적으로 보완시켜야 하고, 또 이를 토대로 소비자행정을 전개해 나가야 할 것이다.

한편, 경제적 규제 완화의 긍정적 측면으로서는 경쟁을 촉진시켜 기업경쟁력을 높이고 상품 가격을 내려 경제를 활성화시키는 효과를 가지고 있음을 들 수 있어, 특히 불경기에는 규제 완화의 필요성이 증대되고 있다. 물론, 규제 완화는 기업의 입장만을 고려할 것이 아니라, 전체 국민의 입장에서 편익의 극대화를 기할 수 있도록 균형을 갖추어 단행해야 한다. 그러나 공해 방지와 소비자보호 및 산업재해 방지, 시설관리 등 공중의 안전과 관련된 사회적 규제 분야에서는 정부의 규제가 강화되어야 할 필요성이 있다.

---

72) 허가는 법령에 의하여 일반적으로 금지되어 있는 행위를 특정인에 대하여 해제하는 행정처분이며(예: 음식점 등의 영업 허가), 인가는 제3자의 법률행위를 보충하여 그 법률상 효력을 완성(보충)시켜 주는 행정행위라고(예: 사립학교 등 법인설립의 인가) 할 수 있다.

오늘날 정부는 각종 규제를 지속적으로 완화 내지 철폐해 왔으나 아직도 많은 정부 규제들이 철폐되어야 한다는 주장이 있다. 반면, 각종 대형 사고에서 보듯이, 각종 사고가 발생하면 그 원인이 정부의 감시 내지 규제의 소홀에 기인한다는 비판과 함께 관련 규제의 강화를 요구하기도 한다. 즉, 민간 부문이 공정 경쟁을 통해 자율적으로 기능을 수행할 수 있는 경제적 규제에 대해서는 정부 규제가 완화 내지는 철폐되어야 마땅하다. 특히 무한경쟁의 국제사회에서 우리의 경쟁력을 강화해 나가기 위해서는 경제 분야에서 과감한 규제 완화가 필요하다 할 것이다. 그러나 환경, 보건, 산재 예방, 시설물 관리 등 국민의 안전성과 공익에 관련된 사회적 규제나 시장 기능에만 맡길 수 없는 분야에 대해서는 오히려 규제를 강화하는 것이 정부의 책무일 것이다.

(2) 지원행정

지원행정은 소비자에 대한 교육과 정보 제공 및 피해 구제를 통해 소비자를 보호하는 것으로 급부행정[73]이라고도 한다. 즉, 지원행정이란, 소비자주권을 옹호하는 관점에서 소비자를 단순히 피보호자로만 보지 않고 정부가 적극 개입함으로써 소비자피해의 사전적 예방 및 구제를 촉구하는 행정체계를 말한다. 지원행정으로서의 소비자행정의 주요 내용을 살펴보면, 다음과 같다.

첫째, 소비자교육을 실시한다. 이는 소비자가 주체적으로 합리적 소비생활을 영위할 수 있도록 소비자를 교육·개발하는 것으로, 직접적 소비자 피해 예방 행정이라 할 수 있다. 행정기관에 의한 소비자교육은 지방자치단체에서 실시하는 세미나 혹은 초청강연 형식의 교육뿐만 아니라, 홍보책자 발간 등을 통해서도 이루어지고 있다.

둘째, 상품테스트는 소비자에게 피해를 입히거나 그러한 우려가 있는 상품을 전문적·과학적으로 테스트하고, 그 결과를 일반에게 공개하는 지원행정 형태이다. 이러한 상품테스트 결과는 사업자에게는 규제 효과를 높이고, 소비자에게는 불리한 선택 행위를 방지하도록 하는 것으로 간접적 소비자피해 예방 행정이라고도 부른다.

73) 급부행정은 사람들의 생존에 불가결한 용역이나 재화를 제공하는 행정으로, 사회보장을 중심으로 하는 사회보장행정, 공공시설이나 공기업 등에 의한 서비스와 재화를 제공하는 공급행정, 자금을 보조하는 조성행정의 3가지가 있다.

전통시장 – 뻥튀기 장수

셋째, 피해 구제는 피해를 입은 개인이나 집단의 불평·불만을 행정적으로 구제하는 것을 의미하며, 직접적 구제형 지원행정이라고도 한다. 즉, 사업자와 소비자의 사적인 거래에서 발생한 직접적인 소비자피해를 구제하는 데 있어서 제삼자인 정부가 개입하는 것이다.

넷째, 불평·불만의 처리를 들 수 있으며, 이는 소비자의 불평·불만[74] 문제를 해결하는 데 있어 사업자에 비해 상대적으로 불리한 위치에 있는 소비자를 정부가 보호하는 것이다. 그리고 사업자와 소비자의 중간에 있는 정부가 피해자인 동시에 약자인 소비자를 구제한다는 점에서 간접적 구제 행정이라고 한다.

다섯째, 의견의 반영을 들 수 있다. 정부가 소비자의 소비생활을 맹목적으로 보호하는 차원에서 규제행정을 전개한다면 소비자를 영원히 주체적인 경제인으로 만들지 못할 수 있다. 그러므로 소비자 개개인은 소비생활 과정에서 일어나는 문제나 피해에 대해 스스로 자신의 의견을 제시할 수 있어야 한다. 이와 같은 소비자 의견이 잘 반영될 수 있도록 소비자행정기구를 운영하는 것을 개인 고양형 지원행정이라고 부른다.

여섯째, 소비자의 조직화를 지원한다. 소비자피해가 보편적·구조적으로 발생되고 있는

74) 불만은 심리적 불만족을, 불평은 불만이 행동으로 표출된 것을 뜻한다.

오늘날에는 소비자 간의 연대성을 높이는 것이 중요하다. 이를 위해 소비자 조직을 육성·지원하는 행정을 집단 고양형 지원행정이라 한다.

요컨대, 지원행정은 사업자와 소비자 사이의 상거래가 대등한 관계에서 이루어질 수 있도록 하는 데 그 본질이 있으며, 생존권 및 생활권의 옹호, 소비자피해의 사전방지, 소비자피해 구제, 그리고 소비자생활의 안전 및 향상을 목적으로 하는 행정이라고 할 수 있다.

2.2 소비자행정 내용

1) 규제행정 내용

(1) 소비자보호제도 및 관계 법령의 정비

소비자보호를 위한 종합적인 정책의 운영과 관련된 사항은 재정경제부의 소관으로 되어 있다. 즉, 공정거래위원회는 정부의 관계부처 간 의견 조정과 민간소비자단체의 의견 반영에 관한 체계를 정립하고, 소비자정책위원회 운영의 활성화, 소비자업무처리규정 제정, 소비자 고발센터 설치 및 확대 등 행정안전부 및 자치단체의 역할에 관한 정책 수단을 제시하고 있다. 그리고 한국소비자원에서는 소비자 보호에 관한 연구·조사를 통해 정책 건의를 하고 있다.

(2) 소비자안전 정책의 강화

정부의 소비자안전 정책은 품질 안전규격 기준의 강화, 위해정보 수집체계의 확립, 부정·불량 상품의 규제, 안정성 시험·검사 기능의 강화, 수입 상품에 대한 안전 관리의 강화 등을 정책수단으로 삼고 있다. 이들의 내용을 살펴보면, 다음과 같다.

첫째, 우리나라는 제품의 안전규격과 관련하여 식품·의약품 안전은 보건복지부, 공산품 안전은 지식경제부의 소관으로 되어 있는 등 해당 정부 부처에서 각각의 개별 법규에 의거하여 안전 기준을 정하고 있다. 그러나, 이는 독립된 영역이 아니라 품질 규격 기준의 일부에 속해 있으며, 또한 안전 기준이 체계적으로 확립되어 있지 않은 실정이다. 아래의 〈표 7-3〉에는 시험 검사 기관과 기관별 검사 대상 품목이 소개되어 있다.

표 7-3. 시험검사기관별 검사 품목

시험검사기관	검사 품목
식품의약품안전청	식품, 의약품
국립농산물품질관리원	농산물
국립수의과학검역원	축산물
국립수산물품질검사원	수산식품
지식경제부 기술표준원	공산품, 전기용품 등
교통안전공단 자동차성능시험연구소	자동차 등
한국소비자원	공산품, 식품, 의류 등
한국식품개발연구원	축산물, 식품
한국가스안전공사	가스용품
한국보건산업진흥원	식품, 의약품, 화장품 등 잔류 농약 검사
산업기술시험원	전기용품, 의료기기 등
한국화학시험연구원	약품, 한약재, 화학제품 등
한국전기전자시험연구원	전기용품 등
한국의류시험연구원	의류 등 섬유제품
한국생활용품시험연구원	완구, 라이터, 레저용품, 사무용품 등
한국기기유화시험연구원	유리 세정액, 왁스 등 유화제품
한국라이터공업협동조합	라이터
한국완구공업협동조합	완구류

둘째, 사전적 조치로서 위해정보 수집 체제 구축은 정부의 주요 소비자정책 수단이라고 할 수 있다. 공정거래위원회는 각종 위해정보를 수집하기 위하여 행정기관, 소비자단체, 병원, 학교 등을 위해정보 보고기관으로 지정·운영할 수 있게 되어있다. 이들 기관이 실질적인 역할을 할 수 있게 하기 위해서는 일정한 소요 경비를 지원해야 할 것이다.

셋째, 부정·불량 상품의 규제와 관련하여, 규제행정의 일환으로 위해상품 및 서비스의 단속에 중점을 두고 있으나 주로 일시성 단속에 그치고 있다.

넷째, 최근 소비자기본법의 개정으로 리콜(recall)제도가 도입되었다. 소비자안전 제도가 효과적으로 운영되기 위해서는 그것을 시행하고 감독할 조직의 보완, 리콜 적용을 위한 품목별 세부적 안전 기준 등이 조속히 마련되어야 한다.

쉼터 개인 정보 피해 예방법

- 개인정보취급방침 및 약관을 꼼꼼히 확인하고 가입한다.
- 안전성이 높은 주민번호 대체 수단(i-PIN)으로 가입한다.
- 비밀번호는 유추하기 어려운 영문과 숫자를 조합해 8자리 이상으로 한다.
- 동일한 비밀번호를 사용하지 않는다.
- 불필요한 사이트 가입을 삼간다.
- 비밀번호는 자주 변경하고, 변경된 비밀번호는 예전 비밀 번호와 연관성이 없도록 한다.
- 개인 정보를 암호화해 보관한다.
- P2P로 제공되는 공유 폴더에 개인 정보를 저장하지 않는다.
- PC방 등 개방된 컴퓨터에서 온라인 쇼핑이나 금융 거래를 자제한다.
- 인터넷에서 자료를 다운로드 하지 않는다.
- 주기적으로 ActiveX 프로그램을 삭제한다.
- 보안 프로그램을 반드시 사용한다.
- 주민번호 클린 센터(http://clean.kisa.or.kr)를 통해 주민번호 이용 내역을 확인한다.
- 개인 정보 유출 시 해당 사이트 관리자에게 삭제 요청하고, 처리되지 않는 경우, 즉시 개인정보침해신고센터(국번 없이 118, www.118.or.kr)에 신고한다.

자료: 『소비자시대』, 2011년 12월호, p. 35.

(3) 공정한 거래질서의 확립

공정한 거래질서의 확립은 사업자의 건전한 시장경쟁을 유도하여 간접적으로 소비자를 보호하기 위한 정책으로, 그러한 정책으로는 다음과 같은 것들이 있다.

첫째, 불공정거래 행위의 규제를 들 수 있다. 정부는 사업자의 불공정한 거래 조건이나 방법으로 인하여 소비자가 부당한 피해를 입지 않도록 필요한 정책을 수립·실시하여야 하고, 또 소비자에 대해 합리적인 선택을 방해하거나 피해를 줄 수 있는 사업자의 부당 행위를 지정·고시해야 한다.

둘째, 표시 및 광고의 적정화를 들 수 있는데, 표시는 소비자의 알 권리와 선택할 권리를 실현하는 데 중요한 요소이다. 그러므로 정부는 사업자로 하여금 정확한 표시를 하도록 하여 소비자의 합리적 선택을 도모해야 한다.

셋째, 계량 및 규격의 적정화가 있다. 계량기의 불량, 계량단위의 불명확 등으로 인한 소비자피해가 많이 발생되고 있는데, 정부에서는 이러한 피해가 발생되지 않도록 계량에 대해 필요한 정책을 강구하여야 한다. 계량과 관련된 단행법으로는 계량 및 측정에 관한 법률이 있다. 그리고 규격의 적정화는 사업자의 입장에서는 생산의 합리화와 품질개선 및 거래의 단순화를 도모하고, 또 소비자 입장에서는 표준규격의 제정으로 인해 상품 선택의 합리화를 증진시켜 소비생활의 질 향상을 하도록 한다.

2) 지원행정 내용

(1) 소비자교육 및 정보 제공 기능의 강화

정부는 소비자가 자주성을 가지고 건전한 소비생활을 영위할 수 있도록 소비자의 이해와 관련되는 주요 정책이나 결정 사항 등을 소비자에게 알려야 하며, 또 제품, 서비스 및 소비생활 합리화에 관한 지식이나 정보 등을 제공하여야 한다.

(2) 소비자 피해 구제의 실효성 확보

소비자불만 및 피해의 신속·공정한 처리를 위해 한국소비자원에서 소비자 상담 및 피해 구제를 담당하고 있다. 그러나 한국소비자원의 피해 구제 업무는 주로 수도권 지역 소비자들에 의해서만 이용되고 있는 실정이다. 따라서 국민의 편의와 기회의 균등화를 위해 그 업무를 전국 주요 도시로 확대시켜야 할 것이다.

그리고 소비자와 사업자 간의 구체적 소비자피해 보상의 기준이 되는 품목별 분쟁 해결 기준이 마련되어 있으나, 이 기준은 사업자가 피해를 보상할 능력이 있을 때 그 효과가 인정된다. 즉, 사업자의 도산, 영세성 등으로 인해 피해 보상이 불가능할 때에는 소비자가 이 기준에 의해 적절한 피해 구제를 받지 못할 수 있다. 따라서 이러한 경우를 구제할 수 있는 방안이 강구되어야 하며, 또 소비자피해 보상의 대상이 되는 품목의 수와 범위도 점차 확대시켜야 한다고 본다.

3. 우리나라 소비자행정의 현황과 방향

3.1 중앙정부의 소비자행정 현황

우리나라 중앙정부의 소비자행정 운영체제는 공정거래위원회가 소비자보호정책을 총괄·조정하고 업무 특성에 따라 각 행정부처에서 각각의 소관 업무를 수행하는 구조를 취하고 있다. 소비자보호 행정은 공정거래위원회 소비자정책과에서 그 업무를 총괄하고 있으며, 광역시 시·도·군 등의 지방자치단체는 공정거래위원회와 기획재정부의 지휘·감독을 받아 자체 소비자보호과나 물가지도계, 공정거래계, 소비자보호계 등에서 소비자보호 업무를 맡고 있다.

한편, 소비자정책의 운영체제는 매년 초, 각 중앙행정부처별로 소비자정책을 수립하고, 공정거래위원회 소비자정책국에서는 각 중앙행정부처로부터 제출된 소비자정책을 종합하고, 이를 기초로 소비자정책을 수립하여 소비자정책위원회의 심의를 거쳐 최종적으로 확정하게 된다. 따라서 우리나라 소비자정책은 공정거래위원회의 소비자정책위원회에서 정책을 심의·의결하고, 각 행정부처별로 그 소관 사항을 집행하고 있다. 요컨대, 소비자행정조직은 공정거래위원회에서 소비자 업무를 총괄하고 각 행정부처에서 소관업무를 수행하는 이중적 구조 형태를 가진다.

우리나라는 1994년 각 중앙행정기관에서 추진하는 소비자정책을 조정·통합하기 위해 재정기획부에 소비자정책과를 설치하였다. 1980년대 중반부터 시작된 소비자정책 추진을 위한 국가 차원의 법령 및 기구의 정비가 어느 정도 완비되면서 1990년대에는 지방소비자행정이 소비자정책의 새로운 과제로 등장하였다. 이에 정부는 1995년 말 소비자기본법을 개정하여 지방자치단체들이 소비자보호 조례를 제정하여 시행할 수 있도록 법적 근거를 마련하였다. 2008년 새 정부 출범과 함께 정부조직의 대대적 개편이 이루어지면서 소비자정책 기본계획 및 종합시행계획 수립, 소비자정책위원회 권한이 기획재정부에서 공정거래위원회로 이관되었다.

그림 7-2. 우리나라 소비자행정 조직

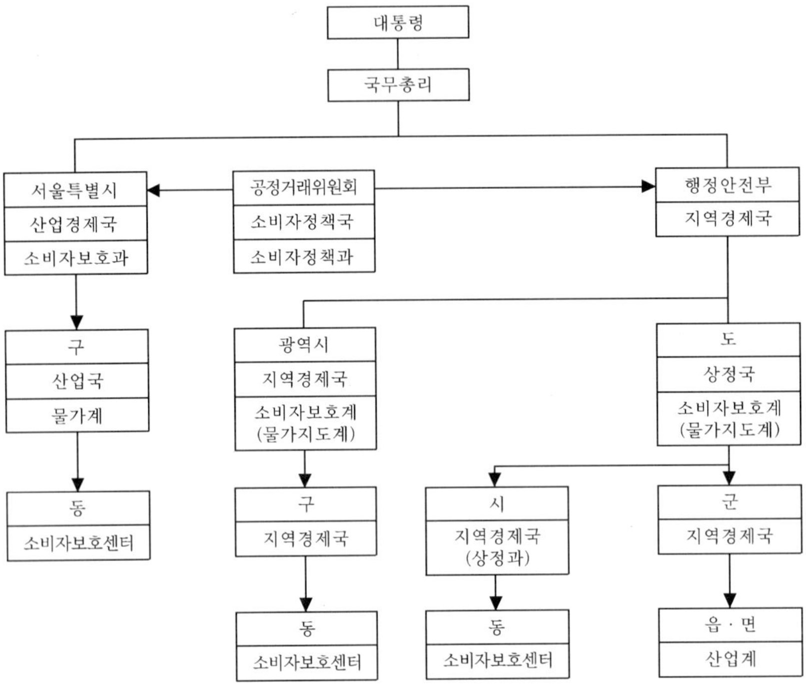

1) 중앙행정부처

개별 관련행정부처는 소비자보호를 위한 각종 제도의 개발, 소관별 소비자보호 정책의 수립 및 시행, 위해방지, 물품 및 서비스의 기준설정 및 고시, 시험·검사 및 조사, 물품 표시기준의 설정, 광고의 기준제정, 소비자정보의 제공, 소비자피해의 구제, 시험·검사시설의 설치 등을 수행하고 있다. 예를 들어, 농림부에서는 변화된 농업환경 및 일반 국민들의 요구에 부응하여 2003년 7월 1일부터 소비자안전과를 신설하였다. 소비자안전과는 농축산 식품의 안전성에 대한 국민의 기대 수준이 높아짐으로써 소비자 정책을 강화하기 위한 것으로, 유전자변형농산물(GMO) 표시제[75] 등을 전담하게 된다. 그리고 중앙행정부처는 지방자치단체에 구체적인 업무 지침을 시달하고 집행하도록 하는 역할도 한다.

이상에서 보듯이, 정부 행정부처별 소비자행정 업무는 매우 광범위하고 다양한데,

75) GMO(Genetically Modified Organism: 유전자변형농산물)는 유전자를 조작하여 생산성을 강화한 농산물이다. 이는 식품에 생명공학을 응용한 것으로 병충해에 강하고 수확량을 늘리는 이점이 있지만 과학적으로 안정성이 검증되지 않아, 해당 농수산물에 GMO 표시를 하도록 하고 있다.

그 내용을 보면, 〈표 7-4〉에 제시된 바와 같다.

표 7-4. 소비자 관련 정부 부서별 업무 내용

행정부처	업무 내용
공정거래위원회	- 소비자정책의 총괄 및 각 부서 시책의 종합 조정 - 소비자기본법, 약관 규제에 관한 법률 운용 - 표시·광고의 적정화를 위한 표시·광고 규제 기준 제정 - 공정거래에 관한 교육·홍보 - 소비자정책심의위원회 운영 - 한국소비자원 및 민간 소비자단체 지원·육성 - 금융, 보험, 증권업 관련 소비자불만 처리 및 소비자보호시책 수립·시행
행정안전부	지방자치단체의 소비자보호시책 총괄
지식경제부 (기술표준원)	공산품, 전기용품 관련 소비자 안전 처리 및 안전 관리 시책 수립·시행
농림수산식품부	농약, 축산물 관련 소비자 안전과 불만 처리 및 소비자보호 시책 수립·시행
보건복지가족부 (식약청)	식·의약품 관련 소비자불만 처리 및 소비자보호 시책 수립·시행
국토해양부	건설 및 운수업 관련 소비자불만 처리 및 소비자보호 시책 수립·시행

자료: 허경옥, 『소비자학의 기초』, (주)교문사, 2011, p. 353.

2) 공정거래위원회

2008년 2월 정부조직법 개정에 따라 소비자정책 종합·조정 기능을 이관 받은 공정거래위원회는 소비자기본법의 제·개정 및 운영 권한을 모두 갖게 됨으로써 우리나라 소비자정책을 총괄하는 기관이 되었다. 이는 경쟁정책과 소비자정책의 연계 추진을 통해 소비자후생을 극대화하고 시장경쟁을 촉진하여 기업 및 국가경쟁력을 제고하기 위한 것으로 보인다.

사실 소비자정책과 경제정책은 소비자후생 증대라는 공통의 목적을 가지고 있으며 상호 보완적으로 작용한다. 경쟁정책을 통해 시장경쟁이 촉진되면 기업이 품질 좋고 값싼 제품을 출시하기 때문에 소비자의 선택 폭이 넓어져 소비자권익이 증대된다. 또한 소비자정책을 통해 소비자들의 합리적 선택이 보장되면 기업의 경쟁을 촉진시켜 가격 인하, 품질 향상, 기술 개발 등이 촉진된다.

공정거래위원회가 소비자정책을 총괄함에 따라 이러한 선순환 관계에 따른 시너지 효과를 기대할 수 있게 되었고, 부처별 업무 중복을 극복할 수 있어, 보다 효율적인 정책 추진이 가능해졌다.

경북 고령시장 – 대장간

3) 소비자정책위원회

소비자정책위원회는 소비자기본법에 따라 소비자의 권익 증진 및 소비생활 향상에 관한 기본적인 정책을 심의·의결하기 위해 공정거래위원회에 설치된 기구이다. 공정거래위원장과 대통령이 위촉하는 민간위원장 등 2명이 공동위원장이 되며, 관련 부처 장관(14명), 소비자원장, 사업자단체 및 소비자단체 대표, 학계 등 8명의 민간전문위원 총 25명으로 구성된다.

그리고, 소비자정책위원회 내에는 업무를 효율적으로 수행하고 동 위원회에 상정될 안건에 대한 실무적인 검토 및 조정을 위한 실무위원회와 전문성이 요구되는 사안에 대해 연구·검토를 하기 위한 전문위원회를 두고 있다. 여기서 소비자정책위원회의 심의사항을 살펴보면, 다음과 같다. 소비자보호 종합정책을 수립하고, 사업자가 제공하는 물품 또는 서비스로 인한 소비자의 생명·신체 및 재산상의 위해를 방지하기 위하여 사업자가 지켜야 할 기준을 설정하며, 광고에 관하여 사업자가 지켜야 할 기준을 수립하기도 한다.

다음으로는 품목별 소비자피해 보상 기준을 설정하고, 소비자의 합리적인 선택을 방해하고 소비자에게 손해를 끼칠 우려가 있다고 인정되는 사업자의 부당한 행위를 지정한다. 그리고 소비자 관련 분쟁조정기구의 설치 및 운영에 관한 사항을 규정하며, 기타 소비자보호 및 소비생활에 관한 기본정책을 심의한다.

그림 7-3. 우리나라 소비자행정의 운영 체계

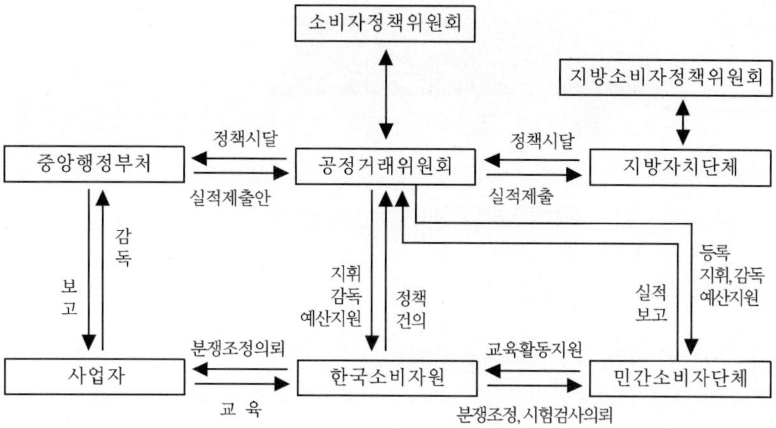

4) 한국소비자원

한국소비자원은 1987년 7월 1일, 소비자권익을 보호하고 소비생활의 합리화를 도모하며, 나아가 국민경제의 건전한 발전에 기여하기 위해 설립되었다. 한국소비자원은 정부의 소비자보호정책을 종합적·체계적·효과적으로 추진하기 위하여 설립되었는데, 이는 이전에 민간소비자단체가 수행해오던 소비자보호 업무를 공공기관이 수행하게 되었다는 점에서 그 의의를 찾을 수 있다. 주요 조직으로는 이사회, 소비자분쟁조정위원회, 각 업무부서 등이 있고, 감독관청은 공정거래위원회이다. 여기서 한국소비자보호원에 대해 구체적으로 알아보고자 한다.

(1) 소비자의 불만처리 및 피해 구제

세계화, 정보화에 따른 급속한 소비환경 변화에 따라 행정기관이 보다 적극적으로 소비자상담 등 소비자행정에 관여해야 할 필요가 있다. 소비자 관련 행정기구를 보면, 중앙행정부처·지방자치단체·한국소비자원 등이 소비자기본법이나 관계 법률에 의해 소비자 불만·피해를 처리하도록 되어 있으므로, 소비자들은 이들을 통해 소비자 상담을 할 수 있다. 현재는 소비자보호전담기관인 한국소비자원이 소비자 상담의 중추적 역할을 하고 있다.

한국소비자원은 한국소비자단체협의회 소속 8개 소비자단체, 16개 지방자치단체와 함께 전국 어디서나 국번 없이 1372번으로 소비자 상담을 접수, 처리하고 상담 과정에서 수집된 상담 정보를 참여 기관들이 공유하기 위해 2010년 1월 '1372 소비자 상담센터'를 구축하였다. '1372' 소비자 상담 처리 과정은 〈그림 7-4〉에서와 같다.

그림 7-4. '1372' 소비자 상담 처리 과정

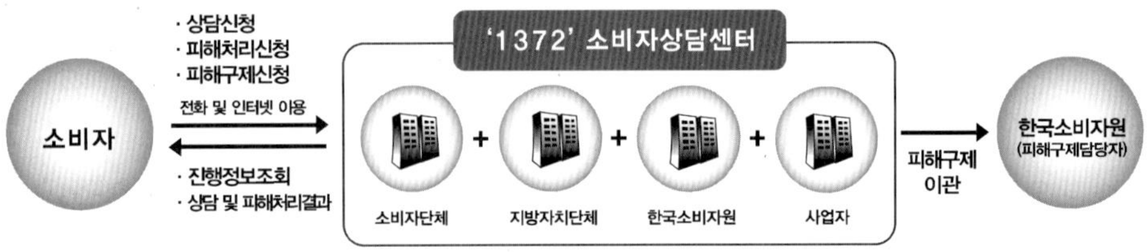

한국소비자원은 소비자의 상담 신청을 접수하여 적절한 정보를 제공함으로써 소비자불만을 처리하거나 타 기관 알선 또는 기타 상담 등으로 처리하고 있으며, 소비자기본법상 한국소비자원의 피해 구제가 가능한 사건에 대해서는 청구인(소비자)과 피청구인(사업자)의 인적 사항과 피해 사실 등을 확인한 후 피해 구제 청구 건으로 접수하여 처리를 한다. 또한 소비자기본법 제55조에 의거하면, 소비자단체 및 지방자치단체가 소비자 상담 관련 피해 처리를 한국소비자원에 이관하게 되면 한국소비자원은 해당 사건에 대한 피해 구제, 분쟁 조정 절차를 진행하도록 되어 있다. 단, 사업자의 부도, 폐업 등에 의해 당사자와의 연락이 불가능하거나 소재 파악 등이 불가능한 경우, 소비자와 사업자 사이의 분쟁이 아닌 경우(예: 상가, 사무실 등 비주거용 건축물 관련 분쟁; 화물운송차량·영업용 택시·버스 등 관련 분쟁; 프랜차이즈 계약 등 대리점과 본사와의 분쟁, 하도급 분쟁; 임금 등 근로자와 고용인 사이의 노동 분쟁; 개인 간 임대차, 전세 계약 등 관련 분쟁), 국가 또는 지방자치단체가 제공한 물품 등으로 인하여 발생한 피해는 구제 대상에서 제외하고 있다.

소비자 피해 접수 건은 상담, 합의 권고, 분쟁 조정 등의 절차를 거쳐 처리된다. 즉, 서신, 전화 등으로 접수된 상담 건에 대하여는 전문상담원이 소비생활과 관련된 정보 제공이나 관련 기관 안내 등의 상담을 해주며, 상담 과정 중에서 피해 구제 조치가 필요한 사항은 관련 자료를 첨부, 분쟁조정국으로 이관하여 업무를 처리한다.

그리고 소비자 상담 팀에서 이관된 피해 구제 건은 분쟁조정국의 담당 팀에서 피해 구제 접수일로부터 30일 이내에 처리해야 한다. 분쟁조정국의 합의 권고에 대하여 사업자 또는 소비자가 수락하지 않을 경우에는 분쟁조정위원회에 조정 요청을 하며, 분쟁조정위원회는 조정요청일로부터 30일 이내에 조정 결정을 하게 된다. 신속하고 효율적인 분쟁 조정을 위해 소비자분쟁조정위원회의는 전원회의 성격의 '분쟁조정회의'와 소회 성격의 '조정부'로 구분하여 운영된다. '조정부'는 3~5명의 위원으로 구성되며,

분쟁조정회의 관할 사항이 아닌 상대적으로 경미한 사건을 관할, 처리한다. 반면, '분쟁조정회의'는 7~11명의 위원으로 구성되며, 보다 신중한 검토가 필요한 집단분쟁 조정사건 및 소비자원장·소비자단체의 합의 권고 금액이 200만 원 이상인 사건을 관할한다.

그림 7-5. 한국소비자원의 피해 구제 절차

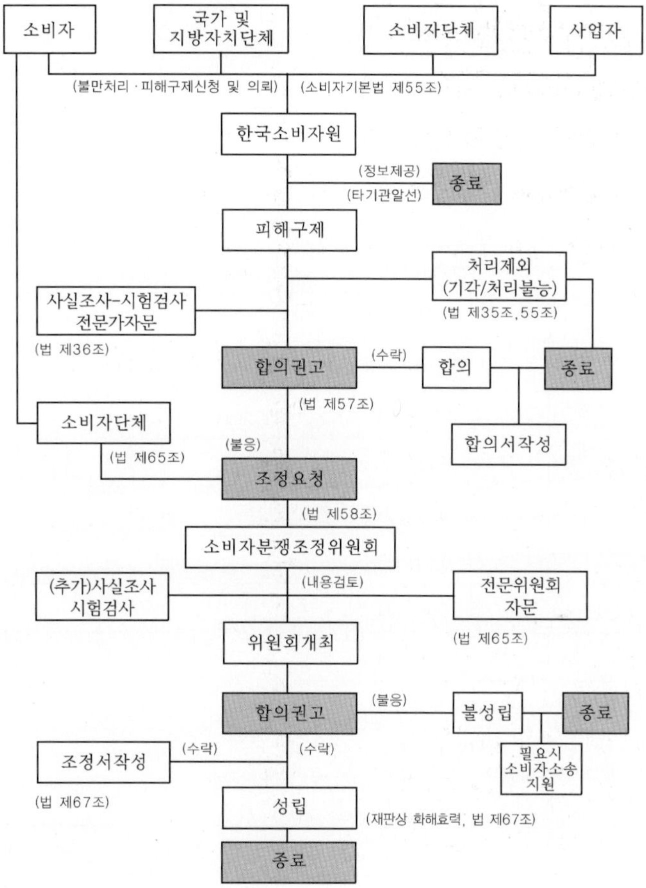

자료: 한국소비자원, 『2011 소비자피해 구제연보 및 사례집』, p. 20.

〈표 7-5〉에서 보듯이, 2011년 소비자원에 접수된 전체 피해 구제 건수는 27,427건이다. 이는 2010년의 23,374건에 비해 17.3% 증가한 것이다. 전체 중에는 물품이 56.6%로 가장 많고, 서비스 34.1%, 물품 관련 서비스 9.3% 순으로 많다. 그리고 물품 중에서는 의류·신변섬유용품, 차량·승용물, 정보통신기기 순으로 많은데, 그 구체적 내용은 〈표 7-6〉에서와 같다.

표 7-5. 대분류 품목별 피해 구제 신청 변화 추이

[단위: 건(%)]

구 분		2010년	2011년
물품		13,291(56.9)	15,522(56.6)
용역	물품 관련 서비스	1,934(8.3)	2,560(9.3)
	서비스	8,149(34.8)	9,345(34.1)
계		23,374(100.0)	27,427(100.0)

자료: 한국소비자원, 『2011 소비자피해 구제연보 및 사례집』, p. 31.

표 7-6. 중분류 품목별 피해 구제 변화 추이

[단위: 건(%)]

구 분	2010년	2011년
의류·섬유신변용품	5,641(42.4)	6,723(43.3)
차량 및 승용물	2,629(19.7)	2,948(19.0)
정보통신기기	1,164(8.8)	2,057(13.2)
토지·건물·설비	635(4.8)	577(3.7)
가구	518(3.9)	508(3.3)
문화용품	539(4.1)	501(3.2)
보건·위생용품	364(2.7)	385(2.5)
가사용품	368(2.8)	372(2.4)
식료품 및 기호품	331(2.5)	292(1.9)
스포츠·레저·취미용품	303(2.3)	291(1.9)
도서·음반	273(2.1)	289(1.9)
주방용품·설비	215(1.6)	268(1.7)
식생활기기	187(1.4)	199(1.3)
농·수·축산용품	75(0.6)	63(0.4)
광열·수도	36(0.3)	31(0.2)
기타 상품	13(0.0)	18(0.1)
계	13,291(100.0)	15,522(100.0)

자료: 한국소비자원, 『2011 소비자피해 구제연보 및 사례집』, p. 34.

한편, 한국소비자원, 한국소비자단체협의회, 공정거래위원회가 함께 운영하는 소비자 상담센터(1372)의 2010년 1/4분기 소비자 상담 동향 분석을 살펴보면, 다음과 같다. 〈표 7-7〉에서 보듯이, 소비자 상담센터에 접수된 상담 중 분쟁 해결 기준 설명 등 소비자에게 정보를 제공한 것은 145,011건인 데 비해, 소비자피해가 발생하여 상담 이후 피해 구제 절차가 진행된 것은 14,740건(9.2%)에 불과하다.

피해 구제 절차가 진행된 14,740건 중 소비자단체 및 지방자치단체가 상담 이후 즉시 사업자에게 연락하여 피해 처리 절차를 진행함으로써 피해 구제가 된 것은 9,606건이며, 상호합의가 이루어지지 않아 소비자분쟁조정위원회의 조정으로 넘겨진 경우는 102건(0.1%)에 불과하다.

표 7-7. 상담 처리 결과 현황

(단위: 건, %)

구 분		건 수	구성비
단순 상담 및 정보 제공	분쟁 해결 기준 설명, 피해 구제 절차 안내, 타 기관 알선 등	145,011	90.7
피해 구제 절차 진행	소비자단체 등에 의한 피해 처리	9,606	6.0
	소비자원에 의한 피해 구제 신청	5,032	3.1
	소비자분쟁조정위원회 조정 신청	102	0.1
	소계	14,740	9.2
기 타		180	0.1
합 계		159,931	100.0

자료: 한국소비자원, T-gate(www.tgate.or.kr), 2010. 6.

(2) 제품 및 서비스의 시험·검사

한국소비자원은 물품 및 서비스의 규격, 품질, 안전성에 관한 시험·검사를 실시하고 있다. 이는 소비자안전을 위해 유통되고 있는 제품을 수거하여 테스트하는 감시테스트, 상품 정보 제공 및 품질 향상을 유도하기 위한 상품테스트, 그리고 분쟁조정 관련 시험 등 소비자피해 구제와 관련된 감별테스트 등으로 구분할 수 있다.

주요 소비자 정보지 – 한국소비자원의 『소비자시대』

(3) 소비자보호정책의 연구 및 건의

소비자원에서는 국민소비생활과 관련된 제도, 법령 등을 체계적·종합적으로 연구하여 소비자보호정책을 정부에 건의하고 있다. 주요 연구내용은 소비자보호제도 일반, 피해 구제, 소비자안전, 거래적정화, 표시·광고, 계량·규격, 소비자교육, 금융·보험, 주택·환경 등이다. 현재 소비자원의 정책 연구 활동은 매우 활발하게 이루어지고 있는 것으로 평가된다.

(4) 소비생활 합리화에 필요한 각종 정보의 제공

제품 및 서비스의 가격, 표시, 유통구조, 허위·과장 광고, 그리고 부당약관 등에 관한 조사를 실시하여 이를 통해 획득된 정보를 소비자에게 제공하고 있다. 뿐만 아니라, 사업자들에게는 자신들이 파악한 문제점을 지적, 그에 대한 시정을 요구하며, 정부에 대하여는 이러한 문제의 해결을 위한 제도 개선, 행정 처분 등을 건의한다.

(5) 소비자교육 및 홍보활동

일반 소비자, 소비자단체의 지도자, 대학생, 교원, 소비 담당 공무원, 기업체 임직원을 대상으로 연수와 소비자교육을 실시하고 있다. 그리고 1988년 1월에 창간된 월간 『소비자

쉼터 소비자중심경영(CCM) 인증 제도

소비자중심경영(Consumer Centered Management: CCM)은 기업의 모든 경영 활동을 소비자 중심으로 (개선)해 나가는 것을 말하며, CCM 인증 제도는 기업이 소비자중심경영을 잘 운영하고 있는지를 한국소비자원이 평가하고 공정거래위원회가 인증하는 제도다. 이 제도는 기업의 소비자 지향적 경영 문화 확산과 소비자 관련 시스템 구축·정비를 통해 대내외 경쟁력을 강화하고, 소비자 권익 증진 노력으로써 소비자 후생 증대에 기여하는 것을 목표로 한다.

소비자 측면에서 보면, CCM 인증 기업의 제품이나 서비스를 안심하고 선택할 수 있을 뿐만 아니라, 피해 발생 시 신속히 처리할 수 있다. 기업 측면에서는 소비자피해 발생 요소를 줄이고 사전 예방 활동을 강화하여 기업에 대한 소비자 만족도와 기업 경쟁력을 향상시킬 수 있다. 공공 부문에서는 사후적인 분쟁 해결 및 시정 조치 비용을 절감할 수 있다.

소비자중심경영 인증마크는 소비자와 기업이 서로를 이해하고 신뢰해 하나가 되어 가는 과정을 형상화한 것이며 인증 기업은 상품에 인증마크를 부착할 수 있고, 자사의 각종 홍보물 등에 사용할 수 있다.

- CCM 인증마크·엠블럼 -

자료: 『소비자시대』, 2011년 10월호, p. 49.

시대』, 『어느 회사 제품이 가장 좋은가』, 각종 소비자문제 관련 연구 결과를 싣는 학술전문지 『소비자문제연구』를 발행하여 소비자에게 필요한 정보를 제공하고 있다.

(6) CCM(Consumer Centered Management) 인증

2007년부터 실시된 소비자불만 자율 관리 프로그램(consumer complaints management

system: CCMS)이 2011년 소비자중심경영(CCM) 인증으로 다시 태어났다. CCM은 기업이 수행하는 모든 활동을 소비자 관점에서, 소비자 중심으로 (재)구성하고 관련 경영활동을 지속적으로 개선하고 있는지를 평가하여 인증하는 제도이다. 2012년 1월 현재 한국소비자원으로부터 인증을 획득한 기업은 62개이며 CCM 인증을 받는 기업에게는 다음과 같은 혜택이 있다.

첫째, 공정거래위원회에 신고된 소비자피해 사건에 대해 자율적으로 처리할 수 있는 권한이 부여된다. 공정거래위원회에 신고되는 표시광고법, 방문판매법 및 전자상거래소비자보호법 위반 사건 중 개별 소비자피해 사건에 대해 인증 기업에 우선 통보하여 당사자의 자율 처리를 유도한다. 소비자가 처리 결과를 수락하는 경우, 공정거래위원회의 별도 조사 및 심사 절차가 면제된다.

둘째, 법 위반 제재 수준이 경감된다. 인증 기업이 표시광고법, 방문판매법 및 전자상거래소비자보호법 위반으로 공표 명령을 받은 경우, 제재 수준이 경감된다.

셋째, 우수 기업에 대한 포상이다. 인증 기업 및 소속된 개인에 대하여 포상이 이루어진다.

넷째, 인증마크 사용 권한이 부여된다. 인증 기업에게 인증마크 사용권한이 부여되고, 인증 기업은 인증마크를 사업장에 게시하거나 홍보물, 광고 등에 사용할 수 있다.

3.2 지방정부의 소비자행정 현황

1) 지방소비자행정 개요

지금까지의 소비자정책이나 소비자단체의 역할, 한국소비자원의 역할 등이 서울을 위주로 많이 이루어지고 예산이 집행되었기 때문에 소비자의 소비자의식이나 사업자의 소비자보호 의식에 있어서 어느 정도의 차이가 난다. 본격적인 지방자치시대의 진입과 함께 지방정부 및 시민의 소비자보호에 관한 의식이 크게 전환되어야 할 것이다. 지방자치단체는 소비자기본법에 따라 지역별 소비자시책을 수립·시행하고 소비자조례를 정비하며 개별 법령에서 위임한 범위 내에서 소비자 관련법 집행 업무를 수행한다. 아울러 지방자치단체는 소비생활센터를 운영하고 지역 소비자교육을 실시하는 등 소비자정책을 각 지역의 특성에 맞게 추진한다.

현재 지방자치단체의 소비자 관련 업무를 살펴보면, 조직체계나 내용 면에서 중앙정부에 비해 미약한 실정이다. 즉, 인원과 예산이 부족하여 소비자의 요구에 충분히 부응하지 못하고 중앙정부의 계획을 단지 집행만 하는 상태에 있다. 그러나 지방자치제가 본격적으로 실시된 이후, 소비자보호문제가 지방자치단체의 새로운 정책과제로 부각되면서 각 지방자치단체들이 소비자보호 조례를 제정하고, 소비자 업무 관련 부서나 소비자 고발센터 등을 설치하는 등 새로운 움직임을 보이고 있다.

2) 소비자보호 조례 및 행정조직

(1) 소비자보호 조례

소비자보호 조례를 제정·시행하는 것은 지방자치단체의 의무이다. 행정자치부는 각 시·도의 조례 제정을 지원하기 위해 1996년과 1999년, 2차에 걸쳐 소비자보호 조례 표준안을 작성하여, 각 시·도에 통보한 바 있다. 그 내용은 크게 소비자권리의 보장을 위한 조항과 소비자정책심의위원회에 관한 조항 등 두 부분으로 구성된다. 대전광역시가 최초로 1996년 소비자보호 조례를 제정하였으며, 대부분의 지방자치단체에서 행정자치부가 통보한 소비자보호 조례 표준안을 그대로 수용하고 있다.

(2) 소비자행정 조직

과거 지방자치단체에는 독립된 소비자행정 조직이 따로 설치되지 않았으며, 대부분 물가지도계 또는 물가관리계에서 물가 관리의 부수적인 업무로서 소비자행정을 인식해 왔으며, 소비자업무라고 하면 곧 피해에 대한 상담과 처리 업무 정도로 생각하였다. 그나마 상담을 맡던 직원들이 1년여를 넘지 못하고 자주 바뀌는 경우가 많아, 소비자문제에 대한 전문가 양성이나 새로운 정책을 제시한다는 것은 조직 체계상에서도 매우 힘든 일이었다. 그러나 지금은 이들 조직의 명칭이 소비자보호계로 대부분 바뀌었는데, 이는 오늘날의 지방자치단체들이 지방정부의 정책에서 소비자행정에 많은 비중을 두고 있다는 관심의 표명이라고 할 수 있다.

(3) 지방소비자정책위원회

지방자치단체에서는 지방소비자정책위원회를 설치·운영하며 지역 실정에 맞는 소비자보호 업무를 개발·시행하도록 규정하고 있다. 소비자보호 조례 표준안에 따르면 지방소비자정책위원회에서 심의·의결해야 할 주요 사항은 다음과 같다. 첫째, 소비자보호 조례 및 관련 규칙의 제정 및 개폐에 관한 사항, 둘째, 소비자보호 관련 행정조직의 설치·운영 및 정비에 관한 사항, 셋째, 소비자단체의 지원·육성에 관한 사항, 넷째, 소비자단체의 사업 타당성 및 보조금 지급의 적정성 판단에 관한 사항, 다섯째, 기타 소비자보호 및 소비생활에 관한 주요 정책과 관련된 사항을 심의한다.

지방소비자정책위원회는 지방자치단체의 소비자정책위원회 운영 조례에 근거하여 구성된다. 위원회는 20인 이내의 위원을 둘 수 있고, 위원장은 부시장 또는 부지사가 되며, 위원은 소비자보호와 관련된 부서의 장과 소비자문제에 관하여 전문지식이 있는 자, 소비자 대표, 경제계 대표 및 지방의회의원 가운데 시·도지사가 위촉하는 자로 구성된다.

(4) 소비자피해 구제 기구

소비자피해 구제 기구는 각 지방자치단체가 소비자불만 및 피해를 처리하기 위한 기구이다. 현재 각 특별시, 광역시·도와 시·군·구청이나 읍·면·동사무소에 소비자피해 구제 기구로 소비자보호센터를 설치하고는 있으나, 전문상담원이 없고 소비자들에게 알려지지 않아, 이를 이용하는 소비자들이 많지 않은 실정이다.

그러나 최근 들어, 소비자 상담실을 별도로 설치하여 피해 구제 업무를 시작한 지방자치단체가 나타났다. 서울특별시, 대전광역시, 부산광역시, 인천광역시, 경기도 등이 그 예이다. 특히 경기도에서는 소비자보호정보센터를 신설하여 각종 소비자정보 제공 및 소비자피해 구제 업무를 수행하고 있으며, 소비자전문상담사를 채용하여 적극적으로 소비자 상담활동을 펼치는 노력을 기울이고 있다.

3.3 우리나라 소비자행정의 방향

1) 행정조직의 개선

정부가 소비자 지향적인 행정을 시행하기 위한 방법으로는 기업들이 보다 소비자 지향적 경영을 충실히 실천할 수 있도록 구조적, 제도적으로 지원해야 하며, 또 정부 입장에서 각종 소비자보호 관련 법규나 정책을 재정비하고 강화해 나가야 할 것이다.

현행 소비자행정체계를 보다 소비자 지향적으로 개선하기 위한 방법으로는 행정조직체계 전반을 소비자 지향적으로 개편하는 방법과 기존의 행정조직의 기본 골격을 그대로 유지하면서 소비자 지향적인 측면을 강화하는 방법이 있다.

2) 규제 및 지원 행정 기능의 강화

소비자 규제 행정 기능을 강화하기 위한 방법으로는 정부가 일정한 기준을 설정하고 사업자에 대해 그 기준에 부합되는 행동을 이끌어 내는 강제적 규제 방법과 시장에서 사업자 간의 공정한 경쟁을 유도하는 자율적 규제 방법이 있다. 소비자보호 규제 행정은 이 두 가지 방법이 적절히 함께 이루어져야 한다. 특히 소비자안전 관련 정부 규제는 강제적 규제 방법을, 광고에 대한 규제는 자율적이고 규제 방법의 비중을 높이는 차원에서 소비자 규제 행정 기능을 강화할 필요가 있다.

한편, 정부는 소비자정보의 제공과 소비자교육에 대한 지원 행정 기능을 더욱 확대해 나감으로써 소비자가 합리적으로 의사결정을 할 수 있도록 하여야 한다. 예를 들어, 지자체에서 발행하는 소식지에 소비자정보 코너를 신설·확대하여 최근에 많이 발생되고 있는 피해 유형이나 그 대처 방법에 대해 소개함으로써 시민들에게 좀 더 가까이 다가서는 행정이 필요할 것이다.

3) 소비자피해 구제 기능의 강화

정부가 사업자에 대한 규제를 강화하고, 소비자에 대한 지원을 확대한다고 하더라도 소비자피해는 어떠한 형태로든지 발생되기 마련이다. 가장 바람직한 소비자피해의 구제 방법은 사업자가 주체가 되어 소비자와 자주적으로 해결하는 것이지만 현실적으로 어려우므로, 정부의 개입에 의한 소비자행정이 필요하게 된다.

소비자피해 구제와 관련하여, 정부는 개별 소비자 각각의 피해 구제보다는 소비자 전체의 피해 구제가 신속하고 원활하게 이루어질 수 있도록 하는 제도적 장치의 마련에 많은 노력을 기울여야 하고, 이미 발생한 소비자피해에 대해서는 신속하고 공정하게 구제 조치가 될 수 있도록 행정력이 발휘되어야 한다. 더 나아가, 사업자가 피해 구제를 자율적으로 할 수 있게 유도하는 제도를 강화하여야 할 것이다.

영국 런던 포토벨로 마켓

4) 소비자행정의 지방자치화

지방자치는 각 지방의 실정에 알맞은 소비자행정의 실현이 가능하다. 즉, 각 지역의 여건과 구체적인 수요에 맞추어 공급을 조절함으로써 지역주민의 보다 적극적인 참여를 유도할 수 있다. 또한 지방자치는 행정기능의 분담을 통하여 소비자행정의 효율성을 높일 수 있다. 이는 중앙정부 측에서 전국적이고 국가적인 차원의 정책을 수립하고, 지방자치단체에서 중앙정부에 의해 수립된 정책을 지역실정에 맞도록 적절히 집행하는 합리적 분업체제로 운영할 필요가 있음을 뜻한다.

장기적인 중앙집권적 체제에 익숙한 행정체제 하에서 소비자에 대한 사회 전반적인 관심과 소비자 위상이 바로 정립되기 위해서는 강력한 소비자보호 조례가 요구된다. 또 지방자치단체의 소비자 관련 예산이 현재 타 분야와 비교할 때 매우 적게 책정되어 있어 소비자교육에서부터 소비자안전을 위한 시험, 검사, 민간단체지원, 정책연구 등의 업무를 실시하는 데 큰 걸림돌이 되고 있다. 이에 대해 지방행정부 및 의회의 관심이 요구된다 하겠다.

제3부

소비자주의의 실천

제8장

환경문제와 환경소비자주의

1. 환경문제의 특성과 유형

1.1 환경문제의 특성

1) 환경과 환경문제

환경(environment)이라는 낱말은 다양한 의미로 사용되고 있다. 사전적 의미로는 '주위의 사물 또는 사정, 거주의 외계, 생활체를 둘러싸고 그것과 일정한 접촉을 유지하고 있는 외계', '유기체 또는 생태계에 영향을 미쳐 궁극적으로 그것의 형태와 생존을 결정짓는 물리적 · 화학적 · 생물학적 요인들의 복합체' 등으로 정의된다.

환경은 여러 가지 방법으로 분류될 수 있으나 크게 물리적 환경과 사회적 환경으로 나뉠 수 있다. 물리적 환경은 다시 자연적으로 만들어진 자연환경과 인간이 편의를 위해 만든 인공 환경으로 구분된다. 자연환경으로는 대기 · 물 · 토양 · 해양 · 동식물 등으로 구성된 생태계가 있으며, 인공 환경으로는 건물 · 도로와 같은 시설물, 가공물 등이 있다. 사회적 환경은 인간사회의 질서와 능률을 확보하기 위하여 인간이 만든 것으로, 정치 · 경제 · 사회 · 문화 · 과학 · 제도 등을 가리킨다.

과학기술의 발달 및 산업화에 따른 문명의 혜택과 풍요로운 소비생활로 말미암아 인간은 삶의 양적인 향상과 쾌적하고 편리한 생활이 가능하게 되었다. 그러나 대량생산 · 대량소비로 인한 천연자원과 에너지 소비의 가속화는 자원 고갈, 환경오염과 같은 심각한 사회문제로 부각되기 시작하였고, 환경파괴가 점차 확대 · 심화되면서 결국, 지구 환경문제는 삼림의 대규모 파괴, 급속한 생물 종의 멸종, 대기 · 수질의 심각한 오염, 지구온난화에 의한 기상이변, 성층권의 오존층 감소 등으로 나타났다.

지구환경의 위기는 많은 학자들에 의해 지적되어 왔다. 로마클럽[76]은 1972년에 발간된 『성장의 한계(Limits to Growth)』라는 보고서에서 인구 증가, 자원 고갈, 자연훼손이 지속될 경우, 2100년경에는 성장이 멈출 것이라고 경고한 바 있다. 또 1991년 세계환경보호연맹(World Conservation Union: WCU)은 『지구를 위한 배려(Caring for the Earth)』에서 지구의 한계를 벗어난 천연자원의 남용으로 인류문명은 위기에 직면해 있고 우리는 현재 문명의 존립을 걸고 도박을 하고 있다고 경고하였다.

환경문제는 전 지구적인 문제이다. 즉, 환경문제는 어느 한 국가의 문제로 국한되지 않으며, 또한 국가 내에서도 결코 일부 지역의 문제로만 제한되지 않는 문제라는 것이다. 따라서 환경문제에 대한 국제사회의 다양한 협력과 함께 국가적 차원에서의 거시적인 대응이 요구된다 하겠다. 광역적이고 포괄적인 환경문제의 해결을 위해서는 환경행정당국과 사회 구성원 모두의 관심과 적극적인 참여가 필요하다.

그림 8-1. 환경의 분류

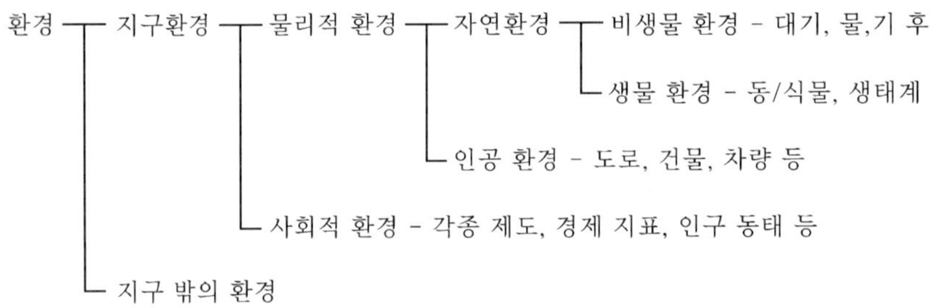

2) 환경문제의 발생원인

여기서 환경문제의 발생 원인에 대하여 구체적으로 알아보면, 다음과 같다.

첫째, 인구 증가와 자원 고갈을 들 수 있다. 인구 증가에 따라 우리가 기본적인 의식주를 해결하기 위해서는 많은 재화와 서비스가 필요하며, 이러한 재화와 서비스 생산을 위한 자원의 소모는 자원 고갈과 환경문제를 일으킨다. 유엔이 2003년 12월에 낸 『2300년

76) 로마클럽은 1970년, 유럽의 경제학자, 과학자, 기업인 등 36명이 지구에 대한 문제의식을 갖고, 특히 천연자원의 고갈, 공해에 의한 환경오염, 개발도상국의 인구 증가 등에 의한 인류 위기에 대해 회피의 길을 모색하여 경고, 조언하는 것을 목적으로 결성되었다. 이 클럽에서 1972년에 낸 보고서가 『성장의 한계(The Limits to Growth)』란 제목으로 출간되었다.

세계 인구 보고서』에 의하면, 약 300년 후인 2300년에는 세계 인구가 지금의 63억 명에서 90억 명을 돌파할 것이라고 전망하였다.

둘째, 인구집중과 도시화를 들 수 있다. 즉, 농업생산력이 증가하면서 구직이나 편리한 생활을 위한 농촌인구의 도시 유입으로 인구집중 현상이 나타난다는 것이다. 이에 따른 새로운 일자리, 주택, 학교, 도로 등의 시설 부족으로 교통 혼잡과 수질오염, 대기오염, 쓰레기 문제, 소음 문제 등 여러 환경문제가 야기되고 있다.

셋째, 환경파괴적인 기술의 개발 또한 환경문제의 원인이 된다. 산업혁명 이후 사람들이 기술을 개발하고 기계를 생산, 이용하기 시작하면서 작업 효율은 크게 향상되었으나, 자원의 유한성과 자연의 수요능력을 고려하지 않은 기술혁신은 자연자원의 고갈을 가속화시키고 환경문제를 유발하는 결과를 낳게 되었다.

넷째, 경제성장이 환경문제의 원인이 된다. 자본주의가 발달함에 따라 대규모로 상품을 생산하게 되었고, 이에 따라 광범위한 자원의 개발과 사용이 따르게 되었다. 경제 규모가 팽창하면 그 경제체제는 보다 많은 재화를 생산, 소비하게 되며 자연으로부터 많은 것을 채취, 사용한 후 폐기하므로 이에 따른 부작용으로 환경오염과 생태계 파괴 문제가 일어나게 된다.

다섯째, 소득 증가와 소비패턴 변화가 원인이 된다. 소득 증가로 인한 소비 형태의 변화로 곡류 중심에서 육류와 가공식품 중심의 소비가 늘어나게 된다. 이 같은 육류소비의 증가는 대규모 축산을 유도하고 많은 곡물사료의 소비 및 축산 배설물의 증가로 환경오염이 야기된다.

여섯째, 빈곤도 환경문제의 원인이 된다. 빈곤은 식량 부족을 해결하기 위해 무분별한 개간과 무차별적 야생 동식물 포획으로 이어져 자연을 파괴하고 천연자원을 고갈시킨다. 이러한 자연 훼손은 토양 침식과 홍수, 가뭄 등을 일으켜 토지를 황폐화시키고 농업 생산성을 하락시켜 빈곤의 악순환을 반복하게 한다.

3) 환경문제의 특성

환경문제가 지니고 있는 본질적이고 구조적인 특징으로 오염 원인의 다양성, 영향의 광범위성, 인과관계의 시차성, 상승작용, 문제의 자기증식성 등을 들 수 있다. 여기서 이들 환경문제의 특성에 대해 구체적으로 살펴보면, 다음과 같다.

첫째, 환경문제는 인간의 모든 경제활동, 특히 제품 개발·생산·소비 과정에서 많이 발생하는 문제이다. 우선 개발 과정에서는 자연환경 훼손, 생태계 파괴 등의 문제가, 생산 과정에서는 매연, 폐수, 폐기물, 소음, 진동 등의 공해문제가 발생한다. 또 소비 과정에서는 난방연료 연소, 생활하수, 쓰레기 등 다양한 오염물질이 발생한다. 이처럼 많은 요인에 의해 발생되는 환경문제의 해결에는 다양한 방법과 복합적인 방안이 요구된다.

둘째, 환경의 개방적 특성으로 인해 그 영향이 매우 광범위해지고 있다. 즉, 오염물질은 대기와 수계의 이동 과정을 통하여 지역적으로 크게 확산되는 성질을 가지고 있다. 따라서 이러한 환경문제는 전 국토적 내지 전 지구적 차원에서 대책이 필요한 것이다.

셋째, 환경문제의 경우, 실제 문제가 발생한 시점과 그 영향이 나타난 시점 사이에는 시간적 차이가 난다. 이처럼 환경오염이나 자연 파괴의 영향이 오랜 시차를 두고 나타나기 때문에 원인과 결과 사이에 존재하는 인과관계를 확인하기가 매우 어렵다. 더욱이 문제 발생 시에 해결과정에서 막대한 대가를 치르거나 원상회복이 불가능할 수도 있다. 그러므로 환경문제는 사후 규제보다는 사전 예방적인 대책이 바람직하다고 할 수 있겠다.

넷째, 상호작용하는 여러 요인들에 의하여 화학반응을 일으키고 이로 인해 상승작용을 일으켜 문제를 악화시킬 수 있다. 예를 들면, 대기오염물질인 아황산가스는 그 자체만으로도 인간에게 악영향을 미치는 물질로서, 대기 중에서 질소산화물·수증기·분진 등과 혼합되어 산성비를 만들어 내어 인간 및 자연에게 더욱 심각한 피해를 주고 있다. 마지막으로 대기·물·토양 등의 자연환경은 어느 정도 오염물질을 스스로 정화할 수 있는 자정능력이 있으나 그 능력 이상으로 오염물질이 부가되면 자정 작용이 불가능하게 되어 오염 현상이 가중된다. 이처럼 다양한 특성을 갖는 환경문제는 단편적·부분적 접근만으로는 해결이 어려우므로 종합적·장기적으로 해결 방안을 강구해야 하며, 또 관련 사회 부문과의 체계적인 연계도 요구되는 문제다.

1.2 환경문제의 유형

1) 대기오염과 수질오염

(1) 대기오염

대기오염이란, 대기 중에 아황산가스, 일산화탄소, 이산화질소, 탄산화수소, 납, 기타 중금속 등이 과다하게 포함되어 있어 생태계에 악영향을 주는 상태를 말한다. 대기오염의

영국 런던 애플 마켓

원천은 자연적인 것과 인위적인 것으로 나눌 수 있는데, 특히 인위적인 오염원은 공장매연, 자동차 배기가스, 냉·난방가스 등 우리의 생활환경에 인접해 있어 인간에게 직접적으로 영향을 준다.

(2) **수질오염**

수질오염은 동식물의 생존을 어렵게 함으로써 생태계를 파괴시키고, 상하수원의 질을 떨어뜨려 인체에 유해한 영향을 미친다. 오염된 물을 공업용수로 사용할 경우, 정화 비용 등으로 인해 생산비를 증가시킬 수 있으며, 또 농업용수나 축산용수로 사용될 때는 농작물의 피해, 축산물의 생육 부진 등의 문제를 유발한다. 수질오염 물질로는 각종 유기물질, 대장균 등의 미생물, 중금속, 유해화학물질, 방사성물질 등을 들 수 있다.

2) 토양오염과 해양오염

(1) **토양오염**

토양오염은 대기오염과 수질오염 및 각종 폐기물의 토양 유입, 농약, 화학비료 등으로 인해 유발되는 것이다. 특히 산업 발달에 따른 화학물질의 사용 증가로 토양오염이 극심한 실정이다. 그리고 토양오염은 인간에게 간접적으로 해를 준다. 즉, 오염된 토양이 1차적으로 농작물에 영향을 미치고 오염된 농작물을 우리가 섭취함으로써 인간에게 해를 끼친다. 여기서 토양오염은 간접 오염원이라는 점에서 수질오염이나 대기오염과는 그 성질이 다르다.

(2) 해양오염

해양오염은 생활하수, 일반폐기물, 산업폐수, 폐기물 등 육상에서 벌여진 오염과, 선박이나 해양시설로부터 배출되는 폐수·폐기물, 해난 사고에 의한 기름 유출 등 해상에서 발생하는 오염으로 구분될 수 있다. 해양오염은 정화 과정이 매우 까다로워, 오염 상태가 장기간 지속되는 특징이 있다.

3) 기후변화와 산성비

(1) 기후변화

기후변화는 오늘날 지구가 안고 있는 심각한 환경문제 중의 하나이다. 화석연료의 대량소비로 인한 대기 중의 온실가스 증가가 주된 원인이며 지구온난화가 그 대표적인 예이다. 1972년 로마클럽이 지구온난화의 위험성을 제기한 이래 범세계적으로 대응책을 강구하고 있는 상태이다. 대기 중의 이산화탄소 농도는 매년 0.5%씩 증가하고 있고 지구의 평균기온은 100년 전보다 0.6도가 높아졌으며 최근 들어 기온 상승 속도가 빨라지고 있어, 2030년경에는 1.5~4.5도 정도 상승하여 해수면도 지금보다 20cm 높아질 것으로 전문가들은 예측하고 있다.

(2) 산성비

일반적으로 pH 5.6 미만인 물을 산성물이라고 한다. 산성비는 주로 화학연료의 연소로 인해 발생되는 아황산가스가 주된 원인이다. 산성비 문제는 대기오염과 밀접한 관계를 맺고 있으며 대기오염은 화석연료 연소 시에 배출되는 황이나 질소화합물이 공기 중에서 산화반응하고 이것이 대기 중의 수분과 결합하여 발생한다. 산성비는 건물, 구조물 등을 부식시키고 토양, 수자원 및 생태계에 영향을 미치며 삼림에도 큰 피해를 끼친다.

4) 오존층 및 생태계 파괴

(1) **오존층 파괴**

지구 성층권에 있는 대기 중의 오존은 태양광선 중 자외선을 차단해 줌으로써 지구에 있는 생물체를 자외선으로부터 보호하는 역할을 한다. 오존층 파괴 현상은 1985년 남극 상공에서 처음 관측된 이래, 전 세계에서 나타나고 있다. 최근의 연구 결과에 따르면, 범지구적으로 성층권의 오존이 2%가량 감소하였으며 해마다 0.2~0.5% 정도 감소하고 있는 것으로 나타나고 있다.

(2) **생태계 파괴**

생태계 파괴는 생물 종 감소 문제와 삼림 파괴 문제를 포함하는 것으로 최근의 개발 열기로 인하여 더욱 심각해지고 있다. 약 2천 종의 척추동물과 2만5천 종의 식물이 멸종 위기에 있으며, 향후 20~30년 사이에 지구 전체 생물 종 가운데 약 1/4이 멸종 위기에 처할 것으로 예상된다. 삼림 파괴 속도도 갈수록 가속화되고 있는데, 그중에서도 중남미와 아프리카 열대우림의 파괴 상황은 심각하다.

2. 환경과 지속가능한 발전

2.1 지속가능한 개발

지속가능한 개발은 1987년 환경과 발전에 관한 세계 위원회 보고서(브룬트란트 보고서)를 통해 국제사회에 등장한 이래 점차 인류의 삶과 행동을 위한 지침으로 자리 잡아 왔다. 1992년 6월 브라질 리우에서는 유엔환경개발회의(UNCED)가 열려 '지속가능한 개발(ESSD: Environmentally Sound and Sustainable Development)'이라는 새로운 정책을 천명하게 되었고, 178개국의 대표는 '의제 21(Agenda 21)'을 채택하여 지구를 살리기 위한 공동의 목표에 합의하고 당면한 환경 위기에 따른 개선책과 행동 대안을 제시하였다.

지속가능한 개발은, 여러 학자들의 수많은 정의가 있으나, 공통적으로 다음과 같은 세 가지 성격을 가진다.

첫째, 환경의 가치, 특히 자연과 문화 환경에 대한 가치를 중요하게 여긴다. 자연환경은 전통적으로 취급되어 온 경제적 차원으로서뿐만 아니라 '삶의 질'을 향상시키는 데 필요한 환경의 질로서 그 가치를 평가받아야 한다는 것이다.

둘째, 미래 지향성은 단기적 환경 영향뿐만이 아닌 장기적인 환경 영향도 고려한 사전 예방적인 조치의 필요성을 강조하는 것이다.

셋째, 형평성은 세대 내의 형평은 물론과 세대 간의 형평도 강조한다. 개발이 지속가능하기 위해서는 모든 개발 행위가 가져오는 결과를 후손에게 물려줄 유산으로 간주해야 하는데, 이는 결국 적어도 선조에게서 물려받은 것(자연자원, 문화자원, 자본)만큼은 후손에게 물려줘야 함을 의미한다. 그리고 한 세대 내의 지역 간 개발 수준의 차이에서 발생하는 개발 행위의 차별성을 인정하고 지역 간의 균형적인 발전을 위해 노력해야 함을 강조하고 있다.

지속가능한 개발은, 〈그림 8-2〉에서 나타나는 바와 같이, 지속가능한 생산과 소비를 두 축으로 두어 자원과 에너지 사용의 효율을 최대로 하고 폐기물 발생을 최소화하며, 환경친화적 구매결정을 지원함으로써 생산 유형과 소비 유형의 변화를 꾀할 수 있는 것이다.

그림 8-2. 지속가능한 개발 활동

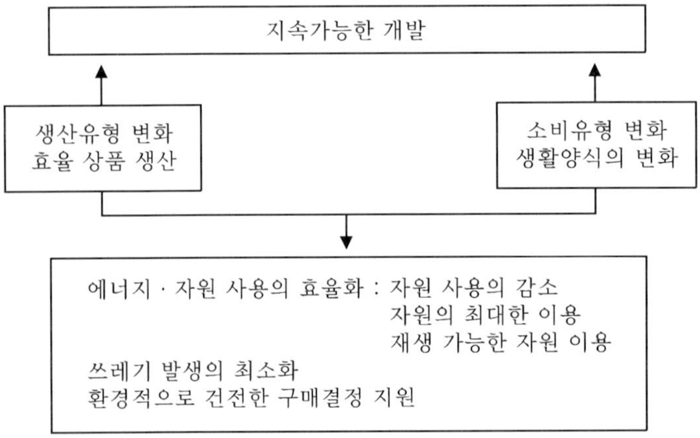

자료: 송보경 · 김재옥, 『소비자사회학』, 집현전, 1997, p. 137.

2.2 지속가능한 생산

지속가능한 생산은 자원이나 에너지 사용을 최소화하고 폐기물과 환경오염물질의 발생을 최소화하는 생산을 가리킨다. 공업생산 분야에서는 생애주기 분석 방법과 청정생산기술, 그리고 환경친화 표시 방법을 시행하며, 농업생산 분야에서는 유기농법과 병해충 관리를 들 수 있겠다.

1) 생애주기 분석

요람에서 무덤까지라는 의미의 생애주기 분석 방법은 물질이 생겨서부터 폐기까지의 전 과정을 생물의 성장 단계로 보고, 전 과정에서 환경적 영향을 감정하고 평가하는 기회로 삼는 것이다.

그림 8-3. 생애주기 목록: 생애 시간 동안 입·출력 측정

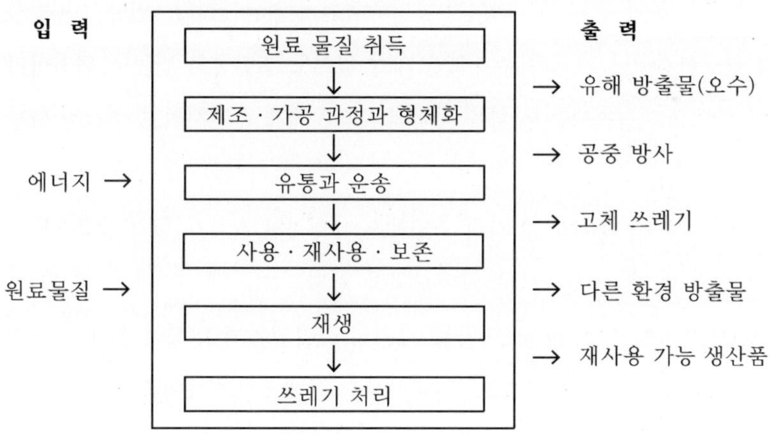

자료: 송보경, 김재옥, 『소비자사회학』, p. 137.

2) 청정기술

청정기술은 공해 방지와 폐기물 발생 예방을 고려하여 생산원료 추출 과정에서부터 환경오염을 최소화하려는 상품 생산기술로, 지속가능한 발전의 중요한 수단이 된다. 유엔

환경프로그램(UNEP)은 환경에 대한 위험을 줄이려는 생산 과정과 통합 예방적 환경 전략을 지속적으로 적용하며 제품의 전 생애주기에 따른 환경 영향을 줄이는 데 초점을 두어 1990년부터 청정생산 프로그램을 전개하였다.

2.3 지속가능한 소비

국제소비자기구는 새로운 소비자행동 이념으로, 지속가능한 소비(sustainable consumption) 개념을 제창하고 향후 모든 소비자, 환경·소비자단체, 기업, 정부 등에서 이를 지향, 실천할 것을 강력히 요청하였다. '지속가능한 소비' 개념은 '지속가능한 개발'이라는 국제환경주의의 이념을 소비자행동 측면에서 재규정한 것이라 하겠다. 즉, 지속가능한 소비는 미래세대의 요구를 희생시키지 않고 현 세대의 요구를 충족시키는 소비로, 생존을 가능하게 하는 현재의 환경능력이 미래에도 지속가능하게 한다는 것이다. 이러한 지속가능한 소비에서 소비자는 지구환경 보전의 책임을 지고 환경에 해를 끼치는 소비를 가능한 줄이고 환경 정보 및 지식을 기초로 한 구매결정·소비선택을 적극 지향해야 한다. 국제소비자기구는 '지속가능한 소비'를 주창하여 현재 과잉적이거나 낭비적인 선진국사회의 1인당 소비량을 크게 줄임으로써 지구환경이나 자원의 추가적인 개발 없이도 후진국의 빈곤을 퇴치하기 위한 물적 기반의 확보가 가능하다는 사실을 각국의 소비자에게 주지시키고 추진해 나갈 뜻임을 분명히 하고 있다.

한편, '지속가능한 소비'는 다음의 네 가지 측면에서 긍정적인 효과가 있어 중요시되고 있는데, 여기서 이들에 대해 구체적으로 알아보고자 한다.

첫째, 소비자행동 측면에서 볼 때, 소비자는 기존의 소비행동에 대해서 현재의 소비 규모나 양을 최대한 줄이는 '소비의 축소화'를 지향하고 구매결정과 소비선택의 일차적 기준으로 가격보다는 환경요소를 중시하게 된다. 또한 환경비용의 사용자부담원칙을 적용하여 상품·서비스의 환경비용을 소비자가 지불한다. 그리고 선·후진국 간의 소비 격차를 줄이고 전 인류의 공통의 삶의 질을 높이기 위해서, 한편으로는 선·중진국 소비자들의 소비를 줄이고, 다른 한편으로는 후진국 소비자의 소비 향상에 힘써야 한다.

둘째, 시장 측면에서 제조업체, 광고회사, 매스미디어, 환경·소비자단체, 정부는 소비자가 환경에 적합한 상품을 선택하고 소비하는 데 도움을 주는 정보의 제공과 시장 형성에 노력해야 할 것이다. 기업은 지속가능한 소비를 뒷받침하는 경영전략을 적극적으로 수립하고, 정부나 환경·소비자단체 등에서는 이를 꾸준히 조사·평가하여 소비자의 구매 판단 근거로 활용할 수 있도록 효과적인 환경 감시 체제를 구축해 나간다.

셋째, 공공정책 측면에서 정부나 공공기관은 소비자가 자신의 생활이나 시장에서 의식적으로 대처하기 어렵거나 혹은 인지하기 힘든 각종 환경문제들을 해결하기 위해 적절한 정책을 입안하고 시행하는 데 주력한다. 정부나 공공기관에서는 소비자에 대한 교육과 지속가능한 소비를 목표로 하는 효과적인 수단을 개발하고 실제로 적용해 가는 시도가 강조된다.

넷째, 국제무역 측면에서 지속가능한 소비는 건전한 환경권을 가질 소비자의 권리를 인정한다는 점에서 국제무역의 새로운 기준으로 등장한다. 환경적으로 해로운 생산품이나 지구환경의 안전을 위협하는 물질을 사용한 제품, 자원을 남용하는 제품 등에 대한 무역제한을 요구하는 국내외의 소비자 연대 활동들이 향후 큰 무역장벽으로 대두될 것이다. 따라서 각국의 수출업자들은 지구 소비자들의 환경권을 침해하지 않는 제품을 개발·생산·유통시켜야 한다.

그림 8-4. 지속가능한 소비 유형으로서의 변화 수단과 원칙

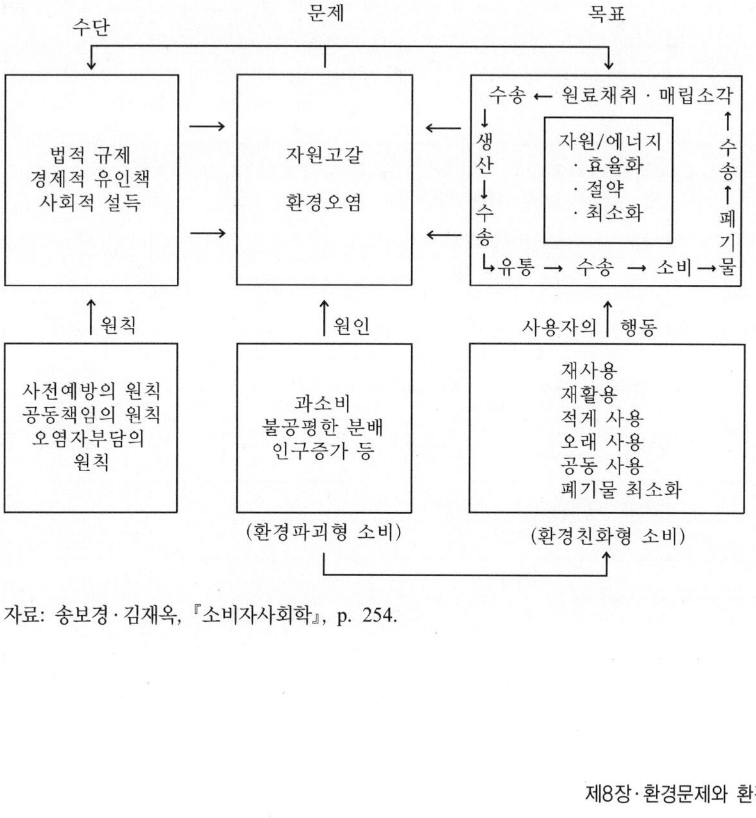

자료: 송보경·김재옥, 『소비자사회학』, p. 254.

〈그림 8-4〉는 지구 생태위기를 가져오는 자원 고갈과 환경오염의 원인이 선진국과 후진국, 부유층과 빈곤층 간의 불공평한 자원의 분배 및 사용, 선진국 국민이나 부유층의 과소비, 후진국의 인구 증가 등에 기인함을 보여준 것이며, 또 그 해결을 위한 지속가능한 소비 유형으로의 수단과 원칙을 제시한 것이다.

지속가능한 소비 및 생산은 기업, 정부, 소비자의 노력으로 가능하다. 즉, 기업은 자원의 효율적 설계와 생산으로 자원 사용을 최소화하고 제품 수명 연장에 힘써야 하며, 정부는 자원의 효율적 생산과 환경 만들기를 장려해야 하고, 소비자는 자원을 효율적으로 소비하여야 한다는 것이다.

생활정보 수입 식품 부적합 사유 및 건수

우리는 수입 식품이 식탁을 지배하는 시대에 살고 있다. 우리나라 국민이 섭취하는 수입 농산물·식품 비율이 전체의 60%를 넘어섰기 때문이다. 2010년 식품의 수입 규모는 1백3억 달러로, 2009년(84억 달러)에 비해 22%나 증가했다. 수입 식품으로 인한 소비자 피해 또한 증가하고 있어 큰 문제가 되고 있다.

2011년 일본 원전 사고 이후, 많은 소비자들이 국산 식품을 선호하고 수입 식품 구입은 꺼리고 있는 실정이다. 수입 식품 부적합 사유 및 건수를 알아보면, 아래 표와 같다.

순위	수입 식품 부적합 사유(2010년)	부적합 건수
1	식품첨가물 사용 위반	363
2	기준·규격 위반	316
3	미생물 기준 위반	217
4	이물질 검출	104
5	방사선 조사 기준 위반	25
6	곰팡이 독소 잔류 기준 위반	24
7	벤조피렌 잔류 기준 위반	23
8	농약 잔류 허용 기준 위반	16
9	동물용 의약품 잔류 허용 기준 위반	7
기타		55
합계		1,150

자료: 『소비자시대』, 2011년 5월호, p. 18.

3. 환경소비자주의와 환경소비자운동

3.1 환경소비자주의

1) 환경소비자주의의 등장

1992년 브라질 리우 회담 이후 많은 환경 관련 토론에서 지금의 환경위기의 원인을 자연환경 파괴와 자원 낭비, 인간적 가치의 파괴, 고도의 기술로부터 오는 안전 위협, 효율 중심의 노동과 생산이 가져다주는 공동체 파괴 등에서 찾고 있다. 지속가능한 발전을 계속하기 위해서는 소비자의 환경지향적 노력이 요구되며, 또 환경문제에 관심을 가지고 환경보전 의식을 가진 소비자인 환경소비자 개념이 요구된다.

환경소비자주의란, 환경에 대한 소비자의 권리, 즉 '쾌적한 환경을 누릴 권리'를 실현하기 위한 소비자, 기업, 정부의 노력을 의미하는 것으로, 물질 중심의 가치를 초월하여 인간생활과 생태학적 자연환경의 균형을 강조하는 삶의 질 중심의 접근을 추구한다.

웰스(J. G. Wells)는 환경지향적 소비자의 변화를 환경문제에 대한 관심 정도에 따라 다음 3단계로 구분하고 있다. 1차 변화 단계에서 소비자는 환경문제에 예민한 반응을 보이며, 점차 환경문제를 우려하고, 특정 환경 위협 요소를 자기 자신의 문제로 느끼게 된다. 2차 변화 단계는 소비자가 환경상품을 구매하고, 환경과 관련 행동을 추구하거나 회피하는 등 환경보호 행동을 하는 단계이다. 3차 변화단계에서, 소비자는 환경보호에 대해 의무감까지 갖는다. 즉, 2차 단계의 환경보호 의지가 내면화, 일반화되어 제품뿐 아니라 기업활동에까지 자신의 가치를 적용하게 된다.

2) 환경소비자주의의 주체별 역할

환경문제는 사회적 문제인 동시에 장기적 문제이다. 이러한 환경문제를 해결하기 위해서는 정치·경제·사회·문화·과학기술 등 여러 가지 측면에서 여건이 조성되어야 하며, 또 환경정보의 공유와 환경갈등 해결 메커니즘의 제도화가 이루어져야 한다.

환경위기는 앞으로 더욱 악화될 것으로 보이며, 기업의 경영정책 및 정부의 정책에서 환경친화적 요소의 비중은 점차 높아질 것이다. 그러므로 환경의 중요성을 인식하고 전근대적인 환경 관련 사고 및 행동에서 탈피하고 환경소비자주의를 실현하는 데 보다 적극적인 노력을 기울여야 하겠다. 우리나라는 환경소비자주의의 피상적 실천, 기업의 근시안적인 경영사고, 그리고 정부 측의 환경 관련 예산의 부족 등의 문제점을 안고 있다.

(1) 소비자의 역할

소비자들이 환경소비자주의를 실천하기 위해서는 다음과 같은 몇 가지 의식 전환이 이루어져야 한다. 우선, 소비자들은 풍요로움으로 유발된 환경문제에 대해 새로운 인식을 가져야 하며, 대중소비사회에서의 소비자는 환경오염의 피해자인 동시에 가해자임을 명심하고, 환경문제 해결을 위한 책임의식을 가져야 할 것이다. 또한, 환경보호를 위해 소비자는 절제라는 최선의 방법도 택해야 할 것이며, 환경 감시에 대한 책임을 다해야 할 것이다. 환경문제는 모든 사람의 공통문제로 인식하고, 그 해결책을 강구해야 한다.

(2) 기업의 역할

기업은 산업폐기물 처리 시설의 확충 및 완전 가동, 효율적인 생산 방식의 개발, 새로운 자원의 개발, 포장 방법의 변경 등을 위한 기술 개발과 비용을 담당해야 한다. 또 환경상품의 개발과 환경캠페인을 통한 기업 이미지의 제고, 환경 차원적 원료의 개발, 재활용품의 사용 등을 통하여 환경지향적 경영을 하여야 할 것이다. 특히, 기업들은 시장환경의 변화에 적절히 대응하면서 환경문제를 새로운 시장 기회로 만들기 위해서는 먼저 자사와 자사 상품에 대한 소비자 환경의식을 조사하고 이를 기초로 환경소비자 프로그램을 구축해야 할 것이다.

(3) 정부의 역할

소비자와 기업의 환경의식 전환에 못지않게 중요한 것은 정부의 환경정책이다. 정부는 환경소비자주의를 실현하기 위해 다음과 같이 지원과 규제를 할 수 있다. 정부는 기업이 환경오염 통제 장치에 자본 투자를 할 경우에 보조금을 지원하며, 오염을 유발한 기업이나 소비자에게 오염정화 비용을 부담하도록 하는 사용자 부담금을 내도록 한다. 그리고 비환경친화적 제품 및 원료에 대해 부담금을 부여한다. 질소 및 화학물질 함유량에 근거하여 비료에 일정 비율의 세금을 부과하는 것도 그 예이다.

대형마트 내부 - 그린제품 매장

3.2 환경지향적 소비자

여기서 일반적인 환경지향적 소비자의 특징을 살펴보면, 다음과 같다.

첫째, 환경상품에 대한 구매 성향이 강하다. 환경지향적 소비자들은 환경문제에 영향을 적게 미치는 환경상품을 구매하려는 성향이 강하다. 그들은 가격·품질·디자인 등 제품의 다른 측면이 가져다주는 편익마저 희생하면서 환경상품을 구매하는 경향을 보이기도 한다.

둘째, 소비자 인지 효과성이 높다. 여기서 소비자 인지 효과성이란, 환경지향적 소비자들이 소비자로서 사회적 책임 활동, 즉 환경친화적 행동이 사회 전체의 복리 증진에 기여할 수 있다고 믿는 신념의 정도를 의미한다. 환경지향적 소비자들은 자신의 개인적 환경 실천 행동이 사회 전체의 환경의 질을 개선하는 데 보탬이 된다고 믿는 것이다.

셋째, 집단주의적 가치관을 가진다. 일반적으로 환경지향적 소비자들은 집단의 이익을 우선시하는 가치관이 높은 것으로 나타나고 있다. 즉, 환경지향적 소비자들은 지역사회에서 실시하는 봉사활동에 능동적인 참여의 성향을 보이며, 대인관계에서도 매우 적극적인 성향을 가진다. 그리고 그들은 준거집단에 미치는 영향력도 크다.

넷째, 환경지식이 풍부하다. 특정 제품의 소비가 환경에 어떠한 피해를 주는가, 산성비는 어떻게 생성되는가, 오존층 파괴의 원인은 무엇인가 등에 관한 지식이 풍부하다. 따라서 이들은 일상적인 구매상황에서 환경에 유해한 제품인지 아닌지 등에 대한 판단능력을 갖는다.

다섯째, 내부 지향성이 강하다. 일부 연구 결과에 따르면, 내부 지향적인 사람은 환경의식적 삶에 대해 긍정적인 태도를 가지는 데 반해, 외부 지향적인 사람은 환경에 대응하여 자신의 무력감을 심각하게 인식하는 사람인 것으로 나타났다. 내부 지향적 소비자는 어떤 현상이나 사건의 원인을 자신에게 찾는 소비자이고, 외부 지향적 소비자는 사건의 원인을 외부환경에서 찾는 소비자이다.

여섯째, 환경의식수준이 높으며 환경보전 행동을 많이 한다. 일반적으로 환경에 대해 개별 소비자들이 보여주는 관심인 환경의식이 강한 소비자들은 환경문제나 환경에 미치는 영향에 대해 많은 관심을 갖는다. 즉, 환경지향적 소비자는 환경과 환경오염이 우리들의 일상적 삶에 미치는 영향을 잘 인식하고 있는 소비자들이라 할 수 있겠다.

한편, 환경지향적 소비자와 일반 소비자는 제품의 속성 평가 측면에서 다소 다른 면이 있다. 예를 들면, 환경지향적 소비자는 일반 소비자보다 제품의 환경적 속성을 더 중요하게 고려하거나 환경제품에 대한 태도와 구매 의도 간에 보다 높은 관련성을 보이고 있다.

환경소비자주의는 일시적·단면적 현상이 아니라 사회 전체의 광범위한 지지를 받는

그림 8-5. 일반 소비자와 그린 소비자의 구매의사결정 과정 비교

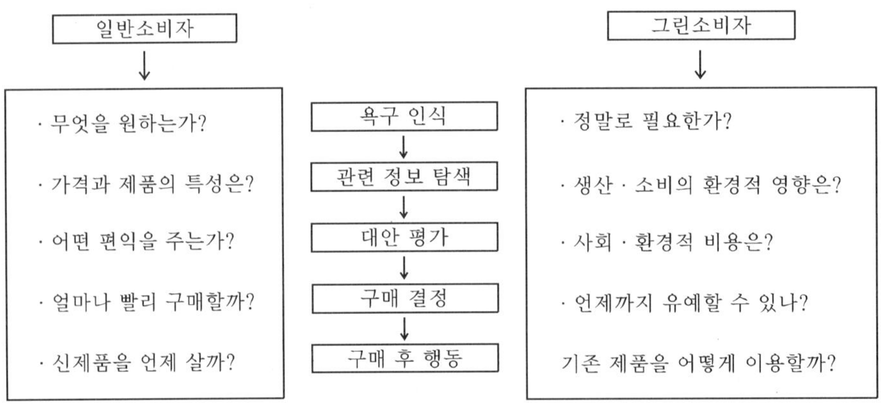

삶의 방식이자 방향으로서, 환경소비자의식에 의해서 실천될 수 있다. 환경소비자주의에 대한 관심은 환경지향적 소비자들의 의사결정에 유용한 정보를 효율적으로 제공해 줄 수 있는 매체를 통해 제고시킬 수 있다. 그리고 일반 제품을 대체할 수 있는 환경제품을 개발하고, 광고 주제로 환경 관련 테마를 선택하여 사용하며, 또 소비 지향적 가치관에서 환경 보존적 가치관으로 점차 전환시킬 필요도 있다. 더 나아가 환경단체나 사회단체들이 환경제품의 홍보 및 판매 촉진에 앞장섬으로써 환경소비자주의를 보다 확대시킬 수 있을 것으로 본다.

3.3 환경소비자운동

오늘날의 환경문제는 인과성이 복잡하고 대상 범위 또한 매우 넓어, 자율성, 대중성에 기초를 둔 민간 환경운동단체가 요구된다. 대체로 환경운동단체들은 정부와 국민을 연결하는 중간에 위치하면서, 피해자로서의 지역 자구 운동, 가해자로서의 생활방식 변화 운동, 전문가로서의 대안 제시 운동, 구매자로서의 기업 압력 운동, 그리고 유권자로서의 정치 압력 운동을 전개하고 있다.

그림 8-6. 정부·환경운동단체·국민 간의 관계

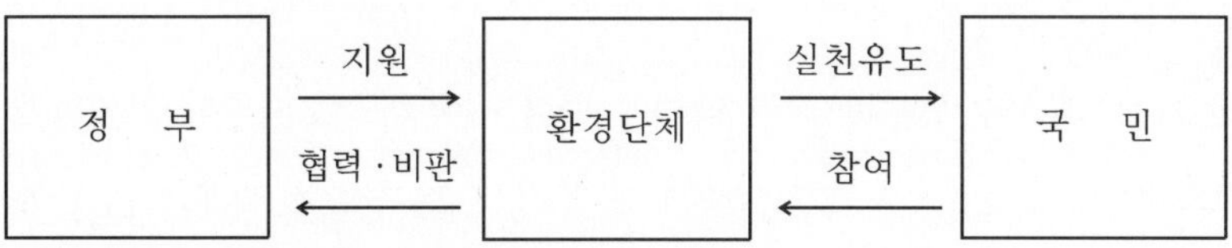

자료: 김병완, 『한국의 환경정책과 녹색운동』, 나남신서, 1994, p. 210.

한편, 환경운동의 궁극적 목적은 소비자로 하여금 환경문제의 심각성을 인식하도록 하여 오염 환경의 개선 및 환경보존 의지의 배양을 통해 장기적으로 쾌적한 환경을 유지토록 하는 데 있다. 환경운동은 환경보존, 환경 개선, 자연보호, 개발 억제, 자원 절약 등의 형태로 전개되며, 또 민간 환경단체들이 조직적으로 환경운동을 펼치면서부터 정부의 환경정책에 영향을 미치고 있다.

지구환경 문제를 해결하기 위한 국제적 환경운동에서도 민간 환경단체의 역할이 크게 작용하고 있다. 일개 국가나 정부를 단위 또는 주체로 해서는 각국의 경제적 이익을 우선시하려는 근시안적 관점의 정책이 반영되어, 통합된 국제적 환경운동을 전개하는 데는 한계가 있다. 국제적 민간 환경단체는 기본적으로 지구환경을 지키겠다는 공동인식을 바탕으로 국가 혹은 인종을 넘어선 공감대를 형성하고 있다.

환경 분야 NGO(Non-Governmental Organization)는 1967년 OECD가 개발도상국에 대한 지원을 목적으로 민간 환경단체들을 조사하면서 조직되었고, 그 후 1991년 12월 파리의 세계 NGO회의에서 본격적 상호연대 활동이 시작되었다. NGO는 정부 차원의 세계 환경선언이라 할 수 있는 '리우선언' 이외에도 민간 차원의 세계 환경선언이라 할 수 있는 '지구헌장'을 발표하였다.

이러한 '지구헌장'은 "우리들은 생물학적·문화적 다양성을 지키기 위해 지구의 생태체계를 존중하고 격려하며 보호하고 회복할 것에 동의한다."라고 하여 개발보다 환경을 우선시하는 사상을 내세우고 있다. 참고로, 민간 환경운동을 범세계적으로 주도하고 있는 단체로는 그린피스(Green Peace), 지구의 친구들, 국제 녹십자 등이 있다.

여기서 우리나라 환경소비자운동에 대해 구체적으로 살펴보면, 다음과 같다.

1) 환경지향적 생활운동

환경지향적 생활운동의 하나인 쓰레기 분리수거운동은 1990년 대한주부클럽 연합회에서 추진해 28개 지역 13,262세대의 참여로 확대되었고, 1990년 10월 환경처에서 분리수거 추진 요강을 만듦으로써 1991년부터 지역 특성에 따라 전국적으로 시행하게 되었다. 환경 유해 제품 소비 억제 운동으로는 합성세제 덜 쓰기 운동, 무공해 세제 쓰기 운동, 일회용품 안 쓰기 운동, 오존층 파괴를 막기 위한 CFC[77] 사용 억제 운동, 제품 소비 억제 운동 등이 있다. 합성세제 덜 쓰기 운동은 생산업체로 하여금 환경친화적 세제 개발을 이끌어내기도 하였다.

뿐만 아니라, 식품 오염 문제가 심각해짐에 따라 유기농법에 의한 생명 존중, 환경보호와 함께 소비자와 생산자 연대에 의한 그린 공동체 조성을 지향하고 무공해 농산물 직거래

77) CFC(chlorofluorocarbon: 염화불화탄소)는 우주의 자외선으로부터 지구를 보호해 주는 성층권 오존층을 파괴하는 물질로, 일명 프레온가스로 불린다. 냉장고와 에어컨의 냉매, 스프레이, 일회용 용기의 발포제, 전자제품의 기름때를 빼는 세정제 등으로 널리 쓰인다.

운동이 생활협동조합 운동 차원에서 전개되고 있다. 생활협동조합 운동에는 YMCA, 두레 유통, 여성 민우회, 경실련 산하 정농생활협동조합 등 10여 개 단체가 참여하고 있다.

2) 불매운동

소비자가 특정 제품이나 기업활동에 만족하지 못하면 그에 대응하여 저항을 하게 된다. 즉, 환경 파괴적 제품에 대한 저항 방식에는 환경소비자운동가를 중심으로 조직적인 캠페인을 벌이거나, 과도한 포장으로 인한 낭비를 제거하거나 언론 또는 정부에 대해 고발하는 것 등이 있다.

3) 환경 감시 운동

환경과 관련하여 소비자들이 해야 할 역할 중 하나는 피해 예방을 위한 적극적인 환경 감시 활동이다. 환경 감시 운동은 유해 식품·약품의 공표, 기업의 환경오염 행위 적발 등을 포함하며, 환경오염 현장 감시를 목적으로 한다. 소비자문제를 연구하는 시민의 모임의 주요 환경 관련 활동으로는 농산물 잔류 농약 검사, 국제적 사용 금지 농약의 국내 사용실태 조사·발표, 식품첨가물로서 발암물질 색소의 사용 실태 조사 및 사용 금지 요청, 방사능 낙진 오염이 우려되는 식품원료의 사용 금지 촉구 등이 있다. 우리나라 환경감시 운동은 전국 환경감시원제를 운영하고 있는 한국부인회와 생활환경 전화를 개설하여 환경오염 현장 고발 및 피해상담을 받고 있는 서울 YMCA 등에 의해 활성화되고 있는 상태이다.

4) 환경정책에의 참여

환경 감시 활동 이외에 소비자 의견을 정책에 반영시키는 활동도 중요하다. 지역 환경문제에 관해 직접적인 이해 당사자인 지역 주민들은 지역 환경문제에 대해 많은 관심을 가지고 자신들의 의견을 반영시키도록 노력해야 한다. 즉, 지역의 쓰레기 수거 방식, 주요 공공시설 및 산업시설의 설치, 지역 대기·수질 관리 정책 등에 이르기까지 소비자들은 관계 당국에 직접 또는 공청회 등의 의사전달 통로를 이용하여 의견을 반영하는 데에 적극적일 필요가 있다.

생활정보 묶음포장 상품 얼마나 쌀까?

2011년 10월 대형마트 이용객 5백 명을 대상으로 실시한 한국소비자원 조사에 의하면, 묶음포장 상품 구매 이유에 대해 응답자의 71.2%가 '가격이 싸기 때문에 구입한다'고 했다. 다음으로는 '같은 상품을 한꺼번에 구입할 수 있어서'와 '낱개 상품이 없어 어쩔 수 없이 구입한다'는 응답이 뒤를 이었다. 대부분의 응답자가 가격이 쌀 것이라는 기대감으로 묶음포장 상품을 구매하는 것이다.

대형마트나 슈퍼마켓 등에서 흔히 볼 수 있는 묶음상품은 즉석밥·참치캔·요구르트·식용유·생수·주류·세제 등 다양하다. T-price 사이트를 통해 가격이 공개되는 품목 중 즉석밥의 경우, 서울의 한 대형마트에서는 6개 묶음을 7천2백 원에 판매하고 있다. 개당 가격이 1천2백 원인 셈이므로 1천4백30원에 판매하는 단품(1개)에 비해 16% 저렴하다.

그러나 비타500, 삼다수, 박카스D 등의 경우, 가격이 더 싸지는 않았다. 단품이 4백90원인 비타500의 경우, 10개 묶음상품의 개당 가격도 4백90원으로 동일하였다. 삼다수의 경우도 마찬가지였다.

오히려 묶음상품의 개당 가격이 비싼 경우도 있었다. 부산의 한 대형마트의 경우, 국화빵 단품은 1천 원에 판매하는 반면, 5개 묶음은 7천5백 원에 판매하고 있었다. 개당 단가가 1천5백 원이다. 단품은 할인 행사를 하는 반면, 묶음 상품은 할인을 적용되지 않아서 생긴 일이다.

이처럼 묶음상품의 개당 가격이 단품으로 구입할 때보다 언제나 싼 것은 아니므로, 구입 전에 꼼꼼히 가격을 비교해 봐야 한다. 현재 매장에서의 가격 표시는 용량, 단위 가격, 판매 가격만 되어 있어 개당 가격의 확인이 쉽지 않다. 예를 들어, 180ml 우유 3개 묶음상품의 경우, '100ml당 가격'과 '판매가격'은 표시되어 있으나, '1개당 가격'은 표시되어 있지 않아 낱개 상품과의 가격 비교가 어렵다.

현행 가격표시제 실시 요령에는 용량, 단위 가격, 판매 가격만 표시하도록 규정하고 있는데, 소비자의 편의를 위해 앞으로 개당 가격도 표시하도록 개선해야 할 것이다.

자료: 『소비자시대』, 2012년 6월호, pp. 44-45.

5) 소비자에 대한 지원

2002년 조선일보가 실시한 우리나라 소비자의 환경보호의식 조사에 의하면, 소비자들이 환경오염을 예방할 수 있는 방법 자체를 잘 모르는 경우가 많았으며, 환경보호에 대한 의식은 오히려 낮은 것으로 나타났다. 따라서 정부나 소비자단체는 환경보호를 위한 생활양식 정보를 적극 제공하고 다각적인 교육을 통해 환경보호의 중요성과 방법 등에 대한 교육을 실시할 필요가 있다고 본다. 또한 소비자의 환경보호 노력이 실효를 거둘 수 있도록 제도적인 뒷받침이 이루어져야 한다. 예를 들면, 쓰레기 처리에 있어서 소비자가 애써 분리 보관해 놓은 쓰레기를 제때에 수거해 가지 않거나 소각, 매립 처리하지 않는다면, 소비자의 노력은 무산되고, 이후 쓰레기 분리 처리에 소비자들이 동참하지 않을 수 있기 때문이다.

4. 환경상품과 환경친화적 소비생활

환경문제는 소비자들이 물질적인 풍요와 편의성을 추구하는 과정에서 자신의 소비만을 중요하게 생각하고, 타인이나 사회, 그리고 자연환경에 미치는 영향을 도외시한 이기주의적 소비성향이 그 주요 원인이다. 따라서 환경문제의 근본적 해결을 위해서는 소비자의 의식, 생활양식이나 가치관 등이 환경친화적으로 바뀌어야 한다.

환경친화적 소비자행동은 '환경에 유익하거나 환경과 조화되는 소비자행동'을 의미한다. 환경상품 및 환경마크 제도와 환경친화적 소비에 대해 구체적으로 알아보면, 다음과 같다.

4.1 환경상품과 환경마크 제도

1) 환경상품

환경친화적 상품, 녹색상품, 그린상품, 환경재 등으로 불리기도 하는 환경상품은 상품의 제조·사용·폐기 시 환경에 유해한 영향을 적게 미치는 상품이라고 할 수 있다. 인간과 동물류의 건강에 유해하지 않은 제품, 제조·사용·폐기 과정에서 에너지와 자원을 과다하게 사용하지 않는 제품, 과대포장 등으로 불필요한 쓰레기를 많이 배출하지 않는 제품, 환경파괴를 유발하는 물질을 사용하지 않는 제품을 가리킨다.

이러한 환경상품 중에는 제품이나 포장이 재활용 가능한 것, 재료가 재활용된 것,

재충전 및 재사용이 가능한 것, 에너지 효율성이 높고, 폐기 후 생분해가 쉬운 것 등도 있다. 즉, 환경상품은 일반적으로 원자재 구입에서부터 생산, 유통, 그리고 사용 및 사용 후 폐기 단계에 이르기까지 제품의 전 과정에 걸쳐 보다 적은 자원과 에너지를 사용하며, 인체와 자연에 영향이 적거나 없는 제품이라고 할 수 있다. 여기서, 환경상품의 유형을 알아보면, 〈표 8-1〉에 보는 바와 같다.

표 8-1. 환경상품의 유형

구 분	유 형	예
생산 요소	재활용 제품	종이 상품, 건축자재, 플라스틱, 캔 등
투입 단계	자원 절감 제품	
제조 단계	PPMs 환경 상품	
사용 단계	에너지절약 제품	각종 가전제품(냉장고, TV), 컴퓨터, 변기
	내구성 제품	각종 가전제품, 사무기기, 건축자재
	환경오염 절감 제품	대기오염 절감형 자동차, 청정유류제품, 세제
폐기 단계	부품 회수 제품	각종 가전제품, 복사기 등 사무기기, 자동차
	유해성 순화 제품	분해가 용이한 비닐, 건전지
	수거 용이 제품	
	일부 대체 사용 제품	리필 제품(각종 용기, 칫솔 등)
환경오염 관리 제품	환경오염 정화 제품	각종 폐수처리 기술, 음식물 쓰레기, 퇴비화 기계

자료: 오용선, 환경상품의 소비 촉진을 위한 네트워크 형성 전략과 과제, 녹색에너지 상품, 환경상품 소비 촉진을 위한 녹색 소비 네트워크 활성화 방안, 녹색소비자연대 주최 토론회 자료.

환경상품이 크게 등장하게 된 것은 대량생산·대량소비로 인한 쓰레기가 인류와 지구의 생존마저 위협할 정도가 되었고 기업의 생산 활동과 소비자의 소비활동으로 인한 환경오염이 심각한 상태에 이르게 되면서, 환경규제가 크게 강화되어 왔기 때문이다.

특히 기업은 오랫동안 생산 과정에서 발생한 오염물질을 수동적 자세로 적절히 처리해 왔으나, 환경규제가 지속적으로 강화되고 세계무역기구(WTO)에서 무역과 환경의 연계가 심화됨에 따라, 사후처리 방식으로는 오염물질 배출량을 줄이는 데 한계가 있을 뿐 아니라, 그에 따르는 비용 또한 감당할 수 없다는 인식을 하게 된 것이다. 이에 따라 환경오염을

대구백화점 전경

생산 공정에서 원천적으로 줄일 수 있고 비용 절감을 통해 기업 경쟁력을 높일 수 있는 환경상품을 생산하기에 이르게 되었다.

2) 환경마크 제도

소비자들의 환경의식이 높아짐에 따라 기업은 무공해, 무방부제, 무색소, 재활용, 바이오 상품 등과 같은 환경친화적 상품의 개발·판매를 서두르고 있다. 각국 정부 또한 기업에게는 일정 기준에 맞는 저공해제품의 생산을 장려하고, 소비자에게는 환경상품의 선택·사용 등 환경보전 운동에 참여하도록 하는 환경마크제도를 도입하기에 이르렀다.

환경마크는 자원 절약 및 저공해 상품을 소비자에게 알림으로써 환경보전에 기여하려는 마크이며, 우리나라는 사단법인 환경마크협회에서 인증하고 있다. 환경마크제도는 환경친화적인 상품에 대한 품질 인증 제도라고 할 수 있으며, 동일 용도의 제품 중 생산 및 소비 과정에서 상대적으로 적게 오염시키거나 자원을 절약할 수 있는 제품에 환경표지를 표시토록 함으로써 제품에 대한 환경정보를 소비자에게 제공하고, 기업으로 하여금 환경제품을 개발·생산하도록 유도하는 것이다.

외국의 환경마크제도를 보면, 1979년 독일에서 'Blue Angel'이라는 이름으로 최초로 제도화되었다. 우리나라의 경우, 비교적 늦은 1992년부터 시행되었고, 일본은 1989년,

캐나다는 1990년, 영국·프랑스·호주는 1991년, 그리고 EU는 1992년부터 환경마크제도를 시행하고 있다. 미국은 정부 차원의 통일된 환경마크는 없지만 민간단체에서 '그린실'(Green Seal) 등의 제도를 시행하고 있다.

환경마크 이외에도 환경과 관련하여 재활용마크, 재질분류마크 등이 있다. 먼저 재활용마크는 제품 사용 후에 발생되는 폐기물 중에서 재활용이 가능한 제품을 소비자가 쉽게 구분할 수 있도록 하는 마크로서, 제품의 제조업자 또는 판매자들이 한국자원재생공사의 허가를 받아 표시할 수 있다. 그리고 재질분류마크는 재활용 가능한 폐기물을 재활용업자 등이 쉽게 구분(알루미늄 캔, 철 캔, 합성수지 용기)할 수 있도록 하는 마크이다. 이 마크는 제2종 지정 사업자(금속 캔 및 합성수지 용기의 제조·수입·가공·수리 또는 판매자)가 환경부와 산업자원부의 통합 고시인 '제2종 지정사업자의 재활용 지침'의 규정에 의하여 표시할 수 있다. 〈표 8-2〉은 우리나라 환경 관련 마크들을 소개한 것이다.

표 8-2. 우리나라 환경 관련 마크

명 칭	마 크	의 의
환경마크	환경마크인증	동일한 용도의 다른 제품에 비하여 제조, 유통, 사용 또는 사용 폐기 과정에서 환경오염을 적게 일으키거나 자원을 절약할 수 있는 제품을 인증하는 마크
재활용마크		물품을 사용한 후에 발생되는 폐기물 중에서 재활용이 가능한 물품을 소비자가 쉽게 구분할 수 있도록 하기 위한 마크
재질분류마크	알루미늄 스틸 PET 분리배출	제2종 지정 제품(스틸, 알루미늄, 플라스틱 용기)의 분리 수거를 위한 재질 표시 마크
우수재활용 인증마크	Good Recycled	국내에서 발행된 폐자원을 재활용하여 제조한 제품 중 품질이 우수한 제품을 인증하는 마크
에너지절약마크	에너지절약	효율이 높은 에너지 절약형 제품임을 손쉽게 판단하거나 에너지 절약을 하는 우수 사업장을 표시하는 마크
고효율 인증제도	고효율기자재	에너지이용합리화법 제13조에 따라, 고효율 에너지 기자재의 보급을 활성화하기 위하여 일정 기준 이상 제품에 대하여 인증하여 주는 제도
에너지소비 효율등급제도	에너지소비효율등급	에너지소비효율에 따라 1~5등급으로 표시하여 소비자들이 에너지효율이 높은 제품을 손쉽게 구입할 수 있도록 하고 제조업자들이 에너지절약형 제품을 생산하도록 하기 위한 제도

4.2 환경친화적 소비생활

현대사회의 산업화가 진전되면서 대량의 상품 제조 과정에서 빚어지는 환경오염, 무분별한 개발로 인한 자연환경의 파괴, 대량생산 및 대량소비사회의 부산물로서 나타나는 폐기물 처리 문제가 소비생활 자체의 안전을 위협함에 따라, 환경문제 등이 소비자문제의 중심 영역으로 부상하게 되었다. 이미 국제소비자보호기구에서 '쾌적한 환경에서 살 권리'를 소비자의 기본 권리의 하나로 채택한 바 있으며, 우리나라에서도 헌법 제35조에 국민들의 쾌적한 환경에서 살 권리인 환경권을 규정하고 있다.

따라서 소비자들도 단순히 값싸고 질 좋은 상품과 서비스를 구매하는 데에 관심을 기울이던 것이 안전한 상품과 서비스, 환경친화적인 상품과 서비스, 나아가 환경보호적인 생산과 소비에 따르는 생활양식 등에 깊은 관심을 기울이는 것으로 바뀌고 있다. 소위 환경을 생각하는 소비자로 변화하기 시작했다. 특히 소비자는 환경오염의 피해자이자 동시에 가해자라는 양면성을 가지기 때문에 소비자의 역할과 활동이 환경문제해결에 있어서 무엇보다도 중요하다는 인식과 행동의 전환이 절실히 요구되는 실정이다.

환경친화적 소비는 소비자가 자신의 사적인 욕구나 시장 효율성뿐만 아니라 자신의 소비 결과가 사회와 환경에 미치는 영향을 고려하여 행하는 행동을 모두 포함한 것이다. 그리고 환경친화적 소비자행동은 '환경에 덜 유해한 혹은 환경에 조화되는 소비자행동'을 의미한다. 소비자들은 소비생활 양식의 개선을 통해 환경보호에 이바지할 수가 있다. 즉, 소비생활 중에 다양한 제품을 구매하거나 사용하는 방법에서부터 소비 후 폐기물 처리 방법에 이르기까지, 소비자가 환경에 미치는 영향은 매우 광범위하다.

1) 구매와 사용

(1) 구매

먼저, 상품을 구매할 때 꼭 필요한 것인지를 한 번 더 생각한다. 일단 소비가 이루어지면 자연은 그만큼 훼손되고 어떤 형태로든지 쓰레기가 발생되어 결과적으로 환경오염이 가중됨을 명심해야 한다. 합리적인 구매는 꼭 필요한 것만 구입하고, 제품의 구매를 자제하여 제품의 수를 줄이는 것으로 일회용 상품과 불필요한 제품의 구매를 하지 않도록 하며, 가능하면 낭비 없는 효율적인 에너지 절약, 자원 절약 실천을 위해 에너지 소비 효율이나 연비를 고려하여 선택한다. 또한 동일한 종류의 상품이라면 환경마크 상품을 구입하고, 수리나 부품 교환이 쉬운 상품을 구입하여 오랫동안 사용할 수 있도록 하며, 소각이나 매립까지 배려한 상품을 선택하도록 한다.

정부나 민간단체들이 개설한 중고품 교환·거래·수리를 위한 시장과 시설을 통해 물건을 구입할 수도 있는데, 이러한 중고품 구매·사용은 천연자원을 더 이상 소비하지 않고도 자신들의 욕구를 만족시킬 수 있는 방법이 된다. 한 예로 아나바다[78] 운동을 들 수 있다. 제품을 대여 혹은 임대하는 것 또한 새로운 제품의 구매를 대체할 수 있는 방법이 된다. 즉, 사용하는 동안만 제품을 소유하고, 사용 후는 대여자에게 되돌려줌으로써 자원 보전의 효과를 거둘 수 있다. 장난감, 책, 특수복, 자동차 등에서 많이 이루어지고 있다.

(2) 사용

일단 구입한 제품은 아껴 사용하여 수명을 늘이고 가능한 제품 교체를 하지 않는다. 제품을 오래 사용하는 것은 구매를 자제하게 하고 제품 수리는 제품 수명을 늘리는 방법이다. 또한, 에너지 소비 효율을 따져 제품을 구매하거나, 제품을 소비하는 데 사용되는 자원과 에너지를 절약하는 자세도 중요하다.

소비생활 과정에서 부득이 오염물질이 배출될 수밖에 없는 경우에는 사용 방법을 개선하여 그 양을 줄이도록 노력해야 한다. 예를 들어, 자동차를 대신하여 대중교통수단이나 자전거를 이용하는 것이 바람직하며, 꼭 운행을 해야 한다면 자동차 함께 타기를 하거나 연료 효율성을 높이기 위한 노력들을 통해 자동차로부터 나오는 배기가스를 줄일 수 있다. 그 밖에도 스프레이의 분사제, 전자정밀부품의 세정제, 플라스틱 제품의 발포제 등 제품의 사용을 억제해 나가는 노력 또한 대기오염과 관련하여 중요하다. 또한 전체 수질오염 발생량 중에서 소비자가 흘려보내는 생활하수의 비중이 적지 않은 만큼 소비자의 실생활 속에서의 자발적인 실천 또한 요구된다.

78) '아나바다' 운동은 '아껴 쓰고, 나눠 쓰고, 바꿔 쓰고, 다시 쓰자'의 머리글자를 딴 것으로, 1970년대에 물자 절약 운동으로 시작되었으며, IMF 외환 위기 때 시민단체 등을 중심으로 다시 활성화되었다.

현대화된 수원 지동시장 전경

2) 폐기와 재활용

(1) 폐기

인구 증가, 도시화, 산업화, 생활수준 향상과 더불어 폐기물의 발생량이 날로 증가하나 이를 처리하기 위한 매립지나 시설·기술이 그에 따르지 못해, 수질·대기·토양 오염 및 생태계 파괴 심화가 크게 우려되고 있다. 쓰레기 처리 문제에 있어서 가장 중요한 일은 그 발생량을 줄이는 것과 발생한 쓰레기를 가급적 재활용하도록 하는 것이다. 더 이상 쓸모가 없는 경우나 이사 등으로 부득이 정리해야 할 물건일 경우에는 바로 버리기보다는 그것을 다른 사람에게 줘 재사용하도록 할 필요가 있다. 즉, 정부나 민간단체에서 개설한 알뜰시장, 벼룩시장, 녹색가게, 재활용센터 등 중고품 교환·거래·수리를 위한 시장과 시설을 적극 이용하도록 해야 할 것이다.

생활양식과 관련되는 사항으로 식생활 개선을 통한 음식물 쓰레기 감소, 상품 구입 시에는 불필요한 포장의 억제와 일회용 상품[79] 구매의 억제, 장바구니 사용 실천 등의 생활양식의 전환이 필요하다. 또한 제품 특성에 따라 분리 처리를 하는 것도 중요한데, 1995년

79) 일회용품이 완전히 분해되는 데 걸리는 기간은, 일회용 기저귀 100년 이상, 스티로폼 500년 이상, 일회용 컵 20년 이상, 플라스틱 병 100년 이상, 알루미늄 캔 500년 이상, 스틸 캔 100년, 나무젓가락 20년, 칫솔 100년 이상이다.

1월부터 시행되고 있는 쓰레기종량제는 쓰레기 배출량에 따라 배출자에게 폐기물 처리 비용을 부담토록 하는, 즉 오염자부담원칙을 적용하여, 쓰레기 발생을 억제하고 재활용품의 분리배출을 촉진하는 경제적 유인책 역할을 하고 있다. 결론적으로, 일단 배출된 쓰레기는 어떤 형태로 처리되든지 비용과 환경오염을 유발하기 때문에 처리 과정에 대한 세심한 주의가 필요하며, 쓰레기 자원을 재이용하는 데 보다 많은 연구 및 투자가 이루어져야 할 것이다.

표 8-3. 환경친화적 소비생활 양식

구 분	구 매	사 용	폐 기
자원 소비 최소화	· 제품 구매 주기 연장 · 제품의 재사용 · 재활용품 구매 · 리필제품 구매 · 재사용 가능 용기 사용 제품 구매 · 자원 최소 소비 제품 구매 · 자원 소비 최소화 경영사업자 제품 구매	· 올바른 제품 사용 방법 숙지·사용 · 불필요한 제품 사용 자제 · 정기적인 제품 유지·관리 보수 · 제품 사용 연한 연장	· 재사용 가능 기회 활용 · 폐품의 재활용 · 폐자원 재활용 수거 호응 · 재활용 품목 분리배출
에너지 소비 최소화	· 에너지 절약 제품 구매 · 대체에너지 사용 제품 구매 · 에너지 소비 최소화 경영 사업자 제품구매	· 에너지 효율을 높이는 방법으로 제품 사용 · 사용상의 에너지 낭비 유출 방지 · 에너지효율을 높일 수 있는 제품 유지·관리 보수	· 효과적 에너지 재생을 위한 분리배출
환경 오염 최소화	· 환경오염 최소 제품 구매 · 환경오염 최소화 경영 사업자 제품 구매	· 오염 발생을 최소화하는 제품 사용 · 오염을 줄일 수 있는 제품의 유지·관리 보수	· 폐기물 발생량 최소화 · 유해 폐기물의 분리배출 · 환경오염을 최소화한 폐기
생태 영향 최소화	· 생태영향 최소 제품 구매 · 생태영향 최소화 경영 사업자 제품 구매	· 생태영향을 최소화한 제품 사용	· 생태영향을 최소화 폐기

자료: 이득연, 『환경친화적 소비생활 양식의 확산 방안』, 한국소비자보호원, 2000. 12, p. 17.

(2) 재활용

현재와 같은 대량생산, 대량소비, 대량폐기형 경제사회가 지속되는 한 주요 천연자원의 고갈과 폐기물 처리계의 수용력 결여 등으로 지속적 경제성장은 어려워질 것으로 예측되고 있다. 따라서 다음 세대에게 자원과 쾌적한 환경을 물려주어 지속가능한 개발이 계속되도

생활정보 충치·비만 유발하는 청량음료

콜라와 사이다는 대표적인 청량음료다. 콜라에는 정제수·액상과당·탄산가스·캐러멜 색소·인산·천연 카페인 등이 들어 있다. 콜라 1백ml에는 13g 정도의 당류가 함유되어 있어, 2백50ml 한 캔을 마실 경우, 30g 정도의 당분을 섭취하게 된다. 또한 사이다는 1백ml에 당류 10g 정도가 함유되어 있어, 건강에 해롭기는 콜라와 마찬가지이다.

청량음료는 비타민과 무기질 등의 영양소가 없어 우리 몸 안의 비타민을 도리어 빼앗아 간다. 청량음료를 많이 마시면, 비타민이나 미네랄이 부족해져 쉽게 피로를 느끼고 입맛이 떨어진다. 에너지로 쓰고 남은 당이 지방으로 전환돼 비만의 원인이 되기도 한다.

청량음료는 치아 건강에도 좋지 않다. 어린이와 청소년들이 즐겨 마시는 음료 42종에 대해 한국소비자원에서 산도(pH)와 당분 함량을 조사한 결과, 콜라·사이다·오렌지 주스 등 시판 음료 대부분이 산성이었고 당분이 많아 치아 손상과 체중 증가 우려가 있는 것으로 나타났다.

조사 대상 음료의 90%가 pH 5.5 미만의 산성 음료로 자주 섭취하거나 오랫동안 입안에 머금으면 치아가 손상될 우려가 있다. 음료 한 캔(2백50ml)의 평균 당분 함량은 26g, 이로 인한 열량은 평균 1백6kcal이다. 매일 음료 한 캔을 마실 경우 1년에 5kg의 체중이 증가할 수 있는 열량이다.

마실 때는 음료를 입안에 오래 머금지 말아야 하고, 유아의 경우, 젖병을 이용해 먹이는 것은 피해야 한다. 음료수를 많이 마셨다면, 운동을 통해 불필요한 열량을 소모하는 것이 바람직하다.

자료: 『소비자시대』, 2012년 6월호, p. 17.

록 하기 위해서는 폐기물의 재활용이 필수적이다. 1995년 기준으로 천연자원의 가채기한을 살펴보면, 석탄 외의 석유·천연가스 등의 에너지자원은 앞으로 50여 년, 철은 70여 년, 구리·납·아연은 20~30년 정도인 것으로 알려져 있다. 그리고 미도우즈(D. Meadows) 등[80]이 제시한 천연자원·공업생산·환경오염 및 인구와 식량 등에 대한 시뮬레이션 결과를 보더라도 산업화에 따른 천연자원의 감소로 공업생산이 금세기 초에 급격히 하락했음을 알 수 있다. 이를 극복하기 위해서는 자원의 절약, 신소재 및 신재생에너지의 개발 등과 함께 환경부하가 최소화된 고도의 폐기물 재활용기술 개발을 통한 자원순환형 사회의 실현이 요구된다. 폐기물의 재활용은 소각이나 매립할 양을 감소시켜 처리를 용이하게 할 뿐만 아니라 천연자원을 대체할 수 있게 한다.

80) 1972년 데니스 미도우즈(Dennis Meadows)를 중심으로 인류의 위기를 경고한 보고서로서『성장의 한계』를 발표하였는데, 지구의 성장 한계를 결정하는 5가지 기본 요인을 인구, 농업생산, 자연자원, 산업생산, 공해로 설정하였다.『성장의 한계』의 표준세계모델(standard world model)에 의하면, 1900년에서 2100년 사이에 식량생산, 공업화, 인구성장은 가속적으로 증가 추세를 보이지만, 급격한 자원의 고갈로 2010년경에는 증가 추세가 둔화되어 감소하게 된다. 그러나 시스템 내의 자연적 지연 반응 때문에 인구와 오염도는 계속 증가 추세를 나타내고 있다가 결국 자원 고갈, 식량 부족, 공업화 부진, 오염 만연 등으로 2050년을 고비로 인구는 감소하게 될 것이라고 예측하고 있다.

제9장

소비자환경과 소비자보호

1. 시장 및 상품과 소비자보호

1.1 시장의 의의와 유형

1) 시장의 의의

시장은 제품이나 서비스를 판매하거나 구입하는 장소로, 가격이 결정되는 곳이다. 그리고 자본주의 경제체제는 시장경제를 바탕으로 유지되는 체제로, 원칙적으로는 생산, 판매 및 소비 등 사회적 자원의 배분이 시장의 힘에 의해 이루어지는 경제체제를 말한다.

시장이라 하면 일반 재래시장이나 백화점 등 제품이 거래되는 장소(협의의 시장)로 생각할 수 있으나, 전통적인 형태의 눈에 보이는 것뿐만 아니라 인력 시장, 외환 시장, 화장품 시장, 전자상거래 시장 등 판매나 구매가 이루어지는 곳 모두(광의의 시장)를 가리키고 있다. 시장에서는 생산자와 판매자, 소비자들이 각자 자신의 이익을 위해 끊임없이 노력한다. 가격기구 하에 시장 기능이 활성화되면 장기적으로는 새로운 질서(적정가격, 양질의 제품)와 조화(적정한 수요와 공급)를 이루고, 결과적으로 모든 거래 당사자에게 이익을 가져다주게 된다.

2) 시장의 역할

시장에서 자연스럽게 형성되는 가격은 세 가지 기본적인 경제 문제, 즉 무엇을, 어떻게, 그리고 누구를 위하여 생산할 것인가 등의 기본적인 의사결정을 하는 데 중요한 역할을 한다. 시장의 역할을 보다 더 구체적으로 살펴보면, 다음과 같다.

(1) 자원배분

시장은 생산자나 판매자로부터 소비자로 제품과 서비스가 이동되는 장소이다. 이러한 자원의 이동 또는 배분은 일정한 가격과 경쟁 속에서 이루어진다. 가격의 높고 낮음은 소비자가 상품을 얼마만큼 살 것인가, 또는 생산자가 상품을 생산하는 데 얼마나 많은 비용이 드는가에 관한 정보를 제공해 주는 역할을 한다. 한편, 가격에 의해 구매의사결정을 하는 소비자는 무엇을 얼마만큼 어떻게 생산할 것인가를 결정하는 주요 기준이 되며, 한 사회의 물적·인적 자원의 배분을 결정하게 된다. 요컨대, 시장은 자원배분의 기능을 수행한다고 말할 수 있다.

(2) 경쟁의 촉진

시장의 두 번째 기능은 경쟁을 촉진시키는 기능이다. 각 경제주체는 저마다의 이익을 위해 다양한 경쟁으로 시장 활동을 한다. 즉, 시장에서는 가격 경쟁을 비롯하여 제품의 질을 향상시키기 위한 경쟁, 보다 나은 서비스를 제공하기 위한 경쟁, 생산비용을 낮추기 위한 경쟁, 새로운 시장 개척을 위한 경쟁 등이 이루어진다. 이러한 시장경쟁은 각 경제주체들로 하여금 최선을 다하게 함으로써 시장의 효율성을 높여주게 되며, 또 결과적으로 전체 경제시스템에 좋은 성과를 가져다준다.

(3) 소득분배

노동·자본의 가격은 노동이나 자본을 제공하는 노동자와 자본가 등을 포함한 생산요소의 공급자가 얼마나 많은 소득을 얻게 될 것인가를 결정해 준다. 그러므로 생산요소의 가격이 소득분배를 결정하는 일차적 기준이 된다 할 수 있다.

시장에서 거래되는 상품의 가격도 간접적이나마 소득분배에 영향을 미친다. 예를 들면, 생활필수품의 가격이 오르면 고소득층의 실질소득보다 저소득층의 실질소득이 많이 감소하는 결과를 가져온다. 또한 인플레이션에 의한 전반적인 물가 상승과 제품 가격에 부과되는 간접세 역시 저소득층의 실질소득이 상대적으로 더 감소하는 데 영향을 미치며, 간접적이나마 소득분배에도 영향을 준다.

생활정보 피부 지키는 5가지 방법

겨울철은 대기 중 습도가 낮고 실내외 온도차가 심한 계절이다. 건조한 환경은 피부의 수분 부족 현상을 일으킨다. 이는 피부 속 콜라겐 함량까지 줄어들게 해 잔주름, 탄력 저하, 모공 확장 등의 현상을 초래할 수 있다. 촉촉한 피부를 지키는 방법에 대해 알아보면, 다음과 같다.

충분한 수분 섭취

피부 보습을 위해서는 충분할 수분 섭취가 필수다. 하루 8잔 이상의 물과 비타민이 풍부한 과일·채소 섭취는 피부와 수분 보호에 좋다. 밤 11시와 새벽 1시 사이에는 피부 재생이 활발히 이루어진다. 건조한 날씨에 지친 피부 재생을 위해서는 충분한 숙면이 필요하다.

건조한 실내에선 미스트와 수분크림 사용

건조한 실내 환경에서는 피부를 보호하기 위해서 미스트(스프레이형 화장품)나 수분 크림을 사용하는 것이 좋다. 미스트는 피부에 수분을 공급할 뿐만 아니라 민감한 피부 진정 등에 도움을 주기도 한다. 미스트를 뿌릴 때는 손으로 톡톡 두들겨 주면 수분이 피부에 쉽게 흡수된다.

잦은 세안은 피부 수분에 악영향

잦은 세안과 세정력이 높은 세안제 사용은 자제하는 것이 좋다. 세안할 때는 수분을 함유한 세안 제품을 사용해 부드럽게 씻어 주는 것이 좋다. 세안 후에는 3분 이내, 피부의 수분이 증발하기 전 촉촉한 상태에서 피부 보습제를 발라 주어야 한다.

갈라지고 트는 입술에는 립밤

입술은 피지선과 땀샘이 분포되지 않아서 쉽게 건조해진다. 촉촉한 입술을 원한다면 립밤을 수시로 발라 준다. 립밤은 각질 부위에 가볍게 두드리며 발라 주고, 각질이 심하면 자기 전 꿀을 바르거나 에센스와 영양크림을 섞어 마사지 해 준 후 비닐 랩을 씌워 5분 정도 두면 좋아진다.

자외선 차단제 사용

흔히 자외선은 여름철에만 강하다고 생각해 겨울철에는 자외선 차단제를 사용하지 않는 경향이 있다. 하지만 겨울철에도 여름 못지않게 자외선에 노출되기 쉽다. 특히 눈이 쌓인 곳에서는 자외선이 매우 강하다. 외출하기 30분 전에 발라 주어야 하고 가볍게 여러 번 덧발라 주는 것이 효과적이다. 〈글: 명세라, 서울신학대학교〉

자료: 『소비자시대』, 2012년 2월호, p. 85.

(4) 사회적 복지 증진

시장경쟁에서 살아남기 위해서, 또는 더 많은 이익을 얻기 위해서 동기유발이 발생한다. 따라서 경쟁은 궁극적으로 사회적 효율성을 증대시키며 이는 곧 국민복지 증진의 기초가 된다. 시장은 경쟁원리를 통해서 나타나는 자연적인 가격 조절 작용에 의해 이에 참여하는 모든 경제주체들의 복지를 향상시킨다고 할 수 있다.

3) 시장의 유형

모든 시장은 제각기 다른 구조와 특징을 가지고 있다. 시장을 거래상품의 종류나 거래장소에 따라 구분하기도 하나, 경쟁 상태에 따라 완전경쟁시장, 독점시장, 과점시장 및 독점적 경쟁시장으로 분류할 수 있다. 여기서는 시장 결정 요인이라 할 수 있는 공급자 수, 제품의 동질성, 신규 기업의 시장 진입 가능 여부 및 가격통제력 등에 따라 시장별 특성을 살펴보고자 한다.

(1) 완전경쟁시장

완전경쟁시장(perfectly competitive market)이란, 상품의 공급자와 수요자가 다수이며, 동질적 상품이 거래되고, 생산요소의 이동이 자유롭고, 시장가격은 수요·공급의 상호작용에 의해 결정되며, 그리고 공급자와 수요자들이 시장정보에 대해서 완전한 지식을 갖고 있을 때 성립되는 시장형태를 가리킨다. 경제학자들에 의하면, 모든 경제과정은 최종소비자의 욕구 충족에 그 목적을 두고 있는데, 완전경쟁시장 형태일 때 비로소 소비자주권이 실현될 수 있다고 한다. 그러나 현실적으로 완전경쟁시장은 존재하지 않으며 이상적인 상황을 전제로 한 것이나, 현실의 불완전경쟁시장을 평가할 수 있는 기준을 제공한다는 점에서 그 의의를 찾을 수 있다.

(2) 독점시장

독점(monopoly)이란, 한 산업을 하나의 공급자가 전적으로 지배함은 물론, 직접적인 대체재[81)]의 생산·공급자도 없는 시장구조를 의미한다. 이러한 독점시장에서는 독점자가

81) 대체재란, 고기와 생선처럼 한 쪽을 소비하면 다른 쪽은 그만큼 적게 소비되며, 어느 정도까지 서로 대체될 수 있는 재화, 또는 서로 경쟁적인 관계에 있는 재화를 말한다. 경쟁재라고도 한다.

시장 지배력을 가지고 있어, 생산량 및 가격 조절이 가능하여 가격 결정자의 역할을 할 수 있고, 가격 차별화도 실시할 수 있다. 여기서 가격차별이란, 독점 기업이 동일 기간에 동질의 상품에 대하여 생산비용이 동일함에도 불구하고 소비군별로 다른 가격을 매기는 것을 말한다. 한전이 전기료를 가정용과 산업용으로 다르게 하는 것, 수도사업소에서 가정용 수도요금과 산업용 수도요금에 차이를 두는 것이 그 예이다.

물론, 독점시장은 소비자 측면에서 볼 때 완전경쟁시장보다 불리한 시장구조라 할 수 있다. 왜냐하면, 일반적으로 독점시장에서는 완전경쟁 때보다 가격이 높고 공급량이 감소하므로 소비자는 적은 수량을 높은 가격으로 구입할 수밖에 없기 때문이다.

(3) 과점시장

과점시장(oligopoly)은 소수의 기업이 유사한 상품을 생산하여 하나의 시장에서 상호경쟁하고 있는 시장형태를 가리키며, 대부분의 시장들이 이러한 시장형태이다. 과점시장의 기업들은 상호의존관계가 밀접하다. 즉, 경쟁기업이 소수이고 한 기업의 행동이 다른 경쟁 기업에 미치는 영향이 크기 때문에 과점시장에서는 주로 가격변동이 작은 경직가격이 설정된다.

이런 이유로 과점시장 내의 기업들은 상대 기업에게 치명적인 영향을 줄 수 있는 가격경쟁을 가급적 피하고, 광고, 서비스 및 상품 차별화 등과 같은 비가격 경쟁을 지향한다. 경직가격에 의한 가격 안정화는 기업 간의 완전한 담합을 통하여 이루어지기도 한다. 일반적으로 규모의 경제가 크게 작용하는 산업들은 대체로 과점시장 형태를 갖는데, 우리나라의 경우, 석유, 철강, 조선, 가전제품, 자동차, 맥주, 껌 등의 산업이 그러하다. 과점의 특수한 형태라 할 수 있는 복점(duopoly)은 단 두 기업이 전체 시장을 지배하는 산업을 말한다.

(4) 독점적 경쟁시장

독점적 경쟁시장(monopolistic competition)이란, 시장에 다수의 기업이 활동하고 기업들 간에는 품질, 디자인, 상표, 포장 등에 있어 다소 차이가 나는 상품을 생산·공급하며 상호 경쟁하고 있는 시장을 뜻한다. 독점적 경쟁시장의 기업은 특정 소비자에 대해서는 어느 정도 독점적인 지위를 갖고 있으면서, 유사 상품을 제공하고 있는 기업들과는 경쟁관계에 있다. 따라서 많은 기업들이 제품 차별화를 통해 시장경쟁력을 높이려는 경향이 있다. 즉, 독점적 경쟁시장의 기업들은 가격 경쟁뿐만 아니라 판매 촉진, 광고, 애프터서비스(A/S) 등 비가격 경쟁을 통해 자사 제품에 대한 수요를 유도한다는 것이다. 여기서 시장 유형별 특성을 비교해 보면, 〈표 9-1〉에서와 같다.

표 9-1. 시장 유형별 특성 비교

시장 유형 / 특성	완전경쟁	독점	과점	독점적 경쟁
공급자 수	무수히 많다.	단일	소수	다수
재화의 동질성	동질적	단일 제품	동질적/이질적	이질적
가격 통제력	없음(가격순응).	크다(가격결정).	작다.	작다.
시장 진입 여부	자유로움.	매우 곤란	비교적 어려움	비교적 용이
비가격 경쟁	없음.	없음.	강함.	매우 강함.
판매 방법	경매	단순 광고 차원	광고와 품질 경쟁	광고와 품질 경쟁
소비자정보 제공	완전 정보 제공	불완전 정보 제공	불완전 정보 제공	불완전 정보 제공
소비자주권 실현	실현 가능	실현 어려움.	실현 어려움.	실현 가능
예	과일, 쌀, 콩 등	전기, 수도, 철도, 담배 등	철강, 설탕/가전제품	목욕, 이발, 약국

4) 시장 유형과 소비자주권

소비자들의 경제생활이나 소비생활의 궁극적인 목적은 만족감이나 행복 추구에 있다. 만족감이나 행복감이 최대가 되기 위해서는 소비가 효율적으로 이루어져야 한다. 효율적인 소비는 소비자에게 선택의 폭이 넓은 경쟁적 시장일 때 가능하다. 즉, 경쟁 제품이 많을수록 품질은 좋아지고 값도 싸지기 때문에 소비자만족이 최대가 된다는 것이다.

또한 소비자만족은 소비자주권이 실현될 때 최대로 충족될 수 있다. 소비자를 위해 그리고 소비자의 선택에 의해 소비자가 원하는 물건이 만들어질 때 소비자주권이 실현되는 것으로 보는데, 소비자주권의 실현을 위해서는 시장이 경쟁적이어야 한다.

소비자주권(consumer sovereignty)은 법률이나 정부의 규제, 소비자운동보다는 자유로운 시장경쟁체제 하에서 시장 기능이 잘 수행될 때 더욱 효과적으로 실현될 수 있다. 여기서 경쟁적 시장구조가 소비자에게 주는 의미가 크다. 공정하고 자유로운 경쟁이 유지될 때, 시장경제가 정상적인 기능을 수행하여 균형 있는 국민경제 발전을 이룩할 수 있고 소비자권익 또한 증대될 수 있다. 특히 경제적 의미의 주권이라고 할 수 있는 소비자주권이 실현되기 위해서는 반드시 경쟁이 필요하다.

〈표 9-1〉에서 제시한 바와 같이, 시장경제가 제 기능을 수행하기 위해서는 개방된 시장에서 아무런 제재 없이 자유롭게 경쟁할 수 있어야 한다. 다시 말해, 경쟁의 3대 원칙이라 할 수 있는 공개·자유·공정경쟁이 이루어져야 시장경제가 제 기능을 다할 수 있다는 것이다. 따라서 독과점적 시장구조에서는 그러한 조건이 충족되지 않기 때문에 시장경제가 정상적인 기능을 수행하지 못함은 물론, 소비자주권도 실현되지 않는다.

경쟁이 없거나 약하게 이루어지는 시장구조에서는 시장 지배력을 가진 소수 기업들이 가격, 품질, 각종 시장행동에서 주도권을 가지게 된다. 더 나아가서 주도 기업은 가격지배력을 통해 가격 차별, 거래 거절, 경쟁업자의 시장 진입 억제 등 다양한 형태의 불공정거래 행위를 자행하게 되며, 또 공급자들 간에 담합도 하게 된다.

결론적으로, 독과점적 시장구조에서는 다양한 형태의 경쟁 제한 행위가 쉽게 일어난다고 할 수 있다. 경쟁은 소비자주권 실현 및 공정한 경쟁의 필수조건이므로 완전경쟁이 현실적으로 불가능할 경우에는 어느 정도의 실질적 경쟁, 즉 유효경쟁이라도 있어야 할 것이다.

1.2 시장실패와 정부 규제

현실적으로 시장에서는 경쟁이 제한되는 경우가 그렇지 않는 경우보다 많다. 경제가 고도로 발전하면서부터 기업은 규모의 경제를 실현하기 위해 점차 대형화시켜 나가고 있으며, 경쟁에서 유리한 위치를 차지하기 위해 다른 기업을 합병하는 등 다양한 과정을 거쳐 독점 또는 독과점적 시장구조를 형성하고 있다. 이렇게 경쟁이 제한되면 시장경제의 기능이 제대로 발휘되지 못하기 때문에 정부는 시장경제의 활성화를 위하여 경쟁 제한 행위를 규제하는 정책을 펼치게 된다. 그리고 독과점적 구조에서는 상품이나 서비스의 가격이 공급자 주도로 형성되는데, 이는 곧 소비자 이익에 부정적인 영향을 미치게 된다. 다시 말해, 사회 전체의 인적 자원과 물적 자원을 효율적으로 배분하지 못하게 될 때, 이를 시장실패라고 부른다.

사실 시장실패는 소비자에게 부정적인 영향을 미치게 됨은 물론이고 공정하고 창의적인 기업활동을 제한한다. 이러한 이유로 인해 정부가 독과점, 기업결합, 공동행위 등과 같은 경쟁 제한 행위를 규제하는 것이다. 여기서 소비자주권실현의 필수적 조건인 경쟁을 제한하는 행위, 즉 독과점, 시장 지배적 지위 남용 행위, 기업결합, 공동행위, 불공정거래 행위에 대해 구체적으로 살펴보고자 한다.

1) 독과점 규제

우리나라는 1960년대부터 경제개발 5개년 계획을 수립하여 자본과 기술 등 자원이 부족한 상태에서 수출 중심의 고도성장을 목표로 소수의 능력 있는 기업만을 집중적으로 지원하여 왔다. 그 결과, 우리나라의 시장구조는 중공업은 물론, 경공업 여러 산업들이 독과점 구조를 형성하고 있다. 독과점 구조 하에서 소수 사업자의 시장 지배력 남용 행위는 실질적인 경쟁을 제한하게 되므로 그 폐해가 사업자에서 소비자에 이르기까지 심각한 수준이다. 사실 시장 지배적 지위를 가진 사업자가 지위를 남용할 경우, 공정거래법으로써 적절히 규제하기 위해 매년 일정 요건에 해당하는 시장 지배적 사업자를 지정·고시하고 있다. 모든 사업자의 행위를 감찰, 규제하기는 현실적으로 불가능하므로 지위 남용 행위로 인해 발생하는 경쟁 제한 효과가 큰 일정 규모 이상의 사업자만을 대상으로 지위 남용 행위를 감시 및 규제하고 있다.

2) 기업결합으로 인한 경쟁 제한 규제

기업결합이란, 여러 기업의 활동을 단일 관리 체제로 통합시키는 것을 의미한다. 이러한 기업결합은 인적, 조직적, 물적 결합을 포함하며 개별 기업의 독립성을 소멸시킨다. 결합이 시장에 미치는 효과를 기준으로 수평결합, 수직결합, 혼합결합으로 분류한다.

기업결합 모두가 경쟁을 제한하는 것은 아니므로 경쟁을 실제로 제한하는 결합만이 규제 대상이 된다. 규제 대상이 되는 기업결합은 보통 사업자의 수와 규모의 차이, 독립성의 정도, 시장 진입 제한 등에 의해 결정한다. 또한 기술 개발이나 원가 절감 노력, 생산비와 가격의 상관관계, 조업도, 이윤율, 판매비 지출 등도 규제 여부를 판단하는 기준이 된다. 그러나 경쟁 제한적인 결합이더라도 공정거래위원회가 산업합리화[82] 또는 국제경쟁력 강화를 위해 필요하다고 인정하는 경우에는 예외로 허용하고 있다.

기업결합으로 인해 실질적인 경쟁이 제한된다면, 기업은 품질 개선이나 원가 절감 노력을 하지 않게 되어 궁극적으로는 소비자주권 실현 및 소비자권익에 부정적 영향을 미치게 된다. 따라서 기업결합은 기업에게는 물론, 소비자에게도 직·간접적으로 영향을 미칠 수 있다는 사실을 명심해야 할 것이다.

---

82) 산업합리화는 생산·유통 과정에서의 생산성 상승을 통해 비용을 절감하는 것이다. 넓은 의미에서는 새로운 기술, 생산 공정, 유통, 노동조직 등의 변화, 그리고 산업조직의 재편성 등에 의하여 생산성을 높이는 것도 산업합리화라고 한다.

3) 공동행위로 인한 경쟁 제한 규제

카르텔(cartel) 또는 담합이라고도 하는 공동행위란, 생산자나 유통업자들 간에 이루어지는 담합이나 협정으로, 사업자가 계약, 협약, 결의 등의 방법으로 다른 사업자와 함께 상품 가격, 거래량, 거래 조건 등을 제한 또는 담합하는 행위를 말한다. 공동행위의 대부분은 명시적인 협정서나 교섭 없이 음성적으로 이루어지므로 이를 문제시하는 것은 쉽지 않다.

일반적으로 높은 시장점유율을 차지하고 있는 사업자들이 가격, 거래 조건, 판매량 등에서 경쟁을 피하기 위해 공동행위를 한다. 따라서 독과점적 시장구조 하에서 공동행위는 기업결합 또는 다른 형태의 경쟁 제한 행위보다 경쟁 제한의 폐해가 크다. 공동행위의 형태는 매우 다양하나, 공정거래법에 나타나 있는 8가지 공동행위 형태에 대하여 알아보면, 다음 〈표 9-2〉에서와 같다.

표 9-2. 공동행위의 유형

유 형	내 용
가격 협정	가장 전형적 형태의 공동행위로, 가격협정으로 인한 이익이 크기 때문에 이런 공동행위가 많이 일어남. 경쟁 제한 효과가 크므로 엄격히 규제하는 것이 세계적인 추세임.
거래 조건 협정	다양한 형태의 거래와 관련한 조건을 공동으로 취하는 것으로, 경쟁 제한의 효과가 클 수도, 작을 수도 있음.
공급 제한 협정	공급 수량을 사업자들 간에 협정하는 것으로, 당사자 간의 이해관계가 충돌하기 쉬워 협정이 어려움.
시장 분할 협정	가격 협정의 보조 수단으로 사용되며 가격 수준을 직접 결정하는 것이 아니라, 경쟁 제한 효과가 약함. 그러나, 협정 위반 시 제재가 따를 경우, 경쟁 제한 효과가 약하지만 공정하고 자유로운 경쟁을 제약하므로 규제 대상이 됨.
설비 제한 협정	생산량이나 판매량을 직접 제한하는 것이 아니므로, 경쟁 제한 효과가 약함.
상품의 종류 및 규격 제한 협정	새로운 상품이 시장에 공급되는 것을 제한하거나 표준화된 상품에 대해 거래를 제한하는 경우로서, 부당한 공동행위로 규제됨. 다만, 제품의 표준화가 가격 유지 수단으로 악용되지 않고 경쟁의 합리화에 기여할 경우, 규제 대상이 되지 않음.
회사 설립	상호 경쟁관계에 있는 다수의 사업자들이 공동으로 상품이나 서비스를 판매하거나 원자재를 구입하기 위해 회사를 설립하는 경우, 부당한 공동행위에 해당됨.
다른 사업자의 사업 활동 제한	이미 시장점유율이 높은 사업자들이 공동으로 다른 사업자의 시장 진입을 방해하거나 특정 사업자의 사업 활동을 방해 또는 제한하는 경우, 부당한 공동행위에 해당됨.

4) 불공정행위로 인한 경쟁 제한 규제

불공정행위란, 공정한 거래를 저해할 우려가 있는 행위이다. 소비자 이익을 침해할 가능성이 있는 행위도 불공정행위로 간주하여 규제 대상이 된다. 우리나라 공정거래법에서는 불공정거래 행위를 모든 사업 분야에 적용되는 일반 불공정거래 행위와 특수 사업 분야에만 적용되는 특수 불공정거래 행위로 나누어 고시하고 있다. 불공정거래 행위의 유형은 〈표 9-3〉에서와 같다.

표 9-3. 불공정거래 행위의 유형

유 형	구체적 형태: 불공정거래 기준
거래 거절	공동의 거래 거절, 기타 거래 거절
차별적 취급	가격차별, 거래 조건차별, 계열사를 위한 차별, 집단적 차별 취급
경쟁사업자의 배제	계속 거래상의 부당 염매, 장기 거래상의 부당 염매, 부당 고가 매입
부당한 고객 유인	부당이익에 대한 고객 유인, 위계에 의한 고객유인, 기타 부당한 고객유인
거래 강제	끼워 팔기, 사원판매, 기타 거래 강제
우월적 지위 남용	구입 강제, 이익 제공 강요, 판매 목표 강제, 불이익 제공, 경영 간섭 등
구속조건부 거래	배타 조건부 거래, 거래 지역 및 상대방 제한
사업 활동 방해	기술의 부당 이용, 인력의 부당 유인, 채용 거래처 이전 방해, 기타 사업 활동 방해
부당한 표시·광고	허위 과장 표시·광고, 기만적 표시·광고, 부당한 비교 표시·광고, 비방표시·광고

자료: 한국공정경쟁협회, 『공정거래법: 심결 해설 및 평가』, p. 271.

위와 같은 불공정거래 행위는 사업자 간의 공정한 거래질서 확립에 장애가 됨은 물론이고 궁극적으로는 시장기구가 제대로 운영되지 않아 소비자에게 직·간접적으로 부정적 영향을 미친다. 그리고 특수 불공정거래 행위는 특수한 사업 분야 또는 특수한 행위에만 적용하는 것으로 크게 5가지 유형으로 분류되고 있다. 이들은 경품류에 관한 불공정 행위, 할인특별판매 행위에 대한 불공정 행위, 백화점에 관한 특수 불공정거래 행위, 공공건설공사에 있어서 저가 입찰에 관한 특수 불공정거래 행위, 학습교재 등의 판매에 있어서의 특수 불공정거래 행위로 구성된다. 공정거래위원회는 불공정거래 행위를 발견할 시, 당해 사업자에게 불공정거래 행위의 중지, 계약 조항의 삭제, 정정 광고, 법 위반 사실의 공표 등 기타 시정 조치를 명할 수 있다.

1.3 상품의 의의

상품의 상(商)을 교환거래로 보고 품(品)을 물품으로 볼 때, 상품이란 교환의 대상이 되는 물품의 줄임말로 볼 수 있다. 이렇게 해석할 경우, 자급자족시대에는 제품은 있었으나 상품은 없었다고 할 수 있다. 왜냐하면, 이러한 의미에서의 상품이란 분업이 진전되어 수요와 공급, 즉 생산과 소비가 분리된 교환경제시대에 접어들면서 비로소 존재하게 되었기 때문이다.

일반적으로, 상품 개념은 자신의 사용·소비를 위해 생산된 재화와는 달리 타인의 사용·소비를 위한, 즉 매매의 목적 하에 생산·제조된 재화로서 시장환경 하에 놓여 있는 것을 뜻한다. 그러므로 상품이란, 생산된 재화가 사용가치 및 교환가치를 함께 갖고 상거래의 대상으로 있는 것을 가리킨다. 이는 생산자가 생산한 상품은 소비자에 의해 구매됨으로써 비로소 상품이 된다는 것이다. 상품은 외부에 독립적으로 존재하는 동시에 소비자와 관계를 가짐으로써 그 존재가치가 있는 것이다.

그리고 상품은 생산자가 제품 관리 등의 마케팅 활동에 투입한 노력의 결과이며, 또 소비자평가의 결과로써 그 가치가 결정된다고 할 수 있다. 그런데 과거에는 상품의 물리적 특성을 주로 보았고 소비자의 인지적 특성은 크게 고려되지 않았다.

상품 개념을 유통과정상의 상품으로만 정하게 되면 이는 판매론 내지 마케팅론의 입장에서 인식하는 것이 된다. 현실적으로 유통 과정에서 매매교환의 대상이 되는 것만을 상품으로 한정하게 되면, 이에 앞서서 이루어지는 생산(재배, 경작, 양식 및 제조) 과정에서 인식되는 제품 내지 생산물과 유통 이후에 이어지는 소비 내지 생활 과정상에서 인식되는 소비물자라는 의미로서의 상품은 물론, 사용 후에 재활용 과정을 거쳐 재생·이용되거나 자연으로 환원되어가는 폐기물로서의 물품과 관련되는 인식을 하기는 어렵게 된다. 이처럼 상품을 유통만으로 한정하여 좁게 보면, 생산·유통·판매·소비·재순환이라는 모든 과정상에 존재하는 상품에 대한 종합적인 인식이 불가능하게 된다.

우리가 알고 있는 상품에는 쌀, 생선 및 과일 등 천연산품은 물론, 양말, 옷, 신발,

컴퓨터, 자동차 등과 같은 공산품 등 수많은 종류가 있다. 또 상품과 비슷한 개념의 용어가 각 학문 분야에서 저마다 다르게 쓰이고 있다. 여기서 상품 개념과 혼용되고 있는 재화, 제품, 생산물, 정보 및 서비스 등의 개념을 살펴보고 상품의 성격에 대해 살펴보기로 하자.

먼저, 재화(goods)란, 인간에게 경제적 가치가 있는 모든 것을 포함하는 것으로서 경제학적인 개념이다. 이러한 재화는 종래에는 모두 양(+)의 경제적 가치를 가지는 것으로 보아 왔으나, 오늘날에는 공해 폐기물과 같이 음(−)의 경제적 가치를 가지는 것도 있다고 본다.

제품(products)은 광의와 협의의 두 가지 의미가 있다. 협의의 제품은 인간이 천연자원에 대해 어떤 작용을 가하여 그것을 변화·조합·연결함으로써 만들어 낸, 즉 제조된 모든 것을 가리킨다. 또 광의의 제품은 인간의 욕구나 필요를 충족할 수 있어 시장에서 주의를 끌거나 획득·사용·소비되게끔 제공할 수 있는 모든 것을 말한다. 이에는 물리적 실체, 서비스, 사람, 장소, 조직체 및 아이디어도 포함되는 것으로 보고 있다.

다음으로, 산품 혹은 생산품(produce)은 일반적으로 제1차 산업의 생산품이나 천연생산품을 뜻한다. 그러나 산업 차원에서 구분할 때에는 제1차 산품, 제2차 산품, 제3차 산품 등과 같이 구분하여 생산물의 뜻으로 간주된다. 여기서 생산물(products)은 경제학상으로 제품에 대해 쓰이는 용어로, 협의의 제품과 같은 뜻으로 본다.

한편, 서비스는 종래 경제학상으로 용역이라 하여 무형재 일반을 뜻하였으나, 마케팅상으로는 애매하게 사용된 개념이다. 일반적으로는 배달의 신속성, 환품, 점원에 의한 고객접대 등을 뜻하며, 제품과 관련 서비스는 물리적 제품 그 자체와 밀접한 관련을 가지는 서비스 활동, 예컨대 불만 처리, 수리 보수 등의 기술적 서비스를 가리킨다. 그리고 미국마케팅학회에서는 서비스를 '판매를 위해 제공되거나 혹은 제품 판매와 관련하여 제공되는 제반 활동, 편익 또는 만족'이라고 정의하고, 그 예로서 오락, 호텔 서비스, 전기 서비스, 운송, 이발 및 미용 서비스, 수리 및 유지·보수 서비스 등과 아울러, 판매업자의 서비스로서 신용제공, 판매원의 조언, 원조 및 배달 등의 활동을 들고 있다.

또한, 상품이 되기 위한 조건은 필요조건과 매력조건으로 나누어 볼 수 있다. 필요조건은 욕구 충족의 가능성에 대해 안심감을 주는 요인으로, 구매심리상 배경의 역할을 수행한다. 이 요인이 빠져 있는 경우, 매장의 상품이 아무리 매력적이라도 구매되지는 않는다. 그러나 이 요인이 너무 당연시되어서 경우에 따라서는 소비자의 인식이나 관심을 끌지 못해 파악하기 어려울 수도 있다. 이러한 필요조건이 크게 작용하는 상품이 편의품[83], 일용품으로서 계속하여 동일한 상품이 구매되는 경우이다.

이에 대해 선매품[84]이나 전문품[85]의 경우에는 필요조건만으로 구매가 유발되지는 않기 때문에 적극적이고 매력적인 이미지를 소구하게 된다. 전문품의 경우에는 한편에서 선매품과 마찬가지로 매력을 강하게 소구하면서 다른 한편에서 판매점이나 상표의 신뢰감을 내세워 안심감을 소구하기도 한다. 이 경우, 필요조건은 선매품과는 달리 단순한 배경요인이 아니라, 보다 적극적인 기능을 수행한다.

1.4 상품과 소비자보호

본서 제1장에서 언급한 바와 같이, 기술의 발달로 초래된 현대사회의 상품혁명은 인스턴트식품, 포장[86]식품, 냉동식품, 기성복 및 조립주택 등의 보급에서 볼 수 있는 완성품화를 비롯하여 한층 편리한 쇼핑 시대의 도래를 낳았다. 또 원재료의 변화는 상품의 가공 과정은 물론, 제품의 품질·기능까지 바꾸어 놓았으며, 결과적으로 생활상의 편익을 한층 증대시켰다.

이와 반대로, 상품혁명은 소비자문제의 급증, 신제품들의 속출, 제품수명 주기의 단축 등의 현상을 초래하였다. 이처럼 상품혁명은 상품 선택 폭의 확대, 생활상의 편의성 증대, 가사노동 시간 감소 등의 이점을 주기도 하나, 새로운 원료의 사용으로 인한 품질·성능의 변화, 복잡한 기능·성능을 가진 신제품의 출현 등으로 소비자의 상품 선택을 어렵게 하는 문제도 있다.

수입 소비재는 국산 소비재에 비해 제품 사용과 관련하여 위해 발생 가능성이 높고 사법적 구제에 의한 예방 효과도 적다. 정보의 불완전성 문제는 수입 소비재의 위해 발생 가능성을 더욱 높이는 경향이 있으며, 피해 발생 시 그 구제는 더 어렵다고 볼

83) 편의품은 식료품·기호품·생활필수품 등처럼, 구매를 위하여 사전 계획을 세우거나 점포 안에서 상표 비교 노력을 하지 않고 습관적으로 구매하는 제품을 가리킨다.

84) 선매품은 가격·품질·형태·욕구 등에 대한 충분히 비교한 후 선별적으로 구매하는 제품이다.

85) 전문품은 상표나 제품의 특징이 뚜렷하여 구매자가 상표 또는 점포의 신용·명성에 따라 구매하는 제품으로, 비교적 가격이 비싸고 특정 상표만을 수용하려는 특성을 나타낸다.

86) 포장의 기능은 상품(내용물) 보호, 상품성 증대, 취급상의 편의성 향상 등이다.

대전 도마큰시장 전경

수 있다. 물론, 이때 제조업자는 위해 발생으로 인한 손해배상에 대한 책임감을 상대적으로 적게 가지게 된다.

수입 소비재의 위해 발생 사례를 보면, 수입 농산물 자몽에서 알라(다미노자이드)가 검출된 적이 있었고, 옥수수에서 기준치 이상의 아플라톡신이 검출된 바 있다. 육류의 성장촉진제 혹은 항생제 잔류 문제, 식품의 보존성 향상을 위해 사용하는 방사선 허용 기준 문제 등이 사회적 이슈가 된 경우도 있었다. 여기서 정부는 적절한 수입품 검사 기준을 재정비하고 효율적인 시험 검사 제도를 마련하는 등 위해 방지를 위해 보다 적극적으로 노력해야 할 것이다.

현재, 우리나라의 안전 관리 체계는 크게 식품은 보건복지부가, 소비생활용품은 공업진흥청이 주관하고 있다. 그러나 각 주무 부서의 조직이나 인력 및 예산 등을 살펴보면, 안전 관리를 효율적으로 수행하는 데에는 미흡한 것으로 보인다. 식품의 소비생활용품의 안전성 확보를 위해서는 동일한 안전 관리 업무를 담당할 독립적 기구의 설치를 고려해 볼 필요가 있다고 본다.

한편, 위해상품으로부터 소비자를 보호하기 위해서는 안전 기준의 제정과 안전성 시험 검사가 무엇보다도 요구된다. 식품에 대한 안전 기준을 예로 들면, 현재 보건복지부에서 방사선 조사 기준, 아플라톡신 잠정허용 기준, 농약 잔류 허용 기준 등을, 그리고 농수산부에서 육류의 항생물질 허용 기준 등을 정하고 있으나, 그러한 기준들은 내용상 매우 미흡한 실정이다.

식품 및 소비생활용품에 대한 시험 검사 기관들은 너무 다원화되어 있고 예산과 인력도 충분하지 못한 실정이다. 특히, 수입 식품의 검사는 보건복지부 장관의 위임에 의해 국립검역소에서 실시하고 있으나, 안전 관련 검사는 부수적인 업무로 취급되고 있고 검역원도 부족한 실정이다. 수입 상품에 대한 위해정보의 수집을 위해서는 외국의 안전 관련 기관과 협력하여 세계 주요 지역별로 유해·유독 물질의 오염 실태 등을 파악할 수 있도록 국제적 정보 감시체제를 구축하는 방안을 모색할 필요가 있다. 그리고 수입 소비재의 사용과 관련하여 발생한 소비자피해를 실질적으로 구제 받을 수 있도록 제도적 장치를 마련해야 할 것이다.

2. 광고와 소비자보호

2.1 광고의 의의와 영향

1) 광고의 의의

광고란, 어떠한 사실을 널리 알려서 사람의 주의와 관심을 끌어 자기가 바라는 일정한 목적을 달성하려는 고지적인 행위를 의미한다. 미국마케팅학회에 의하면, 광고는 '시장에 정보를 제공하고 설득하는 특정기업에 의한 아이디어, 상품, 서비스의 촉진[87)]과 매체에 대한 통제된 형태'라고 정의된다. 그러나 광고의 개념은 시대의 흐름에 따라 변화되어 왔다.

소비자에게 참된 정보를 전달해야 할 사업자가 자사 상품을 선택하도록 소비자를 설득시키는 과정에서 상품의 성능, 품질, 가격, 거래 조건 등을 과장하거나 조작한 정보를 제공하는 경우가 있다. 이는 경쟁을 왜곡시키고 소비자의 알 권리와 선택할 권리를 침해하며, 궁극적으로는 사회적 낭비를 초래한다.

여기서 진실의 원칙에 반하는 사업자의 행위로부터 소비자를 보호하기 위한 방안으로 광고의 역기능, 즉 허위·과장 등 부당광고에 대한 규제가 있다. 광고를 규제하거나 소비자

87) 기업이 제품과 서비스의 판매를 촉진(promote)하기 위한 활동을 말하며, 이에는 광고, 판매 촉진, 홍보 및 인적 판매 등이 있는데, 이들의 혼합을 촉진믹스(promotion mix)라고 한다.

보호가 강화되어야 한다고 생각하는 것은 이성적 판단이 어려운 사람들은 물론, 그렇지 않는 소비자들도 마찬가지이다. 즉, 어떠한 상황에서든 모든 소비자를 보호해야 한다는 면에서 소비자주의와 광고의 공익성이 함께 중요시되고 있다. 세계가 하나의 시장, 특히 하나의 광고시장으로 통합되면서 광고에 대한 규제 체계가 크게 달라지고 있다. 즉, 전 세계적으로 광고 규제는 더욱 엄격하고 폭넓게 수행되어야 한다는 방향으로 변화되고 있으며, 각종 광고물에 대한 심의 기준이나 원칙은 광고시장의 세계 통합과 맥을 같이 하면서 활발하게 논의되고 있는 실정이다.

2) 광고의 영향

(1) 경제적 영향

기업이 광고를 내보내는 순간부터 광고는 경제에 영향을 미친다. 어떤 제품을 광고하는 데 드는 비용은 제품 가격에 포함되어 소비자에게 고스란히 전가된다 하여 부정적인 것으로 보는가 하면, 이와 반대로 광고로 인해 제품 수요의 증가로 대량생산이 가능하게 됨으로써 결과적으로 소비자들에게 제품이 저렴하게 공급할 수 있다 하여 긍정적인 것으로도 보기도 한다. 이처럼 광고의 영향에는 긍정적 영향과 부정적 영향이 있는데, 〈표 9-4〉는 광고의 긍정적 영향과 부정적 영향을 제시한 것이다.

표 9-4. 광고의 긍정적·부정적 영향

구 분	긍정적 영향	부정적 영향
경제	·경제성장, 투자 및 고용 촉진 ·경쟁 촉진	·자원의 낭비와 고갈화 ·독점으로의 유도 ·비가격 경쟁의 일반화
산업	·신제품의 시장 확대 ·상품 경쟁의 촉진	·진입 장벽의 형성 ·출혈적 경쟁
기업	·규모의 이익 실현 ·마케팅 위험 및 불확실성의 감소	·원가와 가격 인상 ·과대 이익의 획득
소비자	·무료 정보 제공 ·품질통제 수단으로서의 역할 ·수용의 환기, 유지, 안정화 ·생활수준 향상을 위한 유인의 제공	·낭비 조장적, 오도의 정보 전달 ·형식적 제품 차별화

자료: K. Lancaster and D. Yaguchi, "How Economists Have Treated Advertising, 1890-1940," Journal of Advertising History, March, p. 431.

(2) 사회·문화적 영향

광고는 사람들이 무엇을 살 것인가, 그리고 어떻게 행동할 것인가에 대해 설득적 역할을 함으로써 사회가 지향하는 가치와 개인의 라이프스타일에 영향을 미친다. 광고의 사회문화적 효과를 윤리와 물질주의 측면에서 살펴보면, 다음과 같다.

광고 관련 법률들이 많으나, 법을 어기지 않고서도 광고주가 비윤리적이거나 사회적으로 무책임한 광고를 할 수 있다. 기업의 사회적 책임은 기업이 사회 구성원의 복지와 이익을 위해 노력한다는 점에서 광고윤리와 관련성이 있다. 윤리적 광고가 광고주 입장에서 도덕적으로 정당하다고 믿는 것을 의미한다고 할 때, 사회적 책임은 오로지 기업의 이익만을 중시하는 광고가 아니라, 그에 앞서 사회 전체에 이익이 되고 또 그 메시지가 윤리적인가를 생각하는 것과 밀접한 관련성이 있는 것이다.

물질주의는 물질적 이득에만 가치를 두는 것을 의미한다. 광고는 소비자들의 욕구를 더 좋은 주택, 더 좋은 음식, 더 좋은 옷 등 더 좋은 것을 추구하도록 함으로써 소비자들에게 물질주의를 조장시키고 타인을 물질적인 면에서 판단하도록 만든다는 비판을 받고 있다. 그러나 광고가 물질주의적 가치를 야기하는지, 아니면 영화나 문학과 같은 다른 요인에 의해 야기된 태도와 가치가 광고에 반영되는 것인지의 문제에 대해서는 소비자와 광고주의 주장이 상반되고 있는 부분이다.

2.2 부당광고와 기만성·조작성

1) 부당광고

(1) 부당광고의 의의

부당광고에서 '부당'이라 함은 일반적으로 행위나 처분이 위법의 정도까지는 이르지 않으나 도덕적으로 비열하거나 사회적으로 타당성이 없는 것을 말한다. 따라서 부당광고는 소비자가 광고를 접하고 이해하는 과정에서 사업자의 광고행위가 소비자보호법에서 규정하고 있는 소비자의 올바른 정보를 제공받을 권리를 침해하여 그들의 합리적 선택을 방해하거나 방해할 가능성이 있는 일체의 광고 행위라고 할 수 있다.

표시, 광고의 공정화에 관한 법률 제3조에서는 사업자가 소비자를 속이거나 소비자로 하여금 잘못 알게 할 우려가 있는 광고 행위 4가지, 즉 허위·과장 광고, 기만 광고, 부당 비교 광고, 비방 광고를 규정하고 있는데, 여기서 이들 4가지 유형에 대해 살펴보고자 한다.

(2) **부당광고의 유형**

첫째, 허위·과장 광고를 들 수 있는데, 공정거래위원회에 의하면, 허위·과장 광고는 상품의 재료, 성분, 품질, 규격, 함량, 원산지, 제조 방법, 효능, 기타 거래 내용이나 가격, 수량 등의 거래 조건에 관하여 사실과 다르게, 또는 그보다 우량·유리하다고 광고함으로써 소비자를 유인하거나 상품의 질과 양을 속이는 행위로 규정하고 있다. 대체로 사실과 다르거나 근거 없는 내용을 광고하는 것을 허위 광고로, 광고상의 주장이 특정 사실 또는 근거에 기초하고 있지만 그 내용이 부풀려진 광고를 과장 광고로 본다.

둘째, 기만적 광고는 대부분의 국가에서 규제하고 있는 것으로, 사실을 은폐하거나 기만적인 방법으로 소비자를 속이거나 속일 우려가 있는 광고를 의미한다. 여기서 기만적이란, 일반적으로 서로 지켜야 할 신의와 성실의 의무를 저버리는 적극적이거나 소극적인 행위로서, 소비자로 하여금 상품 및 서비스에 관하여 착오를 일으키게 할 우려가 있는 것을 의미한다. 따라서 현실적으로 소비자가 기만당하기를 바라는 기만 광고, 기만의 잠재성 또는 기만의 가능성이 있는 기만적 광고 모두 규제 대상이 된다.

셋째, 부당 비교 광고를 들 수 있다. 비교 광고란, 일반적으로 광고주의 상품이나 서비스를 경쟁 기업의 그것과 비교하는 형태의 광고를 말한다. 사실 대부분의 광고는 비교의 속성을 가지고 있다. 즉, 일반적인 주장을 하는 광고 표현이라 할지라도 비교 대상이 되는 상품에는 어떤 특성이 결여되어 있다거나 적어도 같은 정도는 아니라는 의미를 내포하고 있다. 비교 광고 역시, 소비자가 광고를 볼 때에 진실성을 인지하는 것이 중요한 요건이 되므로, 비교되는 상품의 정보가 명확하게 전달되어야 한다. 여기에 비교 항목이 공정하고 적절하게 선정되어야 하고, 또 경쟁 제품 간의 의미 있는 차이를 부각시켜야 할 것이다. 만약 자사 상품의 우월성을 강조하기 위해 인위적으로 경쟁 업자의 비교 대상 내용을 선별하여 전체적 인상을 왜곡하는 경우에는 명백히 부당한 비교 광고에 해당한다. 또한 비교 광고의 내용을 입증할 수 있는 과학적 객관적 근거자료 없이 자사의 제품이 경쟁 사업자의 것에 비해 우수 또는 유리하다고 주장하는 광고 역시 부당 비교 광고라고 볼 수 있다.

넷째, 비방 광고는 객관적 근거 없이 경쟁 업자에게 불리한 내용을 광고함으로써 소비자의 판단을 흐리게 하는 광고 유형이다. 예를 들면, 아이스크림 수입 업체인 (주)맥키스앤브로디스 코리아가 자사의 맥키스 아이스크림 광고에서 객관적 근거 없이 경쟁 업자의 제품에는 인공색소나 화학첨가물이 첨가되어 있는 것처럼 소비자를 오인시킬 우려가 있는 비방 광고 행위를 하여 2003년 7월 공정거래위원회가 시정 조치를 내린 바 있다.

2) 광고의 기만성·조작성

광고가 소비자에게 미치는 영향은 소비자 개인의 지식수준이나 인지적인 반응, 과거의 경험이나 신념, 처해진 상황 등에 따라서 다를 수 있다. 일반적으로 광고는 소비자의 소비지출에 결정적 영향을 주는 한 요인이며, 기업들은 소비자를 설득하기 위해 소비자의 주의를 끌고자 한다. 소비자의 주의를 끌고 상품에 대한 인식을 높이려고 하는 일부 기업들은 허위·과장의 기만적인 광고를 하는 경우가 있다. 이러한 기만적인 광고는 소비자의 의사결정을 왜곡시켜 경제적 손실을 가져오는 것은 물론, 공정한 경제 질서를 어지럽힌다는 점에서 문제시된다.

(1) 광고의 기만성

아커(D. Aaker)는 기만을 소비자가 광고를 지각하는 과정에서 받아들인 투입(inputs)과 실제 상황이 다를 경우와, 이 같은 투입에 의해 행해진 구매가 소비자에게 피해를 줄 때 광고의 기만성이 발견될 수 있다고 하였다. 또 코헨(D. Cohen)은 광고에서 기만을 발견하는 기준으로 다음과 같은 다섯 가지를 제시하고 있다. 첫째, 광고 내용이 거짓일 경우, 둘째, 광고 내용의 일부는 사실이나 다른 일부가 거짓일 경우, 셋째, 광고 내용이 불충분한 정보로 이루어진 경우, 넷째, 제품 판매를 위해 제품특성에 대한 거짓 증거로 광고하는 행위, 다섯째, 광고 내용이 문자상으로나 기술적으로 사실이나 함축적인 허위를 나타낼 경우이다. 그리고 기만광고에 관한 법적 해석은 사실과 다른 광고, 소비자를 속이거나 속도록 오도하는 광고, 부분적으로는 사실이나 전체적으로 오도케 하는 광고로 요약할 수 있다. 우리나라에서 법규상에 나타난 기만광고의 개념은 허위, 과장, 비방, 허위 비교 및 부당 표시로 표현되어 있으며, 소비자를 오도하는 기만광고는 법적 규제의 대상이 된다.

(2) 광고의 조작성

객관적인 사실을 근거로 한 광고가 상품 정보를 제공할 경우, 소비자들은 그 광고를 가치 있는 것으로 여길 것이다. 그러나 광고가 감성적 소구를 통해 사실을 조작할 경우, 소비자들은 합리적 구매의사결정을 내리지 못할 수 있다. 이를 광고의 조작성이라 부른다. 그리고 기업이 자사 상품의 판매 촉진을 위해 상품 정보를 제공하고 소비자를 설득하는 것은 시장경제시스템에서 전통적으로 사용되어 온 오랜 관습이다. 또 대부분의 경우, 광고 상품에 대한 설득이 조작적이라는 증거가 거의 없고 주로 가치 판단을 근거로 한 주장만이 있을 뿐이다. 따라서 소비자들 스스로 광고의 부정적 영향력에서 벗어나서 바람직한 구매의사결정을 할 수 있도록 노력해야 할 것이다.

2.3 광고 규제

사회적 측면에서 볼 때, 광고는 소비자들에게 필요한 생활정보를 전달하는 기능을 수행한다. 기업의 입장에서는 광고가 이윤을 목표로 하는 커뮤니케이션 행위이므로 광고의 공공성보다는 영리성이 우선시되는 경향이 있다. 바로 이 사실 때문에 광고에 의한 폐해들이 발생하게 되는데, 이를 방지하기 위한 제도적 장치가 광고 규제이다.

광고 규제란, 정부나 광고인 혹은 기업주, 소비자가 사회적 공익성을 보장하고 공정거래 질서를 지킬 목적으로 사회의 윤리적 기준에 벗어나는 허위광고, 과대광고, 불공정 거래수단이 되는 광고 등을 법의 강행규정에 의하거나 광고인과 광고주의 자율적 기준에 의해 통제하는 행위를 말한다. 광고 규제는 주로 법에 의한 타율 규제와 광고인이나 기업이 자주적으로 시행하는 윤리강령에 따른 자율 규제 두 가지가 있다.

이 두 가지 규제는 상호보완적인 관계에 있다. 즉, 자율 규제가 허위나 기만적인 광고를 효과적으로 규제하지 못하면 법에 의한 타율 규제가 이루어져 광고의 자율성이 악화되는 반면, 광고가 윤리 기준에 따라 사회적으로 책임 있는 공익적 광고의 역할을 하면 그만큼 광고규제의 법적 제한을 줄일 수 있다. 대체로 선진국에서는 타율 규제에 근거를 두고 자율 규제를 강화하고 있는 실정이다.

1) 타율 규제

(1) **법적 규제**

모든 광고 행위는 공공이익의 우선원칙 아래 법적 처벌에 의해 뒷받침되는 여러 가지 형태의 행정적 또는 사법적 통제를 받는다. 우리나라에는 광고를 전문적으로 다루는 단독 법률이 없고, 각 행정기관이 다른 어떤 목적으로 규정한 법률에 광고 관련 내용이 삽입되어 있는 실정이다. 소비자보호법, 식품위생법, 약사법, 의료법, 언론기준법, 광고물관리법, 독점 규제 및 공정거래에 관한 법률, 광고물관리법, 그리고 방문판매 등에 관한 법률 등이 그러한 법규들이다.

한편, 우리나라는 법적 규제기관인 공정거래위원회가 유일한 사후 심의기구로 존재하며, 광고 규제는 공정거래위원회와 보건복지부 등 여러 관련 부처에 의해 관장되고 있다. 공정거래위원회는 부당 표시와 허위·과장 광고 및 기만광고 행위를 발견하여 정정토록 하고 있으나 그 초점은 소비자보호의 측면보다는 불공정한 경쟁 행위의 제한에 있다 하겠다. 또 공정거래위원회의 규제 수단은 단순히 경고나 시정 권고 및 시정 명령 등 소극적인 것에 불과한 실정이다.

(2) **소비자에 의한 규제**

소비자에 의한 광고 규제는 소비자주의의 출현·발전에 따라 이루어졌다. 이는 소비자 대중의 압력이나 소비자운동의 힘으로 광고주, 매체, 광고대행사 등 광고 관련자들로 하여금 스스로 광고 기준을 높이도록 하여 자율 규제를 강화하도록 유도하는 것이다.

우리나라의 경우, 한국소비자단체협의회 등과 같은 민간 소비자단체가 모니터링을 통한 광고 규제를 하고 있다. 구체적인 규제 방법은 매달 대중 월간지 약 20여 종을 관련자가 검토한 후 관련 법률에 의거하여 문제시되는 광고를 공정거래위원회에 회부하여 심의토록 하고 있다. 공정거래위원회가 문제가 있다고 보는 광고에 대해서 광고주에게 협조를 요청하게 되며, 약 한 달의 기간이 지나도 일정한 조치가 취해지지 않을 경우, 관련 기관에 위반 사실을 통보하거나 행정조치를 취할 것을 건의하는 등의 규제를 하게 된다. 그러나 소비자보호단체협의회에서 하는 광고 규제는 법적인 구속력이 없기 때문에, 협의회의 시정 요청을 광고주 측이 받아들이지 않을 경우, 이에 대응할 수 있는 제도적 장치의 구축이 필요하다.

쉼터 에스프레소

'express'를 의미하는 이탈리아어에서 유래된 '에스프레소(espresso)'는 글자 뜻처럼 즉석에서 압력을 가해 빠르게 추출한 커피다. 에스프레소는 추출하는 양에 따라 부르는 이름이 다르다. 에스프레소의 정량은 약 30ml인데 이보다 적은 15~20ml 정도 추출한 커피를 에스프레소 리스트레토라고 한다. 더 진하게, 더 적은 양을 뽑는 방법으로 추출 시간도 더 짧다. 그리고 에스프레소 도피오는 한 잔에 에스프레소 2샷(30ml×2)을 넣은 것이고, 에스프레소 룽고는 1샷 분량의 원두를 35~50ml 정도 추출한 것을 가리킨다.

아메리카노(Americano)

이탈리아 사람들이 강렬한 향의 에스프레소를 즐기는 데 반해, 미국 사람들은 연한 커피를 마신다고 해서 붙여진 이름이다. 250ml 정도의 컵에 에스프레소 1샷(30ml)을 넣고 뜨거운 물을 150~200ml 붓는다.

에스프레소 마키아토(Espresso Macchiato)

에스프레소의 강한 맛을 살짝 우유로 중화시켜 부드럽게 즐길 수 있다. 에스프레소 1샷(30ml)을 먼저 따른 후 고운 거품을 낸 스팀 밀크가 든 용기의 입구를 스푼으로 막은 채 뜨거운 우유만 천천히 컵의 80%까지 붓는다. 스틱 노즐로 만든 우유 거품을 스푼으로 떠서 중앙에 동그란 모양으로 살짝 올려놓는다.

카푸치노(Cappuccino)

부드러운 우유 거품이 특징이다. 커피 잔에 에스프레소 1샷(30ml)을 먼저 따른 후 고운 거품을 낸 스팀 밀크가 든 용기의 입구를 스푼으로 막은 채 뜨거운 우유로 컵의 70~80%까지 채운다. 안쪽의 거품만을 가볍게 긁어내어 잔의 나머지를 채운다. 계피 가루, 코코아 가루, 초콜릿 가루 등을 뿌려 장식한다.

아포가토(Affogato)

차가운 아이스크림에 뜨거운 에스프레소를 부어 만든다. 호두 아이스크림 2스쿱을 떠서 그릇에 담는다. 아이스크림에 에스프레소를 뿌려 함께 떠먹는다. 〈자료: 필립스〉

자료: 『소비자시대』, 2011년 2월호, p. 45.

2) 자율 규제

가장 바람직한 광고 규제라고 할 수 있는 자율 규제는 광고윤리에 입각하여 광고주 및 광고대행사 스스로에 의한 내적 규제를 말한다. 법률로 다루기 어려운 문제(미풍양속이나 성적 표현 문제 등)에 있어서 타율 규제보다 능률적이고 효율적이며, 또 타율 규제를 효과적으로 보완해 줄 수 있는 장점이 있다.

사실 광고의 자율 규제는 광고제도에 대한 사회의 이미지를 개선하고, 정부의 규제 필요성을 극소화함으로써 소비자와 광고주 모두에게 이익이 되나, 효과적인 시행이 어렵고 위반 시 규제 조치가 어렵다는 단점이 있다. 자율적 규제는 공공복지에 관련하여, 그리고 정부 규제 증가의 여파로 유발되었으며, 또 광고주 스스로 규제함으로써 소비자보호와 더불어 광고 효과의 향상에 관심을 두고 생겨났기 때문이다. 우리나라의 경우, 1971년에 설립된 한국광고협의회가 생겨, 한국 광고윤리강령을 제정, 기업의 광고 활동에 대한 자율적 규제를 시행하고 있다.

3. 유통과 소비자보호

3.1 유통과 유통경로

1) 유통

유통은 상품과 서비스를 생산자로부터 소비자로 이전하는 과정을 뜻한다. 보통 협의의 유통은 도·소매상 중심의 상적 유통만을, 그리고 광의의 유통은 상적 유통 이외에 물적 유통, 정보 유통 및 각종 금융 유통을 모두 포함한다. 즉, 넓은 의미의 유통은 유통대상이 상품이나 서비스는 물론, 폐기물이나 전기, 가스, 정보 등의 무형재도 포함한다.

현실적으로 유통은 중간상의 개입으로 가격 상승을 유발한다는 비판이 있으나, 여러 가지 측면에서 효용이 있다. 즉, 유통은 상품 이전을 통해 시간, 장소, 소유권, 형태 등의 면에서 효용을 창출한다. 여기서 중간상의 개입으로 인한 가격 상승은 중간상이 제공하는 여러 가지 효용에 의해 상쇄될 수 있다고 본다. 시간 효용 측면에서 유통은 생산 시점과 소비 시점의 불일치에 따른 문제를 해결해 주며, 시간 효용은 고객이 원하는 시기에 필요한 상품을 구매할 수 있는 편의를 제공하는 것이다. 유통기관은 상품의 저장 및 보관 기능을 수행하며, 또 소비자가 원하는 시간에 제품을 획득할 수 있도록 해준다.

그리고 장소 효용 측면에서의 유통은 생산하는 장소와 소비하는 장소가 다르기 때문에 발생하는 문제를 해결해 준다. 즉, 장소적 효용은 고객이 원하는 장소에서 제품이나 서비스를 구입할 수 있게 해주는 것이다. 만일 유통기관이 없다면 생산자는 고객을, 고객은 생산자를 찾아나서야 하는 번거로움과 불편함이 따른다.

마지막으로, 형태의 효용 측면에서 보면, 유통은 생산되는 형태와 소비되는 형태가 다르기 때문에 생기는 문제를 해결해 준다고 할 수 있다. 형태의 효용이란, 제품과 서비스를 고객에게 좀 더 매력 있게 보이게 하기 위해 그 형태와 모양을 변경시키는 여러 활동을 포함하는 것이다. 유통업체가 제품의 형태나 모양을 변경시키는 활동(제품의 분류, 포장, 전시 등)은 소비자들로 하여금 여러 가지 제품을 편리하고 쉽게 구매하도록 한다.

2) 유통경로

유통경로는 〈그림 9-1〉과 같이 4가지 형태로 구분할 수 있는데, 이들 중 전통적 유통경로는 C형태이다. A형태는 직접유통경로로, 생산자와 소비자를 직접 이어주는 형태로 주로 농수산물을 판매하는 행상, 노점상, 제조자 직영점에서 대중매체를 이용하여 통신판매나 방문판매하는 경우, 직판하는 경우, 협동조합에서 직접 구입하여 판매하는 경우 등이다. B형태는 도매상을 거치지 않고 곧바로 소매상을 통해 소비자에게 제품이 전달되는 경우이고, D형태는 중소 제조업체가 자체 판매원을 둘 수 있는 여력이 없어 대리상을 활용하는 경우이다. 이 대리상은, 제조업체 대리상이라고도 하는데, 제품의 소유권은 갖지 않고 독립적으로 도매상과 접촉하여 판매한다.

그림 9-1. 유통경로의 유형

A형: 생산자 → 소비자

B형: 생산자 → 소매상 → 소비자

C형: 생산자 → 도매상 → 소매상 → 소비자

D형: 생산자 → 대리상 → 도매상 → 소매상 → 소비자

3.2 유통환경

1) 유통환경의 변화

유통은 생산과 소비의 중간적 위치에서 가교 역할을 하며, 생산과 소비 등 각종 사회적 변화에 따라 변화하게 된다. 우리나라는 경제, 문화, 사회 등 여러 측면에서 많은 변화와 발전을 거듭해 왔는데, 이러한 변화는 유통산업에도 상당한 영향을 미쳐 왔다. 유통산업에 영향을 미치는 주요 변화는 크게 세 가지 측면으로 나누어 볼 수 있는데, 이는 소비자 측면의 변화, 정보기술 환경의 변화, 유통시장 개방 등이다. 이 세 가지 측면의 변화가 유통환경에 미치는 영향력에 대해 살펴보면, 다음과 같다.

(1) 소비자 측면의 변화

소비자 측면의 변화로 소비인구 및 가계소득의 증가, 소비자의 가치관 변화, 지출구조의 변화, 소비패턴의 변화 등을 들 수 있으며, 이들은 유통산업에 영향을 미쳐 왔다. 도시화와 인구의 증가는 구매력을 증가시켜 상가 집중을 초래하였고, 분업 및 규모의 이익도 누리게 하였다. 또 노인 인구의 증가는 노인 상품 개발을 촉진시켰으며 실버산업을 발전시켰다. 뿐만 아니라, 소득 및 여가시간의 증가로 인해 미시족과 젊은 층이 새로운 소비계층으로 부각되어 이들을 위한 제품의 생산 및 유통이 촉진되었다.

가계소득수준의 향상은 여러 가지의 변화 중 가장 크게 영향을 미치는 것인데, 특히 전체적인 소비량을 증가시켰고, 기본적 지출보다는 선택적 지출, 즉 문화, 오락, 여가 등과 관련한 소비를 증가시켰다. 소득 증가를 통한 구매력 상승은 상품의 다양화에 결정적인 영향을 미쳤고, 보다 표준화되고 구색을 갖춘 소매업태를 활성화시켰다.

한편, 경제와 사회환경의 변화에 따라 소비자의 가치관이 변화하면서 소비자욕구 및 기호는 다양화되었고, 또 이는 점포 규모, 제품 믹스, 점포의 체인화 등에 영향을 미쳤다. 과거에는 소비자들이 생존과 생리적 이용에 의한 소비를 중요시하였으나 오늘날에는 자아실현을 위해 소비를 즐기게 되면서 소비환경도 변화되었다. 편의 지향적 소비, 시간절약형 소비가 중심을 이루었고, 가격보다 품질 또는 브랜드 중심의 선택으로 자기 지향적 소비패턴이 보편화되었다.

1980년대와 1990년대의 소비행태의 변화는 도시 중심에서 도시 주변과 신도시로,

과시소비에서 겸양의 소비로, 감성과 유행에 민감한 소비에서 이성과 지성, 그리고 연속성과 안정을 추구하는 소비로, 흥미와 화려함을 추구하는 소비에서 성실과 단순함을 추구하는 소비로, 쓰고 버리는 소비행태에서 지속가능한 소비로 전환된 것이라 하겠다.

이러한 소비행태의 변화는 유통시장에 많은 변화를 주고 있다. 구체적으로 품질과 기능의 세계수준화를 촉진시켰으며, 상품철학을 중시하고 사회적 공헌을 하는 상품을 개발 및 판매하려는 분위기를 만들었다. 또한, 기능이 편리하고 간편하며 소형화된 제품의 개발 및 유통을 촉진시키며, 환경상품을 개발, 유통시키는 변화를 가져왔다. 뿐만 아니라, 안전하고 조작이 쉬우며 적정한 가격의 제품과 실생활과 관련한 제품을 중시하는 방향으로 전환되고 있다.

(2) 정보기술 환경의 변화

각종 정보기술의 발전은 유통업의 새로운 변신을 유도하였다. 정보통신의 발달은 데이터베이스 마케팅(database marketing), 정보관리시스템 등을 촉진시켜 유통산업의 정보화에 크게 기여하였다. 새로운 정보기술은 유통업체로 하여금 소비자 욕구·특성을 보다 정확하게 파악할 수 있게 하였고, 고객의 만족을 증진시키기 위한 데이터베이스 마케팅도 가능토록 하였다. 특히, 소매업에 있어서의 정보화 발전은 바코드를 이용한 POS(Point of Sales: 판매시점 정보 관리) 시스템의 적극적인 활용을 촉진시켰다. 또한 컴퓨터 및 각종 통신기술의 발전은 전화, 텔레비전, 여러 가지 공중파, 유선, 인터넷 등을 사용한 홈쇼핑의 이용을 증가시켰다. 통신수단의 발달을 기초로 텔레마케팅이 점차 확산되기 시작하였으며, 최근에는 인터넷을 통한 사이버마켓(cyber market)이 급부상하고 있는 실정이다.

(3) 유통시장 개방과 소비자

유통시장 개방으로 외국 유통업체들의 국내 진출이 많아지면서 국내 유통기업 및 소비자에게 많은 영향을 미치고 있다. 유통시장 개방이 소비자에게 미치는 영향은 긍정적인 것과 부정적인 것이 있다.

긍정적인 영향으로는, 우선 소비자의 선택할 권리 실현 및 확대를 꼽을 수 있다. 유통시장 개방으로 소비자는 더욱 많은 상품들 중에서 폭넓은 선택의 권리를 누릴 수 있게 된다. 그리고 유통시장 개방은 가격 경쟁을 촉진시켜 소비자 이익을 증진시킨다. 외국 유통업체의 진출로 국내 유통업체들은 점차 가격·품질 경쟁이 촉진되어 원가 절감, 경영 효율성 제고 등의 노력을 하게 되므로 국내 제품 가격은 물론, 수입 제품 가격도 하락하여 결과적으로 소비자는 가격 경쟁의 수혜자가 될 수 있으며, 또 서비스 경쟁의 심화로 인해 질 좋은 서비스도 제공받을 수 있다. 서비스 수준의 향상은 가격 경쟁과 상품의 다양화 못지않게 소비자에게 많은 영향을 미치는 것이다.

한편, 유통시장 개방이 소비자에게 미치는 부정적인 영향은 외국 소비문화의 무분별한 도입으로 사치성 소비, 과시적 소비, 계층 간 위화감 조성 등의 문제가 야기될 수 있다는 점이다. 대규모 다국적 기업들이 고소득자를 겨냥한 고급 소비재 전문점이나 매장 제품의 고급화를 추진할 경우에는 더욱 부정적 영향이 커질 수 있다. 결국, 유통시장 개방으로 인한 소비자 이익의 증가를 위해서는 철저한 가격·품질 비교를 통한 합리적인 선택·소비생활을 영위해야 할 것이다.

2) 무점포 유통업태의 급성장

전통적 유통 형태는 판매자와 구매자가 점포에서 직접 만나 거래하는 것이다. 최근 컴퓨터와 커뮤니케이션 기술의 발달 및 보급으로 유통구조의 혁신이 일어나고 있다. 즉, 가상공간, 우편 및 전화를 통해 생산자와 소비자의 만남 없이 거래가 이루어진다는 것이다. 이러한 무점포 유통업태들이 많이 등장하였는데, 여기서 이들에 대해 살펴보고자 한다.

첫째, 우편판매는 우편목록 상의 상품 주문을 통해 판매하는 방식이다. 우편판매 방식은 미국에서 많이 발달되어 있어, 1년에 한 가구당 50여 개 이상의 카탈로그를 받아볼 정도이며, 최근 우리나라에서도 우체국택배 등을 통한 국산 농수산물 우편판매가 매우 활발하게 이루어지고 있다. 제조업체, 농산물 생산 단체 및 점포형 도·소매상들 또한 기존의 판매 방식을 보완하는 수단으로 이용하고 있다.

둘째, 텔레마케팅(telemarketing)은 전화로 제품이나 서비스를 판매하는 것으로, 텔레비전·라디오 광고, 카탈로그 등을 통해 알게 된 소비자가 전화로 상품을 주문하여 구입하는 형태이다. 우리나라에서도 금융, 자동차, 호텔, 식품 및 화장품 등 많은 업종으로 확산되고 있으며, 고객 무료 전화 서비스의 활용으로 인해 텔레마케팅이 크게 발전되고 있는 실정이다.

셋째, TV 홈쇼핑은 텔레비전을 통해 소비자에게 직접 상품을 판매하는 것으로 홈쇼핑

채널을 통해 상품 판매가 이루어진다. 우리나라는 1995년 10월부터 케이블TV의 TV 홈쇼핑을 통하여 제품 판매가 시작되었으며, 2011년 TV 홈쇼핑 5개사의 전체 상품 판매액이 10조 6800억 원에 이르렀다. 2012년 1월 중소기업 제품을 전문으로 판매하는 '홈&쇼핑'이 개국함으로써 TV홈쇼핑 시장은 더욱 성장할 것으로 보인다.

TV 홈쇼핑은 쉽고 편리하게 물건을 구입할 수 있는 장점도 있지만 제품을 직접 보지 않고 TV 화면과 쇼핑호스트의 설명에만 의존하여 제품을 구입해야 한다는 특성 때문에 허위 표시, 과장 광고, 충동구매 조장 등의 문제도 안고 있다. TV 홈쇼핑 이용 시 자주 발생하는 소비자피해 유형을 살펴보면, 제품에 하자가 있거나 품질이 불량인 경우, 배달이 지연되거나 안 된 경우, 반품·환불과 관련한 경우, 과장 광고와 관련된 경우가 많은 것으로 나타났다.

넷째, 인터넷을 이용한 전자상거래로서 컴퓨터 보급이 확산되면서 인터넷상에 제공되는 전자상거래가 21세기의 새로운 시장 형태로서 자리 잡아가고 있다. 우리나라의 경우, 기업과 소비자 간 전자상거래(B2C)가 주류를 이루고 있으나, 향후 기업 간 전자상거래(B2B)도 점차 활성화될 것으로 예상된다.

다섯째, 자동판매기 판매는 생활 주변에서 쉽게 볼 수 있는 무점포 판매이다. 과거의 주요 판매 품목은 음료, 담배 및 위생용품 등이었으나 최근에는 양말, 화장품, CD, 비디오테이프 등 판매 제품이 다양화되고 있다. 뿐만 아니라 현금 입·출금, 증명서 발급 등의 서비스 제공 또한 점차 보편화되고 있다.

마지막으로, 직접판매 또는 방문판매는 판매원들이 가정방문을 통해 직접 소비자에게 제품이나 서비스를 판매하는 방법이다. 이는 소비자에게 점포를 방문하지 않아도 되는 편리함을 제공하나 각종 소비자 문제 및 피해를 유발시키는 무점포 판매 방식이다.

최근 방문판매 방식 중 크게 논란의 대상이 되고 있는 것이 다단계 판매 방식이다. 다단계 판매는 물건을 구입한 소비자가 자신도 판매원이 되어 다른 사람에게 물건을 판매하고 그 사람이 또 다른 소비자에게 권유해 상위 판매원과 하위 판매원 사이에 3단계 이상의 단계가 형성되는 판매 방식이다. 다단계 판매업체는 판매원으로 가입한 사람이 제품을 구매하고 홍보하므로 광고비나 점포비가 들지 않아 질 좋은 제품을 저렴한 가격에

현대화된 군산 공설시장 내부

판매할 수 있다는 논리를 내세운다. 그러나 상품 가격이 품질에 비해 고가이고 환불 및 품질보증 제도가 미비한 점 등이 문제가 되고 있으며, 또 불법적 다단계 판매, 즉 피라미드 판매가 성행하여 사회적 물의를 빚고 있다. 불법적 피라미드 판매는 주로 판매원에 대한 상품 구매 강요, 하위 판매원 모집 의무 부과 등의 문제가 발생하고 있다.

3) 유통업과 소비자보호

먼저 유통업과 소비자의 관계를 살펴보면, 소비자는 소비의 주체로서 유통경로의 최종 단계에 위치하여 기업의 경영활동에 지대한 영향을 미치게 된다. 즉, 소비자의 수요가 늘게 되면 유통 규모도 확대되고 생산 활동도 늘어나게 된다. 유통기관은 현실적으로 소비자들이 가장 가깝게 접하는 구매환경 변수이다. 소비자생활에 필요한 상품과 서비스를 신속, 정확하게 타당한 가격으로 공급하는 산업이 바로 유통산업이다. 따라서 소비자를 떠난 유통업의 존재는 생각할 수 없다.

오늘날 우리나라의 유통업태는 소비자의 소득, 구매패턴, 생활양식, 기호·취향 등의 변화와 함께 많은 변화를 맞고 있다. 그러나 유통산업의 발달과 유통업태의 다양화에도 불구하고 유통 기업들의 소비자보호 노력은 미진한 상태이며, 또 일부 사업자들의 법률 위반, 불법 방문판매, 사기 등으로 소비자피해가 속출하고 있다. 이를 소비자 고발 내용에서 보면, 품질 불량, 규격 미달, 부당가격, 과대포장, 허위선전, 불량상품 등 다양하다. 이들로부터 소비자를 보호하기 위하여 할부거래법, 방문판매법, 전자상거래법 등을 통해 직접적으로 규제하고, 또, 도·소매업진흥법 등을 통하여 간접적으로 소비자 이익을 도모하고 있다.

3.3 전자상거래 소비자피해

1) 전자상거래 소비자피해 현황

최근 인터넷상거래 관련 소비자피해 사례가 빈발하고 있어 종합적인 방지 대책의 강구가 요구되고 있다. 전자상거래는 무점포, 비대면, 선결제 후배송의 특성상 단시간에 많은 소비자가 기만 행위에 노출되고 그 피해도 순식간에 확산된다. 한국소비자원이 2010년 접수·처리한 전자상거래 소비자 상담 및 피해 구제 신청 건수도 2009년에 3,799건이던 것이 2010년에는 4,076건으로 증가하였다. 전체 소비자피해에서 전자상거래 관련 소비자피해가 차지하는 비율은 2006년 9.5%에서 2008년 15.9%, 2010년 17.4%로 매년 증가하고 있다. 이는 인터넷시장 전체의 신뢰성까지 떨어뜨려 전자상거래 발전을 저해하는 것이다.

〈표 9-5〉에서 전자상거래를 통해 거래된 품목 중 소비자불만·피해가 많은 품목을 보면, '인터넷 게임 서비스'가 373건으로 가장 많고, 그 다음은 '기타 신발·용품'이 268건, '인터넷 정보 이용 서비스' 201건, '점퍼·재킷·사파리' 169건 등의 순으로 많음을 알 수 있다.

표 9-5. 전자상거래 소비자피해 현황

(단위: 건, %)

구분 순위	피해 내용	건수	전년 대비 증가율
1	인터넷 게임 서비스	373	65
2	기타 신발·용품	268	346.7
3	인터넷 정보 이용 서비스	201	39.6
4	점퍼·재킷·사파리	169	13.4
5	노트북 컴퓨터	150	-3.2
6	숙녀화	133	-10.1
7	기타 의류·섬유	107	365.2
8	셔츠	98	-33.3
9	캐주얼 바지	94	-7.8
10	원피스	80	1.3

자료: 한국소비자원, 『2010년도 전자상거래 소비자피해 동향 조사 연구』, 2011. 4, p. 27.

표 9-6. 주요국의 인터넷 신뢰마크·웹사이트

국명	신뢰마크	웹사이트
한국	공정거래위원회인증 표준약관사용	공정거래위원회 www.ftc.go.kr
	한국전자거래진흥원 eTrust 인증	한국전자거래진흥원 www.kiec.or.kr
미국	TRUSTe	www.truste.org
	BBBONLINE	www.bbbonline.org
	CPA WEBTRUST	www.cpawebtrust.org
일본	JADMA	www.jadma.org
영국	TRUSTUK	www.trustuk.org.uk
프랑스	LABELSITE	www.labelsite.org
독일	TRUSTED SHOPS	www.trustedshops.de

2) 전자상거래 소비자보호 방안

(1) 사법처리 간소화 및 신속화

전자상거래소비자보호법이 2002년 3월 제정되어 소비자보호장치가 강화되었으나, 신속한 피해 방지에는 한계가 있다. 왜냐하면, 유사 홈쇼핑이나 인터넷 쇼핑몰 사기 등과 같은 소비자 관련 범죄 행위에 대한 처벌은 한국소비자원에 접수된 피해 신고를 토대로 경찰수사나 공정거래위원회의 행정명령 등을 거쳐 검찰에 고발하는 과정을 거쳐야 하기 때문이다. 따라서 사법 처리 절차를 간소화하고 신속한 처리를 위해 소비자원에 파견검사를 두고 소비자권익침해사범 특별전담반을 운영하는 방안이 바람직하다.

(2) 정보 제공 장치의 확충

인터넷을 통한 상거래는 비대면, 익명성 등으로 인해 사기 사업자의 식별이 쉽지 않다. 따라서 사기 사업자를 쉽게 식별하기 위해서 안전 표지 제도, 일정 기준 이상 피해 발생 시 경보 발령 제도 등 소비자정보 제공 장치가 확충되어야 한다.

(3) 선불거래 위험 해소를 위한 제도 마련

전자상거래의 선불거래로 인해 판매자의 기만이나 판매자의 도산에 의해 물품 대금을 돌려받지 못하는 피해 사례가 많다. 이에 대한 대책으로서는 물품대금예치구좌(escrow)제도[88] 개설, 소비자보상보험 가입을 의무화하도록 전자상거래 등에서의 소비자보호에 관한 법률이 조속히 개정 및 시행되어야 한다.

4. 소비자신용과 소비자보호

4.1 소비자신용의 의의

소비자신용(consumer credit)이란, 금융기관이나 판매업자가 소비자에게 현재 소비생활에 필요한 자금을 직접 빌려주거나 상품 매매 대금의 상환을 연기하여 주고, 그 대신 미래에 이자나 수수료를 덧붙여 빌려준 돈 혹은 상품 매매 대금을 회수하는 것을 말한다. 소비자신용을 제공한 측에서 사용한 말이며, 소비자 측에서 보면, 현재 소비생활을 위하여 필요한 것을 먼저 사고 나중에 돈을 갚기로 한 것으로, 소비자채무(consumer debt)를

88) 물품대금예치구좌란, 특정물을 제3자에게 기탁하고 일정한 조건이 충족된 경우에 상대방에게 교부할 것을 약속하는 조건부양도증서(條件附讓渡證書)를 가리킨다. 전자상거래의 경우, 판매업체의 부도나 도주로 인해 소비자피해가 발생할 경우를 대비하여 일정 금액을 은행에 예치하도록 하거나 보증보험에 가입하도록 하는 것을 말한다.

의미하기도 한다. 이와 같이 소비자신용은 현재의 구매능력에 관계없이 소비자로 하여금 소비를 가능하게 하여 원하는 때에 소비욕구를 충족시켜 주나, 과소비 혹은 충동구매를 유발하기도 한다. 따라서 소비자는 소비자신용에 관한 충분한 이해와 함께 구매 시 과소비나 충동구매가 일어나지 않도록 해야 할 것이다.

소비자신용은 신용 제공을 받는 방법, 상환 방식 및 신용 제공자와 소비자의 관계에 따라 분류할 수 있으며, 신용 제공을 받는(여신) 방법을 기준으로 상품신용과 대부신용으로 구분한다. 먼저, 상품신용은 상품판매자가 상품대금의 지급을 연기하여 주는 방법으로, 구매 즉시 대금을 지불하지 않고 외상으로 구입하는 구매대출의 형태로, 할부구매가 그 대표적인 형태이다. 대부신용은 금융기관이나 신용카드회사가 소비자에게 자금을 빌려주는 방법인데, 여기서 소비자가 빌린 현금으로 상품을 구매하거나 다른 부채를 상환하거나 어디에 투자를 하든, 그 돈이 어떠한 용도로 사용되는지 금융기관은 상관하지 않는다. 신용카드사로부터의 대부 형태는 카드론(card loan)과 현금서비스가 있다. 또한 상환 방식에 따라서는 계약에 의해 부채액을 일정 상환액으로 일정 횟수(2회 이상)에 분할하여 부채액을 갚는 할부 신용 방법과 일시불로 유예된 부채액을 1회 변제로 끝나는 비할부 신용 방법으로 대별된다. 그리고 소비자신용은 신용제공자와 소비자의 관계에 의해 당사자 여신형, 제3자 여신형으로 분류된다. 당사자 여신형은 판매자(은행, 신용카드사 등)와 소비자 당사자 간에 직접 신용을 바탕으로 판매(대부)가 이루어지는 형태로, 백화점카드 할부판매, 자동차회사 할부판매 등과 같은 판매형과 은행대부, 신용카드사의 카드론과 현금서비스 등과 같은 대부형이 있다. 제3자 여신형은 판매자와 소비자 사이에 신용제공자, 즉 여신자가 개입하는 형태로서 할부금융, 팩터링[89] 금융, 신용카드에 의한 물품 구매 등을 들 수 있겠다.

4.2 신용카드 관련 문제

우리나라 신용카드 제도는 비교적 짧은 역사를 가졌음에도 불구하고 그간 크게 성장하여 오늘날 신용카드의 전성시대를 맞이하고 있다. 사실 신용카드[90]는 소비자에게 있어

89) 팩터링(factoring)이란, 매출채권 인수업을 말하며, 금융기관들이 기업으로부터 상업 어음, 외상매출증서 등 매출채권을 매입하여 이를 바탕으로 자금을 빌려주는 금융제도이다.

생활정보 잘못 사용하면 독이 되는 신용카드

현금을 대신해 언제 어디서나 편리하게 사용할 수 있는 신용카드. 그러나 본인의 경제적 능력보다 과도한 금액을 사용하거나 가족·친인척 등 주변 사람이 카드를 도용해 부정사용하는 등의 이유로 금융채무불이행자(신용불량자)로 전락하는 경우가 적지 않다.

분실·도용 등에 의한 부정사용 피해를 예방하기 위해서는 신용카드 수령 후 뒷면에 반드시 서명하고 카드 결제 시 신용카드의 서명과 동일한 사인을 한다. 카드를 분실하거나 도난당한 경우, 지체하지 말고 카드사에 신고해야 한다.

신용카드 회원 약관에 따르면, 카드 도난·분실 신고가 접수된 시점으로부터 60일까지 제3자의 카드 부정사용은 카드사가 보상한다. 단, 카드에 서명이 없거나 대여·양도 등으로 인한 부정사용, 가족에 의한 사용, 신고 지연 등으로 인한 피해는 보상하지 않는다. 약관에서는 현금서비스·카드론·전자상거래 등 비밀번호를 본인 확인 수단으로 활용하는 거래에서의 부정사용 피해는 보상하지 않는다고 규정한다. 그러나 비밀번호 유출에 소비자의 고의나 과실이 없는 경우라면 카드사에서도 적정한 보상을 해야 한다는 것이 최근의 판례이다. 따라서 비밀번호를 수첩 등에 적어놓거나 남이 알아내기 쉬운 숫자 조합으로 만들지 않아야 한다.

자료: 『소비자시대』, 2012년 2월호, p. 85.

언제든지, 어디서든지, 무엇이든지 현금이 없이도 물품 또는 용역을 구입할 수 있는 알라딘의 요술램프 또는 도깨비 방망이로 인식되어 있다. 그러나 신용카드 이용의 급격한 증가와 단기간에 걸친 신용카드 산업의 경이적인 성장에도 불구하고, 사회적 여건과 법제도적 장치들이 그에 따르지 못해 여러 가지 문제가 발생하고 있다.

신용카드 문제는 일부 소비자의 잘못된 신용카드 이용 행태와 함께 신용카드 관련

---

90) 2010년 9월 말 기준으로 경제활동 인구 한 명당 보유한 카드는 평균 4.59장이다.

법률 및 약관에 대한 무관심과 기초지식 부족, 신용카드사와 가맹점들의 신용카드 관계 법·규정 위반, 그리고 신용카드 거래의 적정화를 위한 법제도의 미비 등에 그 원인이 있다 하겠다. 우리나라 신용불량자는 2004년 12월 말 현재 약 341만 5천 명이며, 이 중 신용카드 관련 신용불량자만 243만 명으로 전체의 약 67.4%를 차지하고 있다. 여기서 신용불량자 수 급증의 가장 큰 원인이 바로 신용카드에 있다고 말할 수 있다.

여기서 개인 신용불량자로 만드는 데 가장 큰 역할을 한 신용카드의 문제점을 알아보고자 한다. 우선 소비자 측면에서의 신용카드 문제로는 소비자들의 무계획적인 신용카드 이용에 따라 수입을 훨씬 능가하는 지출로 인해 파산에 이르러 사회적, 개인적 및 심리적으로 치명적인 결과를 초래하고 있는 실정이다. 그리고 카드사나 가맹점 측의 문제점으로는 부모 동의 없이 미성년자에게 신용카드를 발급하는 경우와 직장인 1인당 평균 4개의 신용카드나 무분별하게 발급해 준 경우를 들 수 있다. 그리고 연체금을 회수하는 과정에서 발생하는 각종 공갈, 협박, 언어폭력 및 강제적인 신체 포기 각서의 작성 등 소비자의 인권을 유린하는 경우마저 있어 심각한 사회문제가 되고 있다.

우리의 현실을 보면, 소비자의 신용정보가 불법으로 유출되고 있고, 발급 후 1년 동안 사용 실적이 없는 휴면 카드의 수가 증가하며, 카드사는 각종 행사를 통해 소비자들이 카드 사용을 많이 하도록 부추기기도 한다. 가맹점에서는 매출전표의 위조·변조, 타 가맹점 명의 사용 및 대용, 물품 판매를 가장한 자금 대출 등 신용카드 범죄 행위가 끊이지 않고 있다. 물론, 정부의 신용카드 관련 법·정책의 미비, 특히 할부거래 관련 철회권 및 항변권 규정 채권추심 행위에 대한 법규정이 미비한 것도 신용불량자를 낳는 원인이다.

또 다른 문제는 카드사와 채권추심회사의 채권추심 행위에 대한 법규정이 미흡하여 소비자가 사생활 침해를 받거나 정신적, 신체적 피해를 입는 사례가 증가하고 있다는 점이다. 현재 채무를 직접 회수하는 채권자나 채권추심회사의 강박행위를 규제하는 법률로서 '신용정보의 이용 및 보호에 관한 법률'과 '업계 자율 규정'이 있으나, 채권회사의 강박 행위를 규제할 제도적 장치가 미비한 상태에 있으므로 그에 대한 법적 제도 개선이 시급한 실정이다.

4.3 신용카드 소비자피해

1) 신용카드 소비자피해의 유형

신용카드 관련 소비자피해의 유형으로는 카드 신청 후 발급 여부를 확인하지 않아 다른 사람이 카드를 사용한 경우, 본인 서명이 안 된 카드를 제3자가 훔쳐 부정사용한 경우, 카드 분실 후 신고하지 않고 있다가 카드 사용 대금 명세서를 받고서 뒤늦게 신고한 경우, 카드를 타인에게 넘겨줘 사용하게 한 경우 등이 있다. 〈표 9-9〉는 한국소비자보호원에 접수된 신용카드 관련 소비자피해 유형을 제시한 것인데, 주로 분실이나 도난으로 인한 부정사용 피해와 철회권과 항변권 행사와 관련된 피해가 대부분임을 알 수 있다.

표 9-7. 신용카드 소비자피해 유형

[단위: 건(%)]

피해 유형		2010년	2011년
분실·도난에 의한 부정사용 피해	관리 소홀	16(6.4)	11(6.4)
	현금 인출	18(7.1)	11(6.4)
	지연 사고	–	–
	양도·대여	–	1(0.6)
	기타	3(1.2)	3(1.8)
	소계	37(14.7)	24(14.0)
철회·항변		63(25.1)	39(22.8)
미사용 대금 청구		24(9.6)	1(0.6)
수수료·연체료·연회비 문제		15(6.0)	16(9.4)
포인트·마일리지 적립 및 이용		33(13.1)	14(8.2)
부정발급·명의도용		3(1.2)	4(2.3)
약정한 부가·할인서비스 불이행		29(11.6)	26(15.2)
부당한 채권추심		3(1.2)	1(0.6)
일방적 이용한도 축소·카드 정지		2(0.8)	–
카드대금 청구 오류		7(2.8)	6(3.5)
신용불량자 부당 등재		3(1.2)	1(0.6)
카드 위·변조		4(1.6)	3(1.8)
기타		28(11.1)	34(19.9)
합계		251(100.0)	171(100.0)

자료: 한국소비자원, 『2011 소비자피해 구제 연보 및 사례집』, 2011, p. 141.

2) 신용카드 소비자피해 구제

신용카드 피해 구제 청구 내용을 살펴보면, 카드사들의 카드회원 신청·발급 과정에서의 문제가 심각한 것으로 나타났다. 즉, 카드사들이 카드회원 신청 과정에서 본인 확인을 소홀히 함으로써 타인 명의를 이용하여 카드를 부정 발급받아 사용된 피해와 경제적 능력이 미약한 미성년자를 대상으로 무분별하게 카드를 발급한 데 따른 분쟁이 급증하고 있다.

특히, 인터넷상의 특정 광고를 하루 일정 횟수·시간씩 클릭할 경우, 그 광고 수익금으로 물건을 공짜로 살 수 있다는 현혹적인 판매 상술이 출현하여, 신용카드로 물품을 구입했으나 판매자가 계약내용을 이행하지 않아 신용제공자인 카드사에 항변권을 행사함으로써 발생한 분쟁이 급증하였다. 반면, 신용카드의 분실·도난에 의한 제3자의 부정사용과 관련된 분쟁은 감소 추세이다.

신용카드 관련 피해 중 분실 및 도난으로 인한 부정사용 피해는 전체의 76%에 달할 만큼 매우 많다. 이러한 피해는 카드를 소지한 소비자의 철저한 관리와 가맹점에서의 서명 확인 등 기본적 사항을 준수하면 예방될 수 있는 것이다.

여기서 신용카드와 관련된 소비자피해 유형 및 구제 방법을 살펴보면, 다음과 같다.

(1) 카드 관리 소홀로 인한 피해

아래 사례는 분실 사실을 모르고 부정사용된 카드 대금이 청구되어 소비자피해가 발생한 것과 소비자가 카드 관리를 소홀히 하여 발생한 것이다.

• 카드 분실로 인한 피해 구제 사례

박미진 양은 카드 분실 사실을 모른 채 한 달 이상이 경과한 후 부정매출을 알게 되어 신고하였는데, 조사 결과 부정사용자가 남자임이 판명되었다. 전표상의 서명과 청구인의 서명이 다르고 카드에 주민등록번호가 있고 카드회원이 여자임에도 불구하고 본인의 사용 여부를 확인하지 않고 물품을 판매한 가맹점의 책임이 인정되어 전액 배상받았다.

• 발급 후 미사용 카드의 부정사용 피해의 구제 사례

조병준 씨는 신용카드를 발급받은 후 한 번도 사용하지 않은 카드의 대금 청구서를 받고서야 그 카드가 분실된 것을 알았다. 따라서 이 사실을 카드사에 신고하고 가맹점에 부정사용대금의 배상을 요구하였으나 거절당하였다. 조 씨의 손해배상청구를 해결하기 위해 조사한 결과, 가맹점은 카드회원과 사용자의 성별이 다른데도 본인 사용 여부를 확인하지 않았으며, 조 씨는 카드를 전혀 사용하지 않고 카드에 서명했는지도 기억하지 못하고 대금청구서를 받고서야 분실 사실을 아는 등 카드 관리를 소홀히 하였음이 밝혀졌으므로, 가맹점과 소비자의 과실을 절반씩 인정하여 두 당사자가 부정사용액의 50%씩을 배상하도록 하였다.

유효기간이 지난 분실 카드의 부정사용으로 인한 피해가 발생할 수 있다. 간혹 전산오류로 가맹점이 유효기간이 경과한 카드를 승인해 주어 부정사용으로 인한 피해가 발생하기도 한다.

(2) 유효기간이 지난 카드 분실로 인한 피해 구제 사례

• 유효기간이 지난 카드 분실로 인한 피해의 구제 사례

이일연 씨는 유효기간이 지난 카드를 도난당한 후 즉시 분실 신고를 하자 카드업체에서는 유효기간이 지난 카드라서 신고할 필요가 없다고 하였다. 그러나 다음 달 명세서에 10여만 원의 부정사용이 발생하여 카드업체에서 이 씨에게 대금을 청구하였다. 조사 결과, 부정 매출전표에 서명이 다르고 부정 매출은 유효기간이 지난 후 그리고 도난일 이후에 발생하였음이 확인되었다. 유효기간이 경과된 신용카드를 승인하고 전표를 이상 없이 처리하여 대금을 청구한 것은 카드사의 가맹점 과실이므로 부정사용 대금을 이 씨에게 청구하지 않기로 결정되었다.

(3) 신용카드 가맹점의 확인 의무 불이행으로 인한 피해

신용카드업법에서는 신용카드회사 가맹점은 신용카드 거래를 할 때마다 신용카드가 정당하게 사용되고 있는지를 확인해야 한다고 규정하고 있다. 따라서 본인이 사용하고 있는지의 여부를 확인하지 않아 발생한 카드 사고는 가맹점이 배상해야 한다.

• 분실 카드의 사기적 사용 피해의 구제 사례

김소영 씨는 백화점 신용카드가 분실된 것을 알고 백화점에 그 사실을 신고하였다. 그러나 분실 신고 후 160여만 원의 부정 매출이 발생하여 대금이 이 소비자에게 청구되었

다. 처리 결과를 위해 조사한 결과, 매출전표 상에 사용자의 주민등록증번호와 성명이 허위로 기재되어 있음이 밝혀졌고, 백화점은 회원이 아닌 타인에 의하여 사용되었음을 인정하여 백화점에서 부정 매출액 전액을 배상하는 것으로 처리되었다.

(4) 가맹점의 위조 매출전표 작성으로 인한 피해

소비자가 카드를 사용할 때 가맹점이 매출전표를 이중으로 작성하여 미사용 대금이 청구되는 경우도 있는데, 이 경우, 부당한 사용전표가 위조임이 밝혀지면 부당한 청구대금을 환불받을 수 있다.

• 가맹점의 매출전표 위조 및 변조 피해 구제 사례

문예선 씨는 A음식점에서 점심값 25,000원을 카드로 결제하였다. 그 후 카드 대금 청구서를 받아보니 25,000원 이외에 전혀 사용한 사실이 없는 B음식점 25만 원, C음식점 32만 5천 원 등 57만 5천 원이 추가 청구되어 부당 인출되었음을 알게 되었다. 이 사건을 조사한 결과, A음식점의 종업원이 부정 매출전표를 작성하고 서명을 모방하여 B와 C에 유통시켰음을 확인하였으나 그 종업원이 종적을 감추어 A음식점에서 문 씨에게 전액 환불 조치하도록 처리되었다.

(5) 가맹점의 수수료 전가 피해

카드결제 시 봉사료 등의 명목으로 부당하게 가맹점 수수료를 소비자에게 전가하는 경우가 있다.

• 가맹점의 수수료 전가 피해의 구제 사례

전수철 씨는 음식점에서 신용카드로 식대를 결제하였는데 간이 세금계산서에는 38만 원, 카드 매출전표에는 43만 원이 기재되어 있음을 발견하고 음식점, 즉 가맹점에 문의하자, 가맹점에서는 카드 수수료라고 답변하였다. 이에 소비자는 부당하게 지불한 가맹점 수수료의 환불을 요구하기에 이르렀다. 조사 결과, 가맹점은 수수료 5만 원이 종업원 봉사료라고 주장하고 있으나 결제 당시 소비자가 이 사실을 알지 못했고, 동의하지 않았기에 부당하게 청구된 5만 원을 가맹점이 환불하도록 조치되었다.

현대백화점 전경

(6) 전달받지 않은 카드로 인한 피해

신규가입·카드 재발급 시 본인에게 전달되지 않은 카드로 인한 피해는 본인이 수령하지 않았음이 확인되면 카드회사가 보상해야 한다.

• 카드 우송 과정에서의 피해 구제 사례

장준혁 씨는 신청한 카드가 우송 중 분실되었는데, 그 후 100만 원 상당이 부정 사용되어 그 대금이 장 씨에게 청구되었다. 이에 장 씨가 카드사에 배상을 요구하자, 카드사는 주소를 명확하게 기재하지 않은 장 씨에게 과실이 있다고 하며 보상을 거절하였다. 이를 조사한 결과, 주소가 불명확하여 집배원이 아파트 관리실 직원에게 카드를 주었고, 관리실 직원은 같은 아파트에 거주하는 동명이인에게 카드를 전달하여 부정사용 되었음이 파악되었다. 이 경우, 소비자 본인이 서명하지 않았다는 것이 명확하므로, 카드회사는 소비자에게 청구한 대금을 취소하도록 조치하였다.

제10장

소비자 관련법

1. 소비자기본법과 소비자안전 관련 법제

1.1 소비자기본법

1) 소비자기본법의 의의

1970년대 이후 민간소비자단체를 중심으로 한 소비자운동이 확산됨에 따라 우리나라 정부는 소비자보호의 중요성을 인식하게 되었고, 마침내 1980년 1월 소비자보호법이 제정되어 1982년 9월부터 시행되기에 이르렀다.

1980년 10월에 개정된 헌법에 소비자보호와 관련 조항이 신설되었으며, 또 동법 제124조에 "국가는 건전한 소비행위의 계도와 생산품의 품질 향상을 촉구하기 위한 소비자보호운동을 법률이 정하는 바에 의하여 보장한다."라는 내용이 삽입되었다. 이는 국가가 헌법에서 소비자보호를 천명함으로써 소비자의식을 고취하고 소비자 중심적 정책을 수립하겠다는 의지를 보여준 것으로 볼 수 있다. 헌법상의 이러한 규정에 근거하여 소비자보호를 직접적인 목적으로 하는 소비자기본법(1980. 1. 4. 제정)이 제정되었다.

소비자기본법은 소비자의 기본 권리를 명시하고 이를 보호하기 위한 구체적인 추진 과정으로써 국가나 지방자치단체 및 사업자가 해야 할 의무와 소비자 및 소비자단체의 역할을 규정하고 있다. 또한 소비자기본법은 소비자정책을 종합적으로 추진하기 위한 기구로서 한국소비자원의 설립 근거 등을 규정하고 있는 소비자보호를 위한 기본법이다.

우리나라 소비자기본법은 1980년 1월 제정 이후 6차에 걸쳐 개정됨으로써 소비자보호 시책을 종합적으로 추진할 수 있는 사항을 규정하는 등 법의 실효성을 계속해서 높여왔다.

각 개정의 주요 변화 내용을 고찰해보면, 다음과 같다.

먼저 소비자기본법의 1차 개정은 1987년 4월 1일부터 시행되었으며, 그 내용은 실효성을 강화하기 위하여 소비자의 7대 기본 권리를 규정하고 있으며 또한 한국소비자원의 설립근거를 마련함으로써 소비자보호를 위한 각종 사업의 종합 추진 및 소비자 피해구제를 위한 전담 기구로서의 실질적인 효과를 거둘 수 있도록 하였다.

1996년 4월 1일부터 시행된 3차 개정 법률은 사업자가 준수해야 할 각종 기준을 명확히 하고, 행정청의 감독 기능을 강화하는 한편, 소비자 안전 관리 체계를 구축하고 지방자치단체와 소비자단체의 역할을 제고하고 소비자 단체의 등록 의무를 완화하여 피해 구제 기능을 강화하는 데 중점을 두었다.

1999년 2월에 5차 개정된 소비자기본법에서는 금융, 의료 및 법률 서비스 분야의 피해 구제를 한국소비자보호원이 할 수 있게 되었다. 소비자단체와 한국소비자원은 사업자와 사업자단체에 대하여 소비자보호 업무의 추진에 필요한 자료 및 정보 제공을 요청할 수 있는 제도를 신설하였다.

2001년 3월에 있었던 소비자기본법 제6차 개정에서는 제3조 소비자의 권리에 안전하고 쾌적한 생활환경에서 소비할 권리, 즉 환경권이 추가되었다. 또한 본격적인 지방자치시대에 대비한 소비자행정을 위해 소비자보호와 관련되는 행정조직의 운영 및 소비자단체 지원 등에 관한 조항이 신설되었다. 그리고 결함 정보의 보고 의무와 결함 제품의 수거 및 파기 조항이 신설되어 소비자안전 제고를 위한 조치들이 대폭 강화되었다.

2007년 3월부터는 기존의 소비자보호법과 동법 시행령을 대폭 개정한 소비자기본법과 동법 시행령이 시행되고 있다. 이는 소비자가 일방적인 보호의 대상이 아니라 자주적 권리 행사의 주체로서 그 지위를 강화하기 위한 것이다.

2) 소비자기본법의 체계

소비자기본법은 소비자의 기본 권익을 보호하기 위하여 국가, 지방자치단체와 사업자의 의무, 소비자 및 소비자단체의 역할을 규정하고 아울러 소비자정책의 종합적 추진을 위한 기본적 사항을 규정함으로써 소비생활의 향상과 합리화를 추구하는 데 그 목적을 두고 있다. 총 11개 장으로 구성된 소비자기본법은 제1장에서 법의 목적, 용어 정의 및 타 법률과의 관계에 대해 명시하고 있다. 제2장에서는 소비자의 8대 권리와 책무를, 제13장에서는 소비자의 8가지 기본적 권리를 실현하기 위한 구체적 추진 과정으로서 국가 및 지방자치단체의 의무를 규정하고 있다.[91] 또한 소비자보호 등 사업자가 해야 할 의무가 명시되어 있다. 또 제4장은 소비자보호 및 국민소비생활의 향상에 관한 기본적인 정책을 심의·의결하기 위한 소비자정책위원회에 관한 규정이며, 제5장은 소비자단체의 의무·등록 및 보조금에 관한 규정이다. 제6장에는 소비자정책의 종합적 추진을 위한 한국소비자원의 설립을 비롯하여 제반 사항이, 제7장에는 안전 취약 계층에 대한 보호시책, 소비자안전센터 등이, 제8장에는 소비자분쟁 해결에 관련된 사업자의 불만 처리, 소비자원의 피해 구제, 소비자분쟁의 조정 등이 명시되어 있다. 그리고 제9장에는 조사 등의 절차가, 제10장에는 시정 조치, 시정 조치의 요청, 청문 등에 대한 보칙이, 또 제11장에서는 벌칙이 명시되어 있다.

그림 10-1. 소비자기본법의 체계도

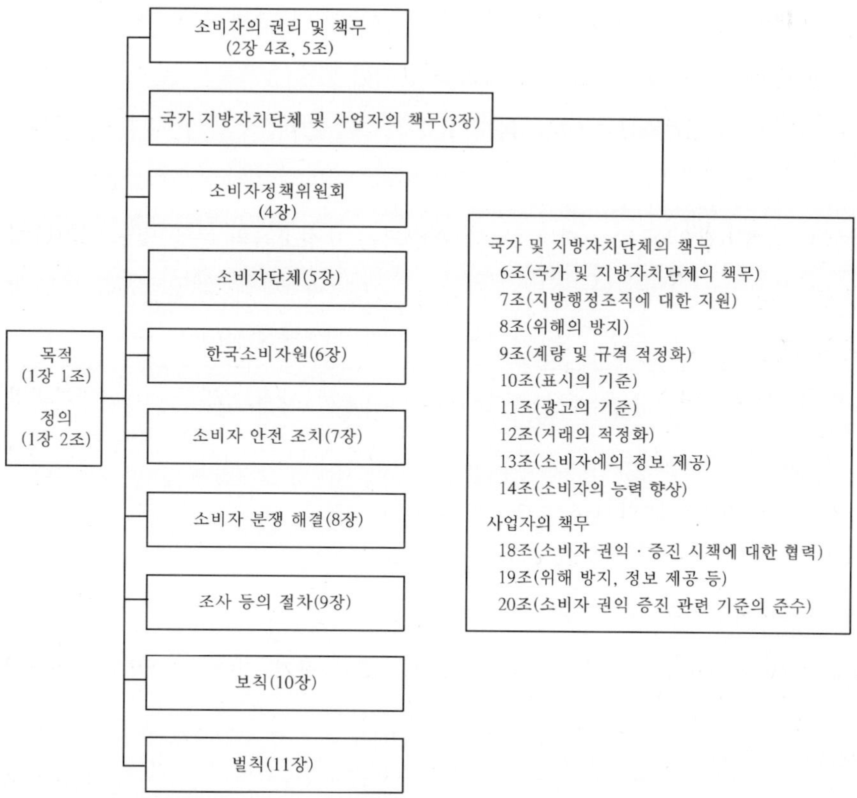

91) 위해의 방지, 계량 및 규격의 적정화, 표시의 준수, 광고 기준 제정, 거래의 적정화, 소비자정보 제공, 소비자피해의 구제, 그리고 시험·검사 시설의 설치 등에 관하여 규정하고 있다.

1.2 소비자 관련법

우리나라에서 소비자보호를 위해 제정된 법은 소비자보호를 염두에 두고 제정된 법들과 처음부터 소비자보호를 주목적으로 제정되지는 않았지만, 그 내용상 각각의 법률 목적을 수행하는 과정에서 간접적으로 소비자의 이익이 보호되는 소비자보호 관련법들이 있다. 전자를 본래적 소비자보호법이라고 하며 후자를 기능적 소비자보호법이라고 하는데, 양자의 관계를 보면, 기능적 소비자보호법 적용만으로 소비자보호를 위해 충분한 역할을 할 수 없을 때 본래적 소비자보호법 성격의 독립된 개별법으로 제정될 수 있다.

본래적 소비자보호법에는 소비자보호의 기본법인 소비자기본법 외에 약관규제법, 할부거래법, 방문판매법 등이 있고, 기능적 소비자보호법에는 식품위생법, 약사법 등 많은 개별법들이 있다. 소비자 관련 법규들을 내용별로 분류하면, 위해 방지를 위한 법률, 계량·표시·규격의 적정화를 도모하는 법률, 계약의 적정화를 도모하는 법률, 적정한 가격의 유지를 위한 법률, 공정하고 자유로운 경쟁 확보를 위한 법률 등으로 나눌 수 있다. 이들 각각에 속하는 구체적 법률을 보면, 다음 〈표 10-1〉과 같다.

표 10-1. 주요 소비자 관련법

법 명	연도	내 용
소비자보호법	1980	소비자보호를 위한 실질적이고 총체적인 법률
독점규제 및 공정거래에 관한 법률	1980	자유로운 경쟁과 공정거래로 시장경쟁체제 구축
소비자보호법 시행령	1982	소비자보호법에서 위임된 사항과 그 시행에 필요한 사항 규정
약관의 규제에 관한 법률	1986	사업자의 우월적 지위를 이용한 불공정한 내용의 약관 방지 (공정거래위원회 주관)
할부거래에 관한 법률	1991	할부거래의 공정성 확보
방문판매 등에 관한 법률	1991	방문판매, 통신판매, 다단계 판매와 관련한 각종 지침 및 규제
전자상거래에서의 소비자보호에 관한 법률	2002	전자상거래에서의 소비자 권리 및 거래 지침, 청약 철회 규정
소비자기본법	2006	소비자보호법을 소비자기본법으로 명칭 변경, 소비자정책을 공정거래위원회원회로 업무 이관, 한국소비자보호원을 한국소비자원으로 명칭변경 및 감독기관 공정거래위원회로 이관

소비자보호 관련법은 법제상 다음 네 가지 체계로 분류된다. 첫째, 소비자보호 사법은 소비자와 사업자 간의 거래에 있어서의 법률관계를 대상으로 기존 민법상의 특례를 규정하고 있다. 둘째, 소비자보호 행정법은 국가나 지방자치단체와 사업자 또는 소비자의 행정관계를 대상으로 한다. 셋째, 소비자보호 절차법은 소비자의 불만 처리, 분쟁 해결의 다양한 절차를 대상으로 한다. 넷째, 소비자보호 형법은 소비자의 권리 보장이나 사업자의 위법 행위를 대상으로 국가가 사업자에게 형사적인 제재를 가할 수 있도록 규정한 규범의 총체로서, 경제형법의 일부분이라 하겠다.

대부분의 소비자 관련 법규는 이들 네 종류의 법체계가 혼합되어 있다. 예를 들어, 약관규제법 중 부당 약관의 무효에 관한 사항이 소비자보호사법에 해당한다면, 약관 심사와 관련된 부분은 소비자보호행정법 및 소비자보호절차법에 속하는 반면, 사업자가 시정 명령에 따르지 아니한 경우의 벌칙 규정은 소비자보호형법에 속한다.

또 소비자보호법들의 성격을 보면, 직접적인 소비자보호 관련법 중 소비자기본법, 독점 규제 및 공정거래에 관한 법, 약관규제법 등은 소비자의 권리가 정부를 통해 보장받도록 규정되어 있는 법률인 데 비해, 할부거래법이나 방문판매법은 소비자가 스스로 자신의 권리를 사업자에게 청구할 수 있도록 보장한 법률이다.

1.3 소비자안전 관련 법제

1) 소비자안전 관련법

소비자는 살아있는 인간이기 때문에 인간다운 생활을 영위하기 위해서는 무엇보다도 신체상의 위해를 받지 않고 안전한 소비생활을 영위할 권리를 가져야 하며, 생명과 신체상의 안전이 확보되어야 한다. 소비자의 안전할 권리는 인간으로서 가지는 기본적인 욕구이자 소비자의 기본권이다. 소비자의 안전할 권리는 기업의 이익은 물론이고 다른 어떠한 이익과도 비교할 수 없는 가장 존중되어야 할 권리이다. 소비자의 안전할 권리를 보장하기 위하여 국가와 사업자에게 위해 방지 의무를 지우고 있다.

소비자안전의 문제는 특히 기업 국제화와 시장개방화에 따라 복잡한 기술과 처리에 따른 화학품의 유입 및 사용으로 증가하고 있다. 이에 따라 화학제품에 대한 전문지식이 없는 소비자가 소비생활을 영위하는 데 있어서 위해의 요인이 매우 높은 실정이어서,

각국은 이에 대한 방지 노력을 강화하고 있다. 지금까지 우리나라의 소비자안전에 관한 조치는 소비자의 소비생활과 관련되어 있는 대부분의 분야에서 미흡한 것으로 나타나고 있으며, 시급한 시정이 요망되는 분야라고 할 수 있다. 소비자기본법에서도 소비자안전을 확보하기 위한 국가와 지방자치단체의 의무를 규정하고 있으며, 또 사업자가 소비자의 생명·신체 및 재산상의 위해를 방지하기 위해 준수해야 할 기준을 규정하고 있고, 이를 위반할 경우의 벌칙에 대해서도 명시하고 있다.

소비자안전에 관한 법은 소비자기본법을 기본법으로 하여, 업종별 또는 품목별 등 기능별로 분류되어 관련법이 제정·시행되고 있으며, 정부의 행정기능별로 담당 업무가 나누어져 있다. 소비자안전을 확보하기 위한 기능별 법률로는 식품위생법, 위생사 등에 관한 법률, 약사법, 종묘관리법, 농약관리법, 농산물검사법, 축산물위생관리법, 품질경영촉진법, 전기용품안전관리법 등이 있다. 소비자안전을 확보하기 위하여 시행되고 있는 주요 법률은 소비자기본법을 비롯하여 많이 있는데, 이들에 대해 구체적으로 알아보면, 〈표 10-2〉에서와 같다.

표 10-2. 간접적인 소비자 관련법

구분(목적)	관 련 법
위해 방지	식품위생법, 위생사 등에 관한 법률, 공중위생법, 약사법, 비료관리법, 농약관리법, 농산물조사법, 수산물검사법, 축산물위생처리법, 고압가스안전관리법, 전기공사업법, 전기용품안전관리법, 품질경영촉진법, 대마관리법, 석유사업법, 도시가스사업법, 에너지이용합리화법, 향정신성의약품관리법
계량 규격 적정화	계량법, 산업표준화법, 수산물검사법, 농산물조사법, 품질경영촉진법
표시의 적정화	식품위생법, 약사법, 수산물검사법, 농약관리법, 종자관리법, 비료관리법, 전기용품안전관리법, 부당경쟁방지법, 물가 안정에 관한 법률, 상표법
광고	약사법, 독점규제법
거래의 적정화	독점규제법, 부당경쟁방지법, 보험업법, 증권거래법, 이자제한법, 자동차운송사업법, 해운업법, 창고업법, 상품권법, 전기사업법, 물가안정에 관한 법률, 농산물가격유지법, 농수산물 유통 및 가격 안정에 관한 법률
소비자 권리 구제	소액사건심판법, 법률구조법, 은행법, 보험업법, 변호사법

표 10-3. 소비자안전 관련법

구 분	내 용
식품위생법	식품의 위해, 판매 등 금지, 기준과 규격의 설정, 표시 기준의 설정과 허위 표시의 금지, 식중독 사고의 보고 의무 등
위생사법	위생사 업무의 범위, 위생사의 면허제 등
약사법	약사의 면허제, 조제의 규제, 약품 제조업의 허가제 및 규제, 판매업의 허가제 및 제한, 독·극약의 규제, 판매 제한 및 기재 사항 등
종묘관리법	종묘의 허가제, 품질의 표시, 과대선전 금지, 판매의 제한 등
농산물검사법	검사 대상 및 항목, 거래의 제한 등
농약관리법	농약의 품질 고시, 농약의 표시, 농약의 검사, 허위광고 등
축산물위생관리법	작업장 설치 허가, 축산물의 처리 방법 등
품질경영촉진법	제품에 대한 안전 검사 품목과 기준 등
전기용품안전관리법	전기용품 제조업 허가, 형식 승인 및 표시, 기술수준에 적합 의무, 승인 표시 없는 용품의 판매 금지, 사용 금지 등

소비자기본법에 의하면, 중앙행정기관의 장이 안전 관련 기준을 정하거나 변경한 때에는 이를 고시하여야 하고 기준을 사업자가 준수하는지 여부를 정기적으로 시험, 검사 또는 조사하여야 한다. 여기서 소비자안전 관련법의 전담 기관을 알아보고자 한다.

먼저 공정거래위원회는 소비자기본법에 근거하여 각종 위해정보를 수집하기 위하여 필요한 경우, 대통령령이 정하는 바에 따라 행정기관, 소비자단체, 병원, 학교 등을 위해정보 보고 기관으로 지정하여 운영할 수 있다. 여기서 공정위는 종합적인 위해정보 수집기관으로서의 역할을 한다고 볼 수 있다. 지식경제부 산하의 기술표준원은 전기제품 등의 공산품 안전 관리를 담당하고 있는 중앙 부처로서 제반 행정기능을 수행하고 있다.

식품의약품안전청은 식품, 의약품의 안전 관리를 전담하고 있으며, 식품, 의약품 등의 안전 관리 업무와 시험, 검정, 연구 업무를 효율적으로 수행할 수 있도록 기획관리관, 식품안전국, 의약품안전국 및 안전평가관을 설치하고 있다. 그리고 국토해양부는 자동차, 항공기 등 운송수단에 대한 안전기준 설정, 감독 및 사후 리콜의 수행을 전담하고 있는 기관이다.

2) 소비자안전 관련 제도

(1) 리콜제도

리콜(recall)제도는 안전성에 문제가 있는 결함 상품을 제조업자가 스스로 공개하고 시정하는 제조자 결함 시정 제도이다. 즉, 소비자의 생명·신체에 위해를 입히거나 그러한 우려가 있는 상품을 제조업자나 판매업자가 자발적 또는 강제적으로 당해 제품의 위해성을 소비자에게 알리고 결함 제품에 대해 적절한 시정 조치를 취하는 소비자보호제도라고 할 수 있다.

또한 리콜제도는 제조자가 자사 제품에 대한 안전성 결함 사실을 생산과정이나 제품의 최종 출하 단계에서 미처 발견하지 못하고 이미 시중에 유통된 제품 가운데서 결함을 발견한 경우, 당해 결함 제품 전체에 대한 시정을 위하여 제품의 결함 내용을 구매자인 유통, 판매업자 및 소비자에게 매스컴이나 우편 등의 방법으로 알리고, 결함 제품을 시장이나 소비자로부터 거두어들여 결함이 없는 제품으로 교환해 주거나 수리·환불해 줌으로써 소비자의 안전을 확보하는 데 그 목적이 있다.

리콜제도는 사업자의 자발적 리콜(voluntary recall)과 강제적 리콜(mandatory recall)로 나눌 수 있다. 이 가운데 자발적 리콜은 제조업자가 자사 제품에 대한 소비자 신뢰의 유지 및 확보를 위하여 사후서비스 차원에서 시작했다는 데서 알 수 있듯이, 사업자가 자발적으로 행하는 것을 원칙으로 한다.

(2) 소비자안전센터

한국소비자원의 소비자안전센터는 소비자가 상품을 이용하는 과정에서 제품의 결함으로 인하여 생명을 잃거나 신체적 상해를 입었던 사항에 관하여 정보를 수집, 분석하여 원인을 규명한다. 즉, 소비자안전센터소장은 규정에 따라 수집한 위해정보를 분석하여 그 결과를 한국소비자원장에게 보고하여야 한다. 원장은 위해정보의 분석 결과에 따라 필요한 경우에는, 위해 방지 및 사고 예방을 위한 소비자안전경보 발령, 물품 등의 안전성에 관한 사실의 공표, 위해 물품 등을 제공하는 사업자에 대한 시정 권고, 국가 또는 지방자치단체에의 시정 조치·제도 개선 건의 등의 조치를 할 수 있다.

공정거래위원회는 경찰서, 소방서, 소비자단체, 종합병원 및 학교 등을 위해정보 보고 기관으로 지정하여 업무상 알게 된 위해정보를 의무적으로 정부에 보고하도록

시설 현대화한 대구 불로 전통시장 입구

하고, 한국소비자원을 위해정보 종합관리기관으로 지정하여 필요한 업무를 위탁하고 있다.

(3) 의약품 부작용 피해 구제 제도

의약품은 우리들에게 필수 불가결한 것이지만 그 자체가 인체에 따라서 체내에서 부작용이 발생하는 경우도 있다. 의약품의 부작용을 미연에 방지하기 위해 시판되기 전에 다양한 시험이 행해지고는 있지만, 현재 최고의 과학기술을 가지고도 그 부작용 발생을 완전히 방지하기는 힘들다. 질병 치료를 위해서는 의약품을 사용하지 않으면 안 되기 때문에 의약품의 부작용으로 인해 예기치 않은 심각한 피해를 입은 사람을 구제할 필요가 있다. 의약품 피해 구제 제도는 이러한 의약품의 부작용에 의한 건강 피해를 신속하게 구제하기 위해 약사법에 의해 1996년부터 시행하고 있는 제도이다.

(4) 식중독 보고 제도

식품 등으로 인한 식중독 사고가 여름에 빈번하게 발생하기도 하고, 집단적으로 발생함으로써 소비자의 안전이 위협받기도 한다. 식품위생법 제67조(식중독에 관한 조사 보고)에 의하면,

식품 등으로 인하여 중독을 일으킨 환자 또는 의심이 있는 자를 진단하였거나 그 사체를 검안한 의사나 한의사는 지체 없이 관할보건소장 또는 보건지소장에게 보고하여야 한다.

2. 거래 관련법

2.1 할부거래법

할부거래는 소비자가 대금을 몇 차례 나누어 매도인에게 지급하고 매도인이 이를 수령하는 거래를 말하며, 소비자의 입장에서는 구매력 증대의 수단이 되며, 판매자는 판매 촉진의 수단이 되는 긍정적인 면이 있다. 그러나 할부판매는 소비자에게 충동구매를 유발시킬 우려가 있으며, 판매자의 소유권 보유로 인하여 소비자의 지위가 불안정해지고 부당한 약관으로 소비자가 피해를 보는 문제점이 지적되어 왔다.

이에 정부는 할부판매에 관하여 제기되는 여러 가지의 문제들을 해결하고 할부구매 소비자를 보호하기 위하여 1991년 12월 31일 할부거래에 관한 법률을 제정하여 1992년 7월 1일부터 시행하고 있다. 또 1999년 5월 동법의 개정으로 주관 부서를 산업자원부에서 공정거래위원회로 바꾸었다.

할부거래법의 적용 범위는 계약의 명칭·형식 여하를 불문하고 동산 또는 용역에 관한 자체 할부 계약과 간접 할부 계약에 적용된다. 자체 할부 계약이란, 동산의 매수인 또는 용역을 제공받는 자가 동산의 매도인 또는 용역을 제공하는 자에게 동산의 대금 또는 용역의 대가를 2개월 이상의 기간에 걸쳐 3회 이상 분할하여 지급하고, 목적물의 대금의 완납 전에 동산을 인도 또는 용역의 제공을 받기로 하는 계약을 말한다. 간접 할부 계약이란, 매수인이 신용제공자에게 목적물의 대금을 2개월 이상의 기간에 걸쳐 3회 이상 분할하여 지급하고, 그 대금의 완납 전에 매도인으로부터 목적물의 인도 등을 받기로 하는 계약을 말한다. 이 법의 주요 내용은 충동구매나 비합리적인 구매결정을 했을 경우, 계약서를 소비자가 교부받은 날 또는 계약서를 교부받지 못한 경우는 목적물을 인도받은 날로부터 7일 이내에 할부계약에 관한 청약을 철회할 수 있는 철회권(cooling-off)을 행사할 수 있도록 하고 있다는 점이다.

2.2 방문판매법

오늘날 소비자의 생활과 밀접하게 이루어지는 판매 형태는 특수 판매를 들 수 있다. 종래의 점포판매 방식에서 벗어나 가정이나 직장으로 소비자를 찾아가는 방문판매를 비롯하여, 통신수단과 정보전달수단을 이용하여 판매자와 소비자가 직접 대면하지 않고 거래하는 통신판매, 그리고 세포 분열적인 자기증식 방법을 이용한 여러 단계의 판매 조직을 통하여 판매 활동을 전개하는 다단계 판매 등이 대표적인 특수 판매 형태이다. 방문 판매 등에 관한 법률(이하 방문판매법)의 궁극적 목적은 이들 특수 판매 형태에 따른 소비자피해를 예방하려는 것이며, 주요 내용은 각 판매법에 대한 정의와 각 경우에 행사할 수 있는 소비자의 권리와 사업자의 의무 행위나 금지 행위 등이다.

방문판매법의 제정은 새로운 판매 방식을 이용한 상품의 판매 및 용역의 제공에 관한 거래를 공정하게 규율하여 소비자의 이익을 보호하고 상품의 유통 및 용역의 제공을 원활히 함으로써 국민경제의 건전한 발전에 이바지하기 위하여 1991년 12월 방문판매법이 제정되어 1992년부터 실시하게 되었다. 방문판매법의 적용 범위는 방문판매, 통신판매, 다단계 판매 방식이며, 원칙적으로 모든 상품이나 용역의 거래에 적용된다.

국민생활과 밀접하고 소비자피해가 빈발하는 특수 판매 분야에서 공정한 거래질서를 확립하기 위해 방문판매법이 개정돼 2002년 7월부터 시행되고 있다. 개정된 법령의 주요 사항은 다음과 같다. 먼저, 법령 운용부처가 산업자원부에서 공정거래위원회로 변경되어 법 집행 체계가 개편되었다. 인터넷 상거래 확산 등 디지털 경제 시대에 대응하고, 피해 빈발 거래에 대한 소비자보호장치를 강화하기 위해 통신판매 관련 규정을 '전자상거래 등에서의 소비자보호에 관한 법률'로 귀속시켰다. 그리고 방문판매법에는 전화 권유 판매, 계속거래, 사업 권유 거래 등이 추가되었다.

1) 방문판매

방문판매라 함은 상품판매업자 또는 용역제공업자가 방문의 방법으로 그의 영업소·대리점 기타 총리령이 정하는 영업장소(사업장) 이외의 장소에서 소비자에게 권유하여 계약의 청약을 받거나 계약을 체결하여 상품을 판매하거나 용역을 제공하는 것을 말한다.

방문판매의 경우는 소비자가 거래 시에 자신이 상품 구입 등의 권유를 받고 있다는 명확한 인식을 갖게 하기 위해 방문판매자가 소비자에게 자기의 성명 또는 명칭과 판매하려는 상품 등의 종류, 내용을 미리 밝혀야 하는 명시 의무가 있고, 할부거래법과 마찬가지로 역시 소비자는 철회권[92]을 행사할 수 있다. 이는 방문판매의 경우, 소비자가 판매되는 제품에 대한 정보 등이 전혀 없을 수 있고 수동적으로 판매자의 말에 따라 충동적으로 구매결정을 하는 경우가 많아, 이를 보호하기 위한 것이다.

2) 다단계 판매

다단계 판매라 함은 판매업자 또는 용역업자가 특정인에게 일정한 활동을 하면 일정한 이익을 얻을 수 있다고 권유하여 판매원의 가입이 순차적·단계적(가입한 판매원의 단계가 3단계 이상인 경우를 말함)으로 이루어진 다단계 판매 조직을 통하여 행하여지는 상품의 판매 또는 용역의 제공을 말한다. 그러나 다단계 판매는 외형구조상 피라미드 조직과 구별하기가 쉽지 않다. 개정된 방문판매법에서는 다단계 판매가 불법 다단계 판매로 변질되는 것을 막기 위해 일정한 행위를 금지하고 있다.[93]

합법적인 다단계 판매 방식과 불법 다단계 판매를 구분해 보면, 첫째, 다단계 판매법은 상품 판매로 얻는 이익 이외에 하위 판매원의 모집으로 인한 회원 수의 증가와 하위 판매원의 판매로 인한 이익으로부터 추가적인 이익의 획득 또는 판매 단계의 승격 등에 의해 이익을 얻을 수 있는 구조적 특징을 가지고 있다. 이로 인하여 다단계 판매 조직은 피라미드 형태의 다층 구조를 보이므로 인해 피라미드 조직이라고 부른다.

정상적인 다단계 판매의 경우, 판매원은 단순한 소매 마진 이외에 조직 내에서 자신의 하위에 있는 판매원이 판매한 총 매출에 대한 일정률의 마진(스폰서링 마진)도 자신의 이익으로 삼는다. 반면, 불법 다단계 판매는 판매 실적보다는 하위 판매원의 신규가입에 지나치게 의존하는 특수한 이익 창출 형태와 조직에 가입하거나 승진할 때 고액의 부담을 지우는 것을 그 특징으로 한다.

---

92) 개정된 방문판매법에서 방문판매와 다단계 판매의 청약철회는 물건 인수일로부터 14일 이내로 변경되었다. 개정 전의 법에서는 방문판매의 경우, 물건 인수일로부터 10일 이내, 다단계 판매의 경우, 20일 이내에 청약을 철회할 수 있었다.

93) 다단계 판매 방식에서의 금지 행위는 가입비 명목 또는 판매원 가입 조건으로 돈을 받거나 물건을 사게 하는 행위, 다단계 판매원에게 일정 수의 판매원을 모집·후원하도록 의무를 지우는 행위, 후원 수당 산정 지급 기준 등에 관한 자료를 공개하지 않는 행위, 제품의 반품 및 환불 규정이 명확치 않거나 사실상 지켜지지 않는 행위 등이 그 대표적인 예이다.

쉼터 불법 다단계 판매

다단계 판매는 제품을 사용해 본 소비자가 다시 판매자가 돼 주변에 제품을 추천하는, 일종의 입소문 마케팅을 통해 새로운 고객을 유치하는 판매 방식을 말한다. 판매원은 가입과 탈퇴가 자유롭고, 상품 구매도 강제적이지 않으며, 수익은 판매 실적에 의해 발생한다. 이에 반해, 불법 다단계 업체는 품질이 나쁜 제품을 고가에 판매한다. 교육·합숙 등을 통해 판매원을 관리하며 탈퇴가 자유롭지 않다. 판매원 등록·승급 등을 빌미로 일정량의 상품을 강제로 구매하게 하며 하위 판매원 모집을 의무화해 판매원을 데려온 실적에 따라 수당을 준다.

다단계 업체는 본점 소재지 관할 시·도에 등록돼 있고 소비자의 피해를 보상하도록 공제조합에 가입해야 한다. 본점 소재지 관할 시·도청이나 직접판매공제조합 홈페이지(www.macco.or.kr), 한국특수판매공제조합 홈페이지(www.mimunion.or.kr)의 '조합사 안내'를 통해 등록된 다단계 업체인지 여부를 확인할 수 있다. 합법 다단계 판매와 불법 다단계 판매의 차이를 알아보면, 아래와 같다.

구 분	합법 다단계 판매	불법 다단계 판매
가입비	가입비가 없거나 1만 원 미만	가입비·교육비·상품 구매비 등 각종 명목으로 금품 징수.
상품	좋은 품질의 중저가 소비재	품질이 조악한 고가 제품
홍보	장기적인 수익을 기대할 수 있다고 홍보.	단기간에 일확천금을 얻을 수 있다고 홍보.
수익	본인의 구매 실적과 판매 실적	하위 판매원 모집.
제품 강매	없음.	있음.
강제 교육·합숙	없음.	있음.
사업장	무점포 운영	사업장·대리점 형태
확장 구조	입소문을 통한 자발적 참여	하위 판매원 모집 강요.
가입·탈퇴	자유로움.	자유롭지 못함.
공제조합	가입	미가입

자료: 『소비자시대』, 2012년 1월호, p. 31.

2.3 전자상거래 소비자보호법

'전자상거래 등에서의 소비자보호에 관한 법률'(이하 전자상거래소비자보호법)은 전자상거래에서 소비자의 기본 권익이 보호받고 소비자의 신뢰와 참여를 통해 전자거래의 발전을 도모하는 데 그 목적이 있다. 전자상거래소비자보호법은 2002년 7월 1일 시행되어 디지털 경제의 소비자보호 기본법으로 기능하게 되었다. '방문판매 등에 관한 법률'의 통신판매 편은 현재의 B2C 전자상거래를 예상하지 못한 상황에서 제정된 법률이기 때문에 전자상거래 규율에 한계가 있어, 새로운 디지털환경에 부응하기 위해 전자상거래소비자보호법이 제정되어 통신판매[94]를 포함하게 되었다. 여기서 전자상거래 소비자보호법의 주요 내용을 알아보면, 다음과 같다.

1) 인터넷쇼핑몰 사업자의 의무 표시 사항

전자상거래소비자보호법에서는 인터넷쇼핑몰 사업자 신원에 대한 의무표시 사항이 있다. 동법에서는 인터넷쇼핑몰의 사업자는 다음과 같은 사항을 초기화면에 표시할 의무가 있다고 규정하고 있다. 즉, 사이버몰 운영 사업자 및 통신판매업자는 소비자가 사업자의 신원 등에 관하여 쉽게 알 수 있도록 사이버몰 초기화면에 상호 및 대표자 성명, 영업소 소재지 주소, 전화번호 · 모사전송(팩스)번호 · 전자우편번호, 사업자등록번호 · 통신판매업 신고번호, 사이버몰의 이용약관 등을 표시하여야 한다.

2) 청약철회

현행법 제17조에는 소비자가 인터넷쇼핑몰에서 재화 등을 구입한 후 계약 내용에 관한 서면을 교부받은 날부터 7일, 단 서면을 교부받은 때보다 재화 등의 공급이 더 늦게 이루어진 경우, 재화 등을 공급받거나 공급이 이루어진 날부터 7일 이내에, 그리고

94) 통신판매는 판매업자 또는 용역업자가 광고물, 우편, 전기통신, 신문, 잡지 등의 매체를 이용하여 상품 또는 용역에 관하여 광고를 하고 우편, 전기통신 기타 방법에 의하여 소비자로부터 청약을 받아 상품을 판매하거나 용역을 제공하는 것을 말한다. 통신판매는 저렴한 가격, 구매의 편리함 등 여러 장점이 있으나 선불식 판매를 많이 하기 때문에 반품이나 애프터서비스, 계약의 해제 등에서 소비자가 판매업자에 대해서 불리한 입장에 있다. 그 밖에도 간혹 상품 도착이 지연되고, 상품 설명이 불충분하게 제시되는 경우가 많으며, 사업자가 영세한 경우가 많아 제품의 안전성에 대한 보장이 없고, 각종 허위·과장 광고로 인해 소비자피해가 발생한 경우에도 그 보상이 제대로 이루어지지 못하고 있는 실정이다.

계약 내용에 관한 서면을 교부 받지 아니한 경우, 통신판매업자의 주소 등이 기재되지 아니한 서면을 교부 받은 경우, 또는 통신판매업자의 주소 변경 등의 사유로 기간 이내에 청약철회 등을 할 수 없는 경우에는 그 주소를 안 날 또는 알 수 있었던 날부터 7일 이내에 재화 등을 반품할 수 있는 청약철회 기간을 규정하고 있다. 재화 등의 내용이 표시·광고의 내용과 다르거나 계약 내용과 다르게 이행된 경우, 당해 재화 등을 공급받은 날로부터 3개월 이내, 그 사실을 안 날 또는 알 수 있었던 날로부터 30일 이내에 청약철회를 할 수 있다는 청약철회 기간의 연장이 보장되어 있다.

2.4 약관규제법

약관이라 함은 다수의 상대방과 계약을 체결하기 위해 일방 당사자에 의해 사전에 작성된 계약의 조항을 말한다. 이는 특정 거래종목의 세부적 내용에 관하여 미리 정하여진 전형적인 계약 내용으로, 쌍방 당사자 사이에서 개별적 흥정의 결과로 합의된 조건과는 구별된다. 우리들이 흔히 볼 수 있는 신용카드 매출전표 뒷면에 기록된 내용은 해당 약관의 일부 내용을 발췌, 기록한 것이다. 이 밖에도 할부거래, 예금거래, 보험가입, 전자상거래 등 다양한 거래에 약관들이 있다. 여기서 계약 당사자 사이에 거래 조건에 대한 협상 없이 사업자가 미리 마련한 계약 조건, 즉 약관에 의해 거래가 이루어지고 있음을 알 수 있다.

계약 자유가 지배하는 계약법 하에서 당사자가 누구와 어떤 내용의 계약을 체결하든 법률에 의해 간섭받지 않는다는 것이 원칙이다. 그러므로 약관에 의한 기업 횡포는 법의 공백 상태에서 그대로 방치될 수밖에 없었다. 이에 계약의 거래질서를 바로잡기 위해서는 약관에 대한 법적 규제가 필요하였는데, 이 필요성에 의해 1986년 약관 규제에 관한 법률이 제정되어, 사업자의 약관에 대한 명시, 설명의 의무 등을 명문화하고, 무효인 불공정 약관 조항의 일반 원칙과 구체적인 유형을 제시하고 있다. 또 사업자가 거래상의 지위를 남용하여 불공정한 내용의 약관을 작성, 통용하는 것을 방지하고 불공정한 내용의 약관을 규제하여 건전한 거래 질서를 확립함으로써 소비자를 보호하고 국민생활의 균형 있는 향상을 도모하고 있다.

3. 금융거래 관련 법제

3.1 금융 관련 법제

1999년 5월 24일 정부조직법 개정으로 금융기관의 설립 등에 관한 인·허가 업무가 재정경제부로부터 금융감독위원회로 이관되었다. 이에 금융감독위원회는 금융기관 설립 등에 관한 인·허가 절차를 공정하고 투명하게 하고 인·허가 심사 기준을 객관화·구체화하기 위하여 은행업을 비롯한 12개 업종별 10개 인·허가 지침을 제정하여 1999년 7월 23일부터 시행해 왔다.

금융거래는 그 성질에 따라 각각 은행거래, 증권거래, 보험거래, 비은행거래 등으로 나눌 수 있으며, 그 관련법을 알아보면, 〈표 10-4〉에서와 같다. 금융감독원과 소비자원에서는 각각 금융거래 관련 소비자불만 상담과 소비자피해 구제 업무를 수행하고 있다.

표 10-4. 금융 관련법

구 분	금융 관련법
공통법	금융감독기구설치등에관한법률, 금융산업의구조개선에관한법률, 예금자보호법, 금융기관부실자산등효율적처리및성업공사의설립에관한법률, 신용정보의이용및보호에관한법률, 금융실명거래및비밀보장에관한법률, 외국환거래법
은행 관련법	은행법, 한국은행법, 한국산업은행법, 중소기업은행법, 한국수출입은행법, 신용보증기금법, 농업협동조합법, 수산업협동조합법, 주택저당채권유동화회사법, 신탁업법, 담보부사채신탁법
증권 관련법	증권거래법, 선물거래법, 증권투자신탁업법, 증권투자회사법, 자산유동화에관한법률, 공사채등록법, 주식회사외부감사에관한법률, 공인회계사법
보험 관련법	보험업법, 화재로인한보상과보험가입에관한법률, 상법
비은행 관련법	종합금융회사에관한법률, 상호신용금고법, 여신전문금융업법, 신용협동조합법, 유사신용행위의규제에관한법률

1) 예금자보호제도

예금자보호제도(예금자보호법)는 금융기관이 예금의 지급 정지, 영업 인·허가의 취소, 해산 또는 파산 등으로 고객 예금을 지급할 수 없는 상황이 발생했을 때, 예금자를 보호하고 금융제도의 안정성을 유지하기 위하여 금융기관 예금 등을 정부가 일정한 범위 내에서 보장해 주는 제도이다. 정부는 예금보험제도를 효율적으로 운영하기 위하여 1995년 12월 예금자보호법에 이어 1996년 5월에는 예금자보호법 시행령을 제정하여 시행하고 있다.

이 법에 의해 설립된 예금보험공사가 금융기관으로부터 예금 보험료를 받아 예금보험기금을 적립한 후 기금을 관리 및 운용하고 있으며, 금융기관이 예금을 지급할 수 없게 되는 경우, 보험금 등의 지금, 부실금융기관 정리 등 정부가 위탁 또는 지정하는 업무를 수행하고 있다. 현재 예금자보호법의 적용을 받는 금융기관으로는 예금보험공사에 일정 보험료를 납부하고 있는 은행(은행법의 적용을 받는 농·수협중앙회, 44개 지구별 수산업 협동조합, 외국 은행 국내 지점 포함), 증권회사, 보험회사, 종합금융회사, 상호신용금고, 신용협동조합 등이 있다.

2) 신용정보보호제도

신용정보란, 소비자금융 및 판매신용 이용과 관련하여 소비자의 신용평가에 필요한 정보를 의미한다. 신용정보의 범위는, 〈표 10-5〉에서와 같이, 개인식별정보, 신용불량정보 및 신용거래정보로 구분할 수 있다. 정부는 신용정보의 효율적 이용과 체계적 관리를 기하며, 신용정보의 오용·남용으로부터 사생활의 비밀 등을 적절히 보호함으로써 건전한 신용질서의 확립에 이바지하기 위해 1995년 1월 '신용정보의 이용 및 보호에 관한 법률'을 제정하였고, 그동안 8차례에 걸쳐 개정이 있었다.

표 10-5. 신용정보의 범위

구 분	집중 관리·활용 대상 정보
식별정보	·성명, 주소, 주민등록번호
신용불량정보	·대출금 등의 연체, 용도의 유용 사실 ·지급 보증 대급금(또는 대위변제) 발생 사실 ·어음 또는 수표 거래 정지 처분을 받은 사실 ·신용카드대금의 미결제 등 신용카드 거래질서를 문란하게 한 사실 ·부정한 방법으로 대출을 받는 등 금융거래질서를 문란하게 한 사실
신용거래정보	·대출 현황 ·당좌·가계당좌 예금 개설 및 해지 사실 ·신용카드 발급 및 해지 사실

대형마트 - 홈플러스 전경

3.2 은행거래 및 신용카드 관련 법제

1) 은행거래 관련 법제

은행은 다수의 예금자로부터 예금을 수입하여 각 경제 주체에 필요한 자금을 공급하는 금융 중개 기능을 수행하고 예금통화의 창출, 공급 등을 담당함으로써 통화신용 정책의 중간 매개 기능을 수행하고 있다. 은행거래는 일반적으로 은행 입장에서 예금과 차입 등 수신거래와 지급 보증, 유가증권[95] 대여 등 여신거래로 나눌 수 있다. 은행법상으로는 예금의 수입, 대출과 같은 기본 거래와 어음 교환, 채무 보증, 유가증권 매매와 같은 부수 거래로 분류하기도 한다.

정부는 은행의 건전한 운영을 도모하며 예금자를 보호하고 신용질서를 유지함으로써 금융시장의 안정과 국민경제의 발전에 이바지하기 위하여 은행법을 제정·시행하고 있다(법 1조 참조). 이와 같이 예금자인 소비자를 보호하는 것이 은행법의 중요한 목적으로 되어 있는 것은 예금자, 특히 소액예금자의 경우, 정보의 비대칭성 등으로 인해 은행과의

95) 유가증권이란, 일정한 금전이나 화물 등의 유가물(有價物)에 대해 청구할 수 있는 권리가 표시된 증서, 즉 상법상의 재산권을 표시하는 증서를 말하는 것으로 단순히 '증권'이라고도 한다. 유가증권은 '권리와 증권의 결합체'이며, 권리의 이전·행사를 원활하고 안전하게 하며 유통성을 높이기 위해 근대 자본주의가 발달시킨 제도이다.

대등한 지위를 지니지 못함에 따라 예금의 안전성을 스스로 확인할 수 있는 능력과 수단을 보유하지 못하고 있다는 점에 근거한다.

(1) **예금 지급 준비금 제도**

예금 지급 준비금 제도는 예금채무의 일정 비율에 해당하는 금액을 법령에 의해 시재금(時在金: 은행이 보유하고 있는 현금)이나 중앙은행에의 예치금을 보유하도록 하는 금융의 양적 조절 수단이다. 은행은 예금 채무에 대한 지급 준비를 위하여 한국은행법 제4장 제2절의 규정에 의한 최저율 이상의 예금 지급 준비금과 예금 지급 준비 자산을 보유해야 한다(법 30조 1항). 예금 지급 준비율은 모든 은행에 일률적으로 적용된다. 따라서 은행의 규모, 업무 영위 지역 등에 따른 예금 인출 요구에 대비해 충분한 현금을 보유하게 함으로써 예금자를 보호하는 데 목적이 있다.

(2) **은행의 감독·검사 제도**

은행은 그 업무를 수행함에 있어서 은행법 및 관계 법률 그리고 금융감독위원회의 규정·명령 및 지시를 준수해야 하는데, 금융 감독 기구의 설치 등에 관한 법률에 의하여 설립된 금융감독원이 은행의 준수 여부를 강조하고 있다(법 44조). 그리고 금융감독위원회는 은행의 파산 또는 예금 지급 불능의 우려 등 예금자의 이익을 크게 해칠 우려가 있다고 인정되는 때에는 예금 수입 및 여신의 제한, 예금의 전부 또는 일부의 지급 정지 등 기타 필요한 조치를 명할 수 있다(법 46조). 또 은행은 예금자 및 투자자의 보호를 위하여 필요한 사항으로서 대통령령이 정하는 사항을 공시하여야 한다(법 51조).

(3) **약관의 제정·변경**

은행은 은행 이용자의 권익을 보호하여야 하며, 금융거래와 관련된 약관을 제정 또는 변경하고자 할 때에는 미리 금융감독위원회에 보고하여야 한다. 그리고 금융감독위원회는 건전한 금융거래질서의 유지를 위하여 필요한 경우에는 금융기관에 대해 약관의 변경을 권고할 수 있다. 또한 은행은 금융거래상의 계약 조건 등을 금융감독위원회가 정하는 바에 의하여 공시해야 한다(법 52조).

2) 신용카드 관련 법제

(1) 여신전문금융업법

신용카드[96]의 폭발적인 증가와 거래의 급증으로 신용카드 거래에 있어서의 소비자피해도 증가하고 부작용도 많았다. 이에 정부는 신용카드 거래를 규제하고 당사자 사이의 거래의 적정화를 기하기 위하여 1987년 5월 신용카드업법을 제정·시행하였다. 이후 직불카드, 선불카드 등 다양한 소비자신용제도가 도입됨에 따라 소비자신용 전반을 포괄하는 여신전문금융업법을 1997년 8월 28일 제정하여 1998년 1월 1일부터 시행하고 있다. 여신전문금융법은 예금 등 수신을 취급하지 않고 여신 업무만을 영위하는 소위 여신전문금융회사를 통합적으로 규율하고 있다.

(2) 신용카드 보상 제도

1980년대 초에는 신용카드 사고의 경우, 원인 제공자인 회원이 모든 책임을 졌다. 뿐만 아니라, 회원이 분실 사실을 통지했더라도 카드사에서 가맹점에 사용 정지 카드 목록(블랙리스트)이 전달되는 사이에 발생한 부정사용도 회원에게 그 책임을 돌리기도 하였다. 당시에는 신용카드가 특정 계층에만 발급되었고 카드에 대한 인지도가 낮았다. 그러나 1987년 신용카드업법 제정 시점을 전후하여 카드 보상제도가 발전하여 동법에 분실 사실 통지 시점 이후에는 회원의 책임이 없는 것으로 명시하였다.

또 1992년 표준약관이 제정·시행된 이후부터는 분실 신고일로부터 15일전까지 발생한 부정사용은 금액에 관계없이 전액 보상 처리해 주는 제도가 시행되었다. 이 법은 최근까지 시행되다가 2000년 7월 24일 신용카드 회사의 약관이 개정되어 회원이 분실 사실을 신고한 시점으로부터 25일 전까지 발생한 부정사용 대금은 전액 보상 처리되고 있다.[97]

---

96) 신용카드라 함은 이의 제시로써 신용카드 가맹점에서 물품 구입 또는 용역 제공을 받을 수 있는 증표로, 신용카드업의 허가를 받은 자가 발행한 것을 말한다.

97) 보상 처리의 예외는 카드 뒷면에 서명을 하지 않은 상태에서 분실한 경우, 타인에게 카드를 양도·대여한 경우, 카드 관리상 중대한 과실이 있는 경우, 가족 및 동거인에 의한 부정사용의 경우, 카드 분실 사실 인지 후 신고를 지연한 경우 등이다.

3.3 증권 및 보험 관련 법제

1) 증권 관련 법제

(1) 증권거래법

증권거래법은 1962년 1월에 제정되어 이상적 증권거래질서 형성을 위한 증권시장의 조직과 운영에 관한 기본법으로 유가증권의 발행과 매매, 그리고 기타의 거래를 공정하게 하여 유가증권의 유통을 원활히 하고 투자자를 보호함으로써 국민경제의 발전에 기여함을 목적으로 하고 있다. 또한 증권거래법은 증권시장을 운영하는 데 필요한 모든 제도를 단일법으로 운용하는 관계로 모자이크법의 성격을 띠고 있으며 증권시장의 조직과 운영에 관한 기본법, 규제법, 기술법이라는 특징을 갖는다.

(2) 증권투자신탁업법

1960년대 후반 경제개발에 따른 막대한 산업자금 조달을 위해 자본시장 육성의 필요성이 제기되어 1968년 11월 자본시장 육성에 관한 법률이 제정되었고, 1969년 8월에는 계약형 증권투자신탁을 내용으로 하는 증권투자신탁업법이 제정되었다. 증권투자신탁업법은 일반 투자자의 증권투자를 용이하게 하기 위한 증권투자신탁제도의 확립과 증권투자신탁의 수익자를 보호함으로써 국민경제 발전에 기여함을 목적으로 한다.

증권투자신탁업법은 수익자(투자신탁 수익증권의 소지인)를 보호하기 위해 수익증권의 판매와 운용 시 위탁자(투신자)가 져야 할 책임을 규정하고 있다. 그리고 증권투자신탁업법은 투자신탁 설명서 등의 작성 및 제공 의무와 신탁재산 운용의 선관 의무 부여, 위탁회사의 행위 제한, 신탁재산의 운용 지시 제한 등을 주요 내용으로 한다.

2) 보험과 보험업법

(1) 보험

보험이란, 보험계약자가 우연한 사고로 인한 손실 위험을 보험자에게 전가하고, 보험자는 동종의 우연한 사고 발생의 위험에 대한 다수인을 결합하여 소액의 보험료를 수령함으로써 자금 또는 기금을 형성하고, 현실적으로 손실이 발생한 때에 보험계약자에게 그 손실을 보상해주는 사회경제제도라 할 수 있다.

일반적으로 보험은 크게 손해보험과 인보험으로 구분되며, 손해보험에는 화재보험, 운송보험, 해상보험, 책임보험이, 또 인보험에는 생명보험과 상해보험이 있다. 그리고 보험의 목적은 손해보험의 경우, 보험사고의 객체가 되는 물건이나 재산(책임보험의 경우)이 되고, 인보험의 경우에는 보험이 붙여진 피보험자가 된다. 보험사고라 함은 보험계약에서 보험자의 보험금 지급 책임을 구체화시키는 사고로서, 보험사고는 발생이 가능한 것이어야 하고, 우연적이어야 하며, 보험의 목적에 대해 발생하여야 한다.

보험료는 보험회사가 위험을 인수한 대가로 보험계약자가 지급하는 금액을 말하며, 보험금은 보험사고가 발생했을 때 보험자가 보험수익자 또는 피보험자에게 지급하는 금액이다. 손해보험의 경우에는 보험금이 계약에서 약정한 보상의 최고한도액인 보험금액과 다르나, 정액보험인 생명보험의 경우에는 보험금액과 보험금이 동일하다.

(2) 보험업법

보험업법은 보험감독에 관한 기본법이라고 할 수 있다. 보험업법은 보험사업의 공공성, 사회성으로 말미암아 보험사업을 효율적으로 지도·감독하고 보험계약자, 피보험자, 기타 이해관계인의 권익을 보호하여 보험사업의 건전한 육성과 국민경제의 균형 있는 발전을 그 목적으로 한다. 이러한 보험업법은 1962년에 제정되었으며, 1977년에 전면 개정되었다. 보험업법의 규제, 감독의 대상은 사업 허가, 담보력 및 지불 능력, 보험 상품, 보험료, 보험사업 겸업, 자산운용, 모집 조직 및 모집 질서 등을 들 수 있다.

4. 표시·규격·계량 관련 법제

4.1 표시·광고 관련 법제

우리나라에서 광고 규제가 본격화된 시기는 1976년 방송윤리위원회의 방송광고사전심의제도가 도입되고, 1980년에 소비자보호법과 독점규제 및 공정거래에 관한 법률 등이 제정된 1980년 전후로 볼 수 있다. 1999년 제정된 표시·광고의 공정화에 관한 법률(이하 표시광고법)은 표시, 광고규제와 관련한 일반적, 포괄적 성격의 법률이라 할 수 있다.

표시·광고 규제와 관련된 각종 단행법과 이에 따른 소관 부처의 분산으로 야기될 수 있는 문제점을 최소화시키고 표시·광고가 소비자정보로서의 역할을 충실히 기능하도록 유도하는 제도적 장치를 명시하고 있다. 법 제정으로 새롭게 도입된 주요 제도로는 중요 정보 공개 제도, 광고 실증 제도, 임시 중지 명령제도 등이 있다.

이는 사업자 등이 소비자를 속이거나 소비자로 하여금 잘못 알게 할 우려가 있는 표시나 광고 행위로 인해 사업자가 공정한 거래질서를 저해할 우려가 있는 부당한 표시나 광고 행위를 하거나 다른 사업자 등으로 하여금 이를 행사하게 하여서는 안 된다는 정의에 의거한다. 그 내용으로는 부당한 표시·광고 행위의 금지, 특히 허위 또는 과장 표시·광고와 기만적인 표시 광고, 부당하게 비교하는 표시·광고나 비방적인 표시·광고 등이 있다.

여기서 주요 표시·광고 관련 법률을 구체적으로 알아보면, 다음과 같다.

1) 식품위생법

식품위생법은 식품으로 인한 위생상의 위해를 방지하고 식품 영양의 질적 향상을 도모함으로써 국민보건 증진에 이바지함을 목적으로 제정된 법으로, 정확한 제품 정보의 전달을 위해 허위·과장 표시, 광고 및 과대포장 등을 엄격히 제한하고 있다. 식품의약청이 2009년 7월, 각종 민간단체의 인증이나 보증 표시가 소비자들에게 잘못된 정보를 줄 수 있다는 점에서 식품위생법 시행규칙을 일부 개정하였다. 그 결과, '허위표시·과대광고 및 과대포장의 범위'에 '정부기관이 아닌 단체나 협회의 인증 또는 보증'을 포함하게 되었다. 인증 광고를 하다 적발된 업체에는 1차적으로 시정 명령을 하고, 이를 따르지 않으면 판매 정지 조치를 내린다.

2) 약사법

약사법은 약사에 관한 사항을 규정하고 그 적정을 기하여 국민보건 향상에 기여함을 목적으로 하는데, 용기 등의 기재 사항이나 과대광고 등의 금지 조항이 있어서 정확한 소비자정보 제공을 의무화하고 있다. 의약품의 제조업자나 수입자의 상호와 주소, 명칭·제조번호와 유효기간 또는 사용기한, 중량, 또는 용량이나 개수, 전문 의약품 또는 일반 의약품이라는 문자 및 가격 등은 용기 등에 기재하도록 규정하고 있으며, 의약품 등의 명칭, 제조 방법, 효능이나 성능에 관하여 허위 또는 과대한 광고를 금지하고 있다.

생활정보 전자파로부터 안전하기 위해서는…

전자파로부터 안전하기 위해서는 TV 등의 가전제품은 30cm 이상 떨어져서 시청하고 전기밥솥이나 전자레인지 등의 사용 시에는 근처에 가지 않는 것이 안전하다. 또한 휴대전화 사용은 음성통화보다는 문자 메시지를 주고받으며, 음성통화를 할 경우, 이어폰을 사용하면 좋다. 그리고 장시간을 요하는 통화는 가급적 피하고, 장시간 사용 시에는 유선전화를 사용하는 것이 좋다. 다음은 피츠버그 대학교의 로날드 허버맨 교수가 제시한 휴대전화 이용자의 10계명이다.

- 어린이들은 가능한 휴대전화 사용을 자제해야 한다.
- 휴대전화 사용 중에는 스피커 모드, 헤드셋, 핸즈프리를 사용하여 몸에서 멀리해야 한다.
- 휴대전화 사용자가 많은 장소는 피해야 한다.
- 가능하면 휴대하지 않으며, 수면 중이거나 임신 중에는 몸 가까이에 두지 않아야 한다.
- 휴대전화를 몸에 지닐 때에는 키패드를 몸 쪽으로 향하게 한다.
- 통화 시에는 짧게 사용하며, 긴 통화를 할 때는 유선통신망을 사용해야 한다.
- 휴대전화 사용 시 왼쪽과 오른쪽을 번갈아 가며 사용한다. 또한, 상대방이 전화를 받을 때까지 기다렸다가 휴대전화를 귀에 가져가야 한다.
- 자동차나 기차 같이 고속으로 이동 중일 때와 신호음이 약할 때에는 사용을 피해야 한다.
- SMS(문자 메시지)를 보낼 때에도 신호가 약한 곳은 피해야 한다.
- 휴대전화 구입 시에는 SAR이 낮은 휴대전화를 선택한다.

자료: 『소비자시대』, 2011년 7·8월호, p. 37.

3) 방송법

방송법은 기존의 방송법, 종합유선방송법, 유선방송관리법, 한국방송공사법 등 방송 관련법들을 통합하여 2000년에 새롭게 제정되었다. 방송위원회는 방송광고에 대해서는 방송되기 전에 그 내용을 상의하여 방송 여부를 심의, 의결할 수 있다. 방송위원회는 방송광고 등의 사전심의에 관련된 업무를 대통령이 정하는 바에 의하여 민간기구, 단체에 위탁한다.

4.2 산업표준화법과 계량법

1) 산업표준화법

우리나라는 1949년 농산물검사법의 제정으로 농산물의 중량, 등급, 포장에 대한 규격화와 철도 등 공공사업 분야의 자체 규격화가 이루어졌으며 공업 표준화법의 제정으로 국가차원의 공업표준화사업이 정부 주도로 추진되었다. 1961년 11월 상공부 표준국이 설립되었으며, 1962년에는 공업표준심의회가 구성되었으며, 규격 보급을 위한 한국규격협회가 발족되었다.

그 후, 1972년 1월 공업진흥청이 신설되면서 표준화에 대한 장기계획을 수립할 수 있게 되었고, 1982년 12월 KS표시를 외국공장에 대해서도 승인할 수 있도록 함으로써 KS제도를 국제사회에 개방하였다. 산업표준화법은 적정하고 합리적인 산업표준을 제정, 보급함으로써 광·공업품의 품질 고도화 및 동 제품 관련 서비스의 향상, 생산효율의 향상, 생산기술 혁신을 기하며 거래의 단순, 공정화 및 소비의 합리화를 통하여 산업경쟁력을 향상시키고 국민 경제에 이바지함을 그 목적으로 하고 있다.

2) 계량법

우리나라는 1441년 측우기의 발명과 1442년 강우량 측정 제도의 실시를 시작으로 도량형 제도에 있어서 선구적 국가로서 출발하였으며, 1905년 대한민국도량형법을 법률 제1호로 공포한 것이 우리나라 계량법의 효시이다. 1948년 상공부 중앙도량형소가 설립되면서 근대 도량형 제도의 개혁이 추진되었고, 1959년 국제미터협약에 가입, 2년 후인 1961년 계량법을 제정·공포하였으며, 이후 1992년에는 계량·측정에 관한 법률로 전면 개정되었다.

계량 및 측정에 관한 법률은 계량[98]과 측정에 관한 국가표준을 확립하고 이의 체계적 보급과 통일적 적용으로 적정한 계량 및 측정의 실시를 확보하여 산업의 선진화에 기여함을 목적(제1조)으로 하며, 소비자보호를 직접적인 목적으로 하지는 않는다. 다만, 모든 소비자는 각종 거래 및 증명 시에 반드시 국가표준에 의한 적정한 단위를 요구하고, 생산자 또는 공급자가 제공하는 단위를 소비자가 이해하게 됨으로써 소비자의 권리를

---

98) 계량이라 함은 거래 또는 증명을 위해 길이, 질량, 시간, 온도, 광도, 전류, 물질량, 넓이, 부피, 역량, 압력, 일, 열량, 유량, 점도, 전력량, 전기저항, 조도, 소음, 압축강도 등의 양을 결정하기 위한 조작을 말한다.

보호할 수 있다는 점에서 기능적 소비자보호의 의미를 갖는 법이다.

또한 본 법에서는 비법정단위 사용 금지, 계량기 제작업·수리업 및 계량증명업의 등록, 계량기의 형식 승인, 계량기의 처분, 양도·사용의 제한, 정확한 계량 업무 등을 규정하고 있다. 그리고 소비자와 관련하여서는 판매자에게 '정확히 계량하여야 할 의무(제30조)'가 있음을 명시하였으며, 제조·수입·가공 또는 판매하는 자에게 '실량 또는 함량의 표시'(제32조)에 관한 규정을 둠으로써, 직접적인 소비자보호 조항은 없으나, 사업자의 의무사항을 명시함으로써 이를 위반한 사업자로부터 소비자가 받게 되는 피해를 방지하기 위한 근거법으로서 의미가 있다고 할 수 있다.

4.3 품질인증표시제도

표 10-6. 우리나라 품질인증마크

마크		주무기관	인증 대상
	KS	한국표준협회	광공업 제품 및 가공 기술
	검	기술표준원	공산품
	전	중소기업청	전기사업법에 의한 전기 공작물의 구성 부분 및 사용 기계·기구·재료
	KC	기술표준원	공산품의 안전, 품질기술
GOOD DESIGN	GD	포장진흥법 산업디자인	일반 공산품
품질보증	Q	6개 민간시험기관	공산품
전자파장해시험필 EMI 산업기술시험원	전자파 적합 등록	정보통신부	전자기기, 유선통신, 정보기기
유기농 (ORGANIC) 무농약 (NON PESTICIDE)	농산물 품질인증	국립농산물 품질관리원	농산물

품질인증표시제도는 소비자가 유통시장에서 상품을 합리적으로 선택할 수 있도록 돕기 위하여 해당 상품의 품질과 사용상 필요한 각종 정보를 알기 쉽고 신뢰할 수 있는 형태로 제시한 것으로서, 그 내용으로는 품질인증을 나타내는 인증마크, 사용상의 주의사항, 결함 발생 시 피해 구제를 위한 사항 등이 있다. 품질인증표시제도는 정부가 사업자로 하여금 일정한 규격에 따라 상품을 제조해 반드시 의무적으로 승인을 받아야 하는 강제인증제도와 선택적으로 승인을 받도록 한 임의인증제도로 구분한다. 특히 품질인증마크는 각종 인증기관에서 강제 혹은 자율적으로 지정상품에 대한 품질 등을 시험, 분석하여 인증 기준에 적합함을 표시하는 마크로, 소비자들에게는 상품 선택 도구로서의 역할을 하고 있다. 위의 〈표 10-6〉은 우리나라 인증마크들이다.

5. 소비자피해 구제 법제

5.1 소비자분쟁 해결 기준

소비자피해는 소비자가 제공하는 물품이나 용역을 구입하여 사용하는 과정에서 품질이나 부당한 가격, 허위, 과장으로 인한 불공정거래 등에 의해 입는 재산상의 손해 및 신체상의 피해를 말한다. 이러한 소비자피해는 대체로 당사자 간의 합의, 제3자에 의한 알선·중재·조정, 그리고 재판 등 세 가지 수단을 통해 해결되는데, 그 대부분이 소액 피해이므로 재판보다는 당사자 간의 합의나 제3자에 의한 알선이나 중재, 조정과 같은 방법, 즉 재판 외 분쟁해결제도로써 해결하는 것이 바람직하다.

정부는 관련 법규를 적용함에 따른 불편과 비능률을 제거하고 소비자피해의 신속한 구제를 위해 소비자단체와 사업자 등의 의견을 수렴하여 1985년 12월 40개 업종 149개 품목에 대한 업종별 피해 유형별로 품목별 소비자피해 보상 규정을 제정, 고시하였다.

제정 당시의 품목별 소비자피해 보상 규정은 적용 대상 업종과 품목이 상당히 한정되어 있었을 뿐만 아니라, 경제와 사회 발달에 따른 소비생활의 여건 변화로 당초의 규정 내용만으로는 소비자피해를 보상하는 기준으로 활용하는 데에 어려움이 있었다. 이에 따라 1989년 7월 1차 개정한 이래 2011년 12월 현재까지 총 19차에 걸쳐 규정을 개정하여

그림 10-2. 소비자피해 구제 절차

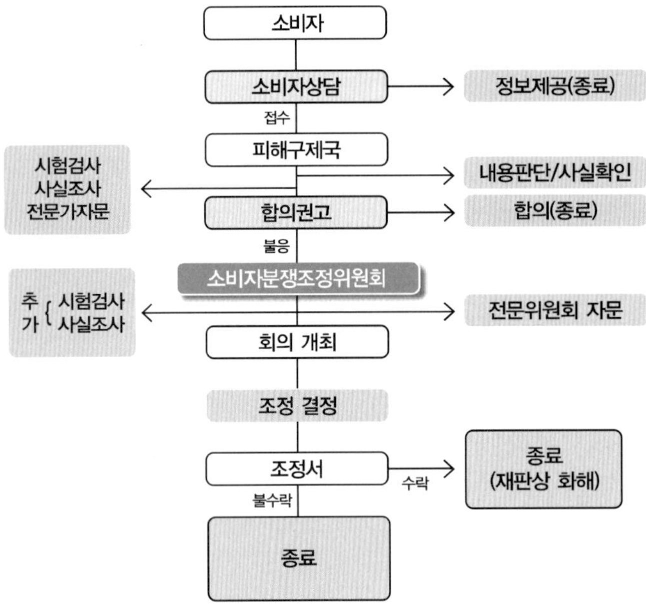

소비환경 변화에 부합하도록 해 왔다. 무엇보다 소비자피해 보상 규정은 '소비자 분쟁 해결 기준'으로 명칭이 변경되어 각 업종 및 품목별 보상 기준이 마련되었고, 웨딩플래너, 상조 서비스, PDP TV 패널, 소셜커머스 등 소비자보호법 제정 당시에 없었던 업종 및 품목의 보상 기준이 첨가되었다.

달라진 주요 내용 중, 애완견의 경우를 보면, 구입 후 15일 이내 폐사한 경우에는 판매 시 질병이 있었다고 유추해, 동종의 애완동물로 교환 또는 구입가를 환급하도록 한 것, 구입 후 15일 이내에 질병이 발생한 경우에는 판매업자가 제반 비용을 부담하여 이를 회복시켜 소비자에게 인도하여야 한다는 것, 계약서가 교부되지 않은 경우, 구입 후 7일 이내에 계약을 해제할 수 있도록 한 것 등이 있다.

5.2 분쟁조정제도

일반적으로 소비자피해는 사업자가 제공한 물품이나 용역을 사용하는 과정에서 발생한 재산상의 손실이나 신체상의 피해를 가리킨다. 이러한 소비자피해는 대량 생산, 대량

SSM(기업형 슈퍼마켓) – 롯데슈퍼 전경

판매, 대량 소비의 현대 경제 사회구조 하에서 발생되는 구조상의 피해로, 피해 발생의 보편성, 피해 파급의 광범위성, 피해 회피의 곤란성, 피해의 심각성 등의 특성을 갖는다.

소비자피해는 민사 문제이므로 민사소송을 통하여 해결하여야 함이 원칙이나, 많은 비용과 시간이 소요되는 소송으로 해결하기에는 적합하지 않은 경우가 많다. 즉, 소비자피해 발생 시 사업자에 비하여 상품에 관한 정보가 부족하고 기술지식이 부족한 소비자가 민사소송을 통하여 피해 구제를 받기는 쉽지 않다. 또 사업자의 입장에서도 비용과 시간이 많이 소요될 수 있고 기업의 이미지도 손상시킬 수 있는 소송을 통한 해결보다는 중립적인 제3의 기관에 의한 조정제도를 선호하는 경향이 있다.

이에 따라 소비자보호법에 의거 소비자분쟁조정위원회를 설치하여 운영하고 있으며(동 위원회를 거치지 않고 직접 민사 소송으로 해결해도 무방함), 동 위원회는 소비자문제에 관한 각계의 전문가들로 구성된 조정위원들이 소비자피해의 양 당사자인 청구인과 피청구인의 주장을 듣고 관계 자료를 검토한 후 제반 사정을 참작하여 당사자들이 서로 양보, 타협하고 합의하도록 권고함으로써 종국적으로 감정의 앙금을 남기지 않도록 운영하고 있다.

5.3 집단분쟁조정제도

집단분쟁조정제도란, 다수의 소비자에게 같거나 비슷한 유형의 피해가 발생한 경우, 한국소비자원 내에 있는 소비자분쟁조정위원회에서 일괄적으로 분쟁을 조정할 수 있는 제도를 말하며, 2007년 소비자기본법 개정 시 도입되었다. 집단 분쟁 조정은 국가, 지방자치단체, 한국소비자원 또는 소비자단체, 사업자가 의뢰하거나 신청할 수 있다. 소비자는 신청자가 될 수 없으며 이미 신청된 사건에 당사자로 추가할 수 있다.

집단 분쟁 조정의 요건은 피해를 입은 소비자 수가 50인 이상이어야 하며, 사건의 중요한 쟁점이 사실상 또는 법률상 공통되어야 한다. 집단 분쟁 조정 사건의 처리 기한은 30일이며, 사건 처리의 과도한 지연을 방지하기 위해 각 30일 범위 내에서 2회에 한해서 연장할 수 있다. 조정이 성립된 경우, 그 조정 내용은 '재판상 화해'와 동일한 효력이 있다. 즉, 민사소송법상의 확정 판결과 동일한 효력이 발생하므로, 성립 후 당사자 일방이 이를 집행하지 않는 경우, 법원으로부터 집행문을 부여받아 강제 집행을 할 수 있다.

5.4 제조물책임제도·법

제조물책임제도란, 결함이 있는 제조물을 시장에 유통시킨 자가 제조물의 결함으로 인하여 발생한 손해에 대해 피해자에게 배상하도록 하는 제도이다. 제조물책임법(Product Liability Act)은 제품 결함으로 손해가 발생한 경우, 그 책임을 해당 제품의 제조업자에게 물어 손해 배상금을 지불하도록 함으로써 피해자를 보호하고, 나아가 국민 생활의 안전을 향상시키고 국민경제의 건전한 발전에 기여하는 것을 목적으로 하는 법이다.

현재 이 법은 미국, 유럽, 일본 등 선진국은 물론, 중국 등 개도국에서도 시행되고 있으며, 전 세계적으로 소비자를 제조물 피해로부터 구제하려는 추세를 반영하여 도입되었다. 그러므로 우리 기업들도 적극적인 대비를 통해 경쟁력 제고의 계기로 활용하여 세계시장에서 인정받는 제품을 생산하기 위해 노력하는 것이 바람직하다.

우리나라에서 제조물책임법은 1999년 12월 제정되어 2002년 7월부터 시행되었는데, 동법은 시행일 이후에 제조업자가 최초로 공급한 제품에 대해서부터 적용되므로 그 이전에 공급된 제품으로부터 입은 피해에 대해서는 적용되지 않는다. 이 법의 가장 큰 의의는 제품 피해자들의 피해 증명 부담이 훨씬 가벼워졌다는 사실이다. 지금까지는 제품으로 피해를 입은 소비자가 이를 제조한 업체를 상대로 손해 배상을 청구하기 위하여 소송을 제기하는 경우, 피해 소비자 스스로가 제품에 결함이 있고, 그 결함이 제조업자의 고의·과실로 인하여 생겼고, 이 결함이 원인이 되어 손해가 발생하게 되었다는 인과관계를 증명하여야만 했다. 그러나 제조물책임법의 도입으로 소비자는 제품에 결함이 있고 그 결함으로 인해 손해가 발생했다는 것만 증명하면 되고 그 결함이 제조업자의 고의·과실에 의해 발생했다는 것은 증명할 필요가 없게 되었다. 따라서 제조물책임법의 도입으로 소비자의 증명 부담이 가벼워졌고, 제조업자에게는 배상 책임과 제품에 대한 안전 배려 의무가 보다 높아졌다 하겠다.

한편, 제조물책임법의 대상이 되는 제품은 다른 동산[99]이나 부동산의 일부를 구성하는 경우를 포함한 제조 또는 가공된 동산이다. 따라서 제조·가공이 아니라 생산의 대상으로 생각되는 1차 농산물(임·축·수산물 포함)은 이 법의 적용 대상이 되지 않는다. 또한 기계, 에어컨, 보일러 등 자재의 판매가 아닌, 이것의 설치와 같은 서비스만의 제공도 적용 대상에서 제외된다. 기계나 설비의 설치만을 하는 업자는 설치에 하자가 있더라도 제조물책임법에 근거한 책임을 물을 수 없다.

99) 동산이란, 부동산을 제외한 모든 물건을 말하는데, 일정한 형체를 가지고 있는 고체, 액체, 기체와 같은 유체물은 물론, 형체가 없는 전기와 기타 관리할 수 있는 자연력도 포함된다. 따라서 아파트, 빌딩 등 부동산 자체는 이 법의 적용 대상이 되지 않는다. 그러나 부동산의 일부를 구성하고 있다고 하더라도 조명시설, 배관시설, 공조시설 등 개별적인 동산은 이 법의 적용 대상에 포함된다. 그리고 동산에 해당되는 한 완성품인지 부품 및 원재료인지를 불문하며, 신제품은 물론, 중고품, 재생품도 적용 대상이 된다.

생활정보 소셜커머스 메타사이트

소비자들은 혹시 필요한 것을 싼 가격에 살 수 있을지도 모른다는 기대 때문에 여러 곳의 소셜커머스 사이트를 찾아다닌다. 소셜커머스 메타사이트는 여러 소셜커머스에서 판매하고 있는 상품을 한 곳에 모아 볼 수 있게 해 주는 사이트다. 주요 메타사이트들이 제공하는 서비스를 알아보면, 아래와 같다.

업체명	제공 서비스
올쿠폰 (http://www.olcoupon.com)	- 실시간 인기 차트, 판매량 차트, 판매액 파트, 급상승 차트 제공 - 지도(지도에서 제품 위치를 클릭하면 제품 정보가 뜸.) - 데이트 코스 추천(데이트 코스에서 사용할 수 있는 쿠폰을 묶어 소개함.) - 내 주변 반값(검색 지역 주변에서 사용할 수 있는 쿠폰 정보)
쿠폰차트 (http://www.couponchart.co.kr)	- 소셜커머스 차트(지역별, 카테고리별로 제공함.) - 쿠폰거래 장터(소비자들 간에 쿠폰의 양도를 도와주는 서비스) - 이용 후기(개별 소셜커머스 사이트 이용 후기 게시판) - 나의 구매쿠폰 관리(로그인한 후 구매한 쿠폰 관리 페이지)
쿠폰모아 (http://couponmoa.com)	- 오늘의 쿠폰(현재 판매되고 있는 소셜커머스 쿠폰 리스트) - 오늘의 상품(현재 판매되고 있는 소셜커머스 상품 리스트) - 지도(지도에서 제품 위치를 클릭하면 제품 정보가 뜸.) - 사이트 랭킹(소셜커머스 사이트 랭킹) - 블로그 후기(클릭하면 자동으로 포털에서 업체 키워드로 블로그 후기가 검색됨.)
하루하나 (http://www.haroohana.com)	- 사이트 랭킹(소셜커머스 사이트 랭킹) - 소셜쿠폰(현재 판매되고 있는 소셜커머스 쿠폰 리스트) - 소셜상품(현재 판매되고 있는 소셜커머스 상품 리스트) - 알뜰쿠폰(상시 할인쿠폰 모음) - 나의 관심 항목(관심 사이트와 관심 카테고리 설정, 설정된 것만 리스팅됨.)

자료: 『소비자시대』, 2011년 9월호, p. 30.

제4부

소비자행동의 이해

제11장

소비자행동 개관

1. 소비자행동의 의의와 특성

소비자행동은 소비자가 제품과 서비스를 구매할 때 겪게 되는 구매의사결정 과정뿐만 아니라 이러한 의사결정에 영향을 미치는 모든 요인을 포괄하고 있다. 여기서 소비자행동의 의의, 특성, 변수에 대하여 구체적으로 살펴보고자 한다.

1.1 소비자행동의 의의

오늘날 소비자의 욕구는 다양화·복잡화되고 있으며, 이에 맞춰 기업도 다양한 상품들을 개발, 제공하고 있다. 현대 소비자는 자신이 원하는 상품을 선택, 구매하기 때문에, 기업은 그 어느 때보다 소비자를 중요시하고, 소비자, 특히 자사 상품에 대한 소비자의 인식을 파악하기 위해 많은 노력을 기울인다. 그리고 현대사회에서는 자신의 권리를 실천하고 이익을 추구하려는 소비자들의 행동이 경영활동에 많은 영향을 미침으로 인해 기업으로서는 소비자에 대한 이해 및 파악을 무엇보다도 우선하고 있다.

여기서 소비자행동에 대한 정의 몇 가지를 소개하면 다음과 같다. 쉬프만(L. G. Schiffman)과 카누크(L. L. Kanuk)는 소비자행동을 "소비자들이 자신들의 욕구를 충족시켜 주리라고 기대하는 제품이나 서비스 혹은 아이디어를 탐색, 사용 및 평가함에 있어서 보여주는 행동"으로, 또 엥겔(J. F. Engel)과 블랙웰(R. D. Blackwell)은 "경제적인 재화나 서비스를 획득하고 사용하는 데 직접 관련된 개인의 행위 및 그러한 행위에 앞서서 그것을 결정해 주는 여러 결정 과정"으로 정의하고 있다. 그리고 잘트만(L. G. Zaltman)은 소비자행동은 "개인이나 집단이 제품이나 서비스 그리고 그 밖의 자원을 획득하고 사용하며, 또 사후의 경험을 통해 보여주는 행동, 과정 및 사회적 관계"라고 규정한다.

이상의 정의에서 소비자행동은 다음과 같은 의미를 갖는다고 할 수 있다. 첫째, 소비자행동이란, 구매활동 자체뿐만 아니라 구매 전의 정보 탐색과 구매 후의 평가까지 포함하고 있다. 둘째, '행동'이라는 말에는 소비자들의 물리적 활동은 물론, 심리적 결정과정까지 포함된다. 셋째, '소비자'는 단순히 상품이나 서비스를 사용하는 사람에 그치는 것이 아니라, 구매결정하거나 영향력을 행사한 사람까지 포함한다는 것이다. 예를 들면, 장난감의 경우를 보면, 실제 사용자는 어린이지만, 구매자는 대체로 부모이고 또 옆집 아이가 영향력 행사자일 수 있다. 따라서 부모, 아이 및 옆집 아이가 모두 '소비자'이라는 것이다. 넷째, '소비자'는 '고객'과 구분된다. 고객(customer)이란 특정 점포나 기업의 상품을 구매하는 사람을 지칭하지만, 소비자는 '소비자행동'에 관여하는 모든 사람을 포괄한다. 사실 소비자행동에 대한 이해는 기업에게만 중요한 것이라고는 할 수 없다. 소비자행동의 올바른 이해는 소비자로 하여금 합리적, 계획적으로 구매 행위를 할 수 있도록 해준다.

그리고 정부기관, 종교단체, 교육기관 및 각종 자선단체들 또한 소비자행동이론의 내용을 자신들의 활동에 활용함으로써 보다 효율적으로 수행할 수 있을 것이다. 특히, 소비자보호·교육 관련 문제에 영향을 줄 수 있는 소비자정책을 수립할 때 소비자행동 이해는 더욱 활용가치가 높다.

1.2 소비자행동의 특성

소비자행동은 다음과 같은 특성을 갖는다.

첫째, 소비자행동은 목표지향적이다. 소비자가 특정 제품을 선택하거나 다른 대안을 탐색하게 되는 것은 전적으로 이들 제품이 소비자의 욕구나 자아 이미지를 실현시킬 수 있는 정도에 의해 결정된다고 본다. 즉, 소비자는 자신의 목표를 가장 효율적으로 달성할 수 있다고 판단되는 행동을 한다는 것이다. 그리고 소비자의 구매 및 소비 행동은 외부 관찰자에게는 매우 불합리한 것으로 보일 수 있으나, 소비자 자신은 여러 가지 제약조건을 고려하여 그 나름대로 합리적이라고 생각되는 방식으로 행동한다.

둘째, 소비자는 자주적인(sovereign) 사고를 한다. 즉, 소비자들은 스스로 판단하여 자신에게 필요한 정보만 선택적으로 기억하며, 부적절하다고 판단되는 것은 무시하거나 망각한다. 이러한 사실은 다음과 같은 텔레비전 광고 연구 결과에서 잘 알 수 있다. 즉, 텔레비전 시청자들은 많은 텔레비전 광고 중에서 1/3 정도만 기억하고 특정 자극에 대하여만 반응하였으며, 기억된 광고 중에서도 겨우 절반 정도만을 정확하게 이해하였고, 단지 5% 정도의 광고만 24시간 이후에 회상할 수 있었다고 한다.

셋째, 소비자 동기유발[100] 및 행동은 밝혀낼 수 있다. 소비자행동은 일련의 과정이며, 구매는 그 과정 중 단지 한 단계이다. 이렇듯 일련의 과정을 거치는 소비자행동은 다양한 소비자의 내부적 요인과 외부적 요인으로부터 영향을 받는 매우 복잡한 것이다. 그러나 소비자조사를 통해 소비자의 동기유발·행동이 규명되고 있다.

넷째, 소비자 동기유발·행동은 외적 요인으로부터 영향을 받는다. 즉, 소비자는 자신의 목표나 의도에 반하는 방법으로 행동하도록 유인되지는 않으나, 그의 동기와 행동은 다양한 외부 자극에 의해서 영향을 받을 수 있다. 게다가 소비자는 이들 외부적 영향 중 스스로 인식한 문제나 결핍된 욕구에 대한 처방이 되는 것만을 받아들이는 경향이 있다.

다섯째, 소비자행동이 항상 합리적으로 이루어지는 것만은 아니다. 즉, 소비자행동이 비록 목표 지향적이고 자주적이라고 하더라도 소비자가 반드시 최선의 구매(best buy)를 하는 것은 아닌데, 바로 이 점에서 소비자교육이 필요하다. 소비자가 상품 거래 조건에 대한 평가능력을 갖게 됨으로써 보다 합리적으로 행동할 수 있게 된다. 결론적으로 말해, 상품의 합리적 구매·사용을 위해서는 소비자의 제품 평가 및 선별 능력을 함양시키는 소비자교육이 요구된다 하겠다.

1.3 소비자행동 변수

소비자들은 수많은 외부 상황에 접하게 되는데, 또 그 상황에 대해 그 나름대로의 반응을 보인다. 여기에서는 소비자행동에 관한 이해를 도모하기 위해 자극변수, 반응변수 및 매개변수에 대해 구체적으로 살펴보고자 한다.

---

100) 동기유발이란, 인간의 내부적 긴장상태를 줄이기 위한 적극적이고 강력한 추진력을 말한다. 즉, 어떤 목적을 향해 움직이게 하는 힘이 되는 특정 행위의 구체적 이유라 하겠다.

1) 자극변수

자극변수(stimulus variables)는 투입변수(input variables)라고도 하며, 소비자행동에 투입되는 일체의 자극을 의미한다. 자극변수에는 제품, 가격, 판매점, 제품 특성 및 서비스 등 마케팅 관련 정보와 가족, 준거집단, 사회계층과 같은 사회적인 요인들이 포함된다. 자극변수에는 상기와 같은 외적인 것과 우리가 배고픔을 느낄 때 위가 우리에게 어떤 자극을 주는 것과 같이 내적인 것이 있다. 그런데 두 사람이 동일한 자극변수에 노출되었다고 해도 그들의 반응이 반드시 같은 것은 아니다. 이는 어떻게 자극을 받아들이며, 매개변수와 더불어 어떻게 처리되느냐에 따라 반응이 다르게 나타나기 때문이다.

2) 반응변수

반응변수(response variables)란, 자극변수에 의해 유발된 각종 활동을 뜻하며, 상품이나 상표의 선택을 비롯하여 각 자극에 대한 행위적·언어적인 반응을 가리킨다. 그리고 새로운 제품 지식의 획득, 태도의 변화, 구매 의도의 감소처럼 내면적·묵시적이어서, 표면상 나타나지 않는 행동 또한 반응변수로 포함된다. 이러한 반응변수 가운데서 제품 선택 이후에 나타나는 만족이나 불만족과 같은 인식적 상태는 추후 그 제품의 반복 구매 여부를 결정짓는 중요한 요인이다.

3) 매개변수

매개변수(intervening variables)는 여러 가지 자극을 반응으로 매개하는 변수이다. 모든 자극이 언제나 직접적으로 반응에 영향을 주는 것은 아니며, 또 반응변수는 매개변수에 의해 반응변수가 결정되거나 달리 나타나게 된다. 매개변수는 개인적이고 내적인 것으로서 동기, 태도, 지각 및 학습 등과 같은 심리적 요인들인데, 이들은 소비자행동 연구에 있어 매우 중요한 위치에 있다. 왜냐하면, 이들 변수가 자극에 대한 소비자의 반응 패턴을 결정짓는 역할을 하기 때문이다. 따라서 같은 자극에 노출된 소비자들이라 해도 매개변수의 특성에 차이가 있을 경우, 소비자의 행동 반응은 다르게 나타난다 하겠다.

이러한 매개변수를 구성하고 있는 소비자들의 심리적 특성은 결코 일정불변의 것은 아니고 이들의 환경이나 개인적 특성이 바뀌거나 시간이 경과함에 따라 항상 변하고 있음에 유의해야 한다. 또, 동일한 자극에 대한 개인들의 반응은 언제나 동일하지만은 않다는 것인데, 바로 이 점이 소비자행동에 대해 정확한 예측 및 설명을 하는 것이 어려운 이유이다.

〈그림 11-1〉은 자극·매개·반응변수들의 상호 관계를 나타낸 것이다.

그림 11-1. 자극·매개·반응변수 상호간의 관계

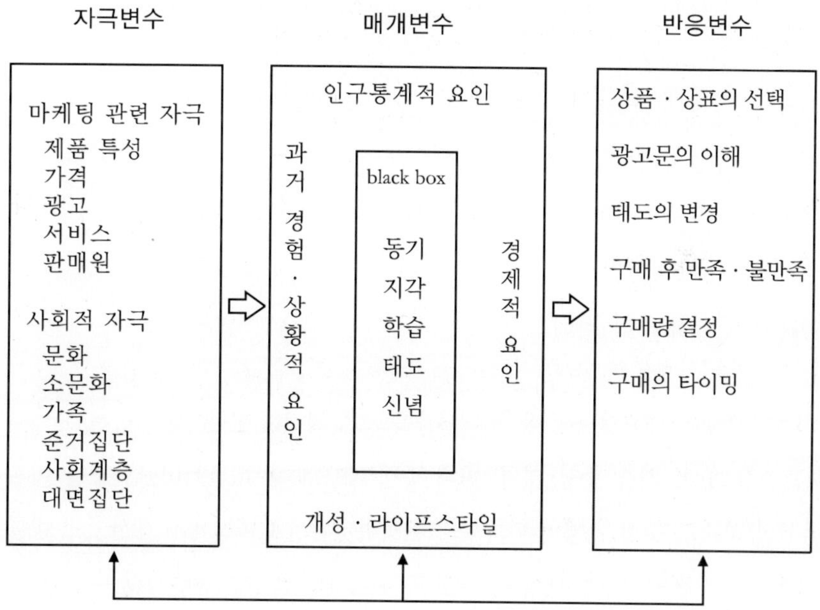

2. 소비자행동이론의 등장 배경

소비자행동 연구는 마케팅 분야에서 오랫동안 이루어져 왔다. 이는 소비자행동을 분석하여 마케팅 활동에 활용하고자 하는 기업의 시도가 주요 동기가 되었다. 최근에는 소비자 주권과 소비자주의 의식의 확산에 따라 소비자입장에서 소비자행동을 조망하려는 시각이 크게 대두되고 있다.

대형마트 – 이마트 전경

2.1 마케팅 중심 개념의 출현

기업의 마케팅 활동은 역사적으로 네 가지 단계를 거쳐 발전해 왔다. 즉, 〈표 11-1〉에서 보듯이, 생산 중심 개념, 제품 중심 개념, 판매 중심 개념에 이어, 1950년대 중반 이후 소비자 지향적인 마케팅 중심 개념이 나타나기 시작하였다. 그 이전에는 생산이 소비를 따라잡지 못했기 때문에 획일적인 대량생산으로도 소비자의 욕구를 충족시킬 수 있었다. 그러나 자본주의 경제체제의 발전으로 인해 공급이 수요를 초과하는 현상이 나타났고, 이에 따라 기업은 자사보다는 소비자의 욕구에 맞추어야 유지·발전할 수 있다는 것을 깨닫게 되었다. 즉, 오늘날 경영자들은 마케팅 중심 개념, 즉 소비자의 욕구 충족에 초점을 두고 경영의사결정을 해야 한다는 것이다. 따라서 기업이 마케팅 활동을 전개하는 데 있어 자사 제품의 소비자는 어떤 사람들이고, 어떤 행동양식을 지니고 있는지에 대한 정보가 필요하게 됨으로써 체계적인 소비자행동 연구가 중요하게 되었다.

표 11-1. 마케팅 개념의 발전

구분	생산 중심 개념	제품 중심 개념	판매 중심 개념	마케팅 중심 개념
초점	효율적 대량생산	제품의 품질	우수한 판매 기법	소비자의 욕구

2.2 제품 수명 주기의 단축과 욕구 다양화

기술혁신으로 인해 신제품 개발 경쟁은 나날이 치열해지고 있다. 이에 따라 어떤 제품이 시장에 도입되어 성장·성숙기를 거쳐 쇠퇴기에 이르는 제품 수명 주기가 단축되는 추세에 있다. 그리고 기업은 소비자의 욕구가 어떻게 변화하고 있는지, 자사 제품이 제품 수명 주기상 어떤 위치에 있는지 등을 정확히 파악하여, 이를 기초로 마케팅 전략을 수립하여야 한다. 여기에는 소비자행동에 대한 체계적인 연구가 필요하다고 하겠다.

소비문화가 발달함에 따라 소비자의 욕구 또한 점점 다양해지고 있다. 동일 제품을 소비하는 소비자라 할지라도 소비의 목적과 형태는 현저히 다른 경우도 있다. 여기서 상이한 특성을 지닌 소비자들의 욕구를 만족시키기 위해서는 전체시장을 유사한 특성을 지닌 소비자들로 구성된 여러 개의 세분시장으로 나누고, 각 세분시장별로 마케팅 프로그램을 설계·적용하는 시장세분화[101] 전략이 중요하게 되었다.

더욱이 최근에는 데이터베이스 마케팅(database marketing)[102]의 발달에 따라 마케터와 소비자 사이의 직접적인 관계 유지를 통한 1:1마케팅에 대한 관심이 고조되고 있다. 이를 위해서도 소비자행동에 관한 면밀한 탐색과 정보 수집 활동이 필요하게 되었다.

2.3 소비자의 발언권 강화

기업이나 소비자단체들은 점차 커지고 있는 소비자의 소리에 귀를 기울여야만 하는데, 이는 소비자들이 이전에 비해 훨씬 더 적극적으로 자신의 목소리를 내며 기업과 정부의 소비자정책에 깊숙이 관여하려고 하기 때문이다. 더욱이 소비자들의 관심은 환경문제, 청소년문제 및 사회정책 등으로 확산되는 추세에 있다. 우리는 라면의 공업용 우지 사건, 백화점 사기 세일 사건, 낙동강 페놀 오염 사건 등 중요한 사회문제가 발생할 때마다

---

101) 시장세분화(market segmentation)란, 시장을 특정 기준에 의해 여러 개의 작은 시장으로 구분하는 것을 뜻한다. 세분시장을 구성하는 소비자들은 유사한 욕구, 구매력, 구매습관을 가진다.

102) 데이터베이스 마케팅(database marketing)이란, 고객에 관한 데이터베이스를 구축·활용하여 필요한 고객에게 필요한 제품을 판매하는 전략으로 '원투원(one-to-one) 마케팅'이라고도 한다. 즉, 어느 고객이 무엇을 얼마나 자주 구매했는지, 어느 매장에서 어떤 유형의 제품을 구매했는지, 언제 재구매 또는 대체구매 할 것인지 등과 같은 정보를 가지고 고객의 성향을 분석하여 효율적인 판매 전략을 수립하는 것이다.

소비자들이 공동대응을 통해 기업의 힘을 무력화시키는 데 성공한 과거 경험을 갖고 있다. 따라서 소비자보호에 필요한 정책이나 법규를 입안하고 소비자주의에 부응하기 위해서는 소비자행동 및 소비자 욕구에 대한 조사가 크게 필요하다.

2.4 컴퓨터와 통계기법의 발달

소형컴퓨터와 정교화된 분석 기법 등의 발전이 소비자행동 연구를 촉진시키고 있다. 컴퓨터는 소비자조사팀이 고객의 성격, 태도, 흥미 및 활동 등에 관한 대량의 자료를 저장·처리할 수 있게 해준다. 또 컴퓨터기술의 발전은 마케팅 관리자의 소비자행동 연구를 용이하도록 했으며, 통계적 기법의 발달은 마케팅 관리자에게 자료를 분석하고 시장세분화를 하는 데 크게 도움을 주었다.

2.5 소비자행동의 접근 방법

1) 미시경제학적 접근 방법

미시경제이론[103)]에서는 소비자에 대해 다음과 같이 가정하고 있다. 즉, 소비자는 일정 예산 안에서 효용을 극대화시키려 하고, 선호하는 제품에 대해 잘 알고 있으며, 또 자신들을 만족시키는 데 필요한 제품 지식을 충분히 가진다고 가정하고 있다. 이런 가정 하에서는 제품 가격이 올라가면 그 제품의 수요 내지 구매는 감소하는데 이는 우리 생활 속에서 쉽게 찾아볼 수 있으며, 또 많은 소비자들이 이 가정에 따라 행동한다.

그러나 이 이론이 갖는 한계점은 소비자들이 많은 경우에 나타나는 '가격이 오를수록 그 제품을 많이 구매하려는 경향'에 대해서는 설명하지 못하고 있다는 점이다. 그리고 대부분의 소비자들이 여러 가지 제약으로 인해 제품 정보를 충분히 갖기가 어렵고, 가격이 품질에 비례한다고 보는 현상 때문에 고가의 상품을 선호한다고 말할 수 있다. 나아가서 많은 소비자들이 습관적으로 특정 제품에 대한 반복적 구매를 할 수 있고 가격 외의 다른 요인으로 인해 특정 상점에서 특정 제품을 구매하기도 한다.

---

103) 미시경제이론은 경제활동을 영위하는 주체들, 즉 소비자(가계)·생산자(기업)의 행동 분석을 통하여 사회적 경제현상을 해명하려는 근대 경제학의 한 분야이다.

따라서 미시경제학적 접근 방법은 개별 소비자의 행동을 이해하고 예측하기 위한 현상적 모형이라기보다는 개별 소비자의 선택 행위를 종합한 전반적인 수요의 추세를 예측하는 데 적합한 것이라 하겠다.

2) 정신분석적 접근 방법

정신분석적 접근 방법은 소비자의 합리성을 가정한 경제적 접근 방법과는 대조적으로 소비자의 비합리성을 주요 내용으로 하고 있으며, 1950년대 중반 구매에 관한 소비자의 동기를 이해하려고 개성이론가들의 위한 연구에서 비롯되었다. 프로이드(S. Freud)의 연구에 따르면, 사람의 행동은 원본능과 초자아의 영향을 받는다고 한다.

원본능(id)은 사람들이 정신에너지를 사회의 목적에 반대되는 본능적인 방향으로 사용하도록 하는 것인 데 반해, 초자아(superego)는 사람이 사회화를 통해 학습하고 사회적으로 허용되는 활동을 하기를 바라는 욕구를 말한다. 이때 자아(ego)는 이 둘을 중재하여 사람들이 사회적으로 허용되는 방법으로 정신에너지를 사용하도록 도와주는 역할을 하게 된다.

소비자 동기 조사에서는 제품이나 상표의 선택과 같은 소비행동은 개별 소비자에게 부여되는 심리적 의미와 직접적인 함수관계에 있다고 한다. 그 예로, 자동차광이 컨버터블 자동차를 애인과 같이 생각하는 것과, 여성이 빵을 구울 때 아기를 키우는 것과 같은 정성을 기울이는 것을 들 수 있다. 이와 같은 동기 조사는 심층면접이나 최면요법 등을 통해 이루어지고 있으며, 소비자행동의 내면을 규명해 준다는 이점 때문에 많은 연구가 이루어져 왔다. 그러나 프로이드 이론은 실증적 검증이 어렵고 동기를 개인의 본능적 충동이라는 단순한 개념으로 간주하고 있어, 동기의 다양한 측면을 간과하고 있다는 비판을 받는다.

3) 행동과학적 접근 방법

1960년대에 들어서면서 소비자행동 연구 분야에는 심리학, 인류학 및 사회학 등 사회과학 전반에 걸쳐 행동과학적 접근 방법이 도입되었다. 특히, 소비자는 구매상황에서 느끼는 지각된 위험을 최소화시켜 주는 대안을 선택하게 된다는 '지각된 위험'에 관한 연구가 많았다. 그리고 새로운 유행과 신제품이 어떻게 수용되고 확산되는가의 과정에 관한 연구, 집단 간의 영향력을 설명하는 집단역학[104)]에 관한 연구, 자극과 반응 간의 관계를 다룬

사회심리학 분야의 태도 연구 등이 활발하게 이루어졌다.

특히, 지각된 위험에 관한 연구는 1960년대 중반에 주로 하버드 비즈니스 학파에 의해 발전되었는데, 이들은 소비가 특정 상황에서 생기는 개인의 위험에 대한 지각에 의존한다고 주장한다. 구매상황에서의 위험에 대한 지각은 불확실성과 중요성이라는 두 가지 요소에 달려 있다. 즉, 구매할 품목이 기대를 충족시켜 줄 수 있는지에 대한 불확실성과 잘못된 의사결정으로 인해 입을 수 있는 손해의 위험에 대한 지각에 영향을 미친다는 것이다. 따라서 소비자는 지각된 위험이 가장 적은 대안을 선택하게 된다.

그러나 구매의 불확실성과 중요성은 개인이 그러한 위험을 어떻게 보는가에 따라 달라질 수 있을 뿐 아니라, 제품에 따라서도 다르게 나타날 수 있다. 즉, 고가의 제품이거나 사용 기간이 긴 제품일수록 소비자는 위험을 더 크게 지각할 것이다.

4) 정보처리적 접근 방법

1970년대에 들어서면서 소비자행동 자체보다는 그 행동의 과정을 규명하려는 시도가 시작되었다. 주로 인지심리학[105]의 영향으로 인해 소비자정보처리에 관한 연구들이 발표되었으며, 1980년대에는 저관여[106] 학습에 관한 연구가 상당히 진척되었다. 정보처리적 접근 방법은 그동안 현실적으로 구명되지 않았던 소비자행동에 대한 검증 가능성의 토대를 제공할 뿐만 아니라 소비자 반응에 영향을 미칠 수 있는 전략 개발의 기초를 제공하는 역할도 한다. 즉, 이 접근 방법은 소비자행동을 보다 포괄적이고 종합적으로 설명할 수 있도록 하였다.

한편, 정보처리적 접근 방법의 초기 연구들이 고관여 상황을 가정하여 전개된 반면, 80년대의 저관여 학습 분야의 연구는 소비자들이 특정한 상황이나 제품에 몰입되어 있지 않은 경우에 소비과정이 어떻게 일어나는지를 규명하는 데 초점을 두고 있다. 저관여 소비자행동에 대한 관심은 크게 두 가지 방향으로 나타났는데, 그 하나는 조건화 이론에 관한 것이고 또 다른 하나는 인지보다는 감성(affect)을 소비자행동의 주요 변수로 보려는 노력이다.

---

104) 집단역학은 집단의 성질을 기술하거나 분류하고 그 동태에 관한 역학적 성질을 분석함으로써 인간행동·집단현상의 변화를 지배하는 법칙을 구명하려는 사회심리학의 한 영역이다.

105) 인지심리학은 인간의 고차원적 정신 과정의 성질·작용 방식을 구명하는 심리학 분야이다.

106) 관여도(involvement)란, 어떤 대상에 대한 관련성이나 중요성을 지각하는 정도를 말한다. 대상에 대한 관심 및 흥미의 정도, 개인적 중요도 등에 따라 고관여와 저관여로 구분된다. 소비자의 관여 수준은 제품의 특성, 소비자의 특성, 사용 상황, 마케팅 커뮤니케이션 등에 따라 다르다.

3. 소비자행동 모델

소비자행동 모델은 소비자의 의사결정이나 소비자의 선택과정을 행동주의적 접근 방법을 통해 설명한 것이다. 아래에서 소개되는 모델들은 소비자행동 연구 분야에서 자주 제시되는 것인데, 이들은 하나의 이론적 틀로서 여러 가지 개념과 변수들로 이루어진다.

3.1 니코시아 모델

니코시아 모델(F. M. Nicosia)은 기업과 잠재적 소비자 간의 관계에 초점을 맞추어 개발되었다. 이 모델은 기업은 광고(메시지)를 통해 소비자와 의사소통을 하며 소비자는 구매라는 반응으로 기업과 의사소통을 한다는 것을 주요 내용으로 하고 있다. 이와 같이 기업은 광고를 통해 소비자에게 영향을 미치려 하는 반면, 소비자는 선택 내지 구매를 통해 기업에 영향을 미치게 된다.

그림 11-2. 니코시아 모델

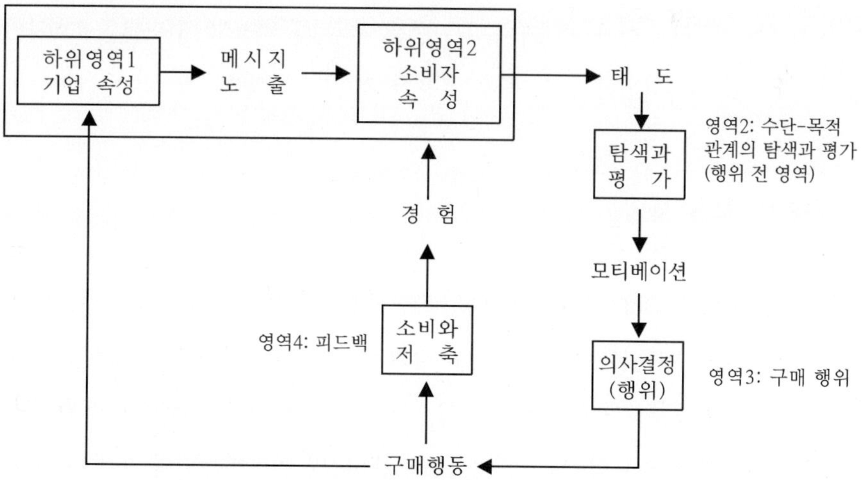

〈그림 11-2〉에서 보듯이, 니코시아 모델은 메시지 노출 후 형성되는 소비자태도, 제품 탐색 및 평가, 구매행동, 그리고 소비자 경험을 통한 기업과 소비자에 대한 피드백이라는

네 가지 요소로 구성된 의사결정 과정의 흐름도(flow chart)를 나타내고 있다. 먼저 제품, 경쟁, 대중매체의 특성 등과 관련된 소비자 태도에 영향을 미치는 기업의 메시지 전달 노력과 기업의 메시지를 받아들이는 데 영향을 미치는 소비자의 개성이나 경험 등을 포함하는 여러 특성을 통해 제품에 대한 소비자의 태도가 형성된다.

다음으로 소비자는 제품과 관련된 정보 탐색과 경쟁 상표와의 비교 평가를 통해 특정 기업의 상표를 구매하려는 동기가 유발되는데, 이때 기업의 상표에 대한 소비자의 동기가 특정 판매업자로부터 그 상표를 구매하는 행동으로 바뀐다. 마지막으로 이러한 구매 경험의 결과로 나오는 매출을 통한 기업에 대한 피드백과 만족 혹은 불만족이라는 소비자에 대한 피드백이 이루어진다. 제품에 대한 이러한 경험은 기업의 메시지나 제품에 대한 태도에 영향을 준다.

한편, 니코시아 모델은 다음과 같은 한계점이 있어 비판을 받고 있다. 첫째, 소비자가 특정 제품에 대하여 사전지식이 없다고 하는 가정은 모든 소비자 상황에 적용되기 어렵다. 둘째, 태도·동기 유발 및 경험은 모델에서 제시하는 것처럼 일련의 연속적인 과정으로 발생되지 않는 경우가 많다. 셋째, 기업 외적 요소인 환경이 소비자행동에 미치는 영향력을 명백히 제시하지 못하고 있다.

그러나 니코시아 모델은 이론적으로는 거의 완벽에 가깝게 소비자행동을 설명하고 있으며, 그 구조가 복잡하지 않아 이해가 쉽다는 장점을 갖는다. 따라서 이 모델은 소비자의 기본적 구매의사결정을 설명하는 데 매우 유용한 것이라 하겠다.

3.2 하워드-쉐스 모델

하워드-쉐스 모델(Howard-Sheth model)은 주로 구매 이전이나 구매 중에 있는 개인소비자의 행위에 영향을 미치는 변수들과 이들 간의 관계에 대하여 초점을 맞추고 있다. 이 모델은 소비자 의사결정에 대한 전반적인 이론을 개발하려는 체계적 노력을 통해 구축된 것으로, 다음과 같은 투입변수, 산출변수, 내생변수 및 외생변수의 네 가지 변수들로 구성된다.

먼저, 투입변수에는 소비자 환경 내에 있는 세 가지 유형의 자극 혹은 정보원이 있다. 즉, 제품이나 상품 정보의 형태로 기업으로부터 제공되는 품질, 가격, 이용도 및 서비스의 물리적 특성과 같은 실질적 자극과 제품의 언어적, 시각적 특성과 같은 상징적 자극이 있다. 그 밖에도 가족, 준거집단, 사회집단 및 문화 등의 사회적 환경으로부터 주어지는 자극, 즉 사회적 자극이 있다. 그리고 구매를 단순한 산출로 인식하지 않고, 주의, 이해, 태도, 의도 및 구매행동과 함께 다섯 단계로 구성되는 산출변수에 포함되는 것으로 보고 있다. 이러한 산출변수는 투입변수와 소비자의 내적 상태와의 상호작용의 결과로 나타나는 반응을 말한다.

그림 11-3. 하워드-쉐스 모델

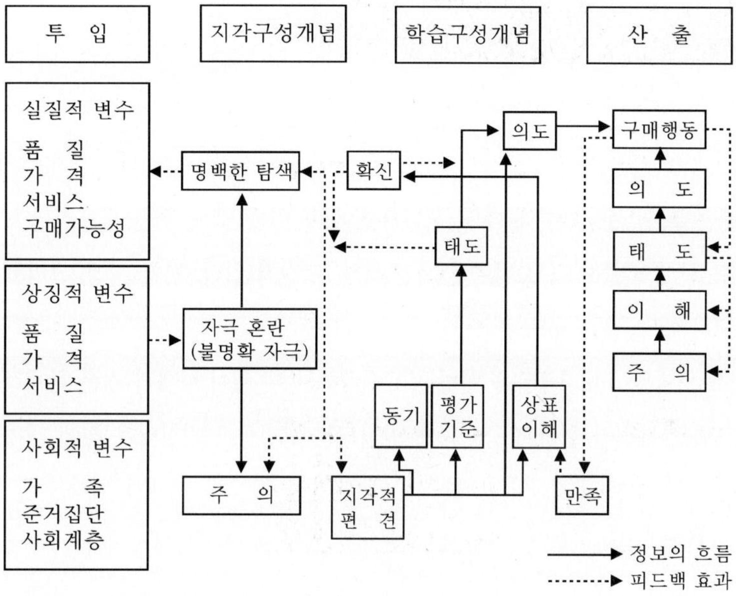

또한 이 모델의 중심요소인 내생변수로는 지각구성 개념(perceptual constructs)과 학습구성 개념(learning constructs)이 있다. 먼저 지각구성 개념은 정보 탐색, 자극 혼란, 주의 및 지각적 편견[107] 등으로 이루어져 있으며, 이들은 주로 소비자가 투입 내지 자극과 다른 부분에서 얻어지는 정보를 어떻게 수용, 처리하는가에 관련이 많다. 반면, 개념 형성 기능을 수행하는 학습구성 개념에는 소비자의 목표, 고려하는 상표 정보, 대안 평가 기준,

107) 지각적 편견(perceptual bias)은 지각적 편향이라고도 하는데, 소비자의 기존 욕구나 경험과 일치하도록 입수 정보를 왜곡시킴으로써 형성된다.

인도 뉴델리 뉴루 따가리 시장 상인

선호, 구매 의도는 물론, 확신, 동기, 주의, 태도, 선별기준, 상표 이해 및 만족 등이 포함된다. 끝으로, 외생변수에는 구매의 중요도, 소비자의 개인 특성, 시간적 압박, 자금 사정, 그리고 문화 등으로 구성된다.

한편, 하워드-쉐스 모델은 소비자행동을 설명하고 예측하는 데 있어 다음과 같은 한계점이 있다. 첫째, 이 모델은 특정한 현상이 중요하게 인식되는 시점을 결정한다는 점에 대해 충분히 설명하지 못하고 있다. 둘째, 외적 타당성, 즉 일반화하는 데 한계가 있다. 이는 단지 개인소비자의 구매행동에만 적용 가능성을 보이고 가족 구매의사결정이나 기관의 구매의사결정과 같은 집단적 의사결정 과정에 적용하는 데에는 다소 문제가 있다는 것이다. 셋째, 이 모델은 여러 가지 상표의 평가에 대하여 많은 관심을 기울이고 있어 상표 선택에 관한 의사결정에는 적합하지만 서로 다른 두 가지 대안 간에 이루어지는 의사결정에는 적합하지 않다. 예를 들어, 두 가지 상표의 샴푸를 비교·설명하는 데에는 적합하지만 휴가를 즐기는 것과 새 차를 구입하는 결정 상황에 있어서는 적합하지 않다는 것이다.

결론적으로 하워드-쉐스 모델은 소비자행동의 탐색 연구에 크게 공헌하였다. 특히 많은 사람들이 이 모델을 평가하는 과정에서 새로운 접근 방법을 제시함으로써 연구의 깊이와 넓이를 확대하는 자극제가 되었다. 또 여러 주제를 결합하는 통합력이 높다는 사실이야말로 이 모델이 갖는 특성이라 하겠다.

생활정보 황사 피해 예방법

황사는 먼지연무의 일종으로, 주로 대륙의 황토지대에서 불려 올라간 다량의 황토먼지가 하늘을 덮고 떠다니며 서서히 하강한 것이다. 심할 때는 하늘이 황갈색으로 보이고 햇빛이 흐려지며 노출된 지면이나 물건에 흙먼지가 쌓인다. 황사 예보를 접하면, 가정에서는 황사가 실내로 들어오지 못하도록 창문 등을 점검한다. 외출 시에 보호 안경, 마스크, 긴소매 의복, 위생용기 등을 준비하고, 노약자·호흡기 질환자의 경우는 실외 활동을 자제한다. 황사 특보가 발령되면, 외출을 자제하며 부득이하게 외출할 시에는 보호 안경과 마스크를 착용한다. 귀가한 뒤에는 손과 발 등을 깨끗이 씻고 양치질을 한다. 황사에 노출된 채소·과일 등 농수산물은 충분히 씻어서 먹는다. 식품을 가공하거나 조리 시 철저한 위생관리로 2차 오염에 주의를 기울인다. 노약자·호흡기 질환자의 경우, 실외 활동을 삼간다.

- 손 씻기(방법)에 따른 세균 제거율 -

(단위: %)

구분 1	구분 2	세균 제거율
수돗물	담아 놓은 물	63.6
	흐르는 물	88.0
뜨거운 물	담아 놓은 물	86.8
	흐르는 물	98.3
수돗물 + 비누 사용	흐르는 물(간단히)	93.6
	흐르는 물(철저히)	99.8

자료: 『소비자시대』, 2011년 4월호, p. 30.

3.3 엥겔 모델

엥겔 모델(Engel model)[108]은 학습 과정에 기초를 둔 모델로서 의사결정과정을 문제 인식, 정보 탐색, 대안 평가, 구매 및 결과 등 5단계로 구분하고 있다. 특정 구매의사결정에

108) 엥겔(J. Engel), 콜라트(D. Kollat), 블랙웰(T. Blackwell)은 1968년 정교한 소비자행동모델을 개발, 제시하였다. 이 모델(EKB model)은 여러 차례 수정되었으며, 그중 1982년의 제4차 수정모델은 고관여 행동모델과 저관여 행동모델로 구분 제시되었다.

서 거치는 의사결정 단계의 수나 단계별로 기울이는 주의·노력은 그 구매 대상이 얼마나 중요하게 인식되는가에 따라 다르다. 따라서 습관적인 구매행동이나 중요도가 높지 않은 구매 시, 즉 저관여 상태에서는 위의 5단계 중 일부가 생략될 수도 있다.

또한 이 모델은 의사결정 과정의 5단계에 영향을 미치는 개인적, 심리적, 환경적 변수들을 포함하고 있다. 개인적 변수로는 시간과 돈, 정보처리능력과 같은 소비자 자원, 동기와 관여도, 지식, 태도, 개성, 가치 및 라이프스타일 등이 있다. 심리적 변수에는 정보 처리, 학습, 태도 및 행동 변화가 있으며, 환경적 변수에는 문화, 사회계층, 가족 및 상황적 영향 요인이 포함된다.

한편, 소비자의 정보처리 단계는 외적 자극에 대한 노출, 외적 자극이 인지되는 주의, 자극의 파악과 이해, 기억 및 저장으로 구성되어 있다. 여기서 엥겔 등의 저관여 모델과 고관여 모델을 소개하면 〈그림 11-4〉, 〈그림 11-5〉와 같다.

저관여 의사결정[109]에서 문제 인식은 광고나 다른 촉진 수단에 의해서라기보다는 점포에서 직접 제품을 보았을 때 일어나게 되어 시험구매하게 된다. 시험구매의 결과가 만족스러우면 다음의 문제 인식은 그 제품을 모두 사용하고 난 후 하게 될 것이다.

그림 11-4. 엥겔 등의 저관여 의사결정 모델

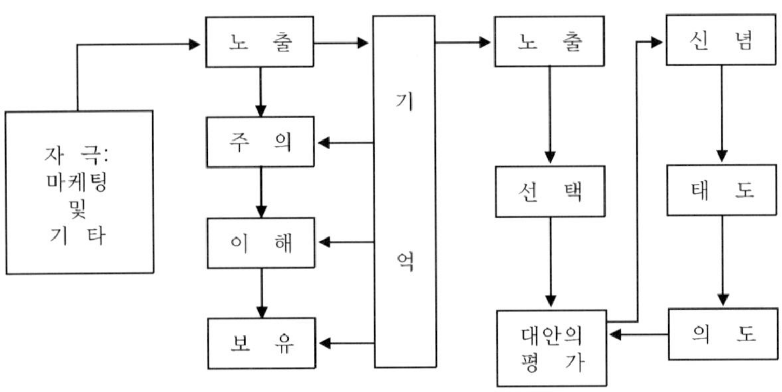

109) 저관여 의사결정은 구매 시에 느끼는 위험이 높지 않은 제품, 여러 상표나 대체품 사이에 별 차이가 없다고 느끼는 제품, 시급히 구매해야 되는 제품 등을 구매할 때의 의사 결정을 말하며, 정보 탐색 과정 없이 구매가 이루어지고, 구매 후 평가를 통해 태도와 신념이 형성된다.

반면, 고관여 의사결정[110]은 확장된 문제 해결 과정이므로, 의사결정의 5단계, 즉 문제 인식, 정보 탐색, 대안 평가, 구매 및 결과 모두를 거친다. 특히 정보의 탐색 과정이 매우 활발하며, 대안의 평가 시에 많은 제품 속성[111]이 복잡한 방법에 의해 이루어진다.

그림 11-5. 엥겔 등의 고관여 의사결정 모델

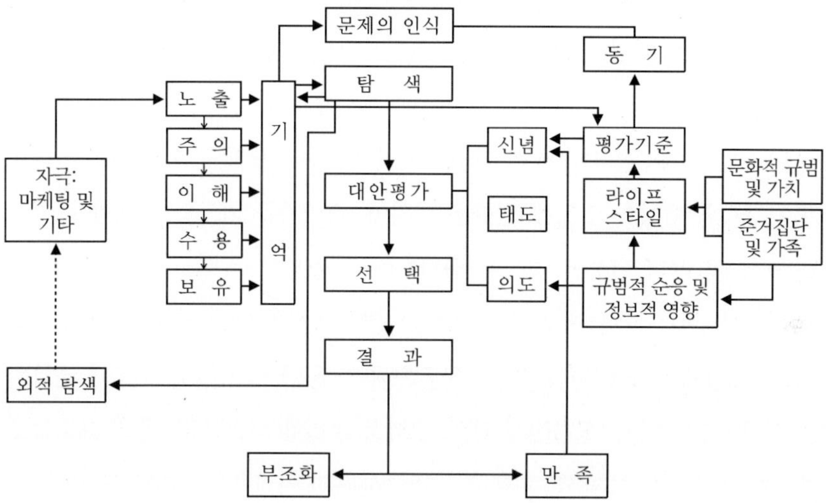

이와 같이 관여를 기초로 한 엥겔 모델은 다음과 같은 한계점이 있다. 첫째, 특정 변수가 언제 어떤 상황에서 다른 변수에 영향을 미치는가에 대한 설명이 없으며, 이러한 영향력의 발생 원천이나 크기에 대해 명확한 해답을 제시하지 못하고 있다. 둘째, 본질적으로 개별 소비자의 구매상황을 가정하고 있다. 셋째, 소비자행동의 많은 부분이 모델에서 제시된 것처럼 분명하게 일련의 연속된 과정으로 발생되지 않는다. 넷째, 기존 모델에서 제시된 변수와 부분적으로 검증된 변수들을 조합하여 그 상호관계를 재구성한 것이므로 독창성이 크게 없다.

그러나 이러한 문제점들이 있음에도 불구하고 이 모델이 가장 우수한 소비자행동 모델로 인정받고 있다. 왜냐하면, 이 모델은 여러 연구 분야에서 이미 부분적으로 검증된

110) 고관여 의사결정은 구매 시에 느끼는 위험이 높은 중요한 제품, 상표나 대체품 사이의 차이가 크다고 느끼는 제품, 시간을 두고 충분히 고려하여 구매하여야 한다고 보는 제품 등을 구매할 때의 의사결정 과정으로, 충분한 정보 탐색과 신중한 평가를 거친 후 구매가 이루어진다.

111) 제품 속성은 기능적 속성과 상징적 속성으로 대별한다.

변수들의 관계를 통합하여 모델화한 것이므로 소비자행동에 대한 설명력이 매우 높기 때문이다.

3.4 베트만 모델(Bettman model)

베트만 모델(Bettman model)에서는 소비자의 정보 처리 능력이 제한되어 있다고 가정하고 있다. 소비자는 광범위한 정보 처리가 어렵거나 부담스럽게 느끼기 때문에 제품 선택을 보다 쉽고 부담 없이 할 수 있는 방법이나 규칙을 찾게 된다. 이로써 소비자는 모든 대안에 관한 많은 정보를 평가하는 부담을 피할 수 있다. 이때 중요한 변수가 되는 동기는 소비자 선택의 방향과 강도에 영향을 미치며, 소비자를 자극하여 대안 평가에 필요한 정보 탐색 및 선택 활동을 하도록 한다.

베트만 모델은, 〈그림 11-6〉에서 보듯이, 소비자 선택 과정의 다양한 영역들을 묘사하는 몇 개의 관련 흐름도로 구성된다. 즉, 이 모델은 처리 용량, 동기부여, 주목과 지각의 암호화, 정보 획득·평가, 기억, 의사결정 과정, 그리고 소비와 학습 과정 등의 요소들로 구성되어 있으며, 계속적으로 탐색, 수용하고 반응하는 메커니즘을 포함하고 있다.

그림 11-6. 베트만의 소비자정보처리 모델

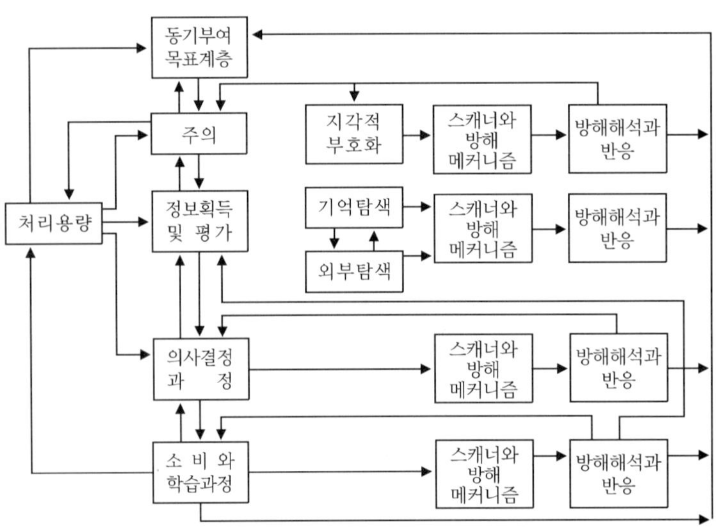

제12장

소비자의 구매의사결정

1. 구매의사결정

1.1 구매의사결정

1) 구매의사결정의 의의

소비자는 자신의 욕구 충족을 위해 제품을 구매하게 되는데, 여기에는 그 나름대로의 의사결정 과정이 수반된다. 즉, 소비자는 어떤 필요나 욕구가 발생하면 이를 충족시켜 줄 수단[112]에 대한 정보를 탐색하게 되며, 이때 자신의 기억 속에 보유한 관련 정보들을 회상하게 된다. 소비자가 자신의 기억으로부터 회상한 정보가 의사 결정하는 데 충분하다면 이로써 어떤 결정이 내려진다. 그러나 소비자는 회상한 정보가 의사 결정에 필요한 만큼 충분하지 못하다고 생각하면 외부로부터 새로운 정보를 찾는다. 그리고 소비자는 수집한 정보를 바탕으로 대안들에 대한 비교·평가 과정을 거쳐 가장 마음에 드는 특정 대안을 선택·구매하고, 소비·사용한 후에 만족 혹은 불만족을 경험하게 된다.

여기서 구매의사결정이란, '특정 재화나 서비스에 대해 필요성을 인식한 소비자가 이를 충족시키기 위해 행하는 일련의 행동'으로 정의할 수 있다. 이러한 소비자의 구매의사결정은 관여도, 구매 빈도 및 위험 수준에 따라 달라질 수 있으며, 또 일반적으로 문제 인식, 정보 탐색, 대안 평가, 구매 및 구매 후 평가라는 다섯 단계를 거친다고 한다.

---

112) 여기서에서 수단이란 대체로 어떤 상품이나 구매 행위를 가리킨다.

2) 구매의사결정의 유형

구매의사결정은 관여도, 구매 빈도, 구매 과정에서 지각하게 되는 위험 정도, 그리고 의사결정 과정상의 특성 등을 기준으로 구분할 수 있다.

(1) 관여도에 의한 분류

관여도(involvement)란, 제품이나 구매에 대해 소비자가 부여하는 관심이나 개인적 중요성의 정도를 의미한다. 즉, 제품 관여도는 특정 제품에 대한 소비자의 관심과 동기부여의 수준을 말하며, 구매 관여도는 제품 구매와 관련된 심리적, 경제적 위험의 지각에서 유발된다.

소비자는 많은 제품을 소비하고 있으며 제품마다 각기 다른 수준의 관여도를 갖는다. 즉, 관여도가 높은 제품이 있는 반면, 관여도가 낮은 제품도 있고, 이러한 관여도가 높고 낮음에 따라 소비자의 구매의사결정은 달라진다.

우선 관여도가 높은 경우, 소비자는 매우 신중한 의사결정을 한다. 즉, 의사결정에 관련된 정보를 광범위하게 탐색하고 구체적인 태도를 형성하여 최선의 선택을 추구하게 된다는 것이다. 이때의 의사결정에는 모든 과정을 거치며, 또 비교적 시간도 많이 소요된다. 이에 반해, 관여도가 낮은 경우는 소비자가 그 상품에 대해 잘 알고 있거나, 자신에게 있어서 상품의 중요도나 영향이 적은 경우이다. 이때에는 정보 탐색을 거의 하지 않으며, 일부의 의사결정 과정만 거치게 된다.

그리고 소비자는 저관여 제품에 대해 친숙하거나 광고에서 본 적이 있는 상표라는 이유로 구매하는 경향이 있고, 상표에 관한 태도는 사전에 형성되는 것이 아니라 구매 후에 형성되는 것이 일반적이다.

(2) 구매 빈도에 의한 분류

구매 빈도에 따른 의사결정의 유형은 포괄적 의사결정, 제한적 의사결정 및 일상적 의사결정으로 구분된다. 먼저 포괄적 의사결정은 소비자들이 구매해 본 경험이 없는 제품을 구매할 때 이루어지는 의사결정이다. 이 의사결정에서는 소비자들이 '문제 인식 → 정보 탐색 → 대안 평가 → 구매 → 구매 후 행동'의 모든 단계를 밟게 되나, 현실적으로 이러한 경우는 별로 많지 않다. 포괄적 의사결정에서의 정보 탐색 활동은 의도적으로 이루어지기 때문에 기업은 소비자들이 원하는 정보를 손쉽게 얻을 수 있도록, 광고, 소책자

쉼터 스마트폰 사용 요령

의심스러운 애플리케이션을 다운로드 하지 않기

스마트폰용 악성코드는 위·변조된 애플리케이션에 의해 유포될 수 있다.

신뢰할 수 없는 사이트를 방문하지 않기

정상 프로그램으로 가장한 악성 프로그램이 사용자 몰래 설치될 수 있다.

발신인이 불명확하거나 의심스러운 메시지 및 메일을 삭제하기

해커들은 게임이나 공짜 경품 지급, 혹은 유명인 사생활에 대한 이야기 등 자극적이거나 흥미로운 내용을 이용해 악성코드를 유포한다.

비밀번호 설정 기능을 이용하고 정기적으로 변경하기

제품 출하 시 기본으로 제공되는 비밀번호를 반드시 변경하고, 분실하거나 도난당했을 경우, 개인정보 유출 및 악성코드 설치를 방지한다.

블루투스 등 무선 인터페이스는 사용 시에만 켜놓기

상당 수 악성코드가 블루투스 기능을 통해 유포되고 있다.

이상 증상이 지속될 경우, 악성코드 감염 여부 확인하기

스마트폰용 백신 프로그램을 통해 단말기를 진단하고 치료해야 한다.

다운로드한 파일은 바이러스 유무를 검사한 후 사용하기

다운로드한 프로그램이나 파일은 가급적 백신 프로그램으로 검사한 후 사용해야 한다.

PC에도 백신 프로그램을 설치하고 정기적으로 바이러스 검사하기

스마트폰과 PC와의 연결 작업을 많이 하는 관계로 PC의 정기적인 점검이 필요하다.

스마트폰 플랫폼의 구조를 임의로 변경하지 않기

플랫폼 구조를 변경하여 사용할 경우, 보안 기능에 영향을 준다.

운영체제 및 백신 프로그램을 항상 최신 버전으로 업데이트하기

자료: 『소비자시대』, 2011년 12월호, p. 43.

의 배부, 구매시점(POP) 광고[113] 등 다양한 판매 촉진 활동을 수행하게 된다.

일상적 의사결정은 소비자들이 자주 구매하는 상품이나 상표에 대한 선호가 뚜렷한 경우에 일어나는데, 대체로 간단히, 그리고 습관적으로 이루어진다. 퇴근길에 항상 들르는 가게에서 평소 마시던 음료수를 사 마시는 것이 좋은 예가 된다.

제한적 의사결정은 포괄적 의사결정과 일상적 의사결정의 중간 유형이다. 즉, 처음으로 하는 의사결정은 아니지만, 그렇다고 자주 하는 것도 아닌 의사결정이다. 따라서 제한적 의사결정 시에는 상표, 스타일, 점포 및 가격 등에 대한 지식이 다소 필요하다고 할 수 있다. 실제로 대부분의 구매 활동은 극히 제한된 정보 탐색이나 대안 평가 과정만을 거치게 된다. 과거에 구매 경험이 있지만 일정 시간이 경과한 후이기 때문에 그동안 새로 출시된 신제품도 있을 수 있고, 또 기존 제품이 가격이나 취급 점포가 변경되었을 수도 있어, 관련 지식·정보가 다소나마 요구되기 때문이다. 이 경우, 구매결정에 소요되는 시간은 포괄적 의사결정의 경우보다 짧다.

(3) 위험 수준에 따른 분류

소비자들은 의사결정을 할 때 관여도나 구매 빈도를 고려하기도 하지만 위험 수준을 고려하기도 한다. 대부분의 소비자들은 위험을 회피하려는 경향이 있으나, 일부 소비자는 오히려 위험이 많은 대안을 선택하는 경우도 있다. 이는 위험 수준과 기대 이익이 비례하는 경향이 있기 때문이다. 즉, 위험 수준이 높은 대안은 기대 이익이 많고, 위험 수준이 낮은 대안은 기대 이익이 적다. 따라서 위험 수준에 따라 위험 선호형과 위험 중립형, 그리고 위험 회피형으로 나눌 수 있다. 먼저 위험 선호형은 의사결정을 하는 데 있어 여러 가지 대안들 중 위험 수준이 높더라도 기대 이익이 많은 대안을 선호하는 경우이고, 반대로 위험 회피형은 기대 이익은 낮더라도 위험 수준이 낮은 대안을 선호하는 경우이다. 위험 중립형은 위험 정도가 중간인 대안을 선호하는 경우다.

(4) 구매의사결정에 의한 분류

소비자 구매의사결정 과정에 따라 다음 세 가지 기준으로 나눌 수 있다. 첫째, 구매의사결

113) 구매시점(point of purchase, POP) 광고는 판매점 주변에 전개되는 광고와 디스플레이류 광고의 총칭으로, 판매시점 광고라고도 한다.

터키 이스탄불 그랜드 바자르(시장) 내부

정 과정에 사용된 정보의 양과 질에 따라 합리적 구매의사결정과 비합리적 구매의사결정으로 구분한다. 즉, 제품 구매결정이 충분한 양과 질의 정보를 토대로 이루어진 경우는 합리적 구매의사결정으로, 그렇지 않은 경우는 비합리적 구매의사결정으로 간주한다. 둘째, 구매의사결정 시에 사용한 기준에 따라 구매의사결정 과정의 합리성 여부를 판단한다. 즉, 구매의사결정 시 대체상품을 평가하는 데 있어 가격이나 품질 등 경제적인 기준을 고려했다면 합리적인 구매의사결정으로 간주하고, 상품의 이미지 등 감성적 기준을 활용했다면 비합리적인 구매의사결정으로 본다는 것이다. 셋째, 구매의사결정 과정의 합리성은 사용 정보의 양과 질, 대안 평가에 활용한 기준 이외에 의사결정 단계를 빠짐없이 거쳤는지의 여부에 따라서도 구분한다.

1.2 구매의사결정 과정

소비자는 제품을 구매하고 사용하기까지 일련의 과정을 거치게 되는데, 일반적으로 거치게 되는 구매의사결정 과정은 〈그림 12-1〉에서와 같다.

그림 12-1. 소비자의 구매의사결정 과정

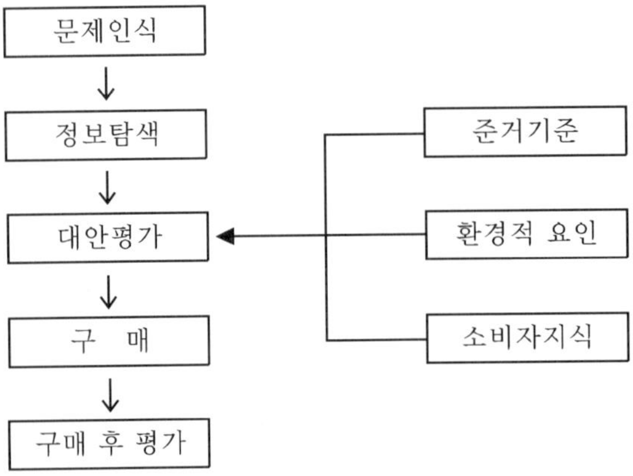

1) 문제 인식

소비자가 구매의사결정 이전에 먼저 구매에 대한 필요성을 인식해야 한다. 이 단계는 소비자의 필요나 욕구와 관련하여 문제를 인식하는 단계로, 소비자가 자신이 원하는 상태와 실제 소비상황과의 차이를 느낌으로써 가능해진다. 그리고 문제의 인식은 갈증, 배고픔과 같이 소비자 개인의 내면적인 요인에 의해 발생하기도 하지만, 타인의 이야기나 기업의 광고 등처럼 외부 요인에 의하여 유발되기도 한다.

2) 정보 탐색

소비자가 문제를 인식한 후 맞이하는 단계는 정보 탐색이다. 이 단계에서는 자신의 욕구를 충족시킬 만한 상품 대안들을 찾고, 그것을 평가하는 데 기초가 되는 정보를 수집하게 된다. 정보 탐색에서 소비자들은 두 가지 정보원, 즉 내적 정보원과 외적 정보원을 이용하게 된다.

우선 소비자들은 내적 정보원으로서 자신의 경험에 의한 기억과 축적된 지식을 탐색하고, 그러고 나서 다양한 외적 정보원으로부터 정보를 찾게 된다. 외적 정보원에는 각종 광고, 판매원, 소매환경, 대중관계(PR)[114], 친구, 가족, 전문가 등이 있다. 예를 들면, 개인

114) 대중관계(PR)는 대중(기업, 정부, 단체, 조합, 정당 등이 소비자, 노동자, 언론사, 정부, 주주, 채권 채무자, 지역사회, 일반 국민 등)과의 관계를 자신에게 유리하게 이끌어 내기 위해 수행하는 일체의 커뮤니케이션 활동 또는 그러한 활동의 상태나 기술을 의미한다.

소비자가 중형차를 구매하고자 할 때 소나타, 옵티마, 매그너스, SM5 등을 떠올리게 되는 것이 내적 탐색이다. 그런데 승용차 구매 경험이 없는 소비자가 승용차를 구매할 경우에는 외부로부터 많은 정보를 찾아야 하는데, 이를 외적 탐색이라 한다.

3) 대안 평가

소비자는 대안에 대한 정보 탐색 및 평가 후에는 가장 좋은 상표를 선택하기 위해 많은 요인들을 비교 검토하여야 한다. 구매의사결정상의 대안 평가는 소비자들이 갖고 있는 평가 기준과 결정 규칙을 바탕으로 이루어진다. 예를 들어, 어떤 소비자가 자동차 A는 승차감이나 연비 면에서는 우수하나 디자인이나 A/S에서는 보통이고, 자동차 B는 디자인이나 A/S 면에서 상당히 우수하나 승차감이나 연비는 별로 좋지 않다는 신념을 갖는다고 하자. 여기서 평가 기준으로 승차감과 연비에 많은 비중을 둔 소비자라면 그는 승용차 A를 선호할 것이다.

4) 구매

소비자는 대안 평가 과정을 거쳐 대안을 선택 혹은 결정한 후에 비로소 구매행동을 하게 된다. 이때 구매한 제품을 사용하는 소비상황이 상표 선택에 영향을 줄 수 있으며, 또 소비자가 제품이나 서비스를 구입하는 구매상황도 소비자행동에 영향을 미칠 수 있다. 특히 충동구매나 판촉 활동(예: 경품, 사은품, 쿠폰, 가격 할인, 끼워 팔기 등)이 많은 제품일수록 더욱 그러하다. 주요 구매 상황으로는 상품의 배치, 색깔, 조명, 배경음악, 냄새, 온도 등 상점의 내부 조건과 점포 입지를 들 수 있다. 위치가 좋은 점포에는 많은 소비자들이 몰리는 경향이 있으며, 소비자의 쇼핑이나 구매 형태를 다소 바꿀 수도 있다.

5) 구매 후 행동

구매와 사용이 끝나면 소비자들은 그들의 경험을 평가하게 되며, 또 그러한 경험에 기초해서 제품에 대한 태도를 변경하고 다른 사람들에게 피드백하기도 한다. 그러고 나서 소비자들은 제품 용기 등의 남은 것들을 처분함으로써 전체 구매 과정을 마치게 된다.

2. 문제 인식과 정보 탐색

2.1 문제 인식

1) 문제 인식의 원천

앞에서 구매의사결정 과정은 소비자의 문제 혹은 욕구의 인식으로부터 시작되며, 소비자는 자신의 실제 상태와 바람직한 상태 간의 차이를 느끼게 되는데 그 차이가 바로 문제(욕구) 인식의 근원이 됨을 보았다. 그리고 이러한 욕구는 자극에 의해서 발생된다. 즉, 목마름, 배고픔 등 인간의 기본적 욕구에 의한 내적 자극이 일정 수준에 달할 때 이것이 소비자행동의 동인(drive)이 된다는 것이다. 인간은 과거의 경험을 통해 이러한 동인에 대처하는 방법을 배우고, 그 동인을 충족시킬 수 있는 대상에 대해 동기가 부여된다.

또한 욕구는 외적 자극에 의해서도 야기될 수 있다. 빵집을 지나가다 갓 구워낸 빵을 보고 시장기를 느끼거나 이웃사람이 구입한 새 승용차에 대해 감탄하는가 하면, 신문에 실린 동남아 여행 광고를 유심히 보기도 한다. 이러한 자극들이 소비자로 하여금 문제와 욕구를 인식하도록 하는 것이다. 왜 컴퓨터를 구입하느냐고 물었을 경우, 바쁜 직무를 수월하게 할 수 있어서, 또 취미 활동을 위해서나, 직장 동료가 컴퓨터를 구입했기 때문에 등등으로 대답할 수 있다. 이 점에서 기업의 마케팅 관리자는 자사 제품에 대해 관심을 불러일으키는 자극들을 개발하고, 최대한 주의나 관심을 이끌 수 있도록 하는 마케팅 전략을 수립·전개한다.

〈그림 12-2〉는 욕구(문제)의 인식과 구매의사결정 과정의 관계를 나타내고 있는데, 환기된 욕구의 크기 및 중요성이 금전적·비금전적인 비용과 사회적 규범 등의 제약 요인을 극복할 만큼 충분히 클 때, 소비자는 비로소 욕구를 충족시키려는 동기가 부여된다. 예를 들면, 어떤 소비자가 현재 배고픔을 느끼고(실제 상태) 이러한 느낌을 제거하고 싶을 때(바람직한 상태), 그 욕구가 그리 크지 않거나 크더라도 다른 욕구보다 중요성이 낮을 경우라면 구매의사결정 과정으로 이어지지 않는다.

그림 12-2. 문제 인식과 구매의사결정 과정의 관계

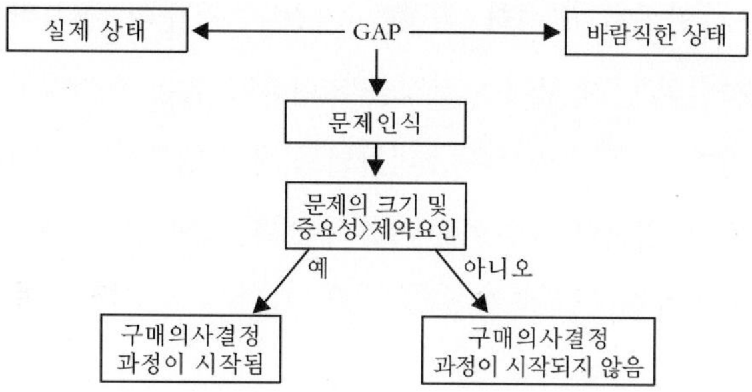

2) 문제의 유형

일반적으로 문제는 문제 발생의 예상 여부와 문제 해결의 긴급성에 따라 다음과 같은 네 가지 유형으로 나뉜다.

첫째, 일상적 문제(routine problems)는 실제 상태와 바람직한 상태 간의 차이가 예상되고 즉각적인 해결이 요구되는 것으로, 대부분의 식료품과 같은 편의품이 이 유형에 속한다.

둘째, 계획적 문제(planning problems)는 문제 발생이 예상되지만 즉각적인 해결이 필요치 않은 문제들이다. 예를 들어, 자신의 승용차의 수명이 1~2년 정도밖에 남지 않은 소비자는 기회가 있을 때마다 차에 관심을 가지고 정보를 수집할 것이다.

셋째, 긴급한 문제(emergency problems)는 예상될 수 없던 문제가 갑자기 발생하고 즉각적인 해결이 요구되는 문제이다. 한 예로, 선풍기를 사용하던 중 갑자기 고장이 난 경우, 별다른 정보 수집 활동 없이 가까운 가전제품 취급점에 들러 구매하는 경우를 들 수 있다.

넷째, 점진적 문제(evolving problems)는 소비자가 예상치 않았으며, 즉각적인 해결도 요구되지 않은 문제라 하겠다. 가령, 힙합 패션이 유행하는 것을 보면서 자신도 힙합 패션의 옷을 갖고 싶은 욕구가 생기는 경우이다.

표 12-1. 문제 인식의 유형

구분	문제 해결의 긴급성	
문제 발생의 예상 여부	즉각적 해결이 요구됨.	즉각적 해결이 요구되지 않음.
예상됨.	일상적 문제	계획적 문제
예상되지 않음.	급속적 문제	점진적 문제

3) 문제 인식의 영향 요인

소비자는 욕구를 인지하기 전에 반드시 활성화 과정을 거친다. 욕구의 활성화(activation)는 욕구의 존재와 존재 사실의 인지 사이의 과정을 의미하며, 많은 요인들이 욕구를 활성화시키는 데 영향을 미친다. 이들 요인들은 소비자의 실제 상태와 바람직한 상태를 번갈아 가면서 작용한다. 욕구의 활성화 요인으로 시간의 경과, 상황 변화, 제품 획득, 제품 소비, 기업의 마케팅 활동 등을 들 수 있겠다.

(1) 시간의 경과

음식을 먹은 지 오래된 사람의 경우, 시간의 경과는 소비욕구의 주요한 활성화 요인이다. 마찬가지로 흡연자의 마지막 흡연 이후의 시간은 담배를 다시 피우고 싶은 욕구에 영향을 미친다. 또한 시간은 바람직한 상태에 영향을 미칠 수 있다. 소비자는 나이가 들어감에 따라 종종 기호와 가치가 변함을 경험하게 되는데, 이는 역으로 소비자의 바람직한 상태를 바꾸어 놓는 경우라고 할 수 있다.

(2) 상황 변화

욕구는 상황의 변화로 인하여 활성화될 수 있다. 학생들이 평소 등교 시의 옷차림에 대한 인식과 취업을 하기 위한 면접시험 시의 옷차림에 대한 인식은 매우 다르다. 가정에서의 상황 변화도 욕구 인지를 유발하는데, 아기가 태어나면 음식, 의류, 가구 및 집안에 필요한 많은 물건이 바뀌는 경우를 그 예로 들 수 있다.

(3) 제품 획득

제품의 획득은 또 다른 제품을 구입하려는 욕구를 활성화한다. 한 예로 처음 자기 집을 갖게 된 사람들이 가구 등을 구매하는 경우를 들 수 있다.

(4) 제품 소비

제품의 실질적인 소비 그 자체가 욕구 인지를 불러일으킨다. 대체로 욕구는 재고품이 없기 때문에 인지되는 경향이 있다. 이는 아침식사를 위해 마지막 남은 쌀로 밥을 지은 경우는 저녁식사를 위한 쌀이 필요함을 인지하는 경우에서 알 수 있다. 그러므로 욕구

인지는 현재 상태의 변화로 인하여 가까운 장래에 일어날 것으로 기대되는 욕구 때문에 발생한다고 말할 수 있겠다.

(5) 개인적 차이

브루너(G. C. Bruner)에 의하면, 욕구 인지는 실제 상태와 바람직한 상태의 변화에 의해 발생하는 것으로, 이에는 두 가지 차이가 있을 수 있다고 하였다. 그 하나는 실제 상태의 변화로 인해 욕구 인지가 일어나게 되는 실제 상태의 소비자 유형이고, 다른 하나는 보통 바람직한 상태에서 일어나는 변화에 의해 욕구 인지를 하게 되는 바람직한 상태의 소비자 유형이다. 예를 들면, 실제 상태 유형의 소비자는 자신이 입고 있는 의류가 만족스럽게 그 역할을 다하지 못할 때에만 의류에 대한 욕구를 인지하는 경향이 있으나, 바람직한 상태 유형의 소비자는 새로운 것에 대한 욕망으로 인해 욕구 인지를 경험하게 된다.

(6) 기업의 마케팅 활동

기업의 다양한 마케팅 활동은 소비자의 욕구 인지에 영향을 미치며, 특히 소비자의 욕구 인지를 자극시키는 데 초점을 두고 있다. 물론, 많은 기업들이 소비자의 욕구 인지를 자극시키기 위해 노력하고 있다. 소매상점가를 구경하는 소비자들은 그들에게 예전에 인지되었다가 잊혔던 구매 욕구를 떠오르게 해 주는 진열품을 만날 수 있다.

기업은 소비자의 욕구 인지에 많은 영향을 미치도록 광고 전략을 수립하는가 하면, 많은 부모들은 유아에게 프라그(plaque)[115]가 문제가 됨을 인지하지 못할 수 있다. 부모들은 아기의 현재 상태를 실제보다 더 건강한 것으로 잘못 지각할 수 있는데, 그들에게는 광고를 통해 실제 상태와 바람직한 상태가 일치하지 않다는 것을 인지시켜 줌으로써 욕구 인지를 일으킨다. 제품의 혁신은 욕구 인지의 또 다른 원천이 되는데, 리복(Reebok)사가 에어펌프 운동화를 출시했을 때의 혁신은 10대들의 이상적인 상태를 변화시켰으며, 현재 신고 있는 신발을 부적절한 것으로 인식하도록 만들었다.

---

115) 플라그(plaque)는 치아에 끼는 칼슘과 인 성분의 결합체로서 치아 질환의 원인이 된다.

2.2 정보 탐색

욕구가 인지된 후, 소비자는 잠재적인 욕구 충족물을 탐색하게 된다. 정보 탐색은 기억 속에 저장된 지식이 동기부여되어 있는 활성 상태 또는 환경으로부터 정보를 획득하는 과정으로 정의된다. 사실 정보 탐색 과정을 거치면서 소비자는 자신의 욕구를 충족시켜 줄 수 있는 상품의 범위를 점차 좁혀 나간다. 여기서, 소비자가 인터넷 사용을 위해 컴퓨터를 구입하고자 특정 상표를 결정해 가는 과정을 생각해 보고자 한다. 소비자는 시중의 컴퓨터 매장에 있는 모든 구매 가능한 상표들의 전체집합 가운데 몇 개만을 기억하는데, 이들을 환기상표군이라고 한다. 이들 환기상표군 중에서 몇 개만이 최초 구매 기준과 일치하는데, 그 상표들을 고려상표군이라 부른다. 소비자는 이들 상표에 대해 추가적으로 정보를 수집하게 되고 이들 가운데 최적 상표의 제품만을 선택하게 된다. 정보 탐색은 기억 속의 지식을 인출하는 과정인 내적 탐색과 시장에서 정보를 수집하는 외적 탐색으로 구분할 수 있다.

1) 내적 탐색과 외적 탐색

(1) 내적 탐색

내적 탐색은 욕구 인지 후에 발생되는 것으로, 장기간 동안 기억 속에 있는 정보나 지식들 중에서 의사결정과 관련된 것들을 찾아내는 것이다. 내적 탐색 활동이 충분한 정보를 제공할 경우는 외적 탐색 과정이 이루어지지 않는다. 가끔 과거의 좋은 경험이 기억되어 도움을 주기도 한다. 예를 들면, 자동차 수리 서비스를 필요로 하는 소비자들은 수리센터 선택 시 자신들의 과거 경험·정보에 의존하는 경향이 있다.

소비자가 단지 내적 탐색에만 의존할 것인가의 여부는 그것이 지닌 지식의 타당성과 질적인 수준에 달려 있다. 처음 구매하는 소비자들은 분명히 의사결정에 필요한 정보가 없는 경우가 대부분이다. 그리고 구매한 지 매우 오래된 제품일 경우에는 과거 구매 경험이 있더라도 제품의 가격, 모양, 새로운 상표나 점포 등이 많이 변했기 때문에 정보로서의 유용성이 대체로 낮다. 또 비록 제품의 변화가 적었다 하더라도, 많은 정보나 지식은 잊히는 경향이 있으므로, 구매한 지 오래될 경우, 내적 탐색 활동은 별 의미가 없게 된다. 그리고 현재의 소비 문제가 과거의 그것과 다르다고 지각하게 될 때 기존의 지식은 더 이상 충분하지 못하게 된다.

과거의 구매에 대한 만족의 정도는 내적 탐색에 대한 소비자의 신뢰에 영향을 미칠 수 있다. 만일 소비자가 이전 구매행동의 결과에 만족하고 있다면, 내적 탐색만으로도 충분하다고 판단하게 되는데, 이는 습관적인 구매의사결정의 경우에 특히 그러하다.

(2) 외적 탐색

소비자는 내적 탐색으로 얻은 정보가 부적절할 때 소비자는 외부 환경으로부터 추가적인 정보를 얻게 된다. 구매의사결정을 위해 행해지는 외적 탐색을 구매 전 탐색이라 한다. 이는 가끔씩 유발되는 구매 욕구와는 무관하게 정보 획득이 비교적 규칙적으로 일어나는 외적 탐색의 또 다른 유형이라 할 수 있는 계속적 탐색과는 다르다. 예를 들면, 자동차 잡지를 정기구독하는 소비자는 계속적인 탐색 활동을 하고 있는 것으로 볼 수 있다.

구매 전 탐색 활동 이후의 가장 중요한 자극제는 더 나은 소비를 하고자 하는 욕망이며, 또 계속적인 탐색은 미래의 의사결정에 사용될 지식을 쌓으려는 욕망에 의해 이루어진다. 그러나 계속적인 탐색은 그로 인해 얻은 즐거움 때문에, 즉 구체적인 구매 욕구 없이 쇼핑센터의 이곳저곳을 돌아다니는 데에서 재미를 느낄 수 있기 때문이다. 그리고 계속적인 탐색은 구매 전 탐색 욕구에 영향을 미칠 수 있다. 계속적인 탐색 활동을 하는 소비자의 기억 속에 의사결정과 관련된 정보를 비교적 많이 소유할 가능성이 높다. 물론 이들은 의사결정에 필요한 구매 전 탐색 활동을 줄일 수 있다.

2) 정보 탐색의 차원(dimensions of search)

소비자의 정보 탐색은 〈표 12-2〉에서 보는 바와 같이, 탐색의 양, 방향, 순서의 세 가지 차원으로 특징지을 수 있다. 탐색의 양은 정보 탐색의 총량, 즉 정보 탐색에 소요되는 시간은 물론이고, 정보 탐색에 고려되는 상표, 상점, 속성 및 정보 원천의 수 등을 가리킨다. 그리고 탐색의 방향은 정보 탐색의 구체적인 내용을, 또 탐색의 순서는 정보 탐색 활동이 일어나는 순서를 뜻한다.

표 12-2. 소비자의 정보 탐색 차원

구 분	내 용
탐색의 양	· 얼마나 많은 상표를 고려하는가? · 얼마나 많은 상점을 방문하고 접하는가? · 얼마나 많은 속성들을 고려하는가? · 얼마나 많은 정보 원천을 사용하는가? · 얼마나 많은 시간을 탐색하는가?
탐색의 방향	· 어떤 상표를 고려하는가? · 어떤 상점을 방문하고 접촉하는가? · 어떤 속성들을 고려하는가? · 어떤 정보 자원을 고려하는가?
탐색의 순서	· 어떤 순서로 상표를 고려하는가? · 어떤 순서로 상점을 방문하고 접촉하는가? · 어떤 순서로 제품 속성에 관한 정보가 처리되는가? · 어떤 순서로 정보 원천은 이용되는가?

3) 정보 탐색의 결정 요인

소비자의 정보 탐색 활동은 많은 요인에 의해 결정되는데, 여기서 이들 요인에 대해 구체적으로 알아보고자 한다.

(1) 상황 요인

먼저 정보 환경은 소비자의 행동을 형성하는 데에 중요한 역할을 한다. 소비자들은 광고, 친구, 판매원, 점포 내 진열, 잡지 및 보고서 등의 정보원천에서 정보를 수집하는 등 외적 탐색으로 상품 선택을 위해 대안들을 확인한다. 단위가격 정보가 식료품점의 선반 위에 규격화된 가격표로 제시될 때보다는 목록으로 제시될 때 소비자에게 유용성이 높은 것처럼, 정보의 제공 형태는 유용성에 영향을 미친다. 시간적 압박감도 상황적 영향의 원천이 되는데, 음식으로 가득한 냉장고가 고장이 날 경우, 소비자는 신중한 정보 탐색을 할 충분한 시간과 여유를 갖지 못한다.

(2) 제품 요인

제품의 특징 또한 소비자의 정보 탐색 활동에 영향을 미치는데, 그중 제품 차별화의 정도는 매우 많은 영향을 미친다. 만일 소비자가 모든 상표들이 동일하다고 믿고 있다면, 정보 탐색 욕구는 거의 없다고 할 수 있다. 이는 상표들 간의 차이가 많을수록 정보 탐색의 이점이 크고, 그 차이가 적을수록 정보 탐색의 이점이 적기 때문이다. 또 다른 요인으로 제품 가격을 들 수 있는데, 고가격 제품 구매 시에는 소비자가 인식하는 재정적 위험이 비교적 크므로 많은 정보 탐색을 하게 된다. 제품 범주의 안정성 역시 정보 탐색에 영향을 미친다.

구매 경험이 있는 소비자는 오랜 시간 동안 비교적 변화가 적은 범주의 제품(우유, 담배 등)에 대해서 그들의 지식에 크게 의존할 수 있다. 반대로 제품의 혁신이나 가격 변화가 심한 불안정한 범주의 제품(컴퓨터, 전자게임)일 경우에는 소비자가 정보 탐색을 통해 자신의 지식을 최신의 것으로 하도록 요구한다.

(3) 소매 요인

소비자의 정보 탐색에 영향을 미치는 요소로 소매환경을 들 수 있다. 소매점들 사이의 거리는 의사결정 동안에 소비자가 쇼핑할 가게의 수를 결정할 수 있으며, 또 거리가 멀어질수록 방문하는 점포의 수는 감소할 것이다. 소매상인들 사이의 유사성은 정보 탐색에 영향을 미치는 또 다른 원천이 된다. 즉, 정보 탐색은 소비자가 소매상인들 간의 차이를 지각할 때 이루어질 가능성이 높은데, 이는 특히 소매상이 제품에 부과하는 가격이 다를 때 쉽게 나타나는 현상이다.

(4) 소비자 요인

소비자의 특성은 정보 탐색 행동에 많은 영향을 미치는데, 소비자지식, 관여 정도, 신념 및 태도, 그리고 인구통계적 특성 등을 구체적 예로 들 수 있다.

첫째, 소비자지식[116]은 정보 탐색 효과를 제한하기도 하고 촉진하기도 한다. 지식은 소비자로 하여금 내적 탐색에 의존하도록 하며, 그 결과 구매 전 정보 탐색 욕구를 감소시킬 수 있다. 그러므로 소비자의 지식이나 구매경험은 종종 외적 탐색과 부(-)의 관계를 갖는다고 한다. 그러나 지식은 새롭게 입수한 정보를 더욱 효과적으로 사용할 수 있도록 해줌으로써 정보 탐색 활동을 증진시킬 수도 있다.

---

116) 소비자지식의 구체적 내용에 대해서는 제4장 4.3을 참조하기 바란다.

오스트리아 빈 벼룩시장

둘째, 제품에 대한 소비자의 관여 정도 또한 탐색 활동에 많은 영향을 미친다. 이와 대조적으로, 제품 구매와 관련된 경제적·심리적 위험에 대한 지각으로부터 기인하는 구매의사결정에서, 구매 전 탐색은 소비자의 관여 정도에 영향을 받는다. 여기서 소비자는 제품에 대한 관여도가 높을수록 정보 탐색 활동을 많이 하게 됨을 알 수 있다.

셋째, 소비자의 신념과 태도는 정보 탐색 활동에 많은 영향을 미친다. 반복 구매 시에는 과거의 소비자 만족이 정보 탐색 활동을 결정하는데, 만약 과거의 경험이 만족스러웠다면, 소비자들의 정보 탐색에 대한 동기 유발은 적어지게 된다. 반면, 과거의 선택이 만족스럽지 못했거나 처음 구매의사결정을 하는 제품범주일 때 정보 탐색의 필요성은 커진다. 이 경우, 정보 탐색은 매우 매력적인 상표에 우선적으로 초점을 두는 경향이 있기 때문에 제품에 대한 태도는 중요하다. 소비자 신념도 중요한 결정요소이다. 정보 탐색에 관한 비용 대 편익에 대한 지각은 정보 탐색 여부에 중요한 역할을 한다. 이는 소비자들은 정보 탐색 행위에 대한 지각된 편익이 비용보다 크거나 증가할 때, 그리고 비용이 감소할 때 정보 탐색 노력을 기울인다는 것을 의미하는 것이다.

넷째, 정보 탐색은 인구통계적 특성과 관련이 있다. 먼저, 연령은 정보 탐색과 부(-)의 관계에 있는데, 나이가 많은 소비자는 자신의 풍부한 경험에 의존하며 나이가 적은 사람에 비해 상표애호도가 높다. 그리고 소득이 높은 소비자는 소득이 낮은 소비자보다 정보 탐색 활동을 적게 하는 경향이 있다. 이는 소득이 높은 소비자는 시간을 매우 가치 있게 여기므로 정보 탐색에 소요되는 시간이 정보 탐색 비용을 증가시킨다고 보기 때문이다.

또한 교육과 정보 탐색 간에는 정(+)의 관계가 있다고 한다. 즉, 교육수준이 높은 소비자는 정보 탐색을 효과적으로 할 수 있는 자신들의 능력에 더 많은 확신을 가질 수 있으며, 또 그런 확신은 정보 탐색 행동을 향상시킨다는 것이다.

3. 대안 평가

3.1 대안 평가

소비자는 수집 정보를 바탕으로 개발된 대안들 중 어느 하나를 선정하기 위한 평가를 해야 하는데, 이를 대안 평가라 한다. 그러나 소비자가 대안 평가를 하더라도 시장에 존재하는 대안 전체를 평가하는 것이 아니라 정보 수집을 통하여 자신이 구매할 만한 가치가 있다고 생각되는 상품들에 대해서만 평가하게 된다. 이를 고려 대안 세트 내지 고려상품군이라 부른다.

소비자는 고려상품군 중에서 자기에게 가장 적합한 대안을 찾기 위해 평가를 하게 되며, 이러한 대안 평가는 일반적으로 정보 탐색 과정과 동시에 이루어진다. 소비자는 고려상품군에 포함된 대안들을 평가하고 결정할 시에 다양한 평가 기준(evaluation criteria)과 결정 규칙을 활용한다. 대체로 대안 평가는, 〈그림 12-3〉과 같이, 신념 → 태도 → 의도 과정을 거쳐 최적 대안의 선택에 이르게 됨으로써 구매할 수 있게 된다.

그림 12-3. 대안 평가 과정

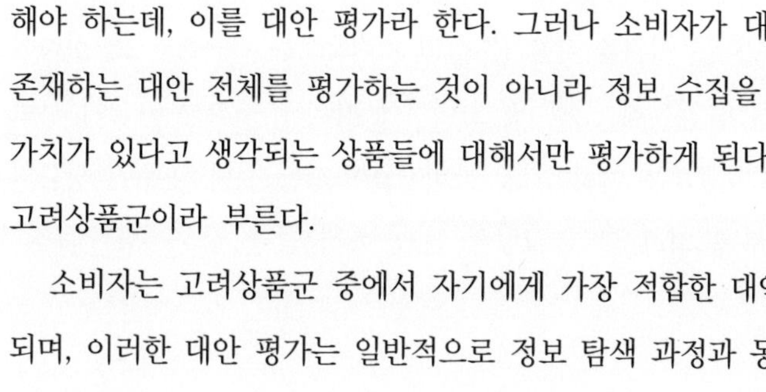

3.2 평가 기준과 결정 규칙

1) 평가 기준

평가 기준은 소비자들이 고려상품군에서 상품을 결정할 때나 상품들을 구별하기 위해 사용하는 속성이라 할 수 있다. 소비자들은 종종 상품이 하나 이상의 욕구를 충족시켜 주기 때문에, 그리고 상품이 소비자들에게 하나의 욕구를 만족시켜 줄 많은 이점을 갖고 있기 때문에 일련의 대안을 평가하는 데 있어 다양한 기준을 사용한다.

그리고 이들 평가 기준들은 평가 대상인 제품, 서비스의 특성, 소비자가 처해 있는 환경 및 소비자 개인의 특성에 따라 매우 다양하다. 예를 들면, 대학에서 학생의 전공 선택은 두 가지 요소를 만족시킬 수 있다. 즉, 학생으로 하여금 대학생으로서의 경험을 즐길 수 있게 해줄 뿐만 아니라 졸업 후 직업을 얻는 데 도움을 줄 수도 있다.

소비자들은 자신의 필요나 욕구를 충족시키기 위해 상품을 구매하고 소비한다. 이 과정에서 소비자들은 상품별로 다른 이점을 찾곤 한다. 그 이점으로는 기능적인 것, 심리적인 것, 그리고 사회적인 것 등이 있는데, 상품 및 소비자에 따라 추구하는 이점이 서로 다르다. 이런 속성들은 상품이 제공하는 이점이므로 소비자들이 상품 선택 시에 각 상품의 속성을 평가 기준으로 사용하게 된다.[117)]

2) 결정 규칙

소비자들은 구매의사 결정 시 끊임없는 도전에 직면한다. 최적의 상품을 결정하는 데 있어 중요하다고 판단되는 모든 속성과 이점을 파악하기 위해 그들이 알고 있는 모든 평가 기준을 고려한다는 것은 오히려 비효율적일 수 있다. 따라서 소비자들은 여러 기준을 하나의 순서로 통합하는 방법인 결정 규칙을 채택하게 된다. 즉, 결정 규칙은 소비자들이 모든 평가 기준들을 하나의 선택으로 결합하는 데 도움을 준다.

결정 규칙은 비보상 규칙(non-compensatory rules)과 보상 규칙(compensatory rules)의 두 가지 범주로 나뉜다. 먼저 비보상 규칙을 이용할 경우, 소비자는 각 속성을 따로 고려한다. 즉, 비보상 규칙에서는 낮은 평가를 받은 속성을 보상하기 위해 여타 속성에

---

117) 승용차의 속성으로는 경제성, 기계적 성능, 스타일, 승차감 등을 들 수 있다.

대해 받는 높은 평가점수를 고려하지 않는다는 것이다. 소비자가 보상 규칙을 사용할 경우, 모든 속성을 동시에 고려하고, 보상 규칙은 대안의 많은 속성들에 대한 평가의 평균으로써 대안을 선택하는 방법이다. 비보상 규칙과 보상 규칙을 장희영 학생의 전공 선택 과정으로써 설명하면 다음과 같다. 〈표 12-3〉은 장희영 학생이 사용한 평가 기준과 그녀가 적용한 결정 기준의 결과들을 나타낸 것이다.

표 12-3. 소비자 의사결정의 예

구분(평가 기준)	중요도	행정학	정치학	소비자학	경영학	가정학
교과과정에 대한 흥미	5	1	2	3	4	5
졸업생 취업률	4	5	1	1	4	2
사회적 인식	4	4	1	1	4	1
학급의 규모	3	2	2	3	4	3
수업시간	3	2	2	4	4	3
요구되는 과제 수	2	1	1	5	3	3
과제물	2	2	1	4	3	4
수업료	1	2	2	3	3	3
합 계	24	61	36	69	91	72

* 평가 점수는 최하 1점에서 최고 5점까지 부여토록 한 것임.

(1) 사전편찬식 규칙

단순한 비보상적 규칙인 사전편찬식 규칙은 소비자가 가장 중요시하는 한 가지 속성에 대해 가장 높게 평가된 대안을 선택하는 것이다. 이때 가장 높게 평가된 대안이 2개 이상이면, 두 번째로 중요시되는 속성에서 높게 평가된 대안이 선택된다. 예에서 보듯이, 희영이는 가장 중요한 기준으로 교과과정의 흥미를 선택했고, 그 결과 그녀는 자신의 전공으로 가정학을 선택하게 된 것이다. 만약 두 전공에서 같은 점수가 나왔다면, 희영이는 다음으로 중요한 속성, 즉 졸업생 취업률로써 대안 평가를 할 것이다.

(2) 순차 제거 규칙

좀 더 복잡한 비보상적 규칙은 순차 제거 규칙(elimination by aspects rule)에 의한 방법이다. 이는 소비자가 가장 중요한 속성을 고려하고 그 속성에서 최소한의 수용(cut-off) 기준을 만족시키지 못하는 대안들을 제거해 나가는 방식이라 하겠다. 이 규칙은 중요한 속성에서 높게 평가되지 못한 대안들을 줄이기 위해 차례대로 속성을 이용하는 것이다. 소비자는 한 대안이 최종적으로 남을 때까지 대안들을 없애기 위해 속성들을 계속 사용한다. 이 경우, 희영이는 그녀가 좋아하는 대안을 결정하는 대신에 가장 좋아하지 않는 대안을 하나씩 제거하고 남은 대안을 선택할 것이다.

만약 희영이가 '교과과정에 대한 흥미' 속성에서 4점 이상의 평가를 받지 못한 어떤 전공을 제거하려 한다고 하자. 〈표 12-3〉에 의하면, 행정학, 정치학 및 소비자학이 이 기준에 의해 제거될 것이다. 그리고 희영이는 다음으로 중요한 속성인 졸업 후 취업률에 관심을 두고 그 속성의 점수에 따라 가정학이 제거될 것이다. 경영학은 비록 이런 기준들의 어느 것에도 최고의 평가를 받지 못하였으나, 결과적으로 전공으로 선택될 것이다.

(3) 결합적 규칙

비보상적 규칙의 하나인 결합적 규칙은 각 속성보다는 각 대안(전공)에 제거 과정을 적용하는 것이다. 따라서 결합적 규칙에서는 첫 번째 전공을 모든 속성에 대해 평가한 다음 두 번째 대안의 평가로 넘어가게 된다. 이 규칙을 이용하면 소비자는 그 속성 등급의 모두가 최소한의 수용기준을 만족시키지 못하는 대안을 제거한다. 즉, 대안이 선택받기 위해서는 모든 속성에서 수용될 만한 것이어야 한다. 예에서 보듯이, 희영이는 그녀의 전공이 모든 이익 면에서 4의 최소 수준을 제공해 줄 것을 원하며, 모든 속성에서 4점 이상의 점수를 제공하지 못하는 대안들은 모두 제거된다.

그러나 이 규칙을 이용하면 희영이는 전공을 선택할 수 없게 되는데, 이는 대안들 중 어느 것도 모든 속성에서 4점 이상의 점수를 받지 못했기 때문이다. 이러한 결과에 부딪히게 되면 희영이는 3으로 수용 기준을 내리게 되고 그 결과 경영학을 전공으로 선택하게 될 것이다.

(4) 다속성 보상 규칙

비보상 원리가 한 가지 평가 기준만 사용하는 반면에, 다속성 보상 규칙(multi-attribute compensatory rule)은 모든 기준을 고려하여 점수를 산출하며 상대적인 중요성을 매긴다. 예를 들면, 희영이는 가능성 있는 전공이 제공할 이익 모두를 균형 잡으려고 하고, 그녀가 추구할 이득의 가장 좋은 조합을 가진 대안을 선택하기를 원하면서 각 속성의 가중치와 평가 등급을 계산하게 된다. 이 방법에 따르면, 비록 경영학은 일부 속성에서 최고의 점수가 아니나, 속성들의 상대적 중요성을 고려하여 전체적으로 계산하면 최고의 점수가 나온다.

소비자가 대안 평가를 위해 비보상 규칙과 보상 규칙 중 어느 규칙을 선택하느냐는 소비자의 관여, 관심 및 정보 탐색 노력 수준에 의해 결정된다. 만약 소비자가 구매결정에 관여를 거의 하지 않고, 선택하는 데 애쓰고 싶지 않다면 단순한 비보상적 규칙을 사용하는 것이 좋을 것이다.

장거리 여행 경험으로써 설명하면 다음과 같다. 여행 중 배가 고프다고 생각할 때, 여행객들은 제일 먼저 발견한 유명 체인음식점에 들릴 것이다. 왜냐하면, 알지 못하는 음식점에 대한 탐색과 평가 과정이 비교적 위험하고 복잡하기 때문에, 사람들은 대안들 중에서 구분하는 데 사용하기 쉬운 한 가지 기준에 초점을 맞추는 경향이 있다.

한편, 소비자가 구매결정에 크게 관여하고 광범위한 노력을 기꺼이 하려 한다면 규칙은 바뀔 수 있다. 이 경우에 소비자는 많은 속성들을 고려하고, 그 대안의 상대적인 장점과 단점을 파악하기 위해 동기부여와 모든 지식을 고려하게 될 것이다. 따라서 개인은 최선의 대안을 선택했다는 확신을 하기 위해 복잡한 다속성 규칙을 적용하고 광범위하게 대안들을 평가할 것이다. 전공 선택, 자동차 구입, 혹은 컴퓨터 선택 등은 이러한 결정의 예이다.

사실 결정 규칙의 선택은 그리 단순한 일이 아니다. 어떤 경우, 비보상규칙이 복잡한 구매결정을 요하는 대안 선택에 바로 이용될 수도 있다. 소비자들은 먼저 많은 대안들에서 처리하기 쉬운 비보상 규칙인 제거 규칙을 사용하고, 그런 후 남아 있는 대안들을 대상으로 좀 더 복잡한 보상 규칙을 적용할 수 있을 것이다.

생활정보 계절성 알레르기 비염

꽃이 피는 아름다운 가을과 봄에 재채기와 콧물로 괴로워하는 사람들이 많다. 바로 계절성 알레르기 비염 때문이다. 국민건강보험공단은 2006년 29만 3천9백23명이던 알레르기 비염 환자 수가 2010년 52만6백35명으로 5년 동안 연평균 15.4% 증가했다고 밝혔다. 계절성 비염의 가장 큰 원인은 꽃가루다. 우리나라에서는 봄에는 포플러·소나무·오리나무 등 수목 화분이 주원인이다. 여름에는 잔디 등의 꽃가루가, 가을에는 쑥·돼지풀 등의 잡초 화분이 알레르기 비염 증상을 악화시키는 것으로 알려져 있다. 발작성 재채기·맑은 콧물·코 막힘 등 알레르기성 비염의 3대 증상이 나타난다. 그 외에 눈이나 입, 특히 콧속의 가려움증을 유발한다. 대기 중의 꽃가루 양은 기후와 밀접하다. 비가 오면 대기 중의 꽃가루가 크게 감소하고, 건조하고 바람이 부는 날이면 꽃가루가 증가한다. 알레르기 증상도 대기 중의 꽃가루에 따라 달라진다. 연중 발생하지만 환절기인 가을철과 봄철에 비교적 많이 발생한다. 20대 이하의 젊은 층에서는 집단생활을 활발하게 하는 시기로 알레르기 비염을 일으키는 항원에 많이 노출되는 시기다. 또한 호르몬 분비의 변화가 활발해 알레르기 항원에 감수성이 증가하는 시기이므로, 발생률이 높다. 원인이 되는 항원을 피하는 방법은 꽃가루의 경우, 창문을 닫아두며 외출을 줄이는 것이다. 외출할 때는 마스크를 착용하는 것도 도움 된다. 항히스타민제 등의 약물요법을 병용하는 것이 좋다.

계절성 알레르기 비염은 연중 일정 기간에만 증상이 나타나므로 원인물질을 추정하기 쉽지만, 먼 곳에서 날아온 꽃가루에 의한 비염은 원인 추정이 용이하지 않다. 환자의 병력을 상세히 점검해 원인 물질과의 인과 관계를 아는 것이 중요하다. 알레르기 비염은 감기와 증상이 비슷하므로 제대로 치료하려면 감별해야 한다. 감기로 오인해 제때 치료하지 않으면 만성화되어 후각 장애·두통 등을 일으키게 되며, 방치하면 천식·축농증·중이염으로 이어질 수도 있다.

자료: 『소비자시대』, 2011년 11월호, p. 30.

4. 구매와 구매 후 행동

4.1 구매

소비자가 정보 탐색과정을 거쳐 상표 선택을 하게 되면 다음으로 구매 단계에 이른다. 구매의 내용을 구체적으로 살펴보면, 먼저 구매에 필요한 자금을 마련해야 하고, 점포를 선택하여 점포로 이동해야 한다. 또 점포 내에서 해당 제품을 찾아서 계산대로 가지고 가야 하며, 점원에게 현금이나 신용카드를 사용하여 지불한 후 구매한 것을 갖고 집으로 돌아온다.

물론 소비자의 모든 구매행동이 상기의 모든 것을 내포하는 것은 아니다. 소비자가 계산을 하려다가 계산대 옆에 진열된 껌을 사게 되는 경우와 같은 충동구매는 소비자가 무엇인가를 사야 한다는 갑작스런 강한 동기를 가질 때에 일어난다. 따라서 충동구매의 경우, 구매행동의 시작이 행동, 심지어는 거래 행동에서부터 이루어진다고 말할 수 있다.

1) 점포 방문 행동

소비자의 구매 행위는 사고자 하는 상품을 판매하는 점포를 방문하는 데에서부터 시작된다. 그리고 소비자가 점포를 방문했을 때 느끼는 인상은 제품 구매에 매우 중요한 영향을 미친다. 이에 따라 기업에서는 소비자의 점포 접촉 행동이 용이하고 편안하도록 하기 위해 매장의 분위기, 점원의 친절, 넓은 주차장 및 서비스의 개선을 위해 많은 노력을 기울인다. 또 각종 문화행사를 기획하고 개최함으로써 보다 많은 잠재 고객을 점포에 유인하고자 한다.

최근 들어 무점포판매가 크게 증가하고 있는 추세이다. 미국의 경우, 상품 매출의 16%가 소매 점포나 자판기 또는 기타 매장을 통하지 않고 가정에서 주문 구매한 것으로 나타났는데, 우리나라에서도 무점포 매출액의 비중이 크게 증가하고 있다. 그러나 아직도 대부분의 소비재 구매는 소매 점포를 통해 이루어지고 있기 때문에 사업자들은 소비자의 점포 방문 기회를 증대시키는 것을 매출액 증대를 위한 매우 중요한 방법으로 간주하고 있다.

2) 점포 내 행동

소매상은 소비자를 자기 점포로 유인하는 데 일차적 목표가 있지만, 제조업자 입장에서는 소비자들이 점포에 와서 어떤 제품 내지는 상표를 구매하는가에 관심이 있다. 여기서 대부분의 제조업자들은 소매상들이 자기 회사 제품의 판매 활동에 보다 많은 노력을 기울이도록 하기 위해 푸시 전략(push strategy)을 전개하는 경향이 있다. 푸시 전략(push strategy)이란, 밀어내기 전략이라고도 하는데, 중간상으로 하여금 자사 제품을 취급·판매·촉진하여 제조업자가 판매원과의 거래를 촉진하는 것을 말한다.

4.2 구매 후 행동

소비자가 계산을 마치고 제품을 집어 들고 나가는 순간부터 기업은 소비자가 자사 제품을 어떻게 사용, 처분하며 더 나아가 어떤 반응을 나타내는가에 관심을 갖는다. 왜냐하면, 구매 후 과정이 자사의 장기적 성패에 큰 영향을 미치기 때문이다. 구매 과정을 통해 소비자는 만족과 불만족, 인지부조화 등의 심리적 상태를 경험하게 된다. 이러한 심리적 상태가 여러 가지 행동으로 나타나게 되는데, 이를 구매 후 행동이라 한다. 즉, 불만족을 경험한 소비자는 일정한 불평 행동을 하며, 인지 부조화를 경험한 소비자는 이를 해소 내지 감소시키기 위한 행동을 하게 된다.

1) 만족/불만족

만족/불만족은 소비자가 구매한 제품의 사용 후 평가가 기대 이상이냐 기대 미만이냐에 따라 결정된다. 올리버(R. L. Oliver)에 의하면, 자신의 〈그림 12-4〉의 기대 불일치 모델(expectancy disconfirmation model)을 통해 소비자의 만족/불만족은 소비자가 구매 및 사용 전에 가졌던 기대가 실제 얻게 되는 결과와 비교하여 얼마나 일치하는가 하는 주관적 평가에 달려 있다고 한다.

소비자들은 구매에 앞서 나름대로 어떤 기대를 하게 되는데, 이러한 기대에는 제품 및 서비스의 특징이나 성과에 대한 기대, 상품이나 서비스를 얻기 위해 사용된 비용·노력에 대한 기대, 그리고 구매의 결과로서 소비자에게 발생하는 사회적 비용과 편익에 대한 기대 등이 있다. 광고는 이러한 기대에 영향을 미치는 중요한 요소라 할 수 있겠다.

그림 12-4. 고객만족의 기대 불일치 모델

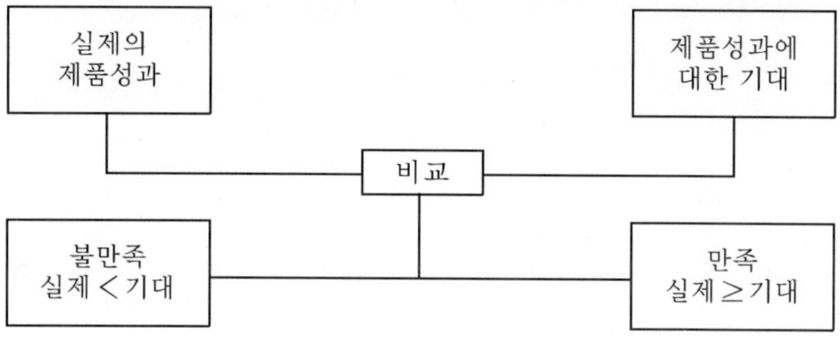

일반적으로 소비자가 제품을 구매, 사용하게 되면 만족 혹은 불만족을 경험하는데, 여기에는 인구통계적 특성, 개성 및 기대 등의 요인들이 영향을 미친다. 기대와 실제 제품성과의 상호작용의 결과로서 만족이나 불만족이 생기게 되며, 소비자가 기대한 수준에 이르지 못할 때 불일치 상황이 된다. 불일치에는 실제로 받는 것이 기대한 것보다 좋을 때 나타나는 긍정적 불일치와 기대했던 것보다 나쁠 때 나타나는 부정적 불일치가 있다. 여기서 소비자의 판단이 잘못된 경우이더라도 불일치 상황으로 본다.

만족의 결과는 더욱 호의적인 태도와 더 높은 구매 의도 및 상표 충성도를 형성하게 되는데, 이러한 현상이 반복되면 소비자는 계속 같은 상표를 구매하게 된다. 반면, 소비자가 불만족하게 되면 구매 후 태도는 호의적이지 못하며, 낮은 재구매 의도를 갖거나 구매 의도를 전혀 갖지 않게 되고, 상표 전환 또는 불평 행동을 할 수 있다.

2) 소비자 불평 행동

불만족한 소비자는 〈그림 12-5〉와 같은 세 가지 형태의 불평 행동을 하게 된다.

첫째, 제품의 구입처와 마케터에게 불만족함을 이야기하는 경우가 있다. 소비자들은 가끔 불량제품에 대하여 마케터들에게 불평을 하거나 개선을 위한 제안을 한다. 또 반환이나 다른 보상 수단 혹은 제품의 성과를 증가시키는 부과적인 서비스의 제공을 요구하기도 한다.

둘째, 다른 사람들에게 자신의 불만족 경험을 이야기한다. 한 연구에 의하면, 소비자가 불만족을 호소하고 그 불만족이 해결되었다 하더라도 불만해결 과정 시 느꼈던 내용을 평균 5명에게 이야기하는 것으로 나타나 있다.

셋째, 신문, 잡지, 방송국 등에 불평 편지를 쓰거나 소비자단체 또는 정부 관련 기관에 피해 구제 요청을 함으로써 제3자의 지지를 얻으려고 노력하기도 한다.

그림 12-5. 소비자 불평 행동의 유형

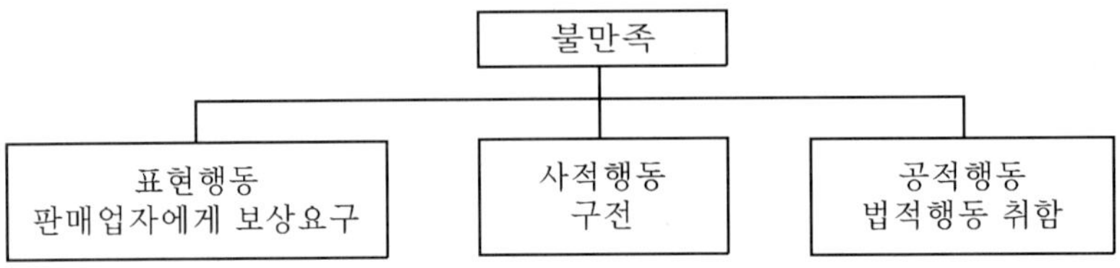

현실적으로 볼 때, 소비자들은 특별한 불평 행동을 하지 않고 다만 해당 상품을 재구매하지 않는 소위 말하는 무대응 행동을 취하는 경우가 대부분이다.

3) 인지 부조화

인지 부조화(cognitive dissonance)란, 특정 상표 제품을 구매한 후에 소비자가 느끼는 심리적인 불안을 의미한다. 소비자는 구매 후 구매결정을 취소할 수 없거나 특정 제품 속성이 자신이 구매한 제품에 없고 구매하지 않은 제품에는 있을 때, 그리고 관여도가 높고 마음에 드는 대안들이 여러 개 있을 때, 소비자는 자신의 구매결정에 대하여 심리적 불안감을 가지는데, 이를 소비자 나름대로 해소하려는 경향이 있다. 이러한 부조화적 소비자들은 두 가지 행동 중 한 가지를 행한다. 그 하나는 그 제품을 버리거나 반품을 함으로써 부조화를 줄이려고 하는 것이고, 다른 하나는 그 제품의 높은 가치를 확신시켜 주는 정보를 탐색함으로써 부조화를 줄이려는 것이다. 처음 소비자들은 가능하면 자기의 선택을 합리화 내지 일반화하려고 노력한다. 즉, 자기가 구매한 상표의 좋은 점만 찾거나, 아니면 구매 상품이 구매하지 않은 상품과 다른 점을 찾지 못할 때 자신이 현명한 선택을 했다고 믿음으로써 심리적인 안정을 찾으려는 경향이 있다.

한편, 기업으로서는 자사 제품을 구입한 소비자들의 인지 부조화를 줄여 줌으로써 그들의 재구매를 유도할 수 있으므로 인지 부조화를 감소시키기 위해 여러 가지 활동을 전개하게 된다. 기업의 마케팅 관리자는 부조화의 원인을 제거하기 위해 판매 후 소비자에게 그의 현명한 선택을 축하한다는 내용의 편지를 보내거나, 만족해하는 소비자를 광고에

이탈리아 로마 벼룩시장 상인

등장시킨다든지, 자사 제품의 우수성을 담은 안내 책자를 발송하거나, 사후 서비스 일정을 기간별로 통보해 주는 등 여러 가지 노력을 기울이고 있다. 이 외에도 일부 기업에서는 소비자들이 불평을 토로할 수 있고, 고객의 불만족에 대해 즉각적으로 배상할 수 있는 경로를 마련해 놓고 있다.

제13장

소비자행동의 외적 영향 요인

1. 문화와 하위문화

1.1 문화

소비자의 구매의사결정에 영향을 주는 요인은 크게 내적 영향요인과 외적 영향요인으로 구분한다. 먼저 내적 영향요인으로는 소비자의 태도, 학습, 기억, 개성, 가치, 라이프스타일(life style) 등이 있으며, 또 외적 영향요인으로는 소비자의 개인적 특성 외의 것으로, 소비자가 속한 문화·하위문화, 사회계층, 준거집단, 가족, 상황 등이 있다.

인간은 소비자이기에 앞서 기본적으로 한 문화의 구성원이기에, 살면서 문화를 학습하게 되는데, 그 문화 속에서 어떤 가치를 자연스럽게 습득하게 된다. 그리고 자신이 속한 문화 및 사회에서 소비자로서 살아가는 데 필요한 지식·기술을 습득하는 소비자 사회화 과정을 거친다. 이러한 과정을 거치는 동안에 소비자는 자신이 속한 문화, 사회, 소속 집단 및 가족들로부터 영향을 받음은 물론, 이 영향들을 내면화하게 된다.

1) 문화의 의의와 특성

(1) 문화의 의의

문화란, 인간집단에 의해 형성되어 한 세대에서 다른 세대로 전달되는 삶의 방식으로, 가족·교육·종교·정부·기관 등을 포함하는 사회제도 내에서 살아가는 방법을 행동으로 나타낸 것이며, 한 집단의 구성원들을 다른 집단 구성원들과 구별시키는 특성들의 총체라 할 수 있다.

여성 인류학자인 베네딕트(R. Benedict)는 "우리가 쓰고 있는 안경의 렌즈는 보이지 않는다."라는 말로 문화를 설명하고 있다. 이는 진공상태나 공기가 부족한 곳에 가면 그 진가를 알 수 있듯이, 우리가 익숙하지 않은 색다른 문화와 접하게 되면 비로소 문화의 영향력이 얼마나 크고 중요한 것인지를 알게 된다는 것이다. 문화를, 인간이 특정 사회에 생존한다는 조건으로 인해, 일반적인 '생활양식의 총체'로 간주하는 경향이 있다. 또, 아사엘(H. Assael)은 문화를 사회가 전체적으로 용인하고 언어와 상징물을 통해 사회 구성원들에게 전달되는 가치관이라고 정의하고 있다.

문화는 타고난 것이 아니라 되풀이되는 상황에 의해 학습되는 것이고 집단 구성원들에 의해 공유되는 것이기 때문에 다른 그룹들과 구별하는 데 영향을 주는 것은 물론, 구성원들의 구매 및 소비 유형에 영향을 주는 중요한 요소이다. 예를 들면, 어떤 문화권에서는 청바지가 잘 수용되는 데 반해 어떤 문화권에서는 전혀 그렇지 않은데, 이것이 바로 문화의 차이라 할 수 있다.

또한 녹색이 대부분의 국가에서 환경보호의 상징으로 인식되나 동남아에서는 질병을 상징하며, 흰색은 서양에서 순수하고 깨끗함을 연상시키나 아시아에서는 죽음을 뜻한다. 동부 아프리카에서는 뚱뚱한 여성을 아름답다고 생각하는 경향이 있다. 이러한 인식의 차이는 모두 문화의 차이에 기인한 것이라 하겠다. 여기서 소비자행동에 영향을 미치는 문화의 특성 및 구성요소에 대해 자세히 살펴보고자 한다.

(2) 문화의 특성

문화의 일반적 특성으로 다음과 같은 것을 들 수 있다.

첫째, 문화는 인간의 창조물이다. 사람은 문화를 가졌다는 점에서 동물과 다르다. 인간은 다른 동물에 비해 신체적으로 자연환경에 적응하는 데 어려움이 있어, 자연 그대로의 상태로는 살기 힘들다. 이 점을 극복하기 위해 사람들은 문화를 만들어 냈고, 이로써 대처할 수 있었다. 즉, 인간은 다른 동물이 모방할 수 없을 만큼 자연에 잘 적응하고 또 자연을 통제, 지배할 수단까지 만들 수 있었는데, 이것이 곧 문화이다.

둘째, 문화는 사회 속에서 생성·공유되는 것이다. 즉, 문화는 한 사회의 구성원들이 함께 삶으로 해서 만들어지는 것으로, 어느 개체가 혼자 만들 수 있는 것은 아니다. 사회활동을 통해 만들어진 문화는 사회 구성원들에 의해 공유되므로 개인차에도 불구하고 사회 구성원들의 행위에서 다른 집단의 것과 구별될 만한 어떤 공통적인 경향을 발견할 수 있다. 한 사회의 구성원 개개인의 취향이나 버릇이 아닌 공통적인 경향을 우리는 문화라고 부른다.

셋째, 문화는 학습되고 전승된다. 문화는 생물학적으로 타고나는 유전적인 것이나 본능적인 것이 아니다. 사람의 행동양식과 믿음, 가치관 및 언어 등은 사람들과의 상호작용을 통하여 학습되는데, 문화는 이러한 학습 과정을 거쳐 다음 세대로 계속 전승된다.

넷째, 문화는 하나의 전체로서 존재한다. 한 사회집단의 문화는 지식, 신앙, 예술, 도덕, 법 및 관습 등 수많은 부분들로 이루어져 있으며 이러한 부분들은 독립적으로 존재하는 것이 아니라 긴밀한 관계를 유지하면서 하나의 전체로서 존재한다는 것이다.

다섯째, 문화는 지속적이면서도 동태적이다. 사람은 자신이 속한 문화에 맞추어 생각, 행동함으로써 욕구를 충족시켜 나가는데, 사회 구성원들이 원하는 욕구가 기존의 문화를 통해 충족될 경우, 이 문화요소는 여러 세대에 걸쳐 이어지게 된다. 또한 구성원들이 다른 새로운 문화에 노출되었을 때에도, 기존 문화의 영향은 지속되므로 자신의 문화적 영향권으로부터 탈피하기가 쉽지 않다. 그러나 이러한 변화에 대한 저항에도 불구하고 문화는 계속적으로 변화하며, 또 문화는 전승되는 과정에서 새로운 것이 추가되고 낡은 것은 소멸되면서 변한다.

2) 문화의 구성요소

문화는 사회 구성원들이 살아가는 방법이라고 할 수 있는데, 살아가는 방식은 문화의 가치, 관습과 의례[118], 법 및 유형의 물건 등에서 찾아볼 수 있다. 이러한 문화를 구성하는 요소들은 추상적 요소와 물질적 요소로 구분되는데, 가치나 관습 등은 추상적 요소이며, 일상에서 사용하는 유형의 물건은 물질적 요소이다.

(1) 가치

가치는 구성원이 노력해야 하는 목적과 그 목적을 성취하기 위해 필요한 행동, 감정 및 적절한 사고에 대한 핵심적인 견해를 말한다. 이러한 가치는 사회의 구성원이 특정한

118) 의례(儀禮)는, 고개를 숙이거나 악수하는 것처럼, 동작 그 자체는 별 의미가 없는 인간의 전통적·형식적 행위로서, 사람들의 말 없는 합의에 의해 상징적 의미와 효력을 갖는다.

일본 전통시장 내부

상황에서 비슷한 방법으로 반응하도록 하는 데 근거가 된다. 한 문화 내의 구성원들은 유사한 가치를 공유하지만, 다른 문화의 구성원들과는 다른 가치를 가지는 경향이 있다. 예를 들면, 미국문화는 개인 자유의 중요성과 개인의 성공을 강조하는 반면, 한국문화는 개인과 사회의 관계를 강조한다.

(2) 관습과 의례

관습이란, 특별한 상황에서 일상적으로 발생되어 문화화되는 행동양식을 의미한다. 예를 들면, 우리 선조들이 웃어른에게 절을 해 왔듯이, 문화마다 독특한 관습이 있다. 우리나라의 관혼상제(冠婚喪祭)[119]는 우리들이 인간으로 한 평생을 살면서 겪게 되는 의례(ritual)로, 삶에 있어 중요한 역할을 한다.

(3) 법

법은 가치, 관습 및 의례와 같은 것을 규칙과 규정으로 성문화(成文化)한 것으로 공권력

119) 관혼상제(冠婚喪祭)는 관례·혼례·상례·제례의 사례(四禮)를 통틀어 이르는 말이다.

에 의해 지지된다. 법은 교통신호 위반에서부터 살인에 이르기까지 인간행동의 거의 모든 측면을 지배하고, 사회 구성원들에게 전형적으로 적용되는 문화의 가치를 대표한다.

(4) 유형의 물건

유형의 물건(material artifacts)이란, 문화의 구성원들에게 특별한 의미를 지니는 상품을 의미한다. 많은 물건들은 그것이 관습이나 의례에서의 역할로 인해 특별한 의미를 지니며, 한 문화 내에서 특별한 위치를 나타내는 상징적 의미를 가진 제품이 될 수 있다. 그러한 예로 부지런히 노력한 대가로 얻은 자신의 성공을 남에게 보여주기 위해 비싼 승용차나 제품을 구매하는 경우를 들 수 있다.

이는 우리 문화가 근면함, 노력, 성공을 중요한 사회적 가치로서 여기게 됨에 따라 그 가치를 반영하는 유형의 물건, 즉 고가의 제품이 그것을 나타내는 수단이기 때문이다. 또 결혼할 때 신랑신부가 주고받는 금반지는 다른 경우의 반지와는 상징하는 바가 다른 유형의 물건이라고 할 수 있다.

1.2 하위문화

문화를 특정 사회의 고유한 생활방식으로 이해할 때, 국가나 전체 사회의 문화 내에서 그 나름대로 독특한 생활방식을 유지하는 집단들이 있다. 사회의 집단 구성원이 증가하고 그 활동 범위가 넓어짐에 따라 전체 구성원보다 더 빈번한 접촉과 상호작용을 하는 사람들과의 관계에서 새로운 문화집단을 형성하게 된다. 이처럼 하나의 전체 사회에는 다양한 하위집단들이 존재하는데, 이들의 문화를 하위문화라 부른다.

하위문화는 한 사회집단 속의 특수한 부분 또는 다른 부분과 확실히 구분될 만큼 특이하게 나타나는 생활양식을 가리킨다. 우리는 연령집단에 따라 청년문화와 노년문화, 지역적으로는 남도문화[120]와 경기도문화와 같은 특정 지역의 문화 등을 말하는 경우가 있는데, 이들이 바로 하위문화이다. 〈표 13-1〉과 〈표 13-2〉는 문화의 구성요소와 하위문화의 범주를 나타낸 것이다.

120) 남도문화는 경기도 이남 지방의 문화를 말한다.

표 13-1. 문화의 구성요소

구성요소	예
가치	열심히 일하여 얻는 성공, 물품 보유로 나타나는 물질주의, 자유의 부여
언어	영어, 한국어, 중국어
관습	머리를 감고 목욕하는 행위, 명절에 새 옷을 사주는 것
의례	관례, 혼례, 상례, 제례
법	사유재산의 법률적 보호 장치, 평등한 교육 기회의 제공
상품	다이아몬드, 결혼반지, 의복 습관

표 13-2. 하위문화의 범주

분류 기준	구 분
연령	청소년, 청년, 중년, 노년
성별	여성, 남성
소득	저소득층, 중산층, 고소득층
종교	기독교, 가톨릭, 불교 등
직업	학생, 회사원, 전문직, 공무원 등
지리	서울, 경상도, 충청도, 강원도, 전라도 등
지역성	도시, 농촌, 소도시, 근교

그렇다고 하위문화가 그들 전체 사회문화를 따르지 않는다는 것을 의미하는 것은 아니다. 즉, 사회 구성원들은 자신이 속해 있는 특정 하위집단 문화의 영향과 그 사회 구성원들에 의해 공유되고 있는 사회 전체 문화의 영향을 함께 받는다. 〈그림 13-1〉은 이러한 하위문화와 전체문화의 관계를 보여주는 것이다.

그림 13-1. 문화와 하위문화의 관계

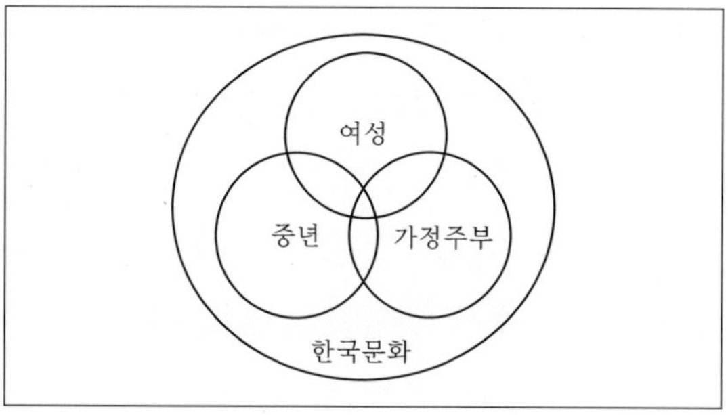

2. 사회계층과 준거집단

2.1 사회계층

1) 사회계층의 의의

사회계층은 소비자행동에 영향을 미치게 되는데, 사람들이 시간을 할애하는 방식, 구매 장소 및 구매 제품 등이 사회계층에 의해서 영향을 받게 된다. 소비자들은 제품이나 서비스의 브랜드와 특정 사회계층을 연관시키려는 경향이 있다. 사회계층(social class)이란, 비슷한 가치, 라이프스타일, 관심사 및 행동 등을 공유하고 있는 개인들이나 가족들을 범주화시켜 나눈 비교적 지속적이고 동질적인 집단을 의미한다. 다시 말하면, 동일한 사회계층의 사람들은 사회적, 경제적 위치를 기반으로 그들의 행동에 있어서 비슷한 집단으로 구분된 것이라고 말할 수 있다.

2) 사회계층의 결정 요인

사회계층은 다음 9가지의 요인, 즉 직업, 소득, 소유물, 개인적 명성, 교제관계, 사회화, 권력, 계층의식, 계층 이동 등에 의해 결정된다. 여기서 이들에 대해 알아보고자 한다.

(1) 직업

우리가 처음 만난 사람과 대화를 하면서 상대방에 대한 질문 중 빠지지 않는 것이 그 사람의 직업이 무엇이냐고 하는 것이다. 이처럼 직업은 사회계층의 제일차적인 결정 요인이 되고 있다. 즉, 사람들은 여러 직업의 가치에 일정한 서열을 정해 놓고 다른 사람들을 그에 비추어 평가하려는 경향이 있다. 어떤 사람의 직업이 무엇이냐에 따라 상대방은 그 사람의 학력이나 소득 정도를 예측할 수 있기 때문에 직업은 개인의 사회계층을 알아볼 수 있는 중요한 척도로 이용된다.

(2) 소득

전통적으로 소득은 구매력[121]뿐만 아니라 신분을 나타내는 중요한 척도로 사용되어 왔다. 그러나 소비자행동에 있어서 소득과 사회계층 사이의 관련성은 과거에 비해 많이 약해졌다. 이는 소득수준이 전반적으로 높아졌으며 그 원천 또한 다양해져, 사회계층을 구분하는 척도로서의 역할이 작아졌기 때문이다. 이러한 현상은 선진국일수록 더욱 두드러진다. 또한, 3D 업종에 종사하는 블루칼라(blue collar) 노동자의 소득이 화이트칼라(white collar) 사무원의 소득을 앞지르는 경우가 많아졌다. 우리나라의 경우에도 대도시 근교의 땅값 상승으로 인한 '벼락부자'가 증가함에 따라, 이들을 어느 사회계층으로 분류할 것인지에 대한 논의가 분분하다.

(3) 소유물

소유물은 사회계층을 반영하는 중요한 요소로, 어디서 사는가의 문제, 즉 주거의 형태와 이웃을 결정한다고 할 수 있다. 사회적 신분의 지표가 되는 또 다른 종류의 소유물로는 가구, 의상, 가전제품 및 여가 활동 등 여러 가지가 있다.

한편, 소비자가 자신의 집안에 소유하고 있는 물품들이 사회계층과 관계가 있다. 바닥에 깔 것으로 상류층은 고급 융단을 선호하고, 중류층은 카펫을 이용하고, 하류층은 주로 장판을 사용한다. 또한, 여가 활동도 소유물의 하나로서 소비자의 구매행동에 영향을 미치며, 여가 형태 및 즐기는 게임에 의해서 사람들의 지위나 경제 수준을 파악할 수도 있다.

(4) 계층의식

한 개인의 사회적 계층은 그 자신이 갖는 사회계층에 대한 의식 정도(class consciousness)로 알 수 있다. 대체로 높은 계층에 속한 사람일수록 그 사회 내의 계층 차이에 대한 인식 수준이 높다고 한다.

(5) 가치관

사람들이 행동을 할 때 그 기준이 되는 신념인 가치관 또한 개인이 속한 사회계층을 나타낸다. 만약 어느 집단이 여러 가지 구체적인 태도를 취하고 행하는데, 이때 어떤

---

121) 구매력이란, 상품을 구매할 수 있는 재력(財力)을 말한다. 기업으로서는 주로 구매 의사와 구매력을 가진 소비자들을 대상으로 마케팅 활동을 전개하게 된다.

공통적인 가치를 갖고 있다면, 그 가치에 따라 집단 내 사람들을 분류할 수 있을 것이다.

2.2 준거집단

1) 준거집단의 의의

준거집단(reference groups)이란, 어떤 사람이 신념[122], 태도 및 행동을 형성하는 데 참고로 하는 집단을 말하며, 개인행동에 직·간접적 영향을 미친다. 우리들은 일상생활에서 주위 사람들로부터 영향을 받을 뿐 아니라 그들에게 영향을 미치기도 한다. 마찬가지로 소비자들은 제품을 구매 전이나 구매 과정에서는 물론, 구매 후에도 사회적 영향을 받는다. 즉, 특정 제품의 구매에 대해 다른 사람이 어떻게 생각할 것인가를 고려하게 된다는 것이다.

요컨대, 우리들은 다양한 형태의 사회적 집단으로부터 영향을 받는다고 할 수 있다. 한 예로, 유명인사가 등장하는 광고는 유명인사의 준거적 영향력을 통해 소비자에게 영향을 미치려고 하는 광고라 하겠다. 즉, 준거적 영향에 대한 기본 가정은 소비자들이 그 유명인사와 자기 자신을 동일시(identification)하고자 하기 때문에 소비자들이 그에 의해서 영향을 받을 가능성이 있다는 것이다. 농구화 광고에 미국 농구선구 마이클 조단을 등장시키는 것도 바로 이 때문이라 하겠다.

2) 준거집단의 유형

준거집단은 그 목적에 따라 〈그림 13-2〉와 같이 나눌 수 있다. 우선, 집단 구성원으로 소속될 수 있느냐의 여부에 따라 회원 집단(membership group)과 비회원 집단(nonmembership group)으로 나뉜다. 또 회원 집단은 접촉의 빈도에 따라 1차 집단과 2차 집단으로, 그리고 공식적인 역할 내지는 조직 구조에 따라 공식 집단과 비공식 집단으로 구분된다. 비회원 집단은 열망 집단과 회피 집단으로 나누어진다.

여기서 회원 집단과 비회원 집단에 대해 알아보면, 다음과 같다.

---

122) 신념은 어떤 사상이나 명제 등을 적절하거나 참된 것으로서 승인, 수용하는 심적 태도이다.

그림 13-2. 준거집단의 유형

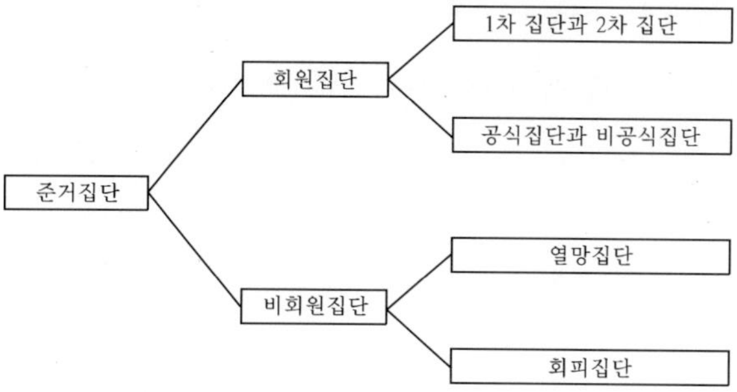

(1) 회원 집단

앞에서 보았듯이, 회원 집단은 1차 집단과 2차 집단으로, 그리고 공식 집단과 비공식 집단으로 분류된다. 만약 어떤 개인이 가족, 친구 및 회사 동료 등의 사람들과 대면적 상호작용을 하게 되면, 이들은 1차 집단이다. 가족과 동료 집단은 1차 비공식 집단으로, 집단 구성원들 간에 접촉이 빈번하고 친근한 관계이기 때문에 상호간에 유사성이 많으며 소비자 개인에게 영향을 많이 미치는 집단이다. 2차 집단은 1차 집단보다 대면적 접촉이 빈번하지 않으며, 개인의 사고와 행동에 미치는 영향도 훨씬 약하다.

비공식 집단과 공식 집단[123]은 구성원 자격 요건의 명확성 여부와 조직 구조의 문서화 여부로써 구분된다. 비공식 집단은 상호간의 친목에 근거를 두며, 구성원 간의 대면적 상호작용이 많기 때문에, 개인이 집단의 규범을 받아들이도록 동기부여될 경우, 개인행동에 영향을 미친다.

(2) 비회원 집단

비회원 집단은 열망 집단과 회피 집단으로 구분할 수 있다. 열망 집단이란, 어떤 개인이 소속되기를 원하는 집단이라고 할 수 있는데, 이때 그 개인은 열망 집단 구성원들의 가치, 규범 또는 행동을 따르는 성향이 있다. 그리고 열망 집단에는 기대 열망 집단과 상징 열망 집단이 있는데, 전자는 장래 어느 시점에 참여하리라고 기대하는 집단(예: 직장 상사)이고,

123) 집단은 그 조직화의 정도에 따라서 공식 집단과 비공식 집단으로 나뉜다. 공식 집단은 구체적인 목표를 달성하기 위해 특정의 역할과 권한수준을 명시하는 등(예를 들면, 사장, 전무, 부장 등) 명확히 정의된 구조를 지니고 있는 집단을 말하며, 비공식 집단은 정서적인 뜻에서의 친밀한 인간관계를 겨누어 사람들의 역할 관계가 개인의 특성에 따라 자연적이고 비형식적으로 분화되어 있는 집단을 말한다.

후자는 개인이 속하리라고 기대하지 않은 집단(예: 좋아하는 연예인)이다. 또한 회피 집단(dissociative group)은 개인이 피하고자 하는 집단 또는 속하고 싶지 않은 집단을 의미하며, 부인 집단(disclaimant group)은 그 어떤 집단에 속한 것을 부인하는 집단을 가리킨다.

표 13-3. 회원 집단의 구분

구분	공식 집단	비공식 집단
1차	1차 공식 집단: 직장 동료, 학급의 급우	1차 비공식 집단: 가족, 친구
2차	2차 공식 집단: 학교 동창, 사교클럽	2차 비공식 집단: 스포츠 동우회

3) 준거집단의 영향

준거집단이 개별 소비자의 행동에 미치는 영향은 순응, 동일시, 내면화라는 3가지 단계로 구분할 수 있는데, 이를 구체적으로 알아보면, 다음과 같다.

(1) 순응

순응이란, 소비자가 집단의 영향을 받아들이는 것을 말한다. 즉, 어떤 보상을 얻거나 처벌을 회피하기 위해 자신의 신념과는 관계없이 집단의 규범을 받아들이게 된다. 예를 들면, 외국인과 결혼을 하고 싶지만 가문의 전통 때문에 그렇게 하지 못하는 경우를 들 수 있다.

(2) 동일시

동일시란, 소비자가 특정한 집단과 바람직한 관계를 유지함으로써 자아개념을 증진시키고 자기정체성(identity)[124)]을 얻기 위해 집단의 영향을 받아들이는 것을 의미한다. 자기가 좋아하는 인기 연예인의 머리모양으로 바꾼다든지, 동료 집단에서 소외되지 않기 위해 동료들이 사용하는 특정 상표의 신발을 구입하는 등의 행동이 동일시의 대표적 예라 하겠다. 여기서 그 인기 연예인에 대한 흥미가 떨어지면 영향력, 즉 동일시하려는 노력 또한 감소하게 된다.

124) 자기정체성(identity)은 자신에 관해 통합된 관념을 가지고 있느냐에 대한 개념이다. 자기정체성이 형성되었다는 것은 자기의 성격, 취향, 가치관, 능력, 관심, 인간관, 세계관 및 미래관 등에 대해 비교적 명료하게 이해를 하고, 그러한 이해가 지속성과 통합성을 갖고 있는 상태를 말한다.

(3) 내면화

소비자가 자신의 가치 체계에 비추어 그 집단의 영향을 마음속으로 받아들여 수용할 경우에 내면화가 발생한다. 이 경우, 소비자들이 집단의 가치와 규범을 개인적 가치관으로 수용하여 자신의 것으로 만들게 된다.

위에서 살펴본 세 가지 작용은 다음과 같은 성질을 지닌다. 순응의 경우는 신념과 태도의 변화 없이 수동적으로 행동만 바뀌나, 동일시의 경우는 행동뿐만 아니라 태도도 부분적으로 바뀌지만, 지속성이 약하다. 반면, 내면화를 통해 형성된 태도는 개인의 가치관으로 소화되어 지속성이 매우 강하다.

이러한 준거집단이 소비자행동에 미치는 작용을 알아보면, 〈표 13-4〉에서와 같다.

표 13-4. 준거집단의 작용

유형	목표	정보원에 대한 지각	영향력의 형태	기대 행동
정보 작용	지식	신뢰성	전문성	수용
비교 작용	자기 유지, 자기 확대	유사성	준거력	동일시
규범 작용	보상	압력	보상·강제	순응

3. 가족

3.1 가족의 의의

가족(family)은 인간사회에서 존재하는 가장 기본적인 사회단위이며, 가정과 함께 혼인한 혈연관계를 통해 함께 살아가는 영속적인 사회단위로 정의된다. 보다 엄밀히 말하면, 가족은 부부를 기초로 하여 한 가정을 이루는 사람들을 의미하며, 가정은 부부를 중심으로 혈연관계의 사람들이 함께 살고 있는 가장 작은 사회 단위를 말한다. 또한 가구는 거주와 생계를 같이하는 사람들로서 혼인이나 혈연관계와는 무관하게 하나의 주거단위에서 함께 사는 사람들을 가리킨다.

가족은 다음과 같은 특징을 갖는다. 첫째, 어떤 사회에서나 어떤 시대에 존재하는

중국 전통시장의 행상

가장 보편적인 사회 형태라는 의미에서 보편성을 가진다. 둘째, 가장 중요한 유기체적 행동에 기초하고 있다는 점에서 감정적 기초를 가지고 있다. 셋째, 사회화를 통해 개성(personality) 형성에 주요한 영향을 미친다. 넷째, 모든 사회조직의 핵이다. 즉, 사회 구조의 핵심적 위치에 있다는 것이다. 다섯째, 구성원의 책임을 전제로 한다. 가족은 다른 어떤 집단보다도 구성원에게 많은 것을 요구한다. 일반적으로 특정 집단의 구성원은 그 집단에 대해 특정 의무만을 가지나, 가족에 있어서는 그러하지 않다.

3.2 가족 의사결정

가족은 소비자행동에 많은 영향을 미치는 요소인데, 특히 어린아이에게는 소비자 사회화 역할을 한다. 가족 내에서의 의사결정은 합의나 적절한 조정을 통해 이루어진다. 그리고 가족의 구매결정에 있어 가족 구성원들은 각기 다른 역할을 하는데, 구성원별의 역할은 각자가 지니는 정보, 자원, 힘 및 이미지에 따라 다르다. 예를 들면, 유아용품은 엄마가 구매하여 아기가 사용하게 된다. 또한 가족이 공동으로 사용할 가전제품 등의 구매 시에는 제품에 대한 정보 수집, 제품 및 상표의 선택, 제품 대금 지불, 사용 및 사용 후 평가 등에 있어서 가족 구성원 각자의 역할은 상이하다. 이는 의사결정에 있어서 정보 수집자, 영향력 행사자, 의사결정자, 구매자 및 사용자와 같은 각기 다른 역할을 가족 구성원이 수행하여야 한다는 것이다.

생활정보 녹색 상품 선별법

친환경 표지

녹색 상품을 쉽게 찾는 방법은 친환경 표지 마크를 찾는 것이다. 환경표지제도는 동일 용도의 제품 중 생산 및 소비 과정에서 오염을 상대적으로 적게 일으키거나 자원을 절약할 수 있는 제품에 환경 표지를 붙이는 제도다. 소비자가 이 표지를 보고 친환경 제품을 선택하게 되면, 기업으로 하여금 친환경 제품을 개발, 생산하도록 유도할 수 있는 선순환의 효과가 있다. 환경 표지 인증을 받은 제품은 복사기·컴퓨터 등 사무용 기기, 형광 램프·발광 다이오드(LED) 등기구 등 전기 자재, 페인트·벽지 등 건축자재, 주방세제·샴푸 등 세제를 비롯해 2010년 말 기준 8천21개에 달한다.

에너지소비효율

전기를 이용하는 제품이라면 에너지소비효율 등급 라벨이나 고효율 기자재 마크, 에너지 절약 마크 등을 보고 에너지 절약형 제품을 선택하는 것도 필요하다. 에너지소비효율 등급은 1등급에 가까운 제품일수록 에너지 절약형이며, 고효율 기자재 마크가 부착된 제품은 일반 제품에 비해 높은 에너지 효율을 정부가 인증하는 제품이다.

에너지 절약 마크가 부착된 제품은 대기전력 저감 성능이 우수한 제품이다. 이들 마크가 부착된 에너지 절약형 제품은 일반 제품에 비해 에너지효율이나 대기전략 저감 성능이 30~40% 정도 더 우수하다.

탄소 성적 표지

환경부에서 시행하는 탄소 성적 표지는 제품과 서비스의 생산·수송·유통·사용·폐기 등의 과정에서 발생하는 온실가스의 배출량을 제품에 표기하는 제도다. 1단계인 탄소 배출량 인증과 2단계인 저탄소 상품 인증으로 구성되는데, 탄소 배출량 인증 제품은 기후변화에 대응한 제품임을, 저탄소 상품 인증 제품은 저탄소 기술을 적용하여 온실가스 배출량을 감축한 제품임을 정부가 인증한 제품이다. 마크에 g, kg으로 표시되는 수치는 감축량이 아닌 배출량이므로, 이 수치가 적을수록 더 친환경 상품이라고 할 수 있다.

자료: 『소비자시대』, 2011년 11월호, pp. 35-36.

한편, 전통적인 가족(특히, 남편이 일을 하고, 아내가 남편에게 경제적으로 의지하는 가족)에서는 아내에 비해 남편의 결정권이 훨씬 많다. 그러나 오늘날 맞벌이 부부가 늘어남에 따라 부부의 역할이 변하고 있고, 아내에 대한 남편의 권위도 과거에 비해 많이 약화되고 있다. 〈표 13-5〉는 가족 구성원의 영향력을 중심으로 한 의사결정의 4가지 유형을 나타낸 것이며, 또 〈그림 13-3〉은 구매결정 시 우리나라 남편과 아내의 역할을 나타낸 것이다.

표 13-5. 가족 의사결정의 4가지 유형

구 분	예
자율적 형태	구매 의사결정이 독립적으로 행해지는 경우
남편 지배적 형태	의사결정을 거의 남편이 주도하는 경우로, 남편 밖에서 혼자 사용하는 제품이나 복잡하고 비싼 승용차 등의 구매 시에 나타난다.
아내 지배적 형태	의사결정을 거의 아내가 주도하는 경우로, 가정에서 사용되는 제품(부엌용품, 가전제품)의 구매 시에 나타난다.
공동적 형태	각 의사결정 시에 동등한 영향력을 갖는 경우

그림 13-3. 가족 의사결정에서의 남편·아내의 역할

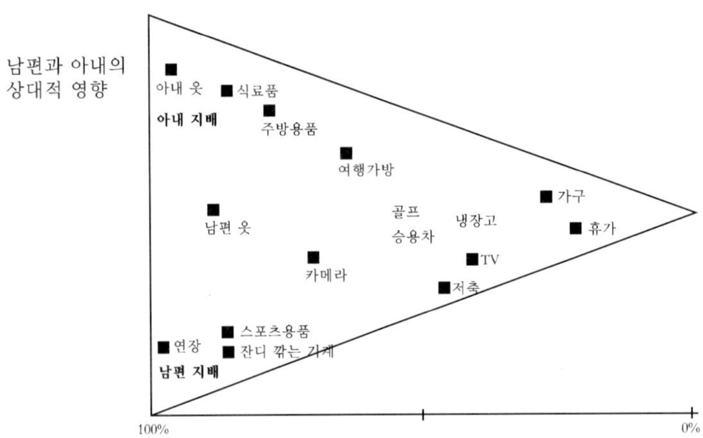

3.3 가족 생활주기

가족 생활주기(family life cycle)란, 사람들이 미혼의 상태에서 결혼하여 가정을 형성하고 자녀의 출산·성장·출가 및 정년퇴직하여 죽음에 이르는 과정을 거치게 되는데, 시간의 흐름에 따라 가족의 변화 과정을 설명하는 사회학적 개념이다. 가족 생활주기는 크게 전통적인 가족 생활주기와 현대적인 가족 생활주기로 나누어 설명할 수 있다.

1) 전통적 가족 생활주기

우선 전통적인 가족 생활주기는 주로 전통적인 가정 형태의 가계를 중심으로 제안된 생활주기이다. 이는 독신의 남녀가 결혼을 해서 아이를 낳고, 이 아이들이 성장하여 가족을 떠나고, 배우자가 사망함으로써 가족이 해체되는 소위 가정의 형성·발전 과정을 9단계로 구분하여, 각 단계별로 가계의 필요, 자금사정 및 제품의 구매와 소비패턴 등의 특성을 파악하는 것이다. 전통적 가족 생활주기의 단계별 특징을 살펴보면, 〈표 13-6〉과 같다.

표 13-6. 전통적 가족 생활주기 단계

단 계	특 성
독신기	·수입은 다소 적지만 고정 지출이 거의 없음. ·수입의 대부분을 의복과 음식, 유행, 여가 생활 및 취미 활동을 하는 데 사용함.
신혼부부기	·아직 아이가 없는 시기 ·수입의 상당 부분을 차와 의복, 여행이나 여가 활동에 소비함. ·값비싼 가구나 냉장고 등의 내구재 구입에 관심이 많음.
보금자리 1기	·첫 아이를 가짐. ·수입은 떨어지고 지출은 많아짐. ·부부 중심의 소비에서 아이 중심의 소비로 변함.
보금자리 2기	·6세 이상 ·남편의 수입이 많아지면서 생활이 안정됨. ·소비에 있어 아직 아동의 영향이 크게 작용함.
보금자리 3기	·매우 안정적인 시기로 새로운 가구 등 내구재의 대체 구매경향이 강함. ·아동 교육 등에 많은 돈을 씀.
노부부 1기	·아이들이 집을 떠나게 됨. ·사치스러운 제품을 구입함. ·여행, 오락, 자기 계발 등에 관심이 많음.
노부부 2기	·가장의 퇴직으로 수입이 격감함. ·건강과 관련해서 많은 돈을 쓰게 됨.
고독생존 1기	·배우자 사망. ·여행, 여가, 건강 제품 등에 대한 지출이 많음.
고독생존 2기	·개인적 보살핌을 바라게 됨. ·애정과 아전에 대한 욕구가 높아짐.

2) 현대적 가족 생활주기

오늘날의 가족 생활주기는 독신가구 및 이혼율의 증가 등으로 인해 상당히 다른 모습으로 변화하고 있다. 전통적 가족 생활주기로는 오늘날의 가족생활을 설명하는 데에는 한계가 있어, 이의 해결을 위한 새로운 가족 생활주기 모델이 개발되었다. 〈그림 13-4〉는 현대적 가족 생활주기를 나타낸 것이다.

그림 13-4. 현대적 가족 생활주기 단계

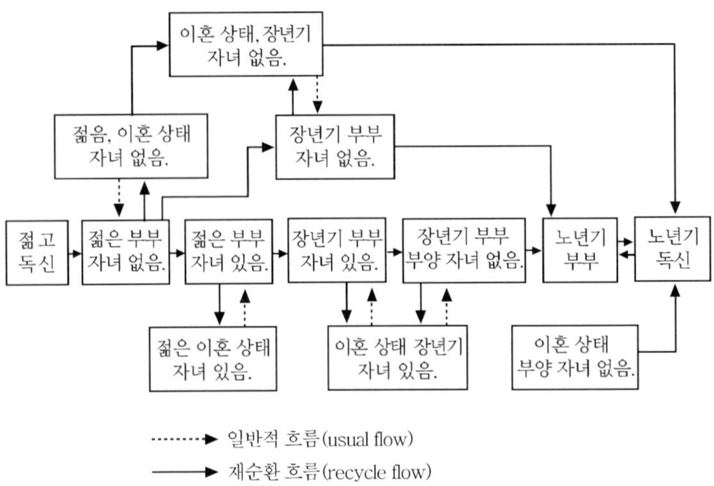

4. 상황적 영향요인

4.1 상황적 영향력

상황적 영향력이란, 소비자가 동일 상품을 구매할 경우, 구매·소비 상황에 따라 다른 상표를 선택할 수 있는데, 이때의 영향력을 말한다. 예를 들면, 육류 제품의 경우, 보통 식구들이 먹을 때는 돼지고기 삼겹살을 주로 선택하지만, 집안 행사로 손님을 초대한 경우에는 등심이나 갈비를 준비하게 된다. 그리고 평소에는 여러 가지 재료를 구매하여 카레를 만들어 먹지만, 바쁜 상황에서는 인스턴트 카레를 구매하여 먹는다. 이처럼 상황요인은 소비자의 상표 지각, 상표 선호 및 구매 행위 등에 많은 영향을 미친다.

4.2 소비자상황

1) 소비상황

소비상황은 소비자가 실제로 상품을 소비하는 시점의 상황을 의미하며, 제품(계열)에 따라 차이가 있다. 맥주의 경우를 예로 들면, 집에서 친한 친구와 담소하면서 마시는 상황, 주말에 근사한 레스토랑에서 마시는 상황, 운동 후 가볍게 마시는 상황 등이 있다. 이러한 상황에 따라 소비자의 상표 선호나 사용량 및 구매 행위가 다르다.

소비상황은 또한 적용되는 상황 수에 따라 단 한 번의 소비를 위해 제품을 구매하는 단일 사용 소비상황과 다양한 소비자 욕구를 만족시킬 수 있는 복수 사용 소비상황으로 구분할 수 있다. 단일 사용 소비상황은 라면, 음료 등과 같은 묶음 상품을 구매할 경우가, 또 복수 사용 소비상황은 여러 프로그램을 동시에 시청하기 위해 몇 대의 텔레비전을 구매한다든가, 여러 가지 상황에서 사용하기 위해 몇 종류의 카메라를 구매하는 경우 등이 그 예이다.

2) 구매상황

구매상황은 제품 구매 가능성, 가격 변화 및 할인 등과 같은 상황적 요인을 말한다. 제품을 다른 사람에게 선물용으로 구매하는가, 아니면 자신이 직접 사용하기 위해 구매하는가에 따라서도 구매상황은 다르다. 즉, 사용자가 자신일 경우에는 보다 저렴하고 실용성 있는 것을 선택하나, 타인일 경우에는 실용성보다는 고가·고품위의 제품을 선정하게 된다. 구매 시 제품 재고가 없었다든가, 가격 변동, 특별 행사, 종업원의 태도 등과 같은 구매상황 또한 소비자행동에 영향을 미친다. 〈표 13-7〉은 특정 상황이 소비자 태도에 어떻게 영향을 끼칠 수 있는가에 대한 몇 가지 예시를 나타낸 것이다.

표 13-7. 상황이 태도에 미치는 영향

상품/서비스	상 황	태 도
선크림	한여름에 밖에서 운동할 때	오일이 함유되지 않은 선크림의 사용이 좋을 것 같다.
컬러프린터	낡은 프린터가 고장이 났을 때	가격이 내려, 컬러프린터를 살 때가 되었다.
리조트·카지노	지쳐 있으며, 주말여행을 할 때	열심히 일했으니 며칠 쉬어도 된다.
민트 껌	입 냄새가 날 때	커피 한 잔을 마신 후에 강한 박하사탕이 필요하다.
저지방 샐러드 드레싱	다이어트 중	지방기가 없는 제품을 사용하도록 해야겠다.

자료: Schiffman, L. G. and L. L. Kanuk(2000), Consumer Behavior, 7th ed, Prentice Hall, p. 202.

네팔 오픈마켓 이용객들

3) 커뮤니케이션 상황

커뮤니케이션(communication) 상황이란, 소비자가 여러 가지 매체들을 통해 정보에 노출되는 상황을 가리키는데, 여기에는 각종 광고, 점포 내 진열 상태 및 종업원의 설명 등이 포함된다. 이러한 커뮤니케이션 상황에 따라 동일 광고물에 대한 소비자 반응은 다르다. 소비자가 라디오를 듣는 경우를 보면, 운전하면서 듣는지, 거실에 앉아서 듣는지 등의 상황은 광고물에의 노출, 주의, 해석 및 기억에 많은 영향을 미친다. 상황적 요인이 소비자행동에 미치는 역할을 도시화하면 〈그림 13-5〉와 같다.

그림 13-5. 상황적 영향 요인 모델

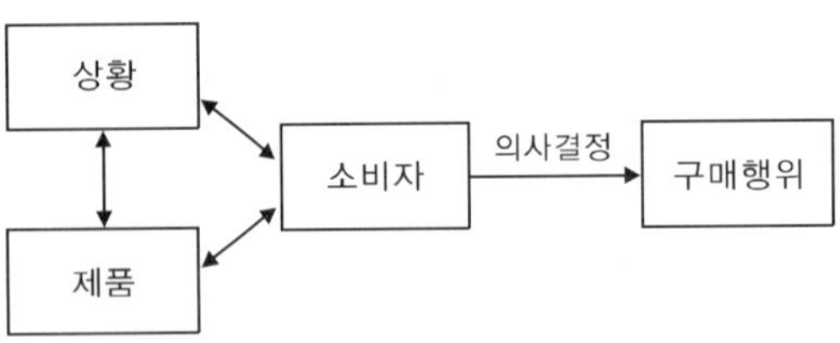

제품 구매 시에, 종업원이 제품 특성을 어느 정도로 설명해 주느냐에 따라 소비자의 실제 구매 행위, 즉 구매 여부와 구매량이 다르다. 따라서 기업으로서는 소비자들이 올바르고 합리적인 의사결정을 할 수 있도록 자사 판매원의 교육에 많은 관심과 노력을 기울여야 할 것이다.

제14장

소비자행동의 내적 영향 요인

1. 개인적 영향 요인

소비자는 자신이 속한 사회 속에서 살아가면서 다른 사람에게 영향을 미치기도 하지만 영향을 받기도 한다. 또한 소비자는 외부환경으로부터의 영향은 물론, 자신의 내적 요인에 의해서도 영향을 받는다. 그리고 소비자 개인은 환경과 상호작용하면서 형성된 독특한 스타일을 가지고 있으며, 또 일반 생활, 가정을 꾸미는 데 대한 관심 및 자녀 양육에 대한 견해 등은 동일한 문화나 인구통계적 배경을 가진 사람들일지라도 서로 다를 수 있다.

1.1 개성

1) 개성의 의의

개성(personality)이란, 사람이 자신을 둘러싼 주위 환경과 상호작용을 하는 데 있어서 특정 방법으로 행동하는 독특한 심리적인 성질을 말한다. 인간의 개성은 일생 동안 상호작용의 결과로 계발되며 쉽게 변화되지 않는다. 그리고 개성은 가지고 태어나는 것이 아니라 개인이 성장하는 환경의 문화, 가치관 및 인구통계적 변수 등과 관련성이 있다. 이는 아이의 개성이 부모의 자녀 양육 방법에 따라 다르다는 사실에서 알 수 있다.

개성이 개인의 독특한 사회적 상호작용을 반영한 것이나, 개성에는 공통성이 있다. 개성의 특성은 인간이 자신의 환경과 상호작용할 때 특이한 방식으로 행동하는 경향을 말하며, 또 개성의 형태는 공통의 개성(특성)을 갖는 사람들로 구성된 집단을 의미한다.

집단의 구성원들은 비슷한 행동 경향을 보이는데, 이는 혁신적인 개성의 소비자들은 새로운 기술을 배우려는 경향이 높기 때문에 컴퓨터 제품에 관심이 많은 데서 알 수 있다.

2) 개성 이론

개성 이론은 심리 분석적 이론, 특성 이론 및 자아개념 이론으로 구분되며, 라이프스타일 혹은 사이코그래픽스(psychographics)[125] 등과 관련성이 많다.

(1) 심리 분석적 이론

프로이드(S. Freud)의 심리 분석 이론에서는 개인의 개성이 자신의 욕구와 소망 등과 사회가 구성원을 통제하기 위해 사용하는 사회화 과정과의 사이에 존재하는 긴장으로부터 성장한다고 보고, 갈등의 해결 방법으로서 개성이 형성된다고 하며 개성은 무의식적인 욕구와 충동, 많은 성적인 것들로 이루어진다고 보았다.

프로이드는 개인의 개성을 구성하는 다음과 같은 세 가지의 심리학적 체계를 제시한 바 있다. 먼저 본능(id)은 비용이나 환경의 제약과는 상관없이 즉각적인 즐거움이나 욕구를 나타내며, 굶주림, 갈증, 성적인 만족 등과 같은 원시적인 심리적 충동을 만족시키려는 욕구라고 할 수 있다. 반면, 초자아(superego)는 사회의 문화와 가치관이 정의하기에 옳고 도덕적인 것을 하려는 개인의 잠재적인 시도를 나타낸다. 그리고 자아(ego)는 본능의 충동적인 욕구와 초자아의 도덕적인 의식을 중재한다. 즉, 자아는 사회 상황에 적응하려 하고 개인의 욕구와 환경상황을 중재하는 역할을 한다는 것이다.

〈그림 14-1〉은 본능, 초자아, 자아 사이의 상호작용 관계를 나타내고 있는데, 본능은 당장 자신이 원하는 것을 구하려 하며, 자아는 자신의 욕구를 만족시키는 데 도움을 줄 수 있는 최선의 방법을 계획하고, 초자아는 주변에 있는 사람들이 원하는 것만 해야 한다고 말할 수 있다. 그리고 프로이드 이론에 따르면, 자아는 사회적인 환경 속에서 비용을 들이지 않고는 원하는 것을 가질 수 없다는 것을 인식하는 반응 속에서 계발된다고 한다. 아이는 먹을 것을 달라고 울면 그것을 얻을 수 있으나 가끔은 기다려야 할 때도

---

125) 사이코그래픽스(psychographics)는 소비자의 행동양식이나 가치관을 연구하는 심리학적 수법을 가리킨다. 즉, 소비자의 활동, 관심사 및 의견에 관한 사항을 질문하여 그 응답 결과에 대한 자료 분석을 통해 생활유형의 종류를 연구한다.

있다. 이러한 반응 속에서 개인은 원하는 것을 가지기 위해 사고나 계획, 기술 등을 활용하는 데 있어 제 나름대로의 상호작용 스타일을 개발한다. 과학적 검증이 거의 불가능하다는 것이 프로이드 이론의 단점이라 하겠다.

그림 14-1. 본능, 초자아, 자아 간의 상호작용

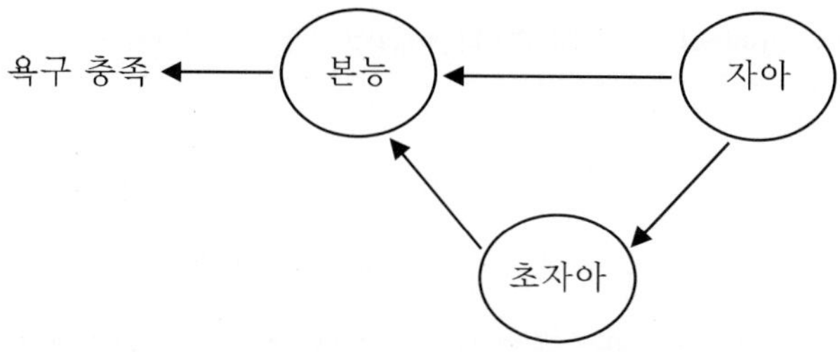

사실 심리 분석적 이론은 소비자의 동기 연구에 많은 영향을 주었다. 디히터(E. Dichter)는 개인소비자의 많은 행동이 무의식적 동기의 결과라는 것을 밝혔다. 예를 들면, 주부들이 동물성 튀김을 기피하는 것은 동물을 죽이는 죄책감을 느끼기 때문이며, 남자들이 담배를 피우는 것은 어릴 때 손가락을 빨던 향수 때문이라는 것이다. 또한 주부들이 인스턴트커피의 구매를 꺼리는 것은 그것의 구매가 무의식적으로 자신이 남들에게 게을러 보인다고 생각하기 때문이라고 한다.

(2) 특성 이론

사람의 행동을 살펴보면, 어느 정도의 일관성이나 규칙이 있음을 알 수 있다. 그러나 이러한 특성은 사람마다 차이가 있으므로, '사람은 개인별로 각기 다른 성격을 갖는다'고 말할 수 있다. 예를 들면, 대형차[126)]를 사는 사람과 소형차[127)]를 사는 사람 간에는 성격 특성상의 차이가 있을 수 있다. 특성이란 비교적 영구적이고 지속적으로 다른 사람과 구별되는 특정 행동을 하는 경향을 의미한다.

이 이론은 다음 세 가지 가정을 하고 있다. 첫째, 사람들은 개성을 이루는 특성을 공통적으로 지니고 있고, 둘째, 이러한 특성은 대체로 안정적인 성향을 나타내며, 개인별로

126) 대형차는 자동차관리법에 따라 승용차는 배기량 2,000cc 이상, 승합차는 승차 정원 36인승 이상, 화물자동차는 적재량 5톤 이상의 것을 가리킨다.

127) 소형차는 승용차의 경우, 배기량 1,500cc 미만, 승합차는 승차 정원 15인승 이하, 화물자동차는 적재량 1톤 이하의 것을 지칭한다.

어느 정도의 차이가 나며, 셋째, 이러한 특성은 행동을 측정함으로써 추론할 수 있다는 것이다. 따라서 특성이론은 소비자행동을 잘 예측할 수 있는 장점을 갖는다. 예를 들면, 어떤 소비자가 안전한 포장이라는 문제에 대해 긍정적인 관심을 보인다면 환경 관련 제품의 구매 가능성도 높아진다.

한편, 머레이(A. H. Murray)는 EPPS[128]라는 측정 도구를 이용하여 소비자의 특성을 측정하였는데, 이에 따르면, 담배를 많이 피우는 사람은 이성애, 공격성 및 성취욕이 높고 질서의식과 순응성이 낮다고 한다.

최근에 와서 학자들은 특성 분류 시에 5요인 모델을 사용하고 있는데, 이 모델에서는 개성을 다음 다섯 가지 유형으로 구분하고 있다. 첫째는 정서적 안정성으로, 이는 정서적으로 얼마나 안정되어 있는가 또는 긴장의 정도, 환경에 대한 민감성의 정도 등을 나타낸다. 둘째는 외향성으로, 곧 사교성의 정도를 가리킨다. 셋째는 타인과의 원활한 관계를 유지하고 협조하는 정도를 나타내는 호감성이며, 넷째는 자신이 속한 사회의 규범이나 규칙들을 지키려는 정도를 나타내는 성실성이다. 이러한 특성을 보이는 사람들은 대체로 책임의식, 인내력, 그리고 성취욕이 강하다. 마지막 유형은 경험에 대한 개방성인데, 이는 지적·예술적 자극, 변화 및 다양성을 좋아하는 정도를 나타낸다.

(3) 자아개념 이론

자아개념(self-concept)이란, '개인이 사회적으로 결정된 준거체계에 따라 자기 자신을 지각하는 방식'을 말한다. 즉, 사람들은 자신이 어떤 신체적 특성을 지니며 가치관이나 특성 등을 지니고 있다는 식으로 자기 자신에 대한 이미지를 갖고 있는데, 이를 자아개념 혹은 자아 이미지라고 부른다.

자아개념 이론에서 개성은 곧 자아 이미지의 표현이라는 점에 초점을 두고 있다. 즉, 이 이론은 다른 사람과의 상호작용이 개인의 자아개념에 영향을 미친다고 보고, 어떤 사람의 개성 형성에 있어서 사회적인 역할의 영향을 강조하고 있다. 그리고 모든 사람은 두 가지의 자아개념을 갖고 있는데, 이 중 한 가지 방식으로 자신의 개성을 표현하는

---

128) Edwards Personal Preference Scale(EPPS)는 마케팅 분야에서 널리 사용되는 개성 측정의 도구이다. 이는 머레이에 의해 제시된 인간의 기본 욕구를 바탕으로 한 것으로, 변화, 성취 및 친화(affiliation) 등의 15개의 항목으로 구성된다.

것으로 본다. 실제적 자아는 현재의 자신에 대한 견해인 반면, 이상적 자아는 자기가 원하는 자신의 이미지이다.

자아개념 이론은 특히 자아개념과 제품의 상표 이미지 간의 관계에 중점을 두고, 소비자는 자신의 이미지와 같은 제품을 구매, 사용하게 된다고 한다. 이는 비교적 거칠고 활동적인 소비자가 승용차보다 지프를 더욱 선호하는 데에서 알 수 있다. 또 소비자는 다른 사람들이 자신을 보는 이미지의 제품을 구매, 사용하는 경향이 있다. 이는 어떤 학생이 친구들로부터 자신을 유행 감각이 있고 현대적이라고 생각해 주기를 원할 경우, 힙합(hip-hop)을 듣는 것을 그 예로 들 수 있다. 〈그림 14-2〉는 이러한 소비자의 자아개념을 기초로 상표 선택 과정을 나타낸 것이다.

그림 14-2. 자아개념을 기초로 한 상표 선택 과정

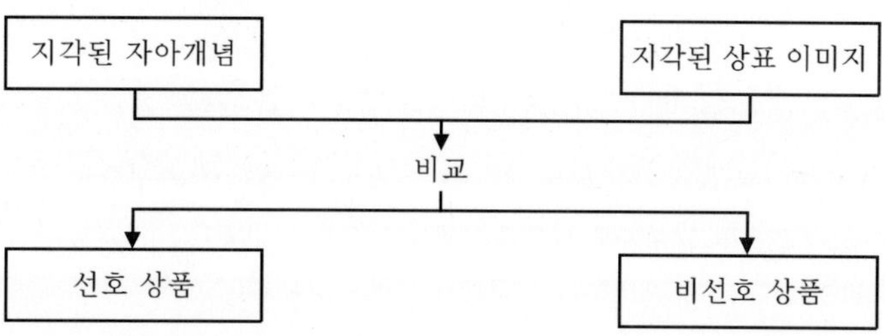

1.2 라이프스타일과 가치

1) 라이프스타일

비록 같은 사회계층과 직업을 가진 사람일지라도 세상을 살아가는 방식은 다를 수 있다. 여유 시간 동안 취미 활동에 열중하는 사람이 있는가 하면, 쇼핑하는 사람이 있을 것이고, 또 가정에서 조용히 보내는 사람도 있다. 이와 같이 사람들이 세상을 살아가는 방식 혹은 시간과 돈을 사용하는 방식을 라이프스타일(lifestyle)이라고 부른다.

라이프스타일은 소비자의 동기, 학습, 사회계층, 인구통계적 변수에 의해 영향을 받으며 소비자의 가치관을 반영하고 있다. 그리고 보통 라이프스타일은 사이코그래픽스(psychographics)를 통해 측정된다. 즉, 행동(activities), 관심(interests) 및 의견(opinions)을 의미하는 수십 개 항목의 AIO 척도에 대한 소비자의 태도 정도를 집계하여 라이프스타일

생활정보 미끼 상품, 소비자도 알고 있다

대형 유통업체의 특가 할인 상품. 저렴하다는 것이 소비자에게 무조건 이득이 될까? 간단한 질문 같지만 상황은 그렇지 않다. 논란은 지난해 이마트의 피자와 롯데마트의 통큰치킨이 등장함으로써 시작되었다. 일반 판매점보다 훨씬 저렴한 가격을 내세워 이목이 집중되면서 찬반양론도 팽팽히 맞섰다.

찬성하는 측은 판매자가 저렴하게 판매하면 소비자에게 이익이며, 좋고 나쁘고의 판단은 소비자가 하는 것이라고 주장한다. 반대하는 측은 대기업의 무분별한 사업 확장으로 영세상권이 무너지면 장기적으로 소비자에게도 손해라고 말한다.

여론조사 전문기관 리얼미터는 전국 19세 이상 남녀 1,000명을 대상으로 '통큰치킨' 판매에 대해 전화 조사를 실시했다. 그 결과, 응답자의 44.4%는 판매에 반대했고 36.5%는 판매해야 한다고 답해, 반대 의견이 더 많은 것으로 나타났다. 대형 유통업체가 치킨과 피자 등을 저렴하게 판매하는 이유를 묻는 질문에서는, "더 많은 소비자들을 마트로 끌어들이기 위해서"라는 응답이 64.3%로 가장 높게 나타났다. "소비자들에게 좋은 상품을 싸게 제공하기 위해서"라는 응답은 16.0%에 그쳤다.

자료: 『소비자시대』, 2011년 8월호, p. 27.

유형을 분류할 수 있다. 그 예로, '물건을 고를 때 가격을 꼼꼼히 살펴보고 산다'라는 항목에 '매우 그렇다'고 한 사람은 가격 의식적 라이프스타일을 지닌 사람으로 볼 수 있다.

일반적으로 라이프스타일은 연구의 목적, 지역, 응답자의 특성별로 다양하게 측정되어 왔다. 〈표 14-1〉은 한국인의 라이프스타일에 관한 연구 결과인데, 이를 통해 우리나라의 일반적인 라이프스타일 분류와 생활양식, 인구 통계적 특성 및 구매 행위상의 주요 특징을 알 수 있을 것이다. 라이프스타일에 관한 한 연구에 의하면, 사고를 많이 내는 운전자들은 감수성과 충동구매 성향이 강하며, 부주의하고 스트레스를 많이 받으며 사회적 및 정치적으로 진보적 성향을 지닌 것으로 나타났다.

표 14-1. 한국인의 라이프스타일

◆ 전통적 알뜰형 전통적인 의식주 생활을 고수하고 있으며, 건강이나 자녀 문제, 인간관계, 사업, 세금, 종교 등 개인적인 생활과 관련된 문제에 관심이 많다. 반면, 레저나 취미 생활, 쇼핑, 유행, 미용 등의 문화생활에 대한 관심이 적다. 사회생활 등에 있어서는 비사교적이며 혼자만의 안정을 추구하는 경향이 강한 독립형이고 보수적인 가치관을 가지고 있다. 30, 40대가 대다수를 차지하고 있으며, 가족 수가 적은 핵가족으로, 학력 수준은 낮은 편이며, 블루칼라층이 많다. 월평균 가구 수입은 50만 원에서 70만 원까지가 많은 중하층의 생활수준이며 단독주택에 거주하는 비율이 높다. 구매결정 시에 신중한 알뜰 구매형이며 생활필수재의 보유와 고급편의재의 보유 비율이 낮아 TV 시청도가 높고, 신문에서 사회 면이나 독고 투고란에 관심이 높다. 세일을 기다려 구매하는 경향이 높다.
◆ 합리적 생활만족형 일상생활 전반에 걸쳐 관심이 많아 모든 면에서 적극적이고 첨단을 선호하지만 선도층은 아닌 추종형이다. 가족적이고 결단성이 있는 노력형이며 체제 수호적 경향이 있는 온건보수 집단이다. 경제적으로 윤택한 생활에 관심이 많고 레저나 취미 생활에 대한 관심도 높다. 20, 30대의 기혼 여성이 대다수를 차지하고 있다. 가족 수는 약간 많은 편이며 학력 수준은 높은 편이다. 월평균 가구 수입은 70만 원에서 110만 원까지가 많고 150만 원 이상의 고소득층도 있어 중간 생활수준이며 아파트 거주 비율이 높다. 수입과 저축, 이자 등에 대한 관심이 높다. 생활필수재와 고급관리재에 대한 보유 비율이 높고 이에 대한 욕구 또한 높다. TV, 라디오의 모든 프로그램에 관심이 높고, 신문은 사회, 경제에 관심이 높다.
◆ 진보적 유행추구형 전통적인 가치를 거부하고 사회통념 지양의 진보적 성향을 가진 집단이며, 서구지향적이고 패션을 선도하는 예술 지향 선도층이다. 현질적인 문제를 등한시하는 경향이 있으며 여가 생활과 취미 생활에 관심이 높다. 20대 미혼 남녀가 가장 많다. 학생이 많고 학력 수준도 높은 사무직 종사자가 많다. 월평균 가구 수입이 높고 단독주택에서 거주하는 비율이 높다. 연애나 결혼, 미용, 유행 등에 관심이 높고 충동구매 경향이 있다. 여가 생활을 적극적이고 다양하게 하는 집단이다. 보유하고자 하는 제품은 서구화된 거주 생활과 관련된 품목들이며, 고급 편의제품을 많이 보유하려 한다.
◆ 보수적 생활무관심형 일상생활을 적극적으로 하지 않고 무관심한 태도를 보이는 낙관적 방관형이다. 진보적 사고를 거부하고 전통적인 가치를 고수하는 강한 보수적 성향을 띤 집단이다. 관심이 있다면, 자신에 관계된 건강이나 인간관계, 그리고 집안일이나 사회적인 안정이다. 기혼 남자가 높은 비율을 차지하고 있으며, 연령별로는 50대가 가장 많다. 자녀 수가 많고 학력 수준은 낮은 편이며, 노무, 기술직이나 상공서비스업에 종사하는 사람이 많다. 월평균 가구 수입이 낮아 중하층 이하의 생활수준이며 단독주택에서 거주하는 비율이 높다. 생활필수재의 보유 비율이 낮으므로 이에 대한 보유 희망이 있으며, 건강과 인간관계에 대한 관심이 많아 이와 관련된 제품에 대한 욕구가 높다.

자료: 채서일(1992), 「체계적 분석의 틀에 따른 라이프스타일 연구」, 『소비자학연구』, 제3권 제11호, p. 87.

호주 멜버른 프라란 시장 과일점

2) 가치

가치는 상대적으로 무엇이 적절하고 옳으며 중요한지에 대한 믿음을 의미하는데, 사회 구성원들에 의해 널리 수용되며, 어떤 일에 대한 결정을 내릴 때 판단의 기준이 된다. 행동은 가치관에 따라 다르게 나타나게 된다.

SRI(Stanford Research Institute)에서 개발한 VALS(Value and Lifestyle) 프로그램은 자아개념과 관련하여 소비자를 다음 세 가지 범주로 분류하고 있다.

첫째, 욕구 지향적 소비자를 들 수 있다. 이들은 사용할 수 있는 가처분소득이 적기 때문에 기본적인 욕구를 채우는 데 급급한 사람들이며, 또 비교적 경제적으로 가난하고, 교육수준이 낮으며, 안정·안전을 추구하는 이들로, 매슬로우(A. H. Maslow)의 욕구 계층에서 하위 단계에 속하는 욕구 충족에 머무르고 있는 집단의 소비자이다. 그리고 이들은 생존자와 생계유지자로 나눌 수 있는데, 생존자가 나이가 많고 현실에 순응, 안주하려는 데 반해 생계유지자들은 젊고 희망을 버리지 않고 있는 사람들이다.

둘째, 외부 지향적 소비자들이다. 이들은 이미 확립되어 있는 기존의 가치관이나 규범에 순응하려는 사람들로서, 자신의 환경 속에 있는 다른 사람이 인정해 주는 것에 의해 쉽게 영향을 받으며, 일반적으로 다른 소비자들의 구매 제품을 의식하면서 구매하는 경향이 있다.

셋째, 내부 지향적 소비자이다. 이들은 전체 중에서 작은 부분을 차지하고, 외부보다는 자신의 고차원적 욕구에 초점을 맞춘다. 시장에서 유행을 선도해 나가는 경향이 있으며 매슬로우의 욕구 계층에서 상위의 욕구를 충족하는 데 애쓰는 집단이다.

로키치(M. Rokeach)는 가치를 소비자들의 목표를 나타내는 최종가치와 그 목표를 성취하기 위한 방법인 수단가치로 구분하고, 이를 측정하기 위해 〈표 14-2〉와 같이 각각 18개의 수단가치와 최종가치 항목을 제시하였다. 또 로키치에 의하면, 가치는 자아방어(ego-defensive) 기능, 자아실현(self-actualization) 기능, 적응·조절(adjustive) 기능을 가지며, 소비자는 이러한 가치의 기능들을 통해 욕구 충족하는 것으로 보고 있다.

표 14-2. 로키치(Rokeach)의 가치 목록

최종가치	수단가치
안락한 생활(a comfortable life)	야심 있는(ambitious)
성취감(a sense of accomplishment)	능력있는(capable)
평화로운 세계(a world at peace)	즐거운(cheerful)
아름다운 세계(a world at beauty)	단정한(clean)
평등(equality)	용감한(courageous)
재미있는 생활(an exciting life)	관대한(forgiving)
가족의 안전(family security)	도움이 되는(helpful)
자유(freedom)	정직한(honest)
행복(happiness)	상상력이 풍부한(imaginative)
내적 조화(inner harmony)	독립적인(independent)
성숙한 사랑(mature love)	지적인(intellectual)
국가 안전(national security)	논리적인(logical)
기쁨(pleasure)	다정한(loving)
구원(salvation)	순종하는(obedient)
자아 존중(self-respect)	정중한(polite)
사회적 인정(social recognition)	책임감 있는(responsible)
참된 우정(true friendship)	자기통제(self-controlled)
지혜(wisdom)	관대한(broad-minded)

2. 심리적 영향 요인

2.1 욕구와 동기 이론

1) 욕구와 동기유발

욕구는 개인의 현 상태와 이상적 상태 사이의 불일치를 말한다. 사람은 욕구가 충족되지 않았을 때, 긴장을 하게 되는데, 이 긴장은 욕구가 합리적인 방향으로 충족되도록 동기를 유도한다. 동기란, 개인에 따라 다른 인간의 내부적 긴장 상태를 줄이기 위한 적극적이고 강력한 추진력을 가리킨다.

소비자행동의 출발점이라 할 수 있는 동기유발은 개인들이 욕구를 인지하고 그것을 충족시키고자 어떤 조치를 취하기 시작하는 과정이라고 할 수 있다. 따라서 욕구는 동기를 유발하는 필요조건이라고 할 수 있는데, 한 예로, 옷을 사려는 강한 욕구가 동기를 유발시켜 의류 제품의 구체적인 소비자행동을 만들어내는 것이다.

〈그림 14-3〉은 동기유발 과정을 나타낸 것이다.

그림 14-3. 동기유발 과정

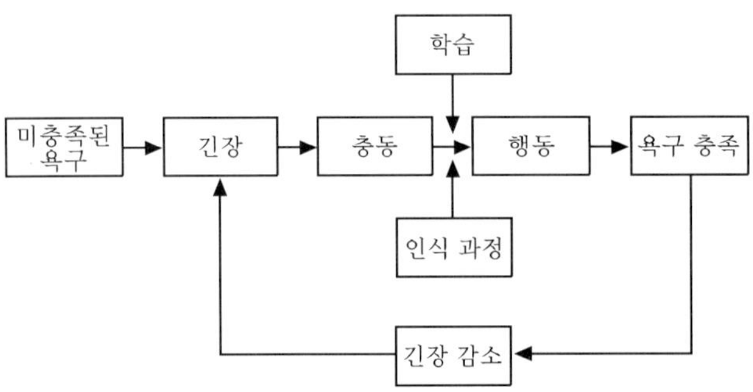

여기서 동기의 구분에 대해 알아보면, 다음과 같다.

첫째, 생리적 동기와 심리적 동기로 구분할 수 있다. 생리적 동기는 신체기능에 기초한 동기로, 배고픔, 갈증, 성욕 및 휴식 등이 있다. 심리적 동기는 인간의 마음에 존재하는 안전, 사랑, 자존심, 명성, 기쁨 그리고 슬픔 등과 같은 것들이다.

둘째, 기본적 동기와 2차적 동기로 나눌 수 있다. 기본적 동기란, 삶을 유지하는 데 필수적인 욕구에 기초하여, 주로 학습되지 않고 선천적으로 존재하는 동기를 가리키며, 이에는 배고픔, 갈증 등의 육체적 동기가 해당한다. 2차적 동기는 일반적으로 후천적으로 습득된 동기로 친교의 욕구, 지위의 욕구 등이 이에 해당된다.

셋째, 의식적 동기와 무의식적 동기로 구분한다. 소비자가 어떤 행동을 할 때 그것을 지각하고 있는지의 여부에 따라 의식적 동기와 무의식적 동기로 구분된다. 대체로 자신의 구매 동기를 완전히 알기가 쉽지 않는데, 이는 자신의 참된 동기를 밝히는 것마저 꺼려하기 때문이다.

2) 동기 이론

주요 동기 이론으로는 욕구 계층 이론, 욕구 성취 이론 등이 있는데, 이들에 대하여 구체적으로 알아보면, 다음과 같다.

(1) 욕구 계층 이론

동기이론 중 가장 널리 알려져 있는 것이 매슬로우(A. H. Maslow)의 욕구 계층 이론이다. 이 이론에서는 사람의 욕구로 가장 기본적이고, 생리적인 욕구(음식물, 물, 산소, 활동과 수면, 성, 감각적 자극에 대한 욕구), 신체적 위험이나 환경으로부터의 위험 혹은 사고로 인한 위험 등으로부터 벗어나고자 하는 안전 및 안정의 욕구, 사람들과의 상호관계에 의한 우정이나 친화 관계 등에 대한 사회적 욕구, 다른 사람으로부터 인정받고 싶은 존경에 대한 욕구, 그리고 가장 상위의 욕구로서, 개인의 능력과 기술 및 잠재력을 최대한 실현시키고자 하는 자아실현 욕구로 구분하고 있다.

그의 이론적 가정은 첫째, 인간의 욕구는 가장 낮은 욕구로부터 가장 높은 욕구에 이르는 계층을 형성하고 있고, 둘째, 어떤 욕구가 충족되면 그 욕구는 더 이상 동기를 유발하지 못하며, 셋째, 하위 욕구가 충족되면 보다 상위 욕구로 발전한다는 것이다. 즉, 한 개인은 생리적 욕구와 안전 및 안정에 대한 욕구를 충족시킬 때까지는 사회적 욕구를 인식하지 못한다는 것이다. 하지만 소비자는 많은 욕구와 목표를 가지고 있고, 그것들을 동시에 만족시키기 위해 행동할 수도 있다. 예를 들면, 어떤 사람은 배가 고프지만 사회적 욕구를 충족시키기 위해 몇 시간 동안 친구와 앉아서 이야기할 수도 있다.

그림 14-4. 매슬로우의 욕구 계층

(2) **욕구 성취 이론**

욕구 성취 이론에서는 성취 욕구, 친화 욕구 및 권력 욕구의 세 가지 형태로 기본적인 욕구를 파악하여 동기를 이해하고 있다.

첫째, 성취 욕구는 뭔가 어려운 일을 달성하거나 다른 사람들을 능가하고 싶은 욕구, 자신의 능력을 발휘하여 자신의 가치를 높이려는 욕구를 나타낸다. 높은 성취 욕구를 갖고 있는 사람은 운과 같은 요인에 의한 업무 성취보다는 자신의 노력에 의한 업무 성취에 강한 애착을 갖는다. 실패에 대한 두려움도 가지나, 도전하기를 좋아하며 적당히 어려운 목표도 설정한다. 또한 현실적인 입장을 취하고, 직무에 대한 책임감을 가진다.

둘째, 친화 욕구는 귀속 욕구라고도 하며, 다른 사람들과 친근하고 밀접한 관계를 맺으려는 욕구이다. 높은 친화 욕구를 가지고 있는 사람은 다른 사회 구성원과의 사회적 관계를 유지하는 데 관심을 가지고 있고, 다른 사회 구성원과 밀접한 상호작용을 한다.

셋째, 권력 욕구는 타인에 대해 영향력을 미치고 싶어하는 욕구이다. 높은 권력 욕구를 가지고 있는 사람은 집단에 대한 영향력과 통제에 대해 관심을 보인다. 따라서 그들은 집단 목표의 완수를 위해서는 강압적이고 완고하며 자기본위적인 특성이 있다. 높은 성취 욕구를 갖고 있는 사람들은 스스로 성과목표를 정하기를 좋아하며, 아주 쉽거나 아주 어려운 목표보다는 난이도와 위험이 적당한, 즉 자신의 능력으로 노력하면 이룰 수 있을 것이라고 여겨지는 과업을 선호한다. 또한 이들은 성취한 업무에 대해 즉각적이고 효율적인 피드백을 바란다.

2.2 감각과 지각

1) 자극과 감각

소비자는 외부 자극을 감각기관에 의해 받아들이고 주의를 기울임으로써 지각하게 된다. 자극은 사람을 둘러싸고 있는 물리적 환경으로, 인간은 자신의 행동에 영향을 미칠 수 있는 수많은 자극들을 무의식적으로 받아들인다. 또 자극은 인간의 감각기관을 통하여 유입되어 노출 과정을 거쳐 우리의 의식세계로 들어오는데, 수많은 자극 모두에 대해 반응하지는 못하고 주위를 기울인 자극만을 정보로 변환시킨다.

소비자는 주어진 외부 정보를 감지하여 기억으로 옮겨 주는 역할을 담당하는 감각등록기를 통해 느끼게 되며, 인간의 감각기관은 보통 시각, 촉각, 청각, 후각, 그리고 미각 등 다섯 가지가 있다.

2) 지각 및 지각 과정

지각은 외적 자극 요소와 내적 자극 요소로부터 영향을 받는다. 자극 요소로는 크기, 색깔, 위치, 강도, 움직임, 그리고 대조 등과 같은 어떤 대상물의 특징들이다. 개인 요소는 개인 자신의 특성, 즉 과거의 경험, 기대, 그리고 감정 상태 등을 말한다. 지각 과정이란, 요소에 따라 개인이 환경으로부터 자극을 선별하고, 이들 자극에 대한 정보를 조직화하고, 정보를 해석하여 의미 있는 것으로 만듦으로써 의미 있는 세계관을 형성하는 과정이다.

그런데 개인의 두뇌로 들어온 정보는 아직 소비자의 구매행동이나 의사결정을 위해 쓰이기에는 적절하지 않고, 가공되지 않은 형태를 띠게 된다. 소비자들은 어떤 제품이 자신들이 필요로 하는 편익을 제공한다는 것을 지각할 때 비로소 구매를 위한 행위 과정, 즉 학습, 태도 형성 및 의사결정 등을 시작하게 된다.

그림 14-5. 정보처리 과정

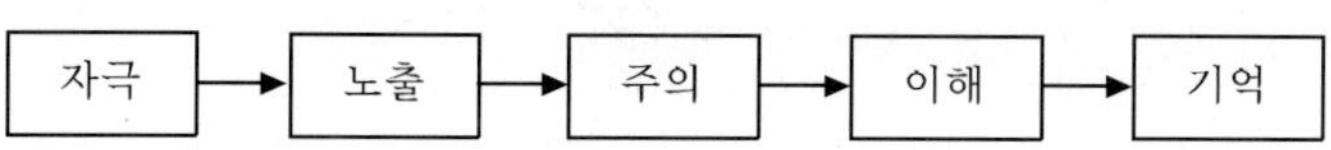

3) 선택적 지각과 지각적 조직화

(1) 선택적 지각

사람은 제시된 모든 자극 중에서 주목할 만한 것만 선택하여 지각하게 된다. 즉, 사람들이 자기 주변의 모든 것에 주의를 기울이지는 못할 뿐 아니라 기본적인 지각을 하는 것에도 한계가 있기 때문에 개인적 흥미, 목표·목적에 부합하는 정보만을 선택, 지각하고 그렇지 않은 것은 무시하게 된다는 것이다.

이와 같이 자극이 선택적으로 지각되는 데에는 다음과 같은 몇 가지 조건에 따르게 된다. 첫째, 주변에 있는 다른 자극에 비해 강도가 강하거나 현저하게 클 때 지각 현상이 잘 일어난다. 둘째, 이전의 자극에 비해 새로운 것이 나타나면 지각되기 쉽다. 셋째, 동일한 자극이 반복적으로 일어나면 더욱 쉽게 지각된다. 마지막으로, 기존의 선입관과 일치하는 자극이 그렇지 않은 자극에 비해 더 잘 지각된다.

(2) 지각적 조직화

사람이 사물을 지각하는 것은 전체를 구성하고 있는 부분적 요소들을 조직화해서 전체로 느끼기 때문이다. 형태심리학(gestalt psychology)[129]은 개인이 부분적인 자료를 의미 있는 전체로 변화시키는 방법에 대한 근거를 제시해 주고 있다. 형태심리학에 의하면, 개인은 자극의 일부분에 대한 지각만을 가지고는 자극이 주는 의미를 파악하기가 힘들다. 따라서 여러 자극물을 전체적인 상황 안에서 지각하는 경향이 있다. 이는 소비자들이 어떤 제품을 구매할 때 하나의 정보에 의지하지 않고 가격이라든가 디자인, 상점의 분위기 등을 전체적으로 종합하여 구매 결정한다는 사실에서 알 수 있다.

지각적 통합화에는 다음과 같은 원칙들이 있다.

먼저, 완결성을 들 수 있다. 이는 자극물이 불완전할 때 잘못된 요소를 고치거나 빠진 것을 보충하려는 경향을 말한다. 소비자는 완전한 형상을 형성하려고 하며, 또 스스로 메시지를 완결시키는 데 만족을 느낀다. 이를 이용하여 미국의 위스키회사인 J&B는 자사의 위스키 광고 문안으로 "ingle ells ingle ells, Merry Christmas."을 소비자들에게 제시하여 그들이 누락된 문구를 마음속으로 채워 넣도록 하였다.

한편, 소비자는 어떤 상황관계를 고려하여 지각하게 된다. 즉, 자극이 지각되는 상황이나 배경에 따라 그 의미가 달라질 수 있고, 소비자 각자의 자극에 대한 기대나 마음가짐에 따라서 다르게 지각할 수 있다는 것이다.

다음으로, 소비자는 다양한 정보를 개별 단위로 지각하기보다는 하나의 덩어리인 청크(chunk)로 지각하는 성향과 그 결과 각각의 단위 정보를 조직화된 전체로 통합하는 경향이

129) 형태심리학(gestalt psychology)은 심리학의 전통에서 주류파였던 연합주의(聯合主義)의 요소관(要素觀)에 대립하여 심리학의 전체관·형태성을 중시하는 입장의 심리학설을 말한다.

있다. 일반적으로 사람들은 자극이 유사하거나 서로 근접하여 있을 때 집단화하려는 경향이 있는데, 이는 소비자들이 모양이 비슷한 제품들은 서로 관련이 있다고 생각하는 경우에서 알 수 있을 것이다.

마지막으로, 형상과 배경(figure & ground)이 있다. 지각 상태에 있어서 의미 있는 어떤 부분을 형상이라 하고 의미가 크지 않은 부분을 배경이라고 한다. 애매모호한 그림에서는 형상과 배경이 뒤바뀔 수 있다. 그 예로, 너무 오락적이고 시각적인 광고의 경우, 크리에이티브(creative) 요소가 형상이 되고 제품이 배경으로 되어 버려, 광고의 효과가 떨어지는 경우를 들 수 있다.

3) 위험의 감소

일반적으로 소비자는 구매 제품이 자신이 추구하는 편익을 제공할 것인지에 대해 불확실성과 위험을 느낀다. 위험은 기능적이거나 신체적, 금전적, 사회적, 그리고 심리적일 수 있으며, 이를 감소시키는 방법은 다음과 같다.

첫째, 소비자는 정보를 적극적으로 탐색함으로써 위험을 감소시킬 수 있다. 즉, 소비자는 매체가 제공하는 광고나 여러 가지 촉진 커뮤니케이션을 이용한다든가 친구나 가족 혹은 아는 사람들로부터 정보를 찾는다.

둘째, 만족을 주었던 제품이나 상점을 계속해서 이용하는 방법이다. 과거에 구매했던 상표를 구매하는 것은 새로운 정보를 필요로 하지 않으며, 또 부정적인 결과가 나타날 가능성도 줄인다. 소비자의 지각 속에는 습관적인 유형이 있으며, 습관이 형성된 후에는 습관에 따라 행동하게 된다. 좋은 서비스를 제공하는 전문점에서 구매하는 데 익숙한 사람은 가격이 저렴한 할인매장에서 제품을 구매하기가 쉽지 않다.

셋째, 이미지를 이용하는 방법이다. 기업 이미지와 상표 이미지는 소비자가 가지고 있는 기업이나 상표에 대한 전체적인 인상을 말한다. 소비자가 어떤 제품을 구매하고자 할 때 그에 관한 정보가 없을 경우, 주로 상표 이미지에 의존하여 구매하게 된다.

마지막으로, 소비자들은 전적으로 가격에만 의존하여 제품을 구매할 수 있다. 이는 소비자가 높은 가격은 높은 품질을 의미할 뿐만 아니라 더 많은 이익을 줄 것이라고 믿기 때문이다. 또 소비자는 비슷한 품질을 가진 제품을 구매할 때에는 상표와 관계없이 가장 값싼 제품을 사기도 한다.

2.3 학습

소비자들은 일상생활에서 이루어지는 다양한 경험을 통해 기존의 신념, 태도 및 행동이 변화하게 되는데, 이것을 학습이라고 한다. 따라서 학습은 소비자행동에 변화를 가져오며, 미래의 구매활동에 다시 이용될 수 있다. 그리고 학습은 크게 인지적 학습과 행동적 학습으로 구분하는데, 인지적 학습은 소비자가 구매의사결정과정에서 외부정보 탐색을 할 때 일어나는 학습과정을 뜻하고, 행동적 학습은 자극에 대한 반응을 통해 학습이 이루어지는 것을 말하며, 고전적 조건화와 수단적 조건화로 이루어진다.

고전적 조건화란, 무조건자극과 조건자극을 함께 제시하여 반복하게 되면, 무조건자극이 제거되고 조건자극만 제시될 때에도 동일한 반응이 나타나는 것을 말한다. 파블로프(I. Pavlov)의 실험에 따르면, 개에게 먹이(무조건자극)를 줄 때마다 종(조건자극)을 울리면, 나중에는 종만 치더라도 개가 침을 흘리게 된다는 것이다. 즉, 조건화가 이루어졌다는 것이다. 〈그림 14-6〉은 이를 잘 설명하고 있다. 예를 들면, 영화 '사랑과 영혼'의 주요 장면이 나올 때마다 'Unchained Melody'라는 노래가 계속 흘러나왔다고 할 때, 나중에는 그 노래만 듣게 되면 '사랑과 영혼'의 주요 장면이 떠오르게 될 것이다. 기업들은 이와 같은 방법을 이용하여 소비자들에게 익숙한 특정 자극과 자사의 제품을 한 쌍으로 계속 제시하는 방식으로 광고를 하곤 한다.

그림 14-6. 고전적 조건화 모델

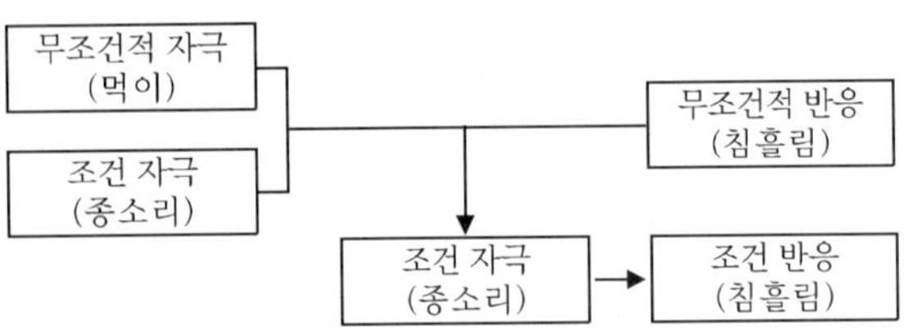

이와는 달리, 특정한 긍정적인 반응을 보일 때마다 보상을 준다면 이것은 수단적 조건화라 할 수 있다. 즉, 서커스단의 동물들이 바람직한 행동을 할 때마다 상으로 먹이를 하나씩 주게 되면 그 행동은 학습이 되어 계속 이루어지게 된다. 이와 마찬가지로, 소비자의 경우에도 자신에게 이익이 제공되면 계속적으로 특정 상표를 구매하게 된다.

캐나다 토론토 세인트로렌스 마켓

반면에 부정적 강화는 소비자들로 하여금 벌칙을 피하게 할 조치를 취하도록 가르친다. 즉, 부정적 강화를 받지 않으려고 행동을 하는 것이다. 예를 들면, 외판원이 강압적으로 상품을 판매하려고 할 때 소비자는 그 강압적 상태에서 벗어나기 위해 상품을 구매할 수 있다. 그리고 처벌은 소비자들에게 특정 행동을 하지 않도록 가르치는 벌칙이며, 또 부정적인 결과를 초래하는 행동을 하지 못하게 하는 것이라 할 수 있다. 이는 약물 남용 행동을 금지시키려고 하는 공공정책자들이 약물을 먹었을 때 나타나는 나쁜 결과를 보여줌으로써 젊은이들을 계몽하는 데에서 알 수 있다.

3. 태도와 태도 변화

3.1 태도

1) 태도의 의의

태도는 어떤 대상에 대한 지식의 평가로부터 발생하는 느낌이나 의견에 근거해서 대상에 대해 호의적 혹은 비호의적, 긍정적 혹은 부정적으로 일관되게 행동하는 경향을 의미한다. 그리고 태도 형성이란, 주위환경 속에서 다른 사람, 제품, 생각 및 활동 등과 같은 대상에 대한 개인의 느낌이나 의견이 형성되는 과정으로 볼 수 있다.

어떤 대상에 대한 개인의 태도는 타인으로부터 얻은 정보나 자신의 경험에서 나온 지식, 개인적인 지식에 근거한 대상 평가, 그리고 그 평가에 근거해서 행동하려는 경향 등 세 가지 요소로 구성되어 있다. 그리고 소비자들은 동기부여 과정을 통해 욕구를 인식하고 인지 과정이나 학습 과정을 통해 얻은 지식을 근거로 태도를 형성한다. 즉, 소비자들은 인지 과정을 통해 기존 제품에 대한 편익이나 특성과 같은 지식체계에 새로운 정보를 추가 또는 통합함으로써 태도를 형성하게 된다는 것이다. 이러한 지식의 통합과정은 구매의 사결정 시 대체 상품에 대한 평가 기준으로 이용된다. 예를 들면, 소비자는 환경 관련 텔레비전 프로그램이나 환경단체에 속한 친구들로부터 쓰레기 분리수거를 통한 재활용 프로그램에 대해 들은 후, 지식에 근거해서 관련 활동이나 의견을 평가할 수 있을 것이다. 다시 말해, 빈 깡통이나 빈병을 재활용하는 것이 얼마나 중요한지를 알 수 있을 뿐만 아니라 재활용 용기나 리필(refill) 제품에 대해서도 상당한 관심을 가지게 된다. 더 나아가 그러한 구체적인 상황에 직면하게 되면 학습된 태도에 따라 의사결정도 할 수 있다.

2) 태도의 기능

태도는 실용적인 기능, 가치 표현 기능, 자아 방어적 기능, 지식 기능을 다음과 같이 수행한다.

첫째, 태도는 실용적인 기능을 수행한다. 개인은 효용을 제공해 주는 대상에 대해 태도를 형성하게 된다. 일반적으로 소비자는 어떤 제품이 자신의 욕구를 충족시키는 데 도움이 되면 호의적인 태도를 가지게 되나, 그렇지 못하면 그 제품에 대해 비호의적 태도를 갖는다. 이는 우편주문을 통해 구입한 바지가 잘 맞지 않았던 경험이 있는 소비자가 다른 상품의 우편주문에 대해서도 부정적인 태도를 보이는 데서 알 수 있다.

둘째, 태도는 소비자의 가치 표현 기능을 수행한다. 소비자는 일반적으로 자신의 가치, 개성, 라이프스타일, 그리고 사이코그래픽스 등을 나타내 줄 수 있는 어떤 대상에 대해 긍정적인 태도를 갖는다. 즉, 제품을 통해 소비자들은 그들이 향유하는 기본적인 문화적 가치나 라이프스타일을 표현하려는 경향이 있다는 것이다. 이는 개성적이고 현대적인 감각을 지닌 소비자가 스포츠카를 좋아하는 경우에서 알 수 있는 사실이다.

생활정보 병원 증명서 발급 수수료 천차만별

상해진단서·의사소견서·진료기록 사본 등 각종 증명서를 발급 받을 때 병원에 내는 수수료가 들쭉날쭉해 소비자들의 불만을 사고 있다. 2010년 4월 실시한 국민권익위원회 조사에 따르면, 증명서 종류에 따라 수수료 비용이 최대 10배 이상 차이가 났다.
현행 제도에서는 일반진단서·상해진단서·후유장애진단서·사망진단서·의사소견서 등의 각종 증명서 발급 수수료 비용은 의료기관이 임의로 결정할 수 있는 비급여 대상이다. 비급여 대상은 요양 급여 대상에서 제외돼 전액 환자가 부담해야 한다.
한국소비자원은 2011년 8월 1일부터 31일까지 특별시 및 광역시에 소재한 가톨릭대 서울성모병원(강남) 등 상급종합병원 31개 기관, 강남고려병원 등 종합병원 1백13개 기관 등 전체 1백44개 의료기관을 대상으로 각종 증명서 발급 수수료를 조사했다.
상해 진단서(3주 이상)의 경우, 최저 10만 원에서 최고 20만 원으로 2배 차이가 났다. 사망진단서 발급 수수료 비용은 1만 원에서 5만 원으로 비용 차이가 5배로 나타났다. 특히 의사소견서는 무료로 발급하는 병원도 있으며, 수수료를 받는 경우도 발급 비용이 최저 1천 원에서 최고 2만 원으로 수수료 비용이 20배까지 차이가 났다. 향후치료비추정서(1천만 원 이상)의 경우, 최저 5만 원에서 최고 20만 원으로 4배 차이가 났으며, 비용 차액도 15만 원으로 크게 나타났다.

자료: 『소비자시대』, 2011년 12월호, p. 18.

셋째, 태도는 자아 방어적 기능을 수행한다. 즉, 태도는 외부의 위협으로부터 자아를 방어하고 마음속에 있는 내적 감정을 해소하는 기능을 가진다. 이 자아 방어적 태도는 오랫동안 지속되는 경향이 있으므로, 태도의 변화는 어렵다. 예를 들면, 즉석 케이크믹스와 같은 간편 제품이 미국과 이탈리아에 처음 도입되었을 때, 가정주부들의 태도는 그다지 긍정적이지 않았다. 이는, 주부들의 자아 이미지상에는 가족을 돌보는 일에 큰 가치를 두고 있는데, 즉석식품의 이용은 주부의 기존 자아 이미지와 상충되는 것이었기 때문이다.

마지막으로, 태도는 소비자의 지식 기능을 수행한다. 즉, 소비자들은 주위환경에 대한 지식을 축적하고, 이를 토대로 태도를 형성하여 의사결정을 한다. 이는 공공정책 집행자들이 흡연의 위험, 음주운전, 마약 복용, 그리고 안전벨트 미착용에 대한 위험과 같은 활동에 있어 소비자의 기존 태도를 변화시키려고 공익광고를 하는 경우에서 알 수 있다.

3) 태도의 구성요소

태도는 인지, 감정 및 의도로 구성된다.

먼저, 인지는 제품, 상표 및 회사 등과 관련된 소비자지식으로 구성된다. 인지는 신념의 형태로 나타나는데, 여기서 신념은 판매업자 등으로부터 수집한 정보나 경험에 근거한 어떤 대상의 속성이나 편익에 대해 갖고 있는 정보를 가리킨다.

두 번째 요소인 감정은 어떤 대상에 대한 소비자의 느낌을 의미하고, 어떤 제품이나 상표에 대한 평가는 소비자의 욕구로 나타나는 인지적 신념을 근거로 이루어진다. 예를 들면, 삼성 컴퓨터를 사용하고 있는 소비자는 사용상의 편의라는 욕구와 편리한 소프트웨어에 대한 호의적인 평가에 근거해서 삼성이라는 상표에 대해 긍정적인 느낌을 가진다고 할 수 있다.

세 번째 요소로서 의도를 들 수 있다. 의도적 요소 또는 행동 의도라고도 하는 의도는 어떤 대상에 대해 행동하려는 소비자의 의도를 소비자의 욕구를 충족시켜주는 특정 제품을 구입하려는 행동 성향을 의미한다. 예를 들면, 전술한 이유로 어떤 소비자는 금년 크리스마스에 삼성 컴퓨터를 구입하려는 의도를 가질 것이다.

그림 14-7. 태도의 구성요소

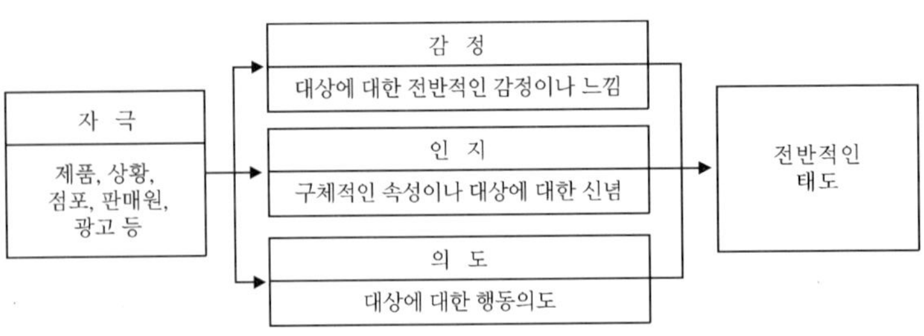

3.2 태도 변화

인지, 감정 및 의도라는 세 가지 요소로 구성되는 태도의 변화는 그중 한 요소의 변화에 의해 이루어질 수 있다. 또 소비자의 욕구 자체를 변화시킬 수는 없으나 소비자들의 신념과 감정 등에 영향을 줌으로써 태도 변화가 가능할 수 있다. 여기서 태도 변화 관련 이론으로 인지 부조화 이론, 귀인 이론, 정교화 가능성 모델을 살펴보고자 한다.

1) 인지 부조화 이론

사람들은 마음속의 태도와 자신의 실제 행동이 일치하지 않는 경우가 흔히 있는데, 바로 이를 인지 부조화(cognitive dissonance)라고 한다. 사실 사람들은 그들이 어떤 생각을 가지고 있을 때 다른 어떤 것과 충돌하여 행동을 취하거나 태도를 변화시킬 때 인지 부조화가 일어나게 된다. 부조화가 발생하면 개인은 불일치하는 인지 요소를 변화시킴으로써 부조화를 감소시키려고 하는 경향이 있다. 가령, 어떤 사람이 에어백이 자동차 사고 시 안전을 지켜 준다는 것을 알고 에어백에 대해 긍정적인 태도를 가지는 경우가 있다. 만약 이 사람이 차를 구입하려 하는데, 자기가 고려하는 차에는 에어백이 없다는 것을 알게 되었다고 하자. 이때 그는 에어백이 불필요하다며 구매를 정당화하기보다는 안전벨트의 역할을 강조할 수 있는데, 이는 그가 인지 부조화를 감소시키기 위해 선택한 노력이라고 볼 수 있다.

2) 귀인 이론

귀인(歸因)이란, 어떤 행동에 대한 이유를 외부적 상황이나 내부적 성향으로 돌리는 것을 말한다. 귀인은 소비자 자신의 행동과 관련되거나 신념을 전달한다. 소비자들은 일반적으로 그들이 갖고 있는 인지(신념), 감정(평가) 및 의도(행동)가 귀인과 일치하도록 노력하는 경향이 있다. 이는 매일 아침 롯데리아에서 햄버거와 음료수를 사 먹는 이유를 설명하거나, 왜 나이키 제품 광고에 마이클 조단이 나오는가를 생각해보면 알 수 있다. 여기에서 귀인들(롯데리아의 빠른 서비스가 좋다. 나이키 제품은 마이클 조단의 경기력을 향상시킨다고 믿는다.)은 행동과 일치하게 된다.

대체로 판매자들은 소비자 태도에 영향을 주기 위하여 제품이 편익을 적극적으로 설명하려고 하는데, 이는 곧 소비자의 신념이나 제품에 관한 평가를 변화시키려 하는 것이다. 또한 그들은 소비자에게 다양한 이익을 제공함으로써 제품의 가치를 더 높이고,[130] 제품이나 포장의 개선(예: 액체 비누의 등장), 그리고 평가 요인의 변화(예: 자동차 평가 기준의 변화)를 통해 소비자의 태도를 변화시키려고 많은 노력을 기울인다.

귀인 이론 관점에서 나온 이론 중의 하나인 자기-지각 이론은 우리가 어떤 사람의 행동을 살펴봄으로써 그들의 태도를 알 수 있다는 것이다. 즉, 어떤 사람의 태도는 그 사람의 행동을 보고 판단한다는 것이다. 예를 들어, 한 여성이 자신이 출근길에 규칙적으로 건강우유를 구매한다는 것을 통해 그 여성이 건강우유에 대해 긍정적 태도를 갖는다고 말할 수 있다.

3) 정교화 가능성 모델

정교화 가능성 모델에서는 소비자 태도가 두 가지의 다른 설득 경로, 즉 중심 경로와 주변 경로를 통해 변화된다고 하고 있다. 즉, 태도 형성은 소비자가 정보를 처리하는 노력에 따라 다르며, 정보 처리에 상당한 노력을 기울일 경우에 태도 형성은 주로 중심 경로를 통하여 이루어지고, 노력을 기울이지 않을 경우에는 주변 경로를 통해 이루어진다는 것이다.

중심 경로는 소비자의 동기나 태도 대상을 평가하는 능력이 높을 때 주로 작용하며, 이때 태도 변화는 소비자가 태도 대상과 관련된 정보 처리에 대해 적극적으로 노력을 기울이기 때문에 발생한다. 즉, 소비자가 대상에 대한 사용 가능한 정보를 이해하거나 학습, 또는 평가하기 위하여 기꺼이 노력을 기울일 때 중심 경로를 통해 태도 변화가 일어난다. 반대로 소비자의 동기나 평가능력이 부족할 때는 태도 대상 자체에 연관된 정보 처리에 그다지 노력을 기울이지 않기 때문에 주변 경로를 통해 태도 변화가 이루어진다.

〈그림 14-8〉은 정교화 가능성 모델을 도시화한 것이다.

---

130) 존슨즈 베이비오일의 경우, 부드러운 아기 피부에, 어른 피부를 부드럽게 하기 위해, 화장을 지우거나 선탠을 할 때 사용한다고 광고하는 것이 그 예라 하겠다.

그림 14-8. 정교화 가능성 모델

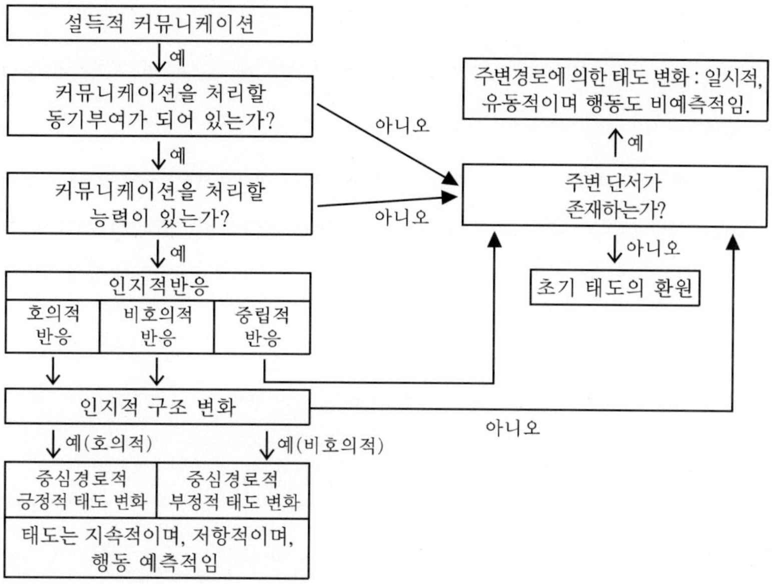

강성진, 김인숙(2001), 『지방소비자행정의 활성화 방안』, 한국소비자원 연구보고서, pp. 29~85.

_____, 손수진, 김인숙(1994), 『소비자 지향적 행정체계 연구』, 한국소비자원 연구보고서 94-02.

_____(1999), 『OECD 전자상거래 소비자보호 가이드라인의 내용과 과제』, 한국소비자원 연구보고서 99-08.

강창경, 정순희, 허경옥(1998), 『소비자법과 정책』, 학지사.

_____(2002), 『정보통신 이용자 보호법제 개선 방안』, 한국소비자원 연구보고서 2001-09.

_____(2003), 『제조물 책임과 피해 보상에 관한 연구』, 한국소비자원 연구보고서 2002-04.

김기옥, 김난도, 이승신(2011), 『소비자정보론: 디지털사회와 소비자』, 시그마프레스.

_____, 김혜선, 정순희, 허경옥(1998), 『소비자와 시장』, 학지사.

김도영, 유태용(2002), 「성격의 5요인과 조직에서의 맥락 수행 간의 관계」, 『한국심리학회지』, vol. 15, pp. 1~24.

김성천(2001), 『소비자피해 보상 규정의 개선 방안 연구』, 한국소비자원 연구보고서 2001-02.

김시월(2011), 『생활 속에서 배우는 소비자 교육』, 건국대학교출판부.

김영신, 김인숙, 이승신, 이희숙, 최병록(2000), 『소비자법과 정책』, 교문사.

_____, 백경미, 서정희, 유두련, 이숙희(2001), 『소비자 상담의 이해』, 시그마프레스.

_____, 이희숙, 유두련, 이은희, 김상욱(2002), 『소비자정보 관리의 이해』, 시그마프레스.

김종구(2002), 『전·월세 임차인 보호에 관한 연구』, 한국소비자원 연구보고서 2001-08.

_____(2001), 『정보통신 서비스와 소비자보호: 이동전화 서비스 중심으로』, 한국소비자원 연구보고서 2000-6.

김혜선, 김시월, 김정훈, 허경옥, 정순희, 배미경(2002), 『소비자교육의 이해』, 시그마프레스.

로버트메이어 지음, 이기춘, 여정성, 조은정, 조유현 옮김(1996), 『소비자주의 — 시장을 지키는 파수꾼』, 도서출판 하우.

『매경 이코노미』, 2002. 1.~2012. 3.

박영봉(2001), 『소비자행동론』, 박영사.

박운아, 이기춘(1997), 「소비자의 환경친화적 행동과 관련 요인 분석」, 『대한가정학회지』 제35권 5호.

박희주(2000), 『전자상거래 관련 소비자보호 법제에 관한 연구』, 한국소비자원 연구보고서 2002-01.

배순영(2001), 『온라인 소비자교육체제 구축 방안 연구: 아동·청소년 소비자교육을 중심으로』, 한국소비자원 연구보고서 2001-01.

백병성(2002), 『소비자분쟁 조정의 활성화 방안 연구』, 한국소비자원 연구보고서 2002-01.

백병성(2002), 「소비자주권을 실현하기 위한 소비자보호 행정의 역할과 기능」, 『소비생활연구』 7, pp. 57~66.
선우영 외(2001), 『인간과 환경』, 건국대학교출판부.
소비자보호단체협의회, 『월간 소비자』, 2000. 1. ~ 2012. 8.
한국소비자원(2012), 『소비자피해연보 및 사례집』, 한국소비자원.
송보경, 김재옥(1997), 『소비 사회학』, 집현전.
송순영(1999), 『노인 소비자 보호 방안에 관한 연구』, 한국소비자원 연구보고서 99-09.
_____(2001), 『노인 소비자를 위한 소비자교육 프로그램 개발』, 한국소비자원 연구보고서 2001-07.
송태회(1997), 「소비자정책의 기본 방향」, 『소비자문제연구』 19, pp. 134~148.
한국소비자원(2003), 『신용카드 이용 및 소비자 의식 실태』, 한국소비자원 연구보고서.
안광호, 이학식, 현용진(1994), 『마케팅: 시장 전략적 접근』, 법문사.
이강현(2003), 『소비자정책행정론』, 시그마프레스(주).
이기춘(1998), 『소비자 교육학』, 교문사.
_____(1999), 『소비자교육의 이론과 실제』, 교문사.
_____, 강이주(2001), 『소비자학의 이해』, 학현사.
_____, 박명희, 윤정혜, 손상희, 김경자, 성영애(1999), 『소비자 재무 설계론』, 학현사.
_____, 여정성, 송인숙(1997), 「한국 소비자정책의 현황과 발전 방향」, 『소비자학연구』 8, 2, pp. 103~117.
이득연(1999), 『소비생활에서의 사회안전망 구축 방안 연구』, 한국소비자원 연구보고서 99-07.
_____(1999), 「환경친화적 소비를 위한 전략: 소비자운동과 환경운동의 결합」, 『소비자문제연구』 제22호.
_____(2000), 『환경친화적 소비생활 양식의 확산 방안』, 한국소비자원.
_____(2001), 『자원 재활용 정보 네트워크 활성화 방안』, 한국소비자원 연구보고서 2001-06.
장수태(2001), 『자동차보험 약관의 개선 방안 연구』, 한국소비자원 연구보고서 2001-03.
장흥섭(1983), 「소비자주의에 관한 연구 ― 주체별 소비자주의를 중심으로」, 경희대학교 박사학위논문.
전성자, 오장균, 정구도(1999), 『글로벌시대의 컨슈머리즘』, 나남출판.
한국소비자원(2002), 『제조물책임법 해설 및 사례』, 한국소비자원.
채서일(1992), 「체계적 분석의 틀에 따른 라이프스타일 연구」, 『소비자학연구』 제3권 제11호, pp. 46~63.
채정숙(1998), 『소비자와 시장환경』, 대구대학교출판부.
한국소비자원, 『소비자시대』, 2000. 1. ~ 2012. 8.
한국표준협회, KS 표시인증제도 관련 자료(http://www.ksa.or.kr).
허경옥(1998), 「소비자의 소비자권리와 의식에 대한 조사」, 『소비자학연구』 9, 3, pp. 75~90.
_____(1998), 「소비자피해 구제를 위한 집단피해소송법 제정에 관한 소고」, 『소비자학 연구』 9, 1, pp. 75~100.
_____(1999), 「우리나라 소비자파산제도의 효과적 운영 방안에 대한 고찰」, 『소비자학연구』 10, 3, pp. 1~21.

Aaker, David and George Day(1974), Consumerism: Search for the Consumer Interest, 4th ed., New York: Free Press.

Anderson, C. and McNeal, J. U.(1981), "The Education of Young Consumer: A Children's Viewpoint", Proceeding of 5th Annual Conference of the Academy of Marketing Science.

Assael, Henry(1992), Consumer Behavior and Marketing Action, 4th ed., Boston, MA: PWS-Kent.

Bannister, R. and Monsma, C.(1980), Classification of Concepts in Consumer Education, Consumer Education Development Program, Michigan Consumer Center, Eastern Michigan University.

Bettman, James(1979), An Information Processing Theory of Conseme Choice, Reading, MA: Addision-Wesley., John Payne, and Eric Johnson(1991), "Consumer Decision Making", in T. Robertson and H. Kassarjian(eds.), Handbook of consumer Behavior, Prentice Hall.

Beatty, Sharon and Scott Smith(1987), "External Search Effort: An Investigation Across Several Product Category", Journal of Consumer Research, vol. 14, pp. 83-95.

Cole, Catherine and Siva Balasubrmanian(1993), "Age Differnces in Consumers'Search for Information: Public Policy Implications", Journal of consumer Research. vol. 20, pp. 157-169.

Engel, J. F., R. Blackwell, and P. Miniard(1995), Consumer Behavior. 8th ed., N. Y. Dryden Press.

Diener, Betty and S. Greyser(1978), "Consumer Views of Redress Needs", journal of arketing, vol. 42, pp. 23-24.

Hawkins, D. I., K. A. Coney and B. J. Best(1980), Consumer Behavior, Dallas, Texas: Business Publication, Inc., 1980, p. 390.

_______, Del, Roger Best, and Kenneth Coney(1992), Consumer Behavior, 5th ed., Homewood, IL: Irwin.

Howard, John and Jagdish Sheth(1969), The Theory of Buyer Behavior, New York: John Wiley.

_______, John(1989), Consumer Behavior in Marketing Strategy, Englewood Cliffs, NJ: Prentice-Hall.

Janiszewski, Chris and Luk Warlop(1993), "The Influence of Classical Conditioning Procedures on Subsequent Attention to the Conditioned Brand", Journal of Consumer Research, vol. 20, pp. 171-189.

Johnson, Michael(1984), "Consumer Choice Strategies for Comparing Noncomparable Alternatives", Journal of Consumer Research, vol. 11, pp. 741-753.

Loudon, David and Albert Bitta(1993), Consumer Behavior: Concepts and Applications, 4th ed., New York; McGraw-hill.

McNeal, J. U.(1992), Kids as Consumer: A handbook of Marketing to Children, Lexington, M. A.: D. C. Health and Company.

Morse, B. & Terrass, J. J.(1997), "Evaluation: Some Progress in Competency-Based Education", Journal Home Economics, Vol. 69.

Peattie, K. J.(1992), Green Marketing, London, M&E Handbook.

Peter, Paul and Jerry Olson(1993), Consumer Behavior and Marketing Strategy, 3rd ed., Homewood, IL: Irwin.

Schiffman, L. G and L. L. Kanuk(2000), Consumer Behavior, 7th ed., Prentice Hall.

Shimp, Terence, Elnora Stuart, and Randall Engel(1991), "A Program of Classical Conditioning Experiments Testing Variations in the Conditioned Stimulus and Context", Journal of Consumer Research, vol. 18, pp. 1-12.

기획재정부 홈페이지(http://www.mosf.go.kr)

보건복지부 홈페이지(http://www.mohw.go.kr)

지식경제부 홈페이지(http://www.mke.go.kr)

한국소비자원 홈페이지(http://www.kca.go.kr)

부록

소비자기본법

[시행 2011. 8. 20.] [법률 제10678호, 2011. 5. 19. 일부 개정]

공정거래위원회(소비자정책과), 02-2023-4299

제1장 총칙

제1조(목적) 이 법은 소비자의 권익을 증진하기 위하여 소비자의 권리와 책무, 국가·지방자치단체 및 사업자의 책무, 소비자단체의 역할 및 자유시장경제에서 소비자와 사업자 사이의 관계를 규정함과 아울러 소비자정책의 종합적 추진을 위한 기본적인 사항을 규정함으로써 소비생활의 향상과 국민경제의 발전에 이바지함을 목적으로 한다.

제2조(정의) 이 법에서 사용하는 용어의 정의는 다음과 같다.

1. "소비자"라 함은 사업자가 제공하는 물품 또는 용역(시설물을 포함한다. 이하 같다)을 소비생활을 위하여 사용(이용을 포함한다. 이하 같다)하는 자 또는 생산활동을 위하여 사용하는 자로서 대통령령이 정하는 자를 말한다.
2. "사업자"라 함은 물품을 제조(가공 또는 포장을 포함한다. 이하 같다)·수입·판매하거나 용역을 제공하는 자를 말한다.
3. "소비자단체"라 함은 소비자의 권익을 증진하기 위하여 소비자가 조직한 단체를 말한다.
4. "사업자단체"라 함은 2 이상의 사업자가 공동의 이익을 증진할 목적으로 조직한 단체를 말한다.

제3조(다른 법률과의 관계) 소비자의 권익에 관하여 다른 법률에서 특별한 규정을 두고 있는 경우를 제외하고는 이 법을 적용한다.

제2장 소비자의 권리와 책무

제4조(소비자의 기본적 권리) 소비자는 다음 각 호의 기본적 권리를 가진다.

1. 물품 또는 용역(이하 "물품등"이라 한다)으로 인한 생명·신체 또는 재산에 대한 위해로부터 보호받을 권리
2. 물품등을 선택함에 있어서 필요한 지식 및 정보를 제공받을 권리
3. 물품등을 사용함에 있어서 거래상대방·구입장소·가격 및 거래조건 등을 자유로이 선택할 권리
4. 소비생활에 영향을 주는 국가 및 지방자치단체의 정책과 사업자의 사업활동 등에 대하여 의견을 반영시킬 권리
5. 물품등의 사용으로 인하여 입은 피해에 대하여 신속·공정한 절차에 따라 적절한 보상을 받을 권리
6. 합리적인 소비생활을 위하여 필요한 교육을 받을 권리
7. 소비자 스스로의 권익을 증진하기 위하여 단체를 조직하고 이를 통하여 활동할 수 있는 권리
8. 안전하고 쾌적한 소비생활 환경에서 소비할 권리

제5조(소비자의 책무)

① 소비자는 사업자 등과 더불어 자유시장경제를 구성하는 주체임을 인식하여 물품등을 올바르게 선택하고, 제4조의 규정에 따른 소비자의 기본적 권리를 정당하게 행사하여야 한다.

② 소비자는 스스로의 권익을 증진하기 위하여 필요한 지식과 정보를 습득하도록 노력하여야 한다.

③ 소비자는 자주적이고 합리적인 행동과 자원절약적이고 환경친화적인 소비생활을 함으로써 소비생활의 향상과 국민경제의 발전에 적극적인 역할을 다하여야 한다.

제3장 국가·지방자치단체 및 사업자의 책무

제1절 국가 및 지방자치단체의 책무 등

제6조(국가 및 지방자치단체의 책무) 국가 및 지방자치단체는 제4조의 규정에 따른 소비자의 기본적 권리가 실현되도록 하기 위하여 다음 각 호의 책무를 진다.

1. 관계 법령 및 조례의 제정 및 개정·폐지
2. 필요한 행정조직의 정비 및 운영 개선
3. 필요한 시책의 수립 및 실시
4. 소비자의 건전하고 자주적인 조직활동의 지원·육성

제7조(지방행정조직에 대한 지원) 국가는 지방자치단체의 소비자권익과 관련된 행정조직의 설치·운영 등에 관하여 대통령령이 정하는 바에 따라 필요한 지원을 할 수 있다.

제8조(위해의 방지)

① 국가는 사업자가 소비자에게 제공하는 물품등으로 인한 소비자의 생명·신체 또는 재산에 대한 위해를 방지하기 위하여 다음 각 호의 사항에 관하여 사업자가 지켜야 할 기준을 정하여야 한다.

1. 물품등의 성분·함량·구조 등 안전에 관한 중요한 사항
2. 물품등을 사용할 때의 지시사항이나 경고 등 표시할 내용과 방법
3. 그 밖에 위해방지를 위하여 필요하다고 인정되는 사항

② 중앙행정기관의 장은 제1항의 규정에 따라 국가가 정한 기준을 사업자가 준수하는지 여부를 정기적으로 시험·검사 또는 조사하여야 한다.

제9조(계량 및 규격의 적정화)

① 국가 및 지방자치단체는 소비자가 사업자와의 거래에 있어서 계량으로 인하여 손해를 입지 아니하도록 물품등의 계량에 관하여 필요한 시책을 강구하여야 한다.

② 국가 및 지방자치단체는 물품등의 품질 개선 및 소비생활의 향상을 위하여 물품등의 규격을 정하고 이를 보급하기 위한 시책을 강구하여야 한다.

제10조(표시의 기준)

① 국가는 소비자가 사업자와의 거래에 있어서 표시나 포장 등으로 인하여 물품등을 잘못 선택하거나

사용하지 아니하도록 물품등에 대하여 다음 각 호의 사항에 관한 표시기준을 정하여야 한다. 〈개정 2011. 5. 19.〉

1. 상품명·용도·성분·재질·성능·규격·가격·용량·허가번호 및 용역의 내용

2. 물품등을 제조·수입 또는 판매하거나 제공한 사업자의 명칭(주소 및 전화번호를 포함한다) 및 물품의 원산지

3. 사용방법, 사용·보관할 때의 주의사항 및 경고사항

4. 제조연월일, 품질보증기간 또는 식품이나 의약품 등 유통과정에서 변질되기 쉬운 물품은 그 유효기간

5. 표시의 크기·위치 및 방법

6. 물품등에 따른 불만이나 소비자피해가 있는 경우의 처리기구(주소 및 전화번호를 포함한다) 및 처리방법

7. 「장애인차별금지 및 권리구제 등에 관한 법률」 제20조에 따른 시각장애인을 위한 표시방법

② 국가는 소비자가 사업자와의 거래에 있어서 표시나 포장 등으로 인하여 물품등을 잘못 선택하거나 사용하지 아니하도록 사업자가 제1항 각 호의 사항을 변경하는 경우 그 변경 전후 사항을 표시하도록 기준을 정할 수 있다. 〈신설 2011. 5. 19.〉

제11조(광고의 기준) 국가는 물품등의 잘못된 소비 또는 과다한 소비로 인하여 발생할 수 있는 소비자의 생명·신체 또는 재산에 대한 위해를 방지하기 위하여 다음 각 호의 어느 하나에 해당하는 경우에는 광고의 내용 및 방법에 관한 기준을 정하여야 한다.

1. 용도·성분·성능·규격 또는 원산지 등을 광고하는 때에 허가 또는 공인된 내용만으로 광고를 제한할 필요가 있거나 특정내용을 소비자에게 반드시 알릴 필요가 있는 경우

2. 소비자가 오해할 우려가 있는 특정용어 또는 특정표현의 사용을 제한할 필요가 있는 경우

3. 광고의 매체 또는 시간대에 대하여 제한이 필요한 경우

제12조(거래의 적정화)

① 국가는 사업자의 불공정한 거래조건이나 거래방법으로 인하여 소비자가 부당한 피해를 입지 아니하도록 필요한 시책을 수립·실시하여야 한다.

② 국가는 소비자의 합리적인 선택을 방해하고 소비자에게 손해를 끼칠 우려가 있다고 인정되는 사업자의 부당한 행위를 지정·고시할 수 있다.

③ 국가 및 지방자치단체는 약관에 따른 거래 및 방문판매·다단계판매·할부판매·통신판매·전자거래 등 특수한 형태의 거래에 대하여는 소비자의 권익을 위하여 필요한 시책을 강구하여야 한다.

제13조(소비자에의 정보제공)

① 국가 및 지방자치단체는 소비자의 기본적인 권리가 실현될 수 있도록 소비자의 권익과 관련된 주요시책 및 주요결정사항을 소비자에게 알려야 한다.

② 국가 및 지방자치단체는 소비자가 물품등을 합리적으로 선택할 수 있도록 하기 위하여 물품등의 거래조건·거래방법·품질·안전성 및 환경성 등에 관련되는 사업자의 정보가 소비자에게 제공될 수 있도록 필요한 시책을 강구하여야 한다.

제14조(소비자의 능력 향상)

① 국가 및 지방자치단체는 소비자의 올바른 권리행사를 이끌고, 물품등과 관련된 판단능력을 높이며, 소비자가 자신의 선택에 책임을 지는 소비생활을 할 수 있도록 필요한 교육을 하여야 한다.

② 국가 및 지방자치단체는 경제 및 사회의 발전에 따라 소비자의 능력 향상을 위한 프로그램을 개발하여야 한다.

③ 국가 및 지방자치단체는 소비자교육과 학교교육·평생교육을 연계하여 교육적 효과를 높이기 위한 시책을 수립·시행하여야 한다.

④ 국가 및 지방자치단체는 소비자의 능력을 효과적으로 향상시키기 위한 방법으로 「방송법」에 따른 방송사업을 할 수 있다.

⑤ 제1항의 규정에 따른 소비자교육의 방법 등에 관하여 필요한 사항은 대통령령으로 정한다.

제15조(개인정보의 보호)

① 국가 및 지방자치단체는 소비자가 사업자와의 거래에서 개인정보의 분실·도난·누출·변조 또는 훼손으로 인하여 부당한 피해를 입지 아니하도록 필요한 시책을 강구하여야 한다.

② 국가는 제1항의 규정에 따라 소비자의 개인정보를 보호하기 위한 기준을 정하여야 한다.

제16조(소비자분쟁의 해결)

① 국가 및 지방자치단체는 소비자의 불만이나 피해가 신속·공정하게 처리될 수 있도록 관련기구의 설치 등 필요한 조치를 강구하여야 한다.

② 국가는 소비자와 사업자 사이에 발생하는 분쟁을 원활하게 해결하기 위하여 대통령령이 정하는 바에 따라 소비자분쟁해결기준을 제정할 수 있다.

③ 제2항의 규정에 따른 소비자분쟁해결기준은 분쟁 당사자 사이에 분쟁해결방법에 관한 별도의 의사표시가 없는 경우에 한하여 분쟁 해결을 위한 합의 또는 권고의 기준이 된다.

제17조(시험·검사시설의 설치 등)

① 국가 및 지방자치단체는 물품등의 규격·품질 및 안전성 등에 관하여 시험·검사 또는 조사를 실시할 수 있는 기구와 시설을 갖추어야 한다.

② 국가·지방자치단체 또는 소비자나 소비자단체는 필요하다고 인정되는 때 또는 소비자의 요청이 있는 때에는 제1항의 규정에 따라 설치된 시험·검사기관이나 제33조의 규정에 따른 한국소비자원(이하 "한국소비자원"이라 한다)에 시험·검사 또는 조사를 의뢰하여 시험 등을 실시할 수 있다.

③ 국가 및 지방자치단체는 제2항의 규정에 따라 시험 등을 실시한 경우에는 그 결과를 공표하고 소비자의 권익을 위하여 필요한 조치를 취하여야 한다.

④ 국가 및 지방자치단체는 소비자단체가 물품등의 규격·품질 또는 안전성 등에 관하여 시험·검사를 실시할 수 있는 시설을 갖출 수 있도록 지원할 수 있다.

⑤ 국가 및 지방자치단체는 제8조·제10조 내지 제13조 또는 제15조의 규정에 따라 기준을 정하거나 소비자의 권익과 관련된 시책을 수립하기 위하여 필요한 경우에는 한국소비자원, 국립 또는 공립의 시험·검사기관 등 대통령령이 정하는 기관에 조사·연구를 의뢰할 수 있다.

제2절 사업자의 책무 등

제18조(소비자권익 증진시책에 대한 협력 등)

① 사업자는 국가 및 지방자치단체의 소비자권익 증진시책에 적극 협력하여야 한다.

② 사업자는 소비자단체 및 한국소비자원의 소비자 권익증진과 관련된 업무의 추진에 필요한 자료 및 정보제공 요청에 적극 협력하여야 한다.

③ 사업자는 안전하고 쾌적한 소비생활 환경을 조성하기 위하여 물품등을 제공함에 있어서 환경친화적인 기술의 개발과 자원의 재활용을 위하여 노력하여야 한다.

제19조(사업자의 책무)

① 사업자는 물품등으로 인하여 소비자에게 생명·신체 또는 재산에 대한 위해가 발생하지 아니하도록 필요한 조치를 강구하여야 한다.

② 사업자는 물품등을 공급함에 있어서 소비자의 합리적인 선택이나 이익을 침해할 우려가 있는 거래조건이나 거래방법을 사용하여서는 아니 된다.

③ 사업자는 소비자에게 물품등에 대한 정보를 성실하고 정확하게 제공하여야 한다.

④ 사업자는 소비자의 개인정보가 분실·도난·누출·변조 또는 훼손되지 아니하도록 그 개인정보를 성실하게 취급하여야 한다.

⑤ 사업자는 물품등의 하자로 인한 소비자의 불만이나 피해를 해결하거나 보상하여야 하며, 채무불이행 등으로 인한 소비자의 손해를 배상하여야 한다.

제20조(소비자의 권익증진 관련 기준의 준수)

① 사업자는 제8조 제1항의 규정에 따라 국가가 정한 기준에 위반되는 물품등을 제조·수입·판매하거나 제공하여서는 아니 된다.

② 사업자는 제10조의 규정에 따라 국가가 정한 표시기준을 위반하여서는 아니 된다.

③ 사업자는 제11조의 규정에 따라 국가가 정한 광고기준을 위반하여서는 아니 된다.

④ 사업자는 제12조 제2항의 규정에 따라 국가가 지정·고시한 행위를 하여서는 아니 된다.

⑤ 사업자는 제15조 제2항의 규정에 따라 국가가 정한 개인정보의 보호기준을 위반하여서는 아니 된다.

제4장 소비자정책의 추진체계

제1절 소비자정책의 수립

제21조(기본계획의 수립 등)

① 공정거래위원회는 제23조의 규정에 따른 소비자정책위원회의 심의·의결을 거쳐 소비자정책에 관한 기본계획(이하 "기본계획"이라 한다)을 3년마다 수립하여야 한다. 〈개정 2008. 2. 29.〉

② 기본계획에는 다음 각 호의 사항이 포함되어야 한다.

1. 소비자정책과 관련된 경제·사회 환경의 변화
2. 소비자정책의 기본방향
3. 다음 각 목의 사항이 포함된 소비자정책의 목표
   가. 소비자안전의 강화
   나. 소비자와 사업자 사이의 거래의 공정화 및 적정화
   다. 소비자교육 및 정보제공의 촉진
   라. 소비자피해의 원활한 구제
   마. 국제소비자문제에 대한 대응
   바. 그 밖에 소비자의 권익과 관련된 주요한 사항
4. 소비자정책의 추진과 관련된 재원의 조달방법
5. 어린이 위해방지를 위한 연령별 안전기준의 작성
6. 그 밖에 소비자정책의 수립과 추진에 필요한 사항

③ 공정거래위원회는 제23조의 규정에 따른 소비자정책위원회의 심의·의결을 거쳐 기본계획을 변경할 수 있다. 〈개정 2008. 2. 29.〉

④ 기본계획의 수립·변경 절차 등에 관하여 필요한 사항은 대통령령으로 정한다.

제22조(시행계획의 수립 등)

① 관계 중앙행정기관의 장은 기본계획에 따라 매년 10월 31일까지 소관 업무에 관하여 다음 연도의 소비자정책에 관한 시행계획(이하 "중앙행정기관별시행계획"이라 한다)을 수립하여야 한다.

② 특별시장·광역시장·도지사 또는 특별자치도지사(이하 "시·도지사"라 한다)는 기본계획과 중앙행정기관별시행계획에 따라 매년 11월 30일까지 소비자정책에 관한 다음 연도의 시·도별시행계획(이하 "시·도별시행계획"이라 한다)을 수립하여야 한다. 〈개정 2010. 3. 22.〉

③ 공정거래위원회는 매년 12월 31일까지 중앙행정기관별시행계획 및 시·도별시행계획을 취합·조정하여 제23조의 규정에 따른 소비자정책위원회의 심의·의결을 거쳐 종합적인 시행계획(이하 "종합시행계획"이라 한다)을 수립하여야 한다. 〈개정 2008. 2. 29.〉

④ 관계 중앙행정기관의 장 및 시·도지사는 종합시행계획이 실효성 있게 추진될 수 있도록 매년 소요비용에 대한 예산편성 등 필요한 재정 조치를 강구하여야 한다.

⑤ 종합시행계획의 수립 및 그 집행실적의 평가 등에 관하여 필요한 사항은 대통령령으로 정한다.

제2절 소비자정책위원회

제23조(소비자정책위원회의 설치) 소비자의 권익증진 및 소비생활의 향상에 관한 기본적인 정책을 심의·의결하기 위하여 공정거래위원회에 소비자정책위원회(이하 "정책위원회"라 한다)를 둔다. 〈개정 2008. 2. 29.〉

제24조(정책위원회의 구성)

① 정책위원회는 위원장 2인을 포함한 25인 이내의 위원으로 구성한다.

② 위원장은 공정거래위원회위원장과 소비자문제에 관하여 학식과 경험이 풍부한 자 중에서 대통령이 위촉하는 자가 된다. 〈개정 2008. 2. 29.〉

③ 위원은 관계 중앙행정기관의 장 및 제38조의 규정에 따른 한국소비자원의 원장(이하 "원장"이라 한다)과 다음 각 호의 어느 하나에 해당하는 자 중에서 공정거래위원회위원장이 위촉하는 자가 된다. 〈개정 2008. 2. 29.〉

1. 소비자문제에 관한 학식과 경험이 풍부한 자
2. 제29조의 규정에 따라 등록한 소비자단체(이하 "등록소비자단체"라 한다) 및 대통령령이 정하는 경제단체에서 추천하는 소비자 대표 및 경제계 대표

④ 제2항의 규정에 따른 위촉위원장 및 제3항의 규정에 따른 위촉위원의 임기는 3년으로 한다.

⑤ 정책위원회에 간사 1인을 두되, 공정거래위원회 소속공무원 중에서 공정거래위원회위원장이 임명한다. 〈개정 2008. 2. 29.〉

제25조(정책위원회의 기능 등)

① 정책위원회는 다음 각 호의 사항을 심의·의결한다.

1. 기본계획 및 종합시행계획
2. 소비자정책의 종합적 추진에 관한 사항
3. 소비자정책의 평가 및 제도개선에 관한 사항
4. 그 밖에 위원장이 소비자의 권익증진 및 소비생활의 향상을 위하여 토의에 부치는 사항

② 정책위원회는 업무를 효율적으로 수행하기 위하여 정책위원회에 실무위원회와 분야별 전문위원회를 둘 수 있다.

③ 이 법에 규정한 것 외에 정책위원회·실무위원회 및 전문위원회의 조직과 운영에 관하여 필요한 사항은 대통령령으로 정한다.

제26조(의견청취 등)

① 정책위원회는 제25조 제1항 각 호의 사항을 심의하기 위하여 필요한 경우에는 소비자문제에 관하여 전문지식이 있는 자, 소비자 또는 관계사업자의 의견을 들을 수 있다.

② 공정거래위원회는 소비자권익증진, 정책위원회의 운영 등을 위하여 필요한 경우 중앙행정기관의 장 및 지방자치단체의 장 등 관계 행정기관에 의견제시 및 자료제출을 요청할 수 있다. 〈개정 2008. 2. 29.〉

제3절 국제협력

제27조(국제협력)

① 국가는 소비자문제의 국제화에 대응하기 위하여 국가 사이의 상호협력방안을 마련하는 등 필요한

대책을 강구하여야 한다.

② 공정거래위원회는 관계 중앙행정기관의 장과 협의하여 국제적인 소비자문제에 대응하기 위한 정보의 공유, 국제협력창구 또는 협의체의 구성·운영 등 관련 시책을 수립·시행하여야 한다. 〈개정 2008. 2. 29.〉

③ 제2항의 규정에 따른 관련 시책의 수립 등에 관하여 필요한 사항은 대통령령으로 정한다.

제5장 소비자단체

제28조(소비자단체의 업무 등)

① 소비자단체는 다음 각 호의 업무를 행한다.

1. 국가 및 지방자치단체의 소비자의 권익과 관련된 시책에 대한 건의
2. 물품등의 규격·품질·안전성·환경성에 관한 시험·검사 및 가격 등을 포함한 거래조건이나 거래방법에 관한 조사·분석
3. 소비자문제에 관한 조사·연구
4. 소비자의 교육
5. 소비자의 불만 및 피해를 처리하기 위한 상담·정보제공 및 당사자 사이의 합의의 권고

② 소비자단체는 제1항 제2호의 규정에 따른 조사·분석 등의 결과를 공표할 수 있다. 다만, 공표되는 사항 중 물품등의 품질·성능 및 성분 등에 관한 시험·검사로서 전문적인 인력과 설비를 필요로 하는 시험·검사인 경우에는 대통령령이 정하는 시험·검사기관의 시험·검사를 거친 후 공표하여야 한다.

③ 소비자단체는 제78조의 규정에 따라 자료 및 정보의 제공을 요청하였음에도 사업자 또는 사업자단체가 정당한 사유 없이 이를 거부·방해·기피하거나 거짓으로 제출한 경우에는 그 사업자 또는 사업자단체의 이름(상호 그 밖의 명칭을 포함한다), 거부 등의 사실과 사유를 「신문 등의 진흥에 관한 법률」에 따른 일반 일간신문에 게재할 수 있다. 〈개정 2009. 7. 31.〉

④ 소비자단체는 업무상 알게 된 정보를 소비자의 권익을 증진하기 위한 목적이 아닌 용도에 사용하여서는 아니 된다.

⑤ 소비자단체는 사업자 또는 사업자단체로부터 제공받은 자료 및 정보를 소비자의 권익을 증진하기 위한 목적이 아닌 용도로 사용함으로써 사업자 또는 사업자단체에 손해를 끼친 때에는 그 손해에 대하여 배상할 책임을 진다.

제29조(소비자단체의 등록)

① 다음 각 호의 요건을 모두 갖춘 소비자단체는 대통령령이 정하는 바에 따라 공정거래위원회 또는 지방자치단체에 등록할 수 있다.

1. 제28조 제1항 제2호 및 제5호의 업무를 수행할 것
2. 물품 및 용역에 대하여 전반적인 소비자문제를 취급할 것

3. 대통령령이 정하는 설비와 인력을 갖출 것

4. 「비영리민간단체 지원법」 제2조 각 호의 요건을 모두 갖출 것

② 공정거래위원회 또는 지방자치단체의 장은 제1항의 규정에 따라 등록을 신청한 소비자단체가 제1항 각 호의 요건을 갖추었는지 여부를 심사하여 등록 여부를 결정하여야 한다.

제30조(등록의 취소)

① 공정거래위원회 또는 지방자치단체의 장은 소비자단체가 거짓 그 밖의 부정한 방법으로 제29조의 규정에 따른 등록을 한 경우에는 등록을 취소하여야 한다.

② 공정거래위원회 또는 지방자치단체의 장은 등록소비자단체가 제29조 제1항 각 호의 요건을 갖추지 못하게 된 경우에는 3월 이내에 보완을 하도록 명할 수 있고, 그 기간이 경과하여도 요건을 갖추지 못하는 경우에는 등록을 취소할 수 있다.

제31조(자율적 분쟁조정)

① 제29조의 규정에 따라 공정거래위원회에 등록한 소비자단체의 협의체는 제28조 제1항 제5호의 규정에 따른 소비자의 불만 및 피해를 처리하기 위하여 자율적 분쟁조정(紛爭調停)을 할 수 있다. 다만, 다른 법률의 규정에 따라 설치된 전문성이 요구되는 분야의 분쟁조정기구(紛爭調停機構)로서 대통령령이 정하는 기구에서 관장하는 사항에 대하여는 그러하지 아니하다.

② 제1항의 규정에 따른 자율적 분쟁조정은 당사자가 이를 수락한 경우에는 당사자 사이에 자율적 분쟁조정의 내용과 동일한 합의가 성립된 것으로 본다.

③ 제1항 본문의 규정에 따른 소비자단체의 협의체 구성 및 분쟁조정의 절차 등에 관하여 필요한 사항은 대통령령으로 정한다.

제32조(보조금의 지급) 국가 또는 지방자치단체는 등록소비자단체의 건전한 육성·발전을 위하여 필요하다고 인정될 때에는 보조금을 지급할 수 있다.

제6장 한국소비자원

제1절 설립 등

제33조(설립)

① 소비자권익 증진시책의 효과적인 추진을 위하여 한국소비자원을 설립한다.

② 한국소비자원은 법인으로 한다.

③ 한국소비자원은 공정거래위원회의 승인을 얻어 필요한 곳에 그 지부를 설치할 수 있다.

④ 한국소비자원은 그 주된 사무소의 소재지에서 설립등기를 함으로써 성립한다.

제34조(정관) 한국소비자원의 정관에는 다음 각 호의 사항을 기재하여야 한다.

1. 목적

2. 명칭

3. 주된 사무소 및 지부에 관한 사항
4. 임원 및 직원에 관한 사항
5. 이사회의 운영에 관한 사항
6. 제51조의 규정에 따른 소비자안전센터에 관한 사항
7. 제60조의 규정에 따른 소비자분쟁조정위원회에 관한 사항
8. 업무에 관한 사항
9. 재산 및 회계에 관한 사항
10. 공고에 관한 사항
11. 정관의 변경에 관한 사항
12. 내부규정의 제정 및 개정·폐지에 관한 사항

제35조(업무)

① 한국소비자원의 업무는 다음 각 호와 같다.

1. 소비자의 권익과 관련된 제도와 정책의 연구 및 건의
2. 소비자의 권익증진을 위하여 필요한 경우 물품등의 규격·품질·안전성·환경성에 관한 시험·검사 및 가격 등을 포함한 거래조건이나 거래방법에 대한 조사·분석
3. 소비자의 권익증진·안전 및 소비생활의 향상을 위한 정보의 수집·제공 및 국제협력
4. 소비자의 권익증진·안전 및 능력개발과 관련된 교육·홍보 및 방송사업
5. 소비자의 불만처리 및 피해 구제
6. 소비자의 권익증진 및 소비생활의 합리화를 위한 종합적인 조사·연구
7. 국가 또는 지방자치단체가 소비자의 권익증진과 관련하여 의뢰한 조사 등의 업무
8. 그 밖에 소비자의 권익증진 및 안전에 관한 업무

② 한국소비자원이 제1항 제5호의 규정에 따른 업무를 수행함에 있어서 다음 각 호의 사항은 그 처리대상에서 제외한다.

1. 국가 또는 지방자치단체가 제공한 물품등으로 인하여 발생한 피해구제. 다만, 대통령령으로 정하는 물품등에 관하여는 그러하지 아니하다.
2. 그 밖에 다른 법률의 규정에 따라 설치된 전문성이 요구되는 분야의 분쟁조정기구에 신청된 피해구제 등으로서 대통령령이 정하는 피해 구제

③ 한국소비자원은 업무수행 과정에서 취득한 사실 중 소비자의 권익증진, 소비자피해의 확산 방지, 물품등의 품질 향상, 그 밖에 소비생활의 향상을 위하여 필요하다고 인정되는 사실은 이를 공표하여야 한다. 다만, 사업자 또는 사업자단체의 영업 비밀을 보호할 필요가 있다고 인정되거나 공익상 필요하다고 인정되는 때에는 그러하지 아니하다.

제36조(시험·검사의 의뢰)

① 원장은 제35조 제1항 제2호 및 제5호의 업무를 수행함에 있어서 필요하다고 인정되는 때에는 국립 또는 공립의 시험·검사기관에 물품등에 대한 시험·검사를 의뢰할 수 있다.

② 제1항의 규정에 따른 의뢰를 받은 기관은 특별한 사유가 없는 한 우선하여 이에 응하여야 한다.

제37조(유사명칭의 사용금지) 이 법에 따른 한국소비자원이 아닌 자는 한국소비자원 또는 이와 유사한 한국소비자보호원 등의 명칭을 사용하여서는 아니 된다.

제2절 임원 및 이사회

제38조(임원 및 임기)

① 한국소비자원에 원장·부원장 및 제51조의 규정에 따른 소비자안전센터의 소장(이하 "소장"이라 한다) 각 1인을 포함한 10인 이내의 이사와 감사 1인을 둔다.

② 원장·부원장·소장 및 대통령령이 정하는 이사는 상임으로 하고 그 밖의 임원은 비상임으로 한다.

③ 원장은 소비자문제에 관하여 학식과 경험이 풍부한 자 중에서 공정거래위원회위원장의 제청으로 대통령이 임명한다.

④ 부원장 및 이사는 소비자문제에 관하여 학식과 경험이 풍부한 자 중에서, 소장은 소비자안전에 관하여 학식과 경험이 풍부한 자 중에서 각각 원장의 제청으로 공정거래위원회위원장이 임명한다.

⑤ 감사는 공정거래위원회위원장이 임명한다.

⑥ 임원의 임기는 3년으로 한다.

제39조(임원의 직무)

① 원장은 한국소비자원을 대표하고 한국소비자원의 업무를 총괄한다.

② 부원장은 원장을 보좌하며, 원장이 부득이한 사유로 직무를 수행할 수 없는 경우에 그 직무를 대행한다.

③ 소장은 원장의 지휘를 받아 제51조 제1항의 규정에 따라 설치되는 소비자안전센터의 업무를 총괄하며, 원장·부원장 및 소장이 아닌 이사는 정관이 정하는 바에 따라 한국소비자원의 업무를 분장한다.

④ 원장·부원장이 모두 부득이한 사유로 직무를 수행할 수 없는 때에는 상임이사·비상임이사의 순으로 정관이 정하는 순서에 따라 그 직무를 대행한다.

⑤ 감사는 한국소비자원의 업무 및 회계를 감사한다.

제40조(이사회)

① 한국소비자원의 업무와 운영에 관한 중요사항을 심의·의결하기 위하여 한국소비자원에 이사회를 둔다.

② 이사회는 원장·부원장·소장 그 밖의 이사로 구성한다.

③ 원장은 이사회를 소집하고 이사회의 의장이 된다.

④ 감사는 이사회에 출석하여 의견을 진술할 수 있다.

제3절 회계·감독 등

제41조(재원) 한국소비자원의 설립·시설·운영 및 업무에 필요한 경비는 다음 각 호의 재원으로 충당한다.

1. 국가 및 지방자치단체의 출연금
2. 그 밖에 한국소비자원의 운영에 따른 수입금

제42조(감독)

① 공정거래위원회는 한국소비자원(제51조의 규정에 따른 소비자안전센터를 포함한다. 이하 이 절에서 같다)을 지도·감독하고, 필요하다고 인정되는 때에는 한국소비자원에 대하여 그 사업에 관한 지시 또는 명령을 할 수 있다.

② 한국소비자원은 매년 업무계획서와 예산서를 작성하여 공정거래위원회의 승인을 얻어야 하며, 매년 결산보고서와 이에 대한 감사의 의견서를 작성하여 공정거래위원회에 보고하여야 한다. 이 경우 그 절차 등에 관하여는 대통령령으로 정한다.

③ 공정거래위원회는 필요하다고 인정되는 때에는 한국소비자원에 대하여 그 업무·회계 및 재산에 관한 사항을 보고하게 하거나 감사할 수 있다.

제43조(벌칙 적용에서의 공무원 의제) 한국소비자원의 임원, 제60조의 규정에 따른 소비자분쟁조정위원회의 위원 및 대통령령이 정하는 직원은 「형법」 제129조 내지 제132조를 적용할 때에는 이를 공무원으로 본다.

제44조(준용) 한국소비자원에 관하여 이 법에 규정하지 아니한 사항에 관하여는 「민법」 중 재단법인에 관한 규정을 준용한다.

제7장 소비자안전

제1절 총칙

제45조(취약계층의 보호)

① 국가 및 지방자치단체는 어린이·노약자 및 장애인 등 안전취약계층에 대하여 우선적으로 보호시책을 강구하여야 한다.

② 사업자는 어린이·노약자 및 장애인 등 안전취약계층에 대하여 물품등을 판매·광고 또는 제공하는 경우에는 그 취약계층에게 위해가 발생하지 아니하도록 제19조 제1항의 규정에 따른 조치와 더불어 필요한 예방조치를 취하여야 한다.

제46조(시정요청 등) 공정거래위원회는 사업자가 제공한 물품등으로 인하여 소비자에게 위해발생이 우려되는 경우에는 관계중앙행정기관의 장에게 다음 각 호의 조치를 요청할 수 있다. 〈개정 2008. 2. 29.〉

1. 사업자가 다른 법령에서 정한 안전조치를 취하지 아니하는 경우에는 그 법령의 규정에 따른 조치
2. 다른 법령에서 안전기준이나 규격을 정하고 있지 아니하는 경우에는 다음 각 목의 조치

가. 제49조의 규정에 따른 수거·파기 등의 권고

나. 제50조의 규정에 따른 수거·파기 등의 명령

다. 제86조 제1항 제1호의 규정에 따른 과태료 처분

3. 그 밖에 물품등에 대한 위해방지대책의 강구

제2절 소비자안전조치

제47조(결함정보의 보고의무)

① 사업자는 소비자에게 제공한 물품등에 소비자의 생명·신체 또는 재산에 위해를 끼치거나 끼칠 우려가 있는 제조·설계 또는 표시 등의 중대한 결함이 있는 사실을 알게 된 때에는 그 결함의 내용을 소관 중앙행정기관의 장에게 보고(전자적 보고를 포함한다. 이하 같다)하여야 한다.

② 제1항의 규정에 따른 보고를 받은 중앙행정기관의 장은 사업자가 보고한 결함의 내용에 관하여 제17조의 규정에 따른 시험·검사기관 또는 한국소비자원 등에 시험·검사를 의뢰하고, 시험·검사의 결과 그 물품등이 제49조 또는 제50조의 요건에 해당하는 경우에는 사업자에게 각각에 해당하는 규정에 따른 필요한 조치를 취하여야 한다.

③ 제1항의 규정에 따라 결함의 내용을 보고하여야 할 사업자는 다음 각 호와 같다.

1. 물품등을 제조·수입 또는 제공하는 자
2. 물품에 성명·상호 그 밖에 식별 가능한 기호 등을 부착함으로써 자신을 제조자로 표시한 자
3. 「유통산업발전법」 제2조 제3호의 규정에 따른 대규모점포 중 대통령령이 정하는 대규모점포를 설치하여 운영하는 자
4. 그 밖에 소비자의 생명·신체 및 재산에 위해를 끼치거나 끼칠 우려가 있는 물품등을 제조·수입·판매 또는 제공하는 자로서 대통령령이 정하는 자

④ 제1항의 규정에 따라 사업자가 보고하여야 할 중대한 결함의 범위, 보고기한 및 보고절차 등에 관하여 필요한 사항은 대통령령으로 정한다.

제48조(물품등의 자진수거 등) 사업자는 소비자에게 제공한 물품등의 결함으로 인하여 소비자의 생명·신체 또는 재산에 위해를 끼치거나 끼칠 우려가 있는 경우에는 대통령령이 정하는 바에 따라 당해 물품등의 수거·파기·수리·교환·환급 또는 제조·수입·판매·제공의 금지 그 밖의 필요한 조치를 취하여야 한다.

제49조(수거·파기 등의 권고 등)

① 중앙행정기관의 장은 사업자가 제공한 물품등의 결함으로 인하여 소비자의 생명·신체 또는 재산에 위해를 끼치거나 끼칠 우려가 있다고 인정되는 경우에는 그 사업자에 대하여 당해 물품등의 수거·파기·수리·교환·환급 또는 제조·수입·판매·제공의 금지 그 밖의 필요한 조치를 권고할 수 있다.

② 제1항의 규정에 따른 권고를 받은 사업자는 그 권고의 수락 여부를 소관 중앙행정기관의 장에게 통지하여야 한다.

③ 사업자는 제1항의 규정에 따른 권고를 수락한 경우에는 제48조의 규정에 따른 조치를 취하여야 한다.

④ 중앙행정기관의 장은 제1항의 규정에 따른 권고를 받은 사업자가 정당한 사유 없이 그 권고를 따르지 아니하는 때에는 사업자가 권고를 받은 사실을 공표할 수 있다.

⑤ 제1항 내지 제4항의 규정에 따른 권고, 권고의 수락 및 공표의 절차에 관하여 필요한 사항은 대통령령으로 정한다.

제50조(수거·파기 등의 명령 등)

① 중앙행정기관의 장은 사업자가 제공한 물품등의 결함으로 인하여 소비자의 생명·신체 또는 재산에 위해를 끼치거나 끼칠 우려가 있다고 인정되는 경우에는 대통령령이 정하는 절차에 따라 그 물품등의 수거·파기·수리·교환·환급을 명하거나 제조·수입·판매 또는 제공의 금지를 명할 수 있고, 그 물품등과 관련된 시설의 개수(改修) 그 밖의 필요한 조치를 명할 수 있다. 다만, 소비자의 생명·신체 또는 재산에 긴급하고 현저한 위해를 끼치거나 끼칠 우려가 있다고 인정되는 경우로서 그 위해의 발생 또는 확산을 방지하기 위하여 불가피하다고 인정되는 경우에는 그 절차를 생략할 수 있다.

② 중앙행정기관의 장은 사업자가 제1항의 규정에 따른 명령에 따르지 아니하는 경우에는 대통령령이 정하는 바에 따라 직접 그 물품등의 수거·파기 또는 제공금지 등 필요한 조치를 취할 수 있다.

제3절 위해정보의 수집 등

제51조(소비자안전센터의 설치)

① 소비자안전시책을 지원하기 위하여 한국소비자원에 소비자안전센터를 둔다.

② 소비자안전센터에 소장 1인을 두고, 그 조직에 관한 사항은 정관으로 정한다.

③ 소비자안전센터의 업무는 다음 각 호와 같다.

1. 제52조의 규정에 따른 위해정보의 수집 및 처리
2. 소비자안전을 확보하기 위한 조사 및 연구
3. 소비자안전과 관련된 교육 및 홍보
4. 위해 물품등에 대한 시정 건의
5. 소비자안전에 관한 국제협력
6. 그 밖에 소비자안전에 관한 업무

제52조(위해정보의 수집 및 처리)

① 소비자안전센터는 물품등으로 인하여 소비자의 생명·신체 또는 재산에 위해가 발생하였거나 발생할 우려가 있는 사안에 대한 정보(이하 "위해정보"라 한다)를 수집할 수 있다.

② 소장은 제1항의 규정에 따라 수집한 위해정보를 분석하여 그 결과를 원장에게 보고하여야 하고, 원장은 위해정보의 분석 결과에 따라 필요한 경우에는 다음 각 호의 조치를 할 수 있다.

1. 위해방지 및 사고예방을 위한 소비자안전경보의 발령

2. 물품등의 안전성에 관한 사실의 공표

3. 위해 물품등을 제공하는 사업자에 대한 시정 권고

4. 국가 또는 지방자치단체에의 시정 조치·제도 개선 건의

5. 그 밖에 소비자안전을 확보하기 위하여 필요한 조치로서 대통령령이 정하는 사항

③ 제1항 및 제2항의 규정에 따라 위해정보를 수집·처리하는 자는 물품등의 위해성이 판명되어 공표되기 전까지 사업자명·상품명·피해정도·사건경위에 관한 사항을 누설하여서는 아니 된다.

④ 공정거래위원회는 소비자안전센터가 위해정보를 효율적으로 수집할 수 있도록 하기 위하여 필요한 경우에는 행정기관·병원·학교·소비자단체 등을 위해정보 제출기관으로 지정·운영할 수 있다. 〈개정 2008. 2. 29.〉

⑤ 제1항 및 제2항의 규정에 따른 위해정보의 수집 및 처리 등에 관하여 필요한 사항은 대통령령으로 정한다.

제8장 소비자분쟁의 해결

제1절 사업자의 불만처리 등

제53조(소비자상담기구의 설치·운영)

① 사업자 및 사업자단체는 소비자로부터 제기되는 의견이나 불만 등을 기업경영에 반영하고, 소비자의 피해를 신속하게 처리하기 위한 기구(이하 "소비자상담기구"라 한다)의 설치·운영에 적극 노력하여야 한다.

②사업자 및 사업자단체는 소비자의 불만 또는 피해의 상담을 위하여 「국가기술자격법」에 따른 관련 자격이 있는 자 등 전담직원을 고용·배치하도록 적극 노력하여야 한다.

제54조(소비자상담기구의 설치 권장)

① 중앙행정기관의 장은 사업자 또는 사업자단체에게 소비자상담기구의 설치·운영을 권장하거나 그 설치·운영에 필요한 지원을 할 수 있다.

② 공정거래위원회는 소비자상담기구의 설치·운영에 관한 권장기준을 정하여 고시할 수 있다. 〈개정 2008. 2. 29.〉

제2절 한국소비자원의 피해구제

제55조(피해구제의 신청 등)

① 소비자는 물품등의 사용으로 인한 피해의 구제를 한국소비자원에 신청할 수 있다.

② 국가·지방자치단체 또는 소비자단체는 소비자로부터 피해구제의 신청을 받은 때에는 한국소비자원에 그 처리를 의뢰할 수 있다.

③ 사업자는 소비자로부터 피해구제의 신청을 받은 때에는 다음 각 호의 어느 하나에 해당하는 경우에 한하여 한국소비자원에 그 처리를 의뢰할 수 있다.

1. 소비자로부터 피해구제의 신청을 받은 날부터 30일이 경과하여도 합의에 이르지 못하는 경우
2. 한국소비자원에 피해구제의 처리를 의뢰하기로 소비자와 합의한 경우
3. 그 밖에 한국소비자원의 피해구제의 처리가 필요한 경우로서 대통령령이 정하는 사유에 해당하는 경우

④ 원장은 제1항의 규정에 따른 피해구제의 신청(제2항 및 제3항의 규정에 따른 피해구제의 의뢰를 포함한다. 이하 이 절에서 같다)을 받은 경우 그 내용이 한국소비자원에서 처리하는 것이 부적합하다고 판단되는 때에는 신청인에게 그 사유를 통보하고 그 사건의 처리를 중지할 수 있다.

제56조(위법사실의 통보 등) 원장은 피해구제신청사건을 처리함에 있어서 당사자 또는 관계인이 법령을 위반한 것으로 판단되는 때에는 관계기관에 이를 통보하고 적절한 조치를 의뢰하여야 한다. 다만, 다음 각 호의 경우에는 그러하지 아니하다. 〈개정 2011. 5. 19.〉

1. 피해구제신청사건의 당사자가 피해보상에 관한 합의를 하고 법령위반행위를 시정한 경우
2. 관계 기관에서 위법사실을 이미 인지하여 조사하고 있는 경우

제57조(합의권고) 원장은 피해구제신청의 당사자에 대하여 피해보상에 관한 합의를 권고할 수 있다.

제58조(처리기간) 원장은 제55조 제1항 내지 제3항의 규정에 따라 피해구제의 신청을 받은 날부터 30일 이내에 제57조의 규정에 따른 합의가 이루어지지 아니하는 때에는 지체 없이 제60조의 규정에 따른 소비자분쟁조정위원회에 분쟁조정을 신청하여야 한다. 다만, 피해의 원인규명 등에 상당한 시일이 요구되는 피해구제신청사건으로서 대통령령이 정하는 사건에 대하여는 60일 이내의 범위에서 처리기간을 연장할 수 있다.

제59조(피해구제절차의 중지)

① 한국소비자원의 피해구제 처리절차 중에 법원에 소를 제기한 당사자는 그 사실을 한국소비자원에 통보하여야 한다.

② 한국소비자원은 당사자의 소제기 사실을 알게 된 때에는 지체 없이 피해구제절차를 중지하고, 당사자에게 이를 통지하여야 한다.

제3절 소비자분쟁의 조정(調停) 등

제60조(소비자분쟁조정위원회의 설치)

① 소비자와 사업자 사이에 발생한 분쟁을 조정하기 위하여 한국소비자원에 소비자분쟁조정위원회(이하 "조정위원회"라 한다)를 둔다.

② 조정위원회는 다음 각 호의 사항을 심의·의결한다.

1. 소비자분쟁에 대한 조정결정
2. 조정위원회의 의사(議事)에 관한 규칙의 제정 및 개정·폐지

3. 그 밖에 조정위원회의 위원장이 토의에 부치는 사항

③ 조정위원회의 운영 및 조정절차 등에 관하여 필요한 사항은 대통령령으로 정한다.

제61조(조정위원회의 구성)

① 조정위원회는 위원장 1인을 포함한 50인 이내의 위원으로 구성하며, 위원장을 포함한 2인은 상임으로 하고, 나머지는 비상임으로 한다.

② 위원은 다음 각 호의 어느 하나에 해당하는 자 중에서 대통령령이 정하는 바에 따라 원장의 제청에 의하여 공정거래위원회위원장이 임명 또는 위촉한다.

1. 대학이나 공인된 연구기관에서 부교수 이상 또는 이에 상당하는 직에 있거나 있었던 자로서 소비자권익 관련분야를 전공한 자

2. 4급 이상의 공무원 또는 이에 상당하는 공공기관의 직에 있거나 있었던 자로서 소비자권익과 관련된 업무에 실무경험이 있는 자

3. 판사·검사 또는 변호사의 자격이 있는 자

4. 소비자단체의 임원의 직에 있거나 있었던 자

5. 사업자 또는 사업자단체의 임원의 직에 있거나 있었던 자

6. 그 밖에 소비자권익과 관련된 업무에 관한 학식과 경험이 풍부한 자

③ 위원장은 상임위원 중에서 공정거래위원회위원장이 임명한다.

④ 위원장이 부득이한 사유로 직무를 수행할 수 없는 때에는 위원장이 아닌 상임위원이 위원장의 직무를 대행하고, 위원장이 아닌 상임위원이 부득이한 사유로 위원장의 직무를 대행할 수 없는 때에는 공정거래위원회위원장이 지정하는 위원이 그 직무를 대행한다.

⑤ 위원의 임기는 3년으로 하며, 연임할 수 있다.

⑥ 조정위원회의 업무를 효율적으로 수행하기 위하여 조정위원회에 분야별 전문위원회를 둘 수 있다.

⑦ 제6항의 규정에 따른 전문위원회의 구성 및 운영에 관하여 필요한 사항은 대통령령으로 정한다.

제62조(위원의 신분보장) 조정위원회의 위원은 다음 각 호의 어느 하나에 해당하는 경우를 제외하고는 그의 의사와 다르게 면직되지 아니한다.

1. 자격 정지 이상의 형을 선고받은 경우

2. 신체상·정신상 또는 그 밖의 사유로 직무를 수행할 수 없는 경우

[전문 개정 2011. 5. 19.]

제63조(조정위원회의 회의)

① 조정위원회의 회의는 다음 각 호에 따라 구분한다.

1. 분쟁조정회의: 위원장, 상임위원과 위원장이 회의마다 지명하는 5명 이상 9명 이하의 위원으로 구성하는 회의

2. 조정부: 위원장 또는 상임위원과 위원장이 회의마다 지명하는 2명 이상 4명 이하의 위원으로 구성하는 회의

② 조정위원회의 회의는 다음 각 호의 구분에 따라 주재한다.

1. 분쟁조정회의: 위원장
2. 조정부: 위원장 또는 상임위원

③ 조정위원회의 회의는 위원 과반수 출석과 출석위원 과반수의 찬성으로 의결한다. 이 경우 조정위원회의 회의에는 소비자 및 사업자를 대표하는 위원이 각 1명 이상 균등하게 포함되어야 한다.

[전문 개정 2011. 5. 19.]

제63조의2(분쟁조정회의와 조정부의 관장사항)

① 분쟁조정회의는 다음 각 호의 사항을 심의·의결한다.

1. 제60조 제2항 제1호에 따른 소비자분쟁 중 대통령령으로 정하는 금액 이상의 소비자분쟁에 대한 조정
2. 제60조 제2항 제2호에 따른 조정위원회의 의사에 관한 규칙의 제정 및 개정·폐지
3. 제68조 제1항에 따라 조정위원회에 의뢰 또는 신청된 분쟁조정
4. 조정부가 분쟁조정회의에서 처리하도록 결정한 사항

② 조정부는 제1항 각 호의 사항 외의 사항을 심의·의결한다.

[본조 신설 2011. 5. 19.]

제64조(위원의 제척·기피·회피)

① 조정위원회의 위원은 다음 각 호의 어느 하나에 해당하는 경우에는 제58조 또는 제65조 제1항의 규정에 따라 조정위원회에 신청된 그 분쟁조정사건(이하 이 조에서 "사건"이라 한다)의 심의·의결에서 제척된다.

1. 위원 또는 그 배우자나 배우자이었던 자가 그 사건의 당사자가 되거나 그 사건에 관하여 공동의 권리자 또는 의무자의 관계에 있는 경우
2. 위원이 그 사건의 당사자와 친족관계에 있거나 있었던 경우
3. 위원이 그 사건에 관하여 증언이나 감정을 한 경우
4. 위원이 그 사건에 관하여 당사자의 대리인으로서 관여하거나 관여하였던 경우

② 당사자는 위원에게 심의·의결의 공정을 기대하기 어려운 사정이 있는 경우에는 원장에게 기피신청을 할 수 있다. 이 경우 원장은 기피신청에 대하여 조정위원회의 의결을 거치지 아니하고 결정한다.

③ 위원이 제1항 또는 제2항의 사유에 해당하는 경우에는 스스로 그 사건의 심의·의결에서 회피할 수 있다.

제65조(분쟁조정)

① 소비자와 사업자 사이에 발생한 분쟁에 관하여 제16조 제1항의 규정에 따라 설치된 기구에서 소비자분쟁이 해결되지 아니하거나 제28조 제1항 제5호의 규정에 따른 합의권고에 따른 합의가 이루어지지 아니한 경우 당사자나 그 기구 또는 단체의 장은 조정위원회에 분쟁조정을 신청할 수 있다.

② 조정위원회는 제58조 또는 제1항의 규정에 따라 분쟁조정을 신청 받은 경우에는 대통령령이 정하는 바에 따라 지체 없이 분쟁조정 절차를 개시하여야 한다.

③ 조정위원회는 제2항의 규정에 따른 분쟁조정을 위하여 필요한 경우에는 제61조 제6항의 규정에 따른 전문위원회에 자문할 수 있다.

④ 조정위원회는 제2항의 규정에 따른 분쟁조정절차에 앞서 이해관계인·소비자단체 또는 관계기관의 의견을 들을 수 있다.

⑤ 제59조의 규정은 분쟁조정절차의 중지에 관하여 이를 준용한다.

제66조(분쟁조정의 기간)

① 조정위원회는 제58조 또는 제65조 제1항의 규정에 따라 분쟁조정을 신청 받은 때에는 그 신청을 받은 날부터 30일 이내에 그 분쟁조정을 마쳐야 한다.

② 조정위원회는 제1항의 규정에 불구하고 부득이한 사정으로 30일 이내에 그 분쟁조정을 마칠 수 없는 경우에는 그 기간을 연장할 수 있다. 이 경우 그 사유와 기한을 명시하여 당사자 및 그 대리인에게 통지하여야 한다.

제67조(분쟁조정의 효력 등)

① 조정위원회의 위원장은 제66조의 규정에 따라 분쟁조정을 마친 때에는 지체 없이 당사자에게 그 분쟁조정의 내용을 통지하여야 한다.

② 제1항의 규정에 따른 통지를 받은 당사자는 그 통지를 받은 날부터 15일 이내에 분쟁조정의 내용에 대한 수락 여부를 조정위원회에 통보하여야 한다. 이 경우 15일 이내에 의사표시가 없는 때에는 수락한 것으로 본다.

③ 제2항의 규정에 따라 당사자가 분쟁조정의 내용을 수락하거나 수락한 것으로 보는 경우, 조정위원회는 조정조서를 작성하고, 조정위원회의 위원장 및 각 당사자가 기명·날인하여야 한다. 다만, 수락한 것으로 보는 경우에는 각 당사자의 기명·날인을 생략할 수 있다.

④ 제2항의 규정에 따라 당사자가 분쟁조정의 내용을 수락하거나 수락한 것으로 보는 때에는 그 분쟁조정의 내용은 재판상 화해와 동일한 효력을 갖는다.

제68조(분쟁조정의 특례)

① 제65조 제1항의 규정에 불구하고, 국가·지방자치단체·한국소비자원 또는 소비자단체·사업자는 소비자의 피해가 다수의 소비자에게 같거나 비슷한 유형으로 발생하는 경우로서 대통령령이 정하는 사건에 대하여는 조정위원회에 일괄적인 분쟁조정(이하 "집단분쟁조정"이라 한다)을 의뢰 또는 신청할 수 있다.

② 제1항의 규정에 따라 집단분쟁조정을 의뢰받거나 신청 받은 조정위원회는 조정위원회의 의결로써 제3항 및 제5항부터 제7항까지의 규정에 따른 집단분쟁조정의 절차를 개시할 수 있다. 이 경우 조정위원회는 대통령령이 정하는 기간 동안 그 절차의 개시를 공고하여야 한다. 〈개정 2011. 5. 19.〉

③ 조정위원회는 집단분쟁조정의 당사자가 아닌 소비자 또는 사업자로부터 그 분쟁조정의 당사자에 추가로 포함될 수 있도록 하는 신청을 받을 수 있다.

④ 삭제 〈2011. 5. 19.〉

⑤ 조정위원회는 사업자가 조정위원회의 집단분쟁조정의 내용을 수락한 경우에는 집단분쟁조정의

당사자가 아닌 자로서 피해를 입은 소비자에 대한 보상계획서를 작성하여 조정위원회에 제출하도록 권고할 수 있다.

⑥ 제65조 제5항의 규정에 불구하고 조정위원회는 집단분쟁조정의 당사자인 다수의 소비자 중 일부의 소비자가 법원에 소를 제기한 경우에는 그 절차를 중지하지 아니하고, 소를 제기한 일부의 소비자를 그 절차에서 제외한다.

⑦ 제66조 제1항에도 불구하고 집단분쟁조정은 제2항에 따른 공고가 종료된 날의 다음 날부터 30일 이내에 마쳐야 한다. 다만, 부득이한 사유로 해당 기간 내에 분쟁조정을 마칠 수 없는 경우에는 2회에 한하여 각각 30일의 범위에서 그 기간을 연장할 수 있으며, 이 경우 그 사유와 기한을 구체적으로 밝혀 당사자 및 그 대리인에게 통지하여야 한다. 〈개정 2011. 5. 19.〉

⑧ 집단분쟁조정의 절차 등에 관하여 필요한 사항은 대통령령으로 정한다.

제68조의2(대표당사자의 선임 등)

① 집단분쟁조정에 이해관계가 있는 당사자들은 그 중 3명 이하를 대표당사자로 선임할 수 있다.

② 조정위원회는 당사자들이 제1항에 따라 대표당사자를 선임하지 아니한 경우에 필요하다고 인정하는 때에는 당사자들에게 대표당사자를 선임할 것을 권고할 수 있다.

③ 대표당사자는 자기를 선임한 당사자들을 위하여 그 사건의 조정에 관한 모든 행위를 할 수 있다. 다만, 조정신청의 철회 및 조정안의 수락·거부는 자기를 선임한 당사자들의 서면에 의한 동의를 받아야 한다.

④ 대표당사자를 선임한 당사자들은 대표당사자를 통하여서만 그 사건의 조정에 관한 행위를 할 수 있다.

⑤ 대표당사자를 선임한 당사자들은 필요하다고 인정하는 경우에는 대표당사자를 해임하거나 변경할 수 있다. 이 경우 당사자들은 그 사실을 지체 없이 조정위원회에 통지하여야 한다.

[본조 신설 2011. 5. 19.]

제69조(「민사조정법」의 준용) 조정위원회의 운영 및 조정절차에 관하여 이 법에서 규정하지 아니한 사항에 대하여는 「민사조정법」을 준용한다.

제4절 소비자단체소송

제70조(단체소송의 대상 등) 다음 각 호의 어느 하나에 해당하는 단체는 사업자가 제20조의 규정을 위반하여 소비자의 생명·신체 또는 재산에 대한 권익을 직접적으로 침해하고 그 침해가 계속되는 경우 법원에 소비자권익침해행위의 금지·중지를 구하는 소송(이하 "단체소송"이라 한다)을 제기할 수 있다.

1. 제29조의 규정에 따라 공정거래위원회에 등록한 소비자단체로서 다음 각 목의 요건을 모두 갖춘 단체

가. 정관에 따라 상시적으로 소비자의 권익증진을 주된 목적으로 하는 단체일 것

나. 단체의 정회원수가 1천 명 이상일 것

다. 제29조의 규정에 따른 등록 후 3년이 경과하였을 것

2. 「상공회의소법」에 따른 대한상공회의소, 「중소기업협동조합법」에 따른 중소기업협동조합중앙회 및 전국 단위의 경제단체로서 대통령령이 정하는 단체

3. 「비영리민간단체 지원법」 제2조의 규정에 따른 비영리민간단체로서 다음 각 목의 요건을 모두 갖춘 단체

가. 법률상 또는 사실상 동일한 침해를 입은 50인 이상의 소비자로부터 단체소송의 제기를 요청받을 것

나. 정관에 소비자의 권익증진을 단체의 목적으로 명시한 후 최근 3년 이상 이를 위한 활동실적이 있을 것

다. 단체의 상시 구성원수가 5천 명 이상일 것

라. 중앙행정기관에 등록되어 있을 것

제71조(전속관할)

① 단체소송의 소는 피고의 주된 사무소 또는 영업소가 있는 곳, 주된 사무소나 영업소가 없는 경우에는 주된 업무담당자의 주소가 있는 곳의 지방법원 본원 합의부의 관할에 전속한다.

② 제1항의 규정을 외국사업자에 적용하는 경우 대한민국에 있는 이들의 주된 사무소·영업소 또는 업무담당자의 주소에 따라 정한다.

제72조(소송대리인의 선임) 단체소송의 원고는 변호사를 소송대리인으로 선임하여야 한다.

제73조(소송허가신청)

① 단체소송을 제기하는 단체는 소장과 함께 다음 각 호의 사항을 기재한 소송허가신청서를 법원에 제출하여야 한다.

1. 원고 및 그 소송 대리인
2. 피고
3. 금지·중지를 구하는 사업자의 소비자권익 침해 행위의 범위

② 제1항의 규정에 따른 소송허가신청서에는 다음 각 호의 자료를 첨부하여야 한다.

1. 소제기단체가 제70조 각 호의 어느 하나에 해당하는 요건을 갖추고 있음을 소명하는 자료
2. 소제기단체가 제74조 제1항 제3호의 규정에 따라 요청한 서면 및 이에 대한 사업자의 의견서. 다만, 동호에서 정하는 기간 내에 사업자의 응답이 없을 경우에는 사업자의 의견서를 생략할 수 있다.

제74조(소송허가요건 등)

① 법원은 다음 각 호의 요건을 모두 갖춘 경우에 한하여 결정으로 단체소송을 허가한다.

1. 물품등의 사용으로 인하여 소비자의 생명·신체 또는 재산에 피해가 발생하거나 발생할 우려가 있는 등 다수 소비자의 권익보호 및 피해예방을 위한 공익상의 필요가 있을 것
2. 제73조의 규정에 따른 소송허가신청서의 기재사항에 흠결이 없을 것
3. 소제기단체가 사업자에게 소비자권익 침해 행위를 금지·중지할 것을 서면으로 요청한 후 14일이 경과하였을 것

② 단체소송을 허가하거나 불허가하는 결정에 대하여는 즉시 항고할 수 있다.

제75조(확정판결의 효력) 원고의 청구를 기각하는 판결이 확정된 경우 이와 동일한 사안에 관하여는 제70조의 규정에 따른 다른 단체는 단체소송을 제기할 수 없다. 다만, 다음 각 호의 어느 하나에 해당하는 경우에는 그러하지 아니하다.

1. 판결이 확정된 후 그 사안과 관련하여 국가 또는 지방자치단체가 설립한 기관에 의하여 새로운 연구 결과나 증거가 나타난 경우
2. 기각 판결이 원고의 고의로 인한 것임이 밝혀진 경우

제76조(「민사소송법」의 적용 등)

① 단체소송에 관하여 이 법에 특별한 규정이 없는 경우에는 「민사소송법」을 적용한다.

② 제74조의 규정에 따른 단체소송의 허가 결정이 있는 경우에는 「민사집행법」 제4편의 규정에 따른 보전처분을 할 수 있다.

③ 단체소송의 절차에 관하여 필요한 사항은 대법원규칙으로 정한다.

제9장 조사절차 등

제77조(검사와 자료제출 등)

① 중앙행정기관의 장은 다음 각 호의 어느 하나에 해당하는 경우에는 대통령령이 정하는 바에 따라 소속공무원으로 하여금 사업자의 물품·시설 및 제조공정 그 밖의 물건을 검사하게 하거나 그 사업자에게 그 업무에 관한 보고 또는 관계 물품·서류 등의 제출을 명할 수 있다.

1. 제13조의 규정에 따라 소비자에게 정보 제공을 하기 위하여 필요한 경우
2. 제16조 제1항의 규정에 따라 소비자의 불만 및 피해를 처리하기 위하여 필요한 경우
3. 이 법의 위반 여부를 확인하기 위하여 필요한 경우

② 중앙행정기관의 장은 물품등의 안전성을 의심할 만한 정당한 이유가 있는 경우로서 대통령령이 정하는 사유가 있는 때에는 소속 공무원으로 하여금 사업자의 영업장소, 제조 장소, 창고 등 저장소, 사무소 그 밖의 이와 유사한 장소에 출입하여 제1항의 규정에 따른 검사 등을 할 수 있다.

③ 제1항 또는 제2항의 규정에 따라 검사 등을 하는 공무원은 그 권한을 나타내는 증표를 지니고 이를 관계인에게 내보여야 한다.

④ 이 법에 따른 직무에 종사하는 공무원은 제1항 또는 제2항의 규정에 따른 검사나 제출된 물품 또는 서류 등으로 알게 된 내용을 이 법의 시행을 위한 목적 아닌 용도로 사용하여서는 아니 된다.

⑤ 중앙행정기관의 장은 소관 소비자권익 증진 시책을 추진하기 위하여 필요한 경우에는 원장에게 소비자피해에 관한 정보 및 각종 실태 조사 결과 등 소비자의 권익과 관련된 정보의 제공을 요청할 수 있다.

제78조(자료 및 정보 제공 요청 등)

① 소비자단체 및 한국소비자원은 그 업무를 추진함에 있어서 필요한 자료 및 정보의 제공을 사업자 또는 사업자단체에 요청할 수 있다. 이 경우 그 사업자 또는 사업자단체는 정당한 사유가 없는 한 이에 응하여야 한다.

② 제1항의 규정에 따라 자료 및 정보의 제공을 요청하는 소비자단체 및 한국소비자원은 그 자료 및 정보의 사용 목적·사용 절차 등을 미리 사업자 또는 사업자단체에 알려야 한다.

③ 제1항의 규정에 따라 소비자단체가 자료 및 정보를 요청하는 때에는 제79조의 규정에 따른 소비자정보요청협의회의 협의·조정을 미리 거쳐야 한다.

④ 제1항의 규정에 따라 자료 및 정보를 요청할 수 있는 소비자단체의 요건과 자료 및 정보의 범위 등에 관한 사항은 대통령령으로 정한다.

⑤ 제1항 내지 제4항의 규정에 따라 사업자 또는 사업자단체로부터 소비자단체에 제공된 자료 및 정보는 미리 사업자 또는 사업자단체에 알린 사용 목적이 아닌 용도 및 사용 절차가 아닌 방법으로 사용하여서는 아니 된다.

제79조(소비자정보요청협의회)

① 제78조 제1항의 규정에 따른 소비자단체의 자료 및 정보의 제공요청과 관련한 다음 각 호의 사항을 협의·조정하기 위하여 한국소비자원에 소비자정보요청협의회(이하 "협의회"라 한다)를 둔다.

1. 소비자단체가 요청하는 자료 및 정보의 범위·사용목적·사용절차에 관한 사항
2. 그 밖에 대통령령이 정하는 사항

② 협의회의 구성과 운영 그 밖에 필요한 사항은 대통령령으로 정한다.

제10장 보칙

제80조(시정조치 등)

① 중앙행정기관의 장은 사업자가 제20조의 규정을 위반하는 행위를 한 경우에는 그 사업자에게 그 행위의 중지 등 시정에 필요한 조치를 명할 수 있다.

② 중앙행정기관의 장은 사업자에게 제1항의 규정에 따라 시정명령을 받은 사실을 공표하도록 명할 수 있다.

제81조(시정조치의 요청 등)

① 국가 및 지방자치단체는 사업자가 제20조의 규정을 위반하는지 여부를 판단하기 위하여 필요한 경우에는 등록소비자단체 또는 한국소비자원에 조사를 의뢰할 수 있다.

② 공정거래위원회는 사업자가 제20조의 규정을 위반하는 행위를 한 사실을 알게 된 때에는 그 물품등을 주관하는 중앙행정기관의 장에게 위반행위의 시정에 필요한 적절한 조치를 요청할 수 있다. 〈개정 2008. 2. 29.〉

제82조(청문) 중앙행정기관의 장은 제30조·제50조 또는 제80조의 규정에 따른 명령 등의 조치를 하고자 하는 경우에는 청문을 실시하여야 한다. 다만, 제50조 제1항 단서의 경우에는 그러하지 아니하다.

제83조(권한의 위임·위탁 등)

① 중앙행정기관의 장은 이 법에 따른 권한의 일부를 대통령령이 정하는 바에 따라 시·도지사에게 위임할 수 있다.

② 중앙행정기관의 장은 다음 각 호의 어느 하나에 해당하는 경우에는 제77조 제1항에 따른 권한을 한국소비자원에 위탁할 수 있다. 〈개정 2008. 3. 21.〉

1. 제17조 제2항의 규정에 따라 한국소비자원에 시험·검사 또는 조사를 의뢰하는 경우
2. 제55조 제1항 내지 제3항의 규정에 따라 한국소비자원에 신청 또는 의뢰된 피해 구제 사건을 처리함에 있어서 사실 확인을 위하여 필요하다고 인정되는 경우
3. 원장이 제52조 제2항 제1호부터 제3호까지의 조치를 하기 위하여 필요하다고 요청하는 경우

③ 제77조 제3항 및 제4항은 제2항에 따라 중앙행정기관의 장으로부터 제77조 제1항에 따른 검사 등의 권한을 위탁받은 한국소비자원의 직원으로서 그 검사 등의 권한을 행하는 직원에 대하여 준용한다. 〈개정 2008. 3. 21.〉

제11장 벌칙

제84조(벌칙)

① 다음 각 호의 어느 하나에 해당하는 자는 3년 이하의 징역 또는 5천만 원 이하의 벌금에 처한다.

1. 제50조 또는 제80조의 규정에 따른 명령을 위반한 자
2. 제77조 제4항(제83조 제3항의 규정에 따라 준용되는 경우를 포함한다)의 규정을 위반하여 검사 등으로 알게 된 내용을 이 법의 시행을 위한 목적이 아닌 용도로 사용한 자
3. 제78조 제5항의 규정을 위반하여 제공된 자료 및 정보를 사용목적이 아닌 용도 또는 사용 절차가 아닌 방법으로 사용한 자

② 제52조 제3항의 규정을 위반하여 위해정보에 관한 사항을 누설한 자는 1년 이하의 징역 또는 3천만 원 이하의 벌금에 처한다.

③ 제1항의 경우에 징역형과 벌금형은 이를 병과(倂科)할 수 있다.

제85조(양벌규정) 법인의 대표자나 법인 또는 개인의 대리인, 사용인, 그 밖의 종업원이 그 법인 또는 개인의 업무에 관하여 제84조의 위반행위를 하면 그 행위자를 벌하는 외에 그 법인 또는 개인에게도 해당 조문의 벌금형을 과(科)한다. 다만, 법인 또는 개인이 그 위반행위를 방지하기 위하여 해당 업무에 관하여 상당한 주의와 감독을 게을리 하지 아니한 경우에는 그러하지 아니하다.

[전문 개정 2008. 12. 26.]

제86조(과태료)

① 다음 각 호의 어느 하나에 해당하는 자는 3천만 원 이하의 과태료에 처한다.

1. 제20조의 규정을 위반한 자

2. 제37조의 규정을 위반하여 동일 또는 유사 명칭을 사용한 자

3. 제47조 제1항의 규정을 위반하여 물품등의 중대한 결함의 내용을 보고하지 아니하거나 허위로 보고한 자

4. 제77조 제1항 또는 제2항의 규정에 따른 검사·출입을 거부·방해·기피한 자, 업무에 관한 보고를 하지 아니하거나 허위로 보고한 자 또는 관계 물·서류 등을 제출하지 아니하거나 허위로 제출한 자

② 제1항의 규정에 따른 과태료는 대통령령으로 정하는 바에 따라 중앙행정기관의 장 또는 시·도지사가 부과·징수한다. 〈개정 2010. 3. 22.〉

③ 삭제 〈2010. 3. 22.〉

④ 삭제 〈2010. 3. 22.〉

⑤ 삭제 〈2010. 3. 22.〉

⑥ 삭제 〈2010. 3. 22.〉

부칙 〈법률 제7988호, 2006. 9. 27.〉

제1조 (시행일) 이 법은 공포 후 6개월이 경과한 날부터 시행한다. 다만, 제70조 내지 제76조의 개정 규정은 2008년 1월 1일부터 시행한다.

제2조 (소비자정책에 관한 기본 계획 및 시행 계획의 수립에 관한 적용례) 기본계획, 중앙행정기관별 시행 계획, 시·도별 시행 계획 및 종합 시행 계획은 이 법이 시행되는 연도의 다음 연도의 계획부터 적용한다.

제3조 (한국소비자원의 감사의 임기에 관한 적용례) 제38조 제6항의 개정 규정 중 감사의 임기에 관한 사항은 이 법 시행 후 최초로 임명되는 감사부터 적용한다.

제4조 (한국소비자원의 결산보고서와 이에 대한 감사의견서의 보고에 관한 적용례) 제42조 제2항의 개정 규정은 이 법 시행 후 최초로 한국소비자원이 공정거래위원회에 보고하는 결산보고서와 이에 대한 감사의견서부터 적용한다.

제5조 (소비자로부터 피해구제의 신청을 받은 사업자의 한국소비자원에의 처리의뢰에 관한 적용례) 제55조 제3항의 개정 규정은 이 법 시행 후 최초로 사업자가 소비자로부터 피해구제의 신청을 받는 것부터 적용한다.

제6조 (한국소비자원이 처리하는 피해구제신청사건의 처리기간에 관한 적용례) 제58조 단서의 개정 규정은 이 법 시행 후 최초로 한국소비자원이 제55조 제1항 내지 제3항의 개정 규정에 따라 피해 구제의 신청 또는 의뢰를 받는 것부터 적용한다.

제7조 (소비자정책심의위원회에 대한 경과 조치)

① 이 법 시행 당시 종전의 「소비자보호법」 제21조의 규정에 따라 재정경제부에 둔 소비자정책심의위원회는 제23조의 개정 규정에 따른 소비자정책위원회로 본다.

② 이 법 시행 당시 종전의 「소비자보호법」 제22조의 규정에 따라 위촉된 소비자정책심의위원회의 위원은 제24조의 개정 규정에 따라 위촉된 소비자정책위원회의 위원으로 보며, 그 임기는 종전의 규정에 따라 임명된 날부터 기산한다.

제8조 (소비자단체의 등록에 관한 경과 조치) 이 법 시행 당시 종전의 「소비자보호법」 제19조 제1항의 규정에 따라 등록을 한 소비자단체는 제29조 제1항의 개정 규정에 따른 요건에 따라 등록을 한 소비자단체로 본다. 다만, 제29조 제1항 각 호의 요건을 갖추지 못한 소비자단체는 이 법 시행일부터 1년 이내에 그 요건을 갖추어야 하고, 그 기간 내에 요건을 갖추지 못하는 경우에는 공정거래위원회 또는 지방자치단체의 장은 제30조의 개정 규정에 따라 그 등록을 취소하여야 한다.

제9조 (한국소비자보호원 등에 관한 경과 조치)

① 이 법 시행 당시 종전의 「소비자보호법」 제26조의 규정에 따라 설립된 한국소비자보호원은 제33조의 개정 규정에 따른 한국소비자원으로 본다.

② 이 법 시행 당시 종전의 「소비자보호법」에 따른 한국소비자보호원·소비자분쟁조정위원회·소비자정보요청위원회 또는 한국소비자보호원의 장(이하 "한국소비자보호원등"이라 한다. 이하 같다)이 행한 행위 또는 한국소비자보호원등에 대하여 행하여진 행위는 그에 해당하는 이 법의 규정에 따른 한국소비자원·소비자분쟁조정위원회·소비자정보요청협의회 또는 한국소비자원의 장(이하 "한국소비자원등"이라 한다. 이하 같다)이 행하거나 한국소비자원등에 대하여 행하여진 것으로 본다.

③ 이 법 시행 당시 종전의 「소비자보호법」 제31조 또는 제35조의 규정에 따라 임명 또는 위촉된 한국소비자보호원의 임원 및 소비자분쟁조정위원회의 위원은 제38조 또는 제61조의 개정 규정에 따라 임명 또는 위촉된 한국소비자원의 임원 및 소비자분쟁조정위원회의 위원으로 보며, 그 임기는 종전의 규정에 따라 임명 또는 위촉된 날부터 기산한다.

④ 이 법 시행 당시 종전의 「소비자보호법」 제47조의 규정에 따라 국가가 한국소비자보호원에 출연한 출연금은 제41조 제1호의 개정 규정에 따른 국가의 출연금으로 본다.

⑤ 이 법 시행 당시 한국소비자보호원에 관한 등기부 그 밖의 공부에 표시된 "한국소비자보호원"의 명의는 각각 "한국소비자원"의 명의로 본다.

제10조 (행정처분 등에 관한 경과 조치) 이 법 시행 당시 종전의 「소비자보호법」에 따라 국가·지방자치단체 및 중앙행정기관의 장 등(한국소비자보호원등을 제외하며, 이하 이 조에서 "국가등"이라 한다)이 행한 행정처분 등 또는 국가등에 행하여진 등록신청 등은 이 법의 해당 규정에 따른 행정처분 등 또는 등록신청 등으로 본다.

제11조 (벌칙 등에 관한 경과 조치) 이 법 시행 전의 행위에 대한 벌칙 및 과태료를 적용할 때에는 종전의 「소비자보호법」에 따른다.

제12조 (다른 법률의 개정)

① 금융감독기구의 설치 등에 관한 법률 일부를 다음과 같이 개정한다.

제52조 제2항 제3호 중 "소비자보호법에 의한 한국소비자보호원"을 "「소비자기본법」에 의한 한국소비자원"으로 한다.

② 농어업·농어촌특별대책위원회의 설치 및 운영 등에 관한 법률 일부를 다음과 같이 개정한다.
제3조 제4항 제2호 중 "소비자보호법 제2조"를 "「소비자기본법」 제2조 제3호"로 한다.
③ 수산물품질관리법 일부를 다음과 같이 개정한다.
제47조 제1항 중 "소비자보호법"을 "「소비자기본법」"으로 한다.
④ 약관의 규제에 관한 법률 일부를 다음과 같이 개정한다.
제19조 중 "소비자보호법"을 "「소비자기본법」"으로, "한국소비자보호원"을 "한국소비자원"으로 한다.
제19조의2 제2항을 다음과 같이 한다.
②「소비자기본법」 제29조의 규정에 따라 등록한 소비자단체 또는 동법 제33조의 규정에 따라 설립된 한국소비자원(이하 "소비자단체 등"이라 한다)은 소비자피해가 자주 일어나는 거래 분야의 표준이 될 약관을 마련할 것을 공정거래위원회에 요청할 수 있다.
⑤ 여객자동차 운수사업법 일부를 다음과 같이 개정한다.
제66조의3제2항 제4호 중 "「소비자보호법」에 의한 한국소비자보호원 또는 동법 제19조의 규정에 의하여 등록한 소비자단체"를 "「소비자기본법」에 의한 한국소비자원 또는 동법 제29조의 규정에 따라 등록한 소비자단체"로 한다.
⑥ 온라인 디지털콘텐츠산업 발전법 일부를 다음과 같이 개정한다.
제16조 중 "소비자보호법"을 "「소비자기본법」"으로 한다.
⑦ 전자거래기본법 일부를 다음과 같이 개정한다.
제15조 제1항 중 "소비자보호법"을 "「소비자기본법」"으로 한다.
⑧ 지방세법 일부를 다음과 같이 개정한다.
제268조 본문 중 "「소비자보호법」에 의한 소비자피해보상기준"을 "「소비자기본법」에 의한 소비자분쟁해결기준"으로 한다.
제288조 제1항 제3호를 다음과 같이 한다.
3.「소비자기본법」에 의한 한국소비자원
⑨ 특별소비세법 일부를 다음과 같이 개정한다.
제20조 제2항 제3호 전단 중 "「소비자보호법」"을 "「소비자기본법」"으로 한다.
⑩ 표시·광고의 공정화에 관한 법률 일부를 다음과 같이 개정한다.
제4조 제2항 중 "소비자보호법 제19조 제1항의 규정에 의하여 등록된 소비자단체"를 "「소비자기본법」 제29조의 규정에 따라 등록한 소비자단체"로 한다.
⑪ 항공안전 및 보안에 관한 법률 일부를 다음과 같이 개정한다.
제36조 제1항 본문 중 "소비자보호법에 의한 한국소비자보호원(이하 "소비자보호원"이라 한다)"을 "「소비자기본법」에 의한 한국소비자원(이하 "한국소비자원"이라 한다)"으로 하고, 동조 제3항 중 "소비자보호원"을 "한국소비자원"으로 한다.
⑫ 화물자동차운수사업법 일부를 다음과 같이 개정한다.
제8조 제7항 및 제13조 제2항 중 "소비자보호법 제26조 제1항의 규정에 의한 한국소비자보호원 또는

동법 제19조 제1항의 규정에 따라 등록한 소비자단체"를 각각 "「소비자기본법」 제33조 제1항의 규정에 따른 한국소비자원 또는 동법 제29조의 규정에 따라 등록한 소비자단체"로 한다.

제13조 (다른 법령과의 관계) 이 법 시행 당시 다른 법령에서 종전의 「소비자보호법」 또는 그 규정을 인용하고 있는 경우 이 법 중 그에 해당하는 규정이 있는 때에는 종전의 규정에 갈음하여 이 법 또는 이 법의 해당 조항을 인용한 것으로 본다.

부칙 〈법률 제8852호, 2008. 2. 29.〉 (정부조직법)

제1조 (시행일) 이 법은 공포한 날부터 시행한다. 다만, …〈생략〉…, 부칙 제6조에 따라 개정되는 법률 중 이 법의 시행 전에 공포되었으나 시행일이 도래하지 아니한 법률을 개정한 부분은 각각 해당 법률의 시행일부터 시행한다.

제2조부터 제5조까지 생략

제6조 (다른 법률의 개정) ①부터 〈38〉까지 생략

〈39〉 소비자기본법 일부를 다음과 같이 개정한다.

제21조 제1항·제3항, 제22조 제3항, 제26조 제2항, 제27조 제2항, 제46조, 제52조 제4항, 제54조 제2항 및 제81조 제2항 중 "재정경제부장관은"을 각각 "공정거래위원회는"으로 한다.

제23조 중 "재정경제부"를 "공정거래위원회"로 한다.

제24조 제2항 및 제3항 중 "재정경제부장관"을 각각 "공정거래위원회위원장"으로 한다.

제24조 제5항을 다음과 같이 한다.

⑤ 정책위원회에 간사 1인을 두되, 공정거래위원회 소속공무원 중에서 공정거래위원회위원장이 임명한다.

〈40〉부터 〈760〉까지 생략

제7조 생략

부칙 〈법률 제8983호, 2008. 3. 21.〉

이 법은 공포한 날부터 시행한다.

부칙 〈법률 제9257호, 2008. 12. 26.〉

이 법은 공포한 날부터 시행한다.

부칙 〈법률 제9785호, 2009. 7. 31.〉 (신문 등의 진흥에 관한 법률)

제1조(시행일) 이 법은 공포 후 6개월이 경과한 날부터 시행한다.

제2조부터 제7조까지 생략

제8조(다른 법률의 개정) ①부터 ⑥까지 생략

⑦ 소비자기본법 일부를 다음과 같이 개정한다.

제28조 제3항 중 "「신문 등의 자유와 기능보장에 관한 법률」"을 "「신문 등의 진흥에 관한 법률」"로 한다.

⑧부터 ⑭까지 생략

제9조 생략

부칙 〈법률 제10170호, 2010. 3. 22.〉

이 법은 공포한 날부터 시행한다.

부칙 〈법률 제10678호, 2011. 5. 19.〉

① (시행일) 이 법은 공포 후 3개월이 경과한 날부터 시행한다.

② (집단분쟁조정의 처리기간에 관한 적용례) 제68조 제7항의 개정 규정은 이 법 시행 후 최초로 조정위원회에 의뢰 또는 신청된 집단분쟁조정부터 적용한다.